董 岩 著

孤帆觅渡

中国人民大学出版社
· 北京 ·

梁先生是什么样的人

董 岩

总也忘不了多年前的那个春天。

在中国人民大学资料楼三层，新闻学院的一间不大的办公室里，我正紧张地接受梁先生的面试。

作为人大新闻学院的兼职博士生导师，梁先生一年只有一个招生名额。在众口一词的唱衰腔调下，我以无知者无畏的勇气，去报考他的博士。

面试时，梁先生先是问了一些新闻专业问题，然后话锋忽转，谈起了山东的两大词人：李清照和辛弃疾。

李清照的词我熟悉，随口就背出来了。

梁先生又谈到了辛弃疾的《破阵子·为陈同甫赋壮词以寄之》。

那时正青春，喜欢婉约派的风花雪月，对辛词的凛然杀气、悲愤之情不以为然，对其磅礴之势与壮阔胸怀也不甚了了。背着背着就卡壳了。尴尬中，梁先生不慌不忙，脱口而出："醉里挑灯看剑，梦回吹角连营。八百里分麾下炙，五十弦翻塞外声，沙场秋点兵。马作的卢飞快，弓如霹雳弦惊。了却君王天下事，赢得生前身后名。可怜白发生！"

其实，早在两年前，喜欢辛弃疾的梁先生就创作了《把栏杆拍遍》，写下了中国历史上独一无二的辛弃疾：行伍出身，以武起事，最终以文为业，成为一代诗词大家。

直到今天，还记得面试结束出来时的情形。

完成了最后的"晋级赛"，我一身轻松地走在回宾馆的路上。3月的北京春寒料峭，我的心情却像是从冬天切换到了春天。天那么高那么蓝，阳光那么灿烂，我终于感到是走在春天里了。

喜欢李清照的我，有缘成为梁先生自己招的第一个博士生。

俗话说，师傅领进门，修行在个人。

成为合格的梁门弟子并不容易。

梁先生和一般的导师不一样。

他是兼职，公务繁忙；他是《人民日报》的副总编，穿的是黑布鞋，用的是红蓝铅笔；他有司机，有秘书，有专车……

这些还不算。

他是当代散文大家、新闻理论家，是记者、作家、学者、官员。他成名很早，光环绕身，是作品入选中小学教材最多的当代作家之一。

作为一个完美主义者，梁先生对自己要求严，对学生要求也高。而且，他很少掩饰，不满意就是不满意，很不给人面子。资质一般的我在学术研究和写作上常挨先生的骂也在意料之中。

除了名师，周围还有异常优秀的同窗，学历史出身、禀赋平平的我，忐忑紧张，如履薄冰的危机感时时冒出，这种心情一直持续到毕业后很久。

山东人大都实在而不善巧。

我亦如此。从何入手呢？思来想去，就老老实实研究梁先生其人其文，由此开始学术探索，或者准确地说是学术记录。

不成想，对梁先生的研究从博士入学一直持续到现在。连我自己也记不清，这些年到底写了多少篇关于他的文章。

6 年前，有幸参加一位中央首长传记编撰小组。写作之余，忽生一念，何不给梁先生写传呢？一是因为手头素材多，自己又长期从事人物研究和写作，基础比较扎实；二是梁先生亦文亦理、跨越诸多领域的成长图谱太过丰富，是个人命运与时代潮流交织而出的典型案例，对于当下的年轻人来说，确有励志的意味。

当我把想法说给梁先生时，他一脸怀疑，表情很是淡然，反问一句：你能写？

梁先生的态度燃起了我的"斗志"。

按照老套路，依然要证明给老师看，证明给自己看。

于是就这样开始了漫长的写作。

梁先生很配合。下了班，没事时，我就去万寿路他家采访。客厅里，宋瑞芳老师沏上热热的茶，我与梁先生师生一问一答，写了足有20多本的采访笔记。

我白天上班，晚上写作，书桌上堆着高高的一摞资料。2018年春节前，终于完成了第一稿。改了2次后，请梁先生修改。后来根据他和一些朋友的意见和建议，又陆续补充了一些采访。前后共进行了4次修改。

改得差不多了，我问梁先生，请谁来写序呢？梁先生轻叹了一声，想了一下说："最想请来写序的有两个人，一个是季羡林季老，一个是范敬宜老范，可惜啊，这两位先生都不在了。你就自己写吧。"

我只好自己写。

其实，写这本书我有一个私念，是想层层剥笋，找到梁先生成功的秘籍。

静夜里，灯下读着梁先生早年的日记，常常感叹，一个干部子弟，一个名校大学生，在黄沙漫漫、人烟稀少的边陲乡野，一步一步从生活的底层，苦苦挣扎，奋力进取，究竟靠什么支撑呢？

外表看起来儒雅朴实的梁先生，其实内心装着一个不安分的灵魂，不屈从现状，不满足于现状，永远朝前看。

鲁迅先生说，世上哪里有什么天才，我是把别人喝咖啡的工夫都用在工作上。对梁先生而言，是把别人喝茶聊天的时间用在了思考上，成了40多年的失眠大户。

梁先生是少有的勤奋。采访路上、开会间隙，都被他利用起来读书背书。为了节省时间，家中会客还有"约法三章"；出差也尽量一人，为的是减少应酬。

他将方法论和实践紧紧地拧为一体，更是中国知识分子少有的。散文写作，他有文章五诀。新闻采写，他总结了一整套公式和规律。为了让孩子们对数理化感兴趣，他创作了40万字的《数理化通俗演义》。早在20世纪80年代，36岁的他就在山西创办了第一家人才开发公司，为的是让采访中那些术业有专攻的知识分子，各尽其能，人尽其才。

梁先生是金牛座、属狗，他把专注、执着演绎到了极致。外圆内方的他，从挑战权威开始了自己的创新之路。在20世纪80年代，他初登文坛，振臂一呼，率先批判杨朔散文模式。90年代，在穆青先生主张的"消息散文化"大行其道之时，他又发出"消息不能散文化"的惊人之语。在改革开放初期，大家对媒体经济含糊其词时，他大谈报纸的商品属性。当不少作家沉溺于杯水波澜的私人化写作时，他却提倡文以载道，要写大事大情大理……他的见地和他的开疆拓土着实有些"疯狂"而"超前"。他用了20年的时间，完成了由记者而作家，到官员、学者的多极跨越。

历史上文人从政者不在少数。

如提倡古文运动的韩愈，先忧后乐的范仲淹。韩学术精博，文力雄健，介然有守，不交势利，自致名望。范出则泽被生民，入则风生台阁，侃侃封章，天子动容，凛凛甲兵，西贼胆落，彪炳轰烈，撑扶天地。

韩范二人所遭不同，所立亦异，然皆光明正大，磊磊落落。正所谓天人之学，可孚天下之望，金石之操，可任天下之重。令人叹服。

但鱼与熊掌，岂可兼得？

古往今来，文章与仕途皆亨达者，少之又少。

"其文灿然"、词气磊落的韩退之，天下望以为相而竟不用，终于京兆尹，常悲于不遇。三起三落，进退安危，不易其志的范文正公，也曾发出"微斯人，吾谁与归"的感叹。

梁先生亦如履薄冰。有志于持世范，以人文化成。其文宏阔整饬，人情物态，曲尽其妙，境达势远，自成一家。其性方道直，疾恶甚严，进退之间，笃信力行，曾不易虑。儒家修身齐家治国平天下的传统，古人立德立功立言的三不朽，梁先生大半辈子都在勤勉地践行着。

在我们看来，亦文亦理、为学从政的他完全可以就此掷笔，喝茶聊天了。可他不，70多岁了还提出了人文森林学的理念，要走遍青山写古树。他这么说了，就这么干了。

从批判权威一路成长的他，不知不觉自己也成了权威。有人称他为大师，梁先生不肯。他说，这是要挨骂的。他说自己对西方文化经典接触不多，这是他的短板。他还说，杂而通是优点，也有博而不精的缺憾。有人尊他为"梁老"，他不高兴。梁先生反问：我有那么老吗?! 在他那里，被人称为"老"，意味着退出历史舞台，行将就木。

我知道，一直没有停下脚步的梁先生不服老。可世上谁人能不老呢？ 1982 年《晋祠》第一次入选课本，算起来，时间已过去 40 年了，他的文章还在课本里，学生换了一茬又一茬，而梁先生都已经 70 多岁了。

这么多年了，总有学生和家长围着问他：您的成功秘诀是什么？

在我看来，一个人要有所成就，离不开他的时代和他自己的奋斗。

梁先生亦如此。他是大时代的产物，经历了新中国成立初期、"文革"和改革开放，并且幸运地从时代的洪流中崭露头角，成为中流砥柱。

我曾肤浅地以为梁先生运气很好，写完这本 30 多万字的书，我才更加了解梁先生，更准确地说，是真正理解了梁先生和他的世界。

他究竟是一个什么样的人？

季羡林季老这样从旧时代出来的知识分子，做学问不问有用无用，讲究的是专而深。而梁先生凡事必从实践出发，讲求实用性，不做无用之功。

范敬宜范老是出身世家的知识分子，注重诗书画的修养，追求的是审美与变通。而梁先生则知其所以然，必究其所以然，注重从理性思维的角度去探寻方法和规律。

在文学圈，他曲高和寡。与共和国一同成长的他，有着挥之不去的红色印记。他写山川风物，写党史，却从不歌咏风花雪月。他写历史人物，从来以悲剧居多，最有名的是瞿秋白、张闻天、彭德怀这样"坐冷板凳"的党史人物。中国传统的大团圆结局，在他的文章里你是找不到的。他写大不写小，儿女情长，家长里短，小人物的悲欢离合都不在他的视域。

他的文章给人的感觉是正襟危坐，仪式感强，而思虑沉重，忧心忡忡。与以自我为中心、关注市井生活的闲适文学，有着天壤之别。或许，这是他刻意而为，或是本性使然。

在官场，梁先生是一股清流。他惜时如金，不喜应酬，业余时间几乎全部用到了看书与写作上。烟酒茶这些交友的雅兴，他一概谢绝。他也不说逢迎的好话。路见不公不平不善，还会写批评文章，不吐不快。当年，还在《光明日报》工作时，38岁的他被列为后备干部，中央党校又专门开设研究生班，领导问：先上任还是先上学？他不假思索地说，上学。他想，正好可以写《数理化通俗演义》。在他眼里，文章千古事，比当官重要得多。

梁先生是一个什么样的人呢？

抛开了作家、学者、记者、官员这些身份，在我眼里，他是一个孤独敏感的思考者，更是一个坚定的远行者，一个好奇而勇敢的探索者。倘若给他画像的话，把栏杆拍遍的辛弃疾与之最为神似。

我曾问：您为何总写悲剧？不怕代入感太强而受影响吗？他回答：文以载道，要写历史的主线，写中国的脊梁。何况，悲剧更考验人性，催人反思。

作为范仲淹、辛弃疾、梁启超的拥趸，一个大事大情大理的倡导者，梁先生也有优哉游哉浑然忘我的高光时刻。那时，一定是在参天古树下，或是在去看古树的路上。那时的他，仍是初心满满的天真少年。

独一无二的他和他的成长难以复刻。

他给自己的评价——不装，不酸，不弯腰，甚为贴切。

是为序。

2020 年 7 月 8 日
于北京绿波书屋

目　录

一、故乡，学堂

下马洼·太原·北京〔1946—1968〕

我生于战乱的年代，听母亲说，一次逃兵灾，抱我在怀，藏于流水洞，双手托儿到天亮；还有一次，与村民躲于麦草窑中，怕灯花引起失火，她也是一夜睁眼到天明。这些我都还无记忆。我只记得，小时每天放学，一进门母亲问的第一句话就是："肚子饿了吧？"菜已炒好，炉子上的水已开过两遍。

——梁衡《母亲石》

1

霍　州

这是迄今为止能看到的梁衡最早的一张照片。拍摄于 1949 年解放后的霍县（今山西霍州）县城。照片上，母亲怀抱着只有 3 岁大的梁衡，父亲英武地站于一侧，姐姐和哥哥腰间系着皮带，一副根据地少年的装扮。此时，被揽在母亲怀里的梁衡大睁着眼睛，似乎要随时挣脱约束。

为了拍这张全家福，母亲带着姐弟三人从乡下走了 10 里路赶到县城，在县城唯一的一家照相馆和父亲会合。从照相馆出来，一家五口回到父亲简陋的宿舍，母亲下了面，一家人吃了，母亲又带着孩子们匆匆赶回村里。

1949 年，霍县，全家福，梁衡 3 岁

故乡在霍山脚下。一个古老美丽的小山村，水多，树多。村中两庙、一阁、一塔，有很深的文化积淀。[1]

绿树青山环抱的下马洼村，曾是梁衡最快乐的地方。

1946 年 5 月 5 日，梁衡出生于山西南部霍县下马洼村的一个窑洞里，与他敬仰的马克思同一天生日。他是父亲梁次文[2]、母亲刘仙云继 9 岁的女儿、6 岁的儿子之后的第三个孩子。梁衡的祖父和母亲都是农民，父亲是解放后的第三任霍县县长。父亲梁次文，钟爱团圆、圆满的寓意，所以三个孩子乳名也都带了"圆"字：圆圆、秋圆和小圆。

在那个动荡的年代，小圆的到来给这个清苦的家庭带来了欢喜，但这也意味着又多一张嘴，多一个人吃饭。此时，正值解放战争，父亲在边区忙碌，常常一个月才回来一次；母亲一个人在乡下拉扯着孩子，寒耕热耘，不知疲累。

这是一个中国传统的严父慈母的家庭。父亲是知识分子，毕业于太原师范，清高、严格、风趣、有文采。母亲是地道的村妇，勤劳、善良而温顺。梁衡回忆说，从小到大，没见母亲发过火。在她看来相夫教子乃天经地义之事，从不抱怨。小时候，话不多、淡淡笑着、永远干不完活的母亲，是梁衡最喜欢的人。每年冬天村里要杀猪，猪一叫，母亲就把他搂在怀里，等到院子里男人们把猪收拾干净，才放他出来看这新奇的一幕。

下马洼村，景色秀美，整个村子坐落在山沟里，周围是缓缓起伏的丘陵高地，村子对面的山上是柏树林和杏树林。这个不到50户人家的小村里，高大笔直的杨树柳树遍布其中，十几处清冽甘甜的山泉点缀其间。夏天打场割麦最热时，人们常常提来一罐罐泉水，既清凉解渴，又祛暑下火，胜似丹药。村子的历史可以追溯到唐朝。据说当年太宗李世民打天下时，曾路过此地，崎岖难行，只好下马，因而得名"下马洼村"，当年村口曾立有一块石碑，记载此事，刻有"唐太宗下马处"。

远远望去，几十户人家星星点点散落在沟里，落差有一两百米。梁家的窑洞在沟里最底处，冬暖夏凉，很宽敞，光线很好。对面山梁上有文昌阁、文笔塔遥遥相对。夏天时，孩子们喜欢爬到文昌阁，清风过处，阁上铜铃叮当作响，山野寂静，恍若隔世。但孩子们哪里晓得这些，只是遥指对面山梁九凤朝阳的景色，大声呼喊。

梁家院子里，一排五孔窑洞，最西边的便是梁衡家，大小不过20平方米，在村里算是条件好的了。院子前后还有三条潺潺流动的小河，河边全是树，像两道绿墙，清风吹过，波澜不兴，树叶簌簌作响，景色简直比晋祠还美。那时洗衣用皂角，村里有一棵巨大的皂角树，四五个人都抱不过来，一季收获，够全村人用上一年。到了秋天，皂角熟了，变成了黑紫色，捣烂了可以当肥皂，这时全村人都聚在树下分皂角，很是热闹。皂角在洗衣石上捣碎后，种子会随河水漂落到岸边的泥土里，春天就长出新的皂角苗。小村庄，大自然，草木之命生生不息，孩子们的心里阳光满地。他们吵吵嚷嚷，比赛看谁发现了一株最大的皂角苗，然后连泥捧起种到自家的院子里。

我家院子里长着两棵大树。一棵是核桃，一棵是香椿，直翻到窑顶上遮住了半个院子。核桃，不用说了，收获时，挂满一树翠绿滚圆的小球。大人站到窑顶上用木杆子打，孩子们就在树下冒着"枪林弹雨"去拾，虽然头上砸出几个包也喜滋滋的，此中乐趣无法为外人道。[3]

院子里，有香椿树、核桃树，院外还有两棵大槐树，小时候活泼好动的梁衡除了和小伙伴到河边捉鱼捞虾，戏水游玩，还喜欢爬树。有时母亲做好了饭，四下找不见人，喊了几声，听到他高兴地应声"我在这儿呢"，母亲抬头一看，原来人在树上呢。

院子里老香椿树的根不知何时，从地下钻到梁家的窑洞里，又从炕边的砖缝里伸出几枝嫩芽。就这样无心去栽花，终日伴香眠。

香椿炒鸡蛋是一道最普通的家常菜，但我吃的那道不普通。每当我有小病，或有什么不快要发一下小脾气时，母亲安慰的办法是，到外面鸡窝里收一颗还发热的鸡蛋，回来在炕沿边掐几根香椿芽，咫尺之近，就在锅台上翻手做一个香椿炒鸡蛋。那种清香，那种童话式、魔术般的乐趣，永生难忘。当然炕头上的记忆还有很多，如在油灯下，枕着母亲的膝盖，看纺车的转动，听远处深巷里的犬吠和小河流水的叮咚。[4]

出了院子，大门外还有两棵树，一棵是槐树，另一棵也是槐树。大的那棵五六个人也搂不住，在孩子们眼中就是一座绿山，一座树塔。小槐树下总是拴着一头牛或一匹马。主干以上枝叶重重叠叠，浓得化不开。上面有鸟窝、蛇洞，还寄生有其他的小树、枯藤，像一座古旧的王宫。爬小槐树，是孩子们每天必修的功课。隐身于树顶的浓荫中，捉着空中迷藏。

有树必有动物。村里的野物当然也不离古树。各种鸟就不用说了，松鼠、黄鼠狼、獾子、狐狸的造访是家常便饭。夏天的一个中午，正日长人欲眠，突然老槐树上掉下一条蛇，足有五尺多长，直挺挺地躺在树荫中。一群鸡，虽以食虫为天职，但还从未见过这么大的虫子，一时惊得没了主意，就分列于蛇的两旁，圆瞪鸡眼，死死地盯着它。双方相持了足有半个时辰。这时有人吃完饭在河边洗碗，就随手将半碗水泼向蛇身。那蛇一惊，嗖的一下窜入草丛，蛇鸡对阵才算收场。现在，就是到动物园里，也看不到这样的好戏。

还有一天的晚上，我一个叔叔串门回来，见树下卧着一个黑影，便上去踢了一脚，说："这狗，怎么卧在当道上！"不想那"狗"嗖的翻身逃去。星光下分明是一条狼。大约是来河边喝水，顺便在树下小憩片刻。第二天听了这故事，很令人神往，我们决心去找这只狼。长期在农村，早得了关于狼知识的秘传：铜头、铁身、麻秆腿。腿是它的最弱项。傍晚时分，四五个孩子结伴向村外走去。随身带上镰刀、斧头、绳子，这些都是平时帮大人打柴的家什。大家七嘴八舌，说见了狼，我先用镰刀搂腿，你用斧砍，他用绳捆。正说得热闹，碰见一个大人，问去干什么？答，去找狼。大人厉声训斥道："天快黑了，你们还不都喂了狼？给我回去！"[5]

那时沟里还有狐狸。狐狸特别漂亮，有时夜里会溜到院子里偷鸡。大人用绳结成套，抓住它，天亮了，就放了它。只见狐狸甩着火红的尾巴沿着沟飞快地跑了。地里有獾也有蛇，夏天还会在草丛里捡到香瓜，放到窑洞里，能香半个月。

出大门外几十步还有一条小河。流水潺潺，不舍昼夜。河边最热闹的场景是洗衣。在没有自来水和洗衣机之前，这是北方农村一道最美丽的风景。是家务劳动，也是社交活动，还是一种行为艺术。

女人和孩子们是主角，欢声笑语，热闹非凡。许多著名的文艺作品都喜欢借用洗衣这个题材。如藏族舞蹈《洗衣歌》，歌剧《小二黑结婚》等。我们山西还有一首原汁原味的民歌就叫《亲圪蛋下河洗衣裳》。印象最深的是河边的洗衣石，有黑、红、青各色，大如案板，溜光圆润。

这是多少女子柔嫩白净的双手，蘸着清清的河水，经多少代的打磨而成的呀。河边总是笑声、歌声、捶衣声，声声入耳。偶尔有一两个来担水的男子，便成了女人们围攻的目标。现在想来，那洗衣阵中肯定有小二黑、小青、亲圪蛋等。洗好的衣服就晒在岸边的草地上，五颜六色，天然图画。[6]

这里的人们勤快能吃苦，每次收工，从不空手而归。夕阳西下，隔壁的老大爷背着一大捆草，弯着腰从山梁上一点点下来，这成了梁衡对"父老乡亲"最深的印象。

下马洼村地处晋南，盛产小麦、玉米和煤。村民们多数日子吃的是玉米，日子穷困而快乐。后来，姐姐到县城里上学，家里就剩了母亲和兄弟俩。砍柴、矿上担煤，成了他们的任务。梁衡至今还记得，秋天天黑了，哥哥要跟着大人翻过一座山去煤矿担煤，半夜才能回来。那时，一盏油灯，母亲在炕上纺棉花，纺车吱吱地响，梁衡睡在旁边，半夜里迷迷糊糊听见动静，原来哥哥挑煤回来了。年幼的梁衡也会帮着家里干些简单的农活，比如上山砍柴、到地里割草、收麦子等等。清明前后，暖风吹软了柳枝，可褪下一截完整树皮管，做成柳笛，呜哇、呜哇地乱吹。

大人不洗衣时我们就在这洗衣石上玩泥，或坐上去感受它的光润。可惜，这情景永不会再有了，前几年开矿破坏了地下水，村里的三条河全部干涸，连河床都已荡平，树也没了踪影。洗衣歌、柳笛声都已成了历史的回声。[7]

对于村里的孩子来说，一年四季都有好玩的，即便是农活，也都是玩乐。从春到夏，蝉儿叫了，山坡上的杏子熟了，嫩绿的麦苗已长成金色的麦穗，该打场[8]了。割倒的麦子被车拉人挑，铺到场上，像一层厚厚的棉被，用牲口拉着碌碡，一圈一圈地碾压。孩子们贪婪地亲吻着土地，享受着燥热空气中新麦的甜香。

这是我们最高兴的时候，跟在碌碡后面，一圈一圈地翻跟斗。夏天时，在河边的青草窝里放羊，高兴时就推开羊羔，钻到母羊肚子下吸几口鲜奶，很是享受。那时也不懂什么过滤、消毒。[9]

梁衡常常是边劳动边玩，大字不识的母亲说，穷人的孩子早当家，鼓励他好好干活。

村里有两座庙，东边是岳飞庙，西边是关公庙。村里的学校就在岳飞庙。岳飞庙里有戏台，上面有很多壁画，全校总共就十几个学生，一两个老师，条件很简陋。对于岳飞庙里的学习生活，幼小的梁衡很是向往和焦急。每天看着哥哥去上学，他大哭不止，非要跟着去。终于等到了6岁，可以高高兴兴地上学了。

幼时的梁衡活泼好动，颇不安分，凡事喜欢探个究竟。也许是遗传了父亲善于思考的基因。记忆里父亲是忙碌的，他历任县政府秘书、县长等职，在县城和村里之间来去匆匆。有时母亲也会带他去城里看父亲。县政府设在号称"华夏第一州署"的霍州署衙内，旧址后有一排简单的平房，父亲就在那里办公。顽皮的梁衡对古老、高大的衙门很是好奇，有时盯着发呆，有时在里面跑来跑去，很是欢快。

晋南的霍州，北有霍山、南依汾水，古为尧都畿内，唐代号称"中州重镇"，明清时期被列为全国直隶州。这是一片写满了传奇和典故的黄土地，秦始皇先祖在霍州、民间的门神源自霍州、天下霍姓出自霍州；这块人杰地灵的大地上，有约10万年前的大张古文化遗址、"华夏第一州署"的霍州署衙旧址，还有"天下第一鼓"霍州威风锣鼓……丰富的自然、历史、文化遗产，使霍州成为古代官衙文化、根祖文化和自然景观等多种内涵并存的人文胜地。

"忆童年，最忆是黄土"[10]。他的老乡，前辈诗人牛汉，就曾以敬畏的心情写过一篇散文《绵绵土》。村里人土炕上生，土窑里长，土堆里爬。家家院里有一个神龛供着土地爷。梁衡能认字时就记住了这副对联"土能生万物，地可载山川"。黄土是他的襁褓，他的摇篮。当他古稀之年重回故乡时，忆起儿时黄土带给他的快乐——住的是土，玩的是土，吃的还是土。

农村孩子穿开裆裤时，就会撒尿和泥。这几年城里因为环保，不许放鞭炮，遇有喜事就踩气球，都市式的浪费。且看当年我们怎样制造声响。一群孩子，将胶泥揉匀，捏成窝头状，窝要深，皮要薄。口朝下，猛地往石上一摔，泥点飞溅，声震四野，名"摔响窝"。以声响大小定输赢，以炸洞的大小要补偿。输者就补对方一块泥，就像战败国割让土地，直到把手中的泥土输光，俯首称臣。这大概源于古老的战争，是对土地的争夺。孩子们虽个个溅成了泥花脸，仍乐此不疲。这场景现在也没有了，村子成了空壳村，新盖的小学都没有了学生。空空新教室，来回燕穿梭。村庄没有了孩子，就没有了笑声，也没有人再会去让泥巴炸出声了。[11]

农家的孩子没有城里人吃的点心，但他们有自己的土饼干。不是"洋"与"土"的土，是黄土地的"土"。

在半山处取净土一筐，砸碎，细筛，炒热。将发好的面拌入茴香、芝麻，切成条节状，与土混在一起，上火慢炒至熟，名"炒节子"。然后再筛去细土，挂于篮中，随时食用。这在城里人看来，未免有点脏，怎么能吃土呢？但我们就是吃这种零食长大的。一种淡淡的土味裹着清纯的麦香，香脆可口。天人合一，五行对五脏，土配脾，可健脾养胃，村里世代相传的育儿秘方。[12]

土能玩，能吃，还能疗伤。一次梁衡不小心，一个跟斗翻在场边的铁耙子上，耙齿刺破小腿，鲜血直流。大人说："不碍，不碍。"顺手抓起一把黄土按在伤口上，就算是止血了。至今腿上还有一块疤痕，留作了永久的纪念。

也许就是这次与土地最亲密的接触，土分子进入了我的血液，一生不管走到哪里，总忘不了北方的黄土。现在机器收割，麦场是彻底没有了，牲口也几乎不见了，碌碡被可怜地遗弃在路旁或沟渠里。有点"九里山前古战场，牧童拾得旧刀枪"的凄凉。[13]

这里是梁衡的根。乡村生活和黄土地给了他厚重、质朴、顽强而不拘一格的秉性。对自然、土地、农村、乡亲的热爱，对美、真、善的追求，都可以在这里找到源头。

他说：童年在农村的生活是我的根，以后开花结果总能找到这个农村细胞。[14]

这片黄土地上的窑洞也给梁衡留下了永恒而温暖的记忆：

我想起小时躺在家乡的窑洞里，身下是暖乎乎的土炕，仰脸是厚墩墩的穹顶，炕边坐着做针线的母亲，一种说不出的安全和温馨。[15]

对乡村的感情，对黄土地的感情，对父老乡亲们的挚爱，在梁衡的很多文章中都可以看到。在《热炕》中，他这样写道：

我在一旁静静地观察着她，微胖的身子，忠厚的脸膛，固执的热情，再加上身下这盘热烘烘的土炕，一种似曾相识的意境回到我的身旁。我像在梦里，又回到了童年时的小山村。我忘不了，那时家里一来了客人就先说上炕吃饭，以至后来进了城，不理解怎么来了客人只说抽烟、喝水。久违了，这纯朴的乡情。久违了，这盘热烘烘的土炕。[16]

及至晚年，梁衡的文学创作转向了人文古树系列，回归自然，童年的记忆便自然而然地流露出来，在青山绿水间从容欢唱。

2017年2月7日，71岁的梁衡回到阔别60年的故乡——霍州辛置镇下马洼村。"在我的记忆里，村里是一个世外桃源，树木葱葱，水流淙淙，有十几处泉眼。"他边走边说。可离开了60年的故乡，物是人非，值得凭吊的美好记忆都没有了。

我问自己，既知消失何必来寻呢？这就是矛盾，矛盾于心成乡愁。去了旧事，添了新愁。历史总在前进，失去的不一定是坏事。但上天偏教这物的逝去与情的割舍，同时作用在一个人身上，搅动你心底深处自以为已经忘掉了的秘密。[17]

梁衡的故居在村子中间，是一座现在还保存完好的五孔砖窑，侄女说："我妈常讲起你：你伯伯就是生在这个窑里，成了才，你就在这个窑里生娃吧！将来娃长大也有出息。你伯伯小时候，年龄很小就跑到学堂听课，钻在桌下听讲。"

梁衡还见到了发小梁黄丑。一别60年，当年的少年再见时已满头白发。黄丑说："你是鲁迅，我就是闰土。"临别时，两人拥抱，老泪纵横……离开县里时，当地请他写点什么。他随手写了一首小诗：

何处是乡愁，云在霍山头。

童年常入梦，杏黄麦子熟。

返京后，很少写"私情"的梁衡罕有地写了《何处是乡愁》，写下了常常入梦的故乡、童年，写下了他心中永远的乡愁。

乡愁，这个词有几分凄美。原先我不懂，故乡或儿时的事很多，可喜可乐的也不少，为什么不说乡喜乡乐，而说乡愁呢？最近回了一趟阔别六十年的故乡，才解开这个人生之谜。

…………

岁月的双手，就当着你的面将最美丽的东西撕裂。这就有了几分悲剧的凄美。但它还不是大悲、大恸，还不至于呼天抢地，只是一种温馨的淡淡的哀伤。是在古老悠长的雨巷里"逢着一个丁香一样的结着愁怨的姑娘"。乡愁是留不住的回声，捕捉不到的美丽。[18]

［1］　梁衡.何处是乡愁（外一章）.人民日报，2017-03-29（24）.

［2］　梁次文（1910—1996），原名梁达理，山西霍县下马洼村人。1926—1932年曾在山西省立第一师范学习。1937年参加霍县抗日牺盟会，后到临汾八路军军政培训班学习。新中国成立后，曾任霍县师范学校校长、霍县县政府秘书。1952年5月至7月，任霍县县长。1952年8月调离霍县，历任太原市政法委员会秘书、审干办公室副主任、文教部科长、太原北区副区长、十五中学校长、教育学院院长、教育局顾问。

［3］　同注［1］.

［4］　同注［1］.

［5］　同注［1］.

［6］　同注［1］.

［7］　同注［1］.

［8］　场，就是一块被碾得瓷实平整、圆形的土地。打场是粮食从地里收到家里的最后一道程序，再往下就该磨成面了。

［9］　同注［1］.

［10］　同注［1］.

［11］　同注［1］.

［12］　同注［1］.

［13］　同注［1］.

［14］　成青华，董岩，等.倾听梁衡：在新闻、文学与政治之间.北京：新华出版社，2004：5.

［15］同注［14］：6.
［16］同注［14］：6.
［17］同注［1］.
［18］同注［1］.

2

父亲的书房

7 岁时，梁衡挥别了乡村生活。1952 年 8 月，父亲梁次文调任太原市政法委员会秘书。第二年，梁衡一家从霍县来到太原。母亲进城后有了城市户口，但一直是家庭妇女的身份。爷爷还在农村，在太原读书的梁衡，每年暑假都要和母亲回农村探亲，割草、打柴、放羊，帮着干地里的活。

在太原，学校和家里仅一墙之隔。有时忘记拿书本了，常常会隔着墙向母亲高喊，她听到后赶忙把书本找到，扔过墙去。梁衡一家在太原的生活朴素而简单，五口人挤在一间半的房间里，母亲操持家务，孩子一放学回来，就会问饿了吧，然后赶紧把饭菜端上桌。父亲工作繁忙，有时下班后，同事也会找到家里谈工作。父亲幽默，很会做思想工作，让听者释怀。

在太原，梁衡度过了少年时代。先后在杏花岭小学、新建路小学、太原十二中读书。父亲喜欢读书，在家里常常手不释卷，看到好文章，不由得连连赞叹。望子成龙的父亲也让他背书，天生爱书的他总是很自觉地去背，从不觉其苦。放学后，梁衡还常常溜到父亲的办公室，埋在大椅子里抱着书本，看得入迷，浑然忘我。同事、朋友们都知道，老梁有个爱读书的儿子。

> 那时候人很小，两手捧举拿着一本厚厚的书，半躺在父亲的藤椅里看。有人进来时，经常只看见书，看不见人。[1]

梁衡小学三年级开始背古诗，中学开始读词。在父亲的指导下开始课外阅读。最早的读本是《千家诗》，后来有普及读本《唐诗 100 首》《宋诗 100 首》及《唐诗选》《唐诗三百首》，还有以作家分类的选本诗集等。

五年级时，看了《林海雪原》。他还喜欢翻看姐姐的课本，姐姐的高中课本里有些古文，梁衡接触的第一篇古文是苏轼的《赤壁赋》，后来又看到李白、白居易的诗，觉得好得不得了，那些意蕴深远、优美凝练的古典诗文给了他最初的文学美感。

人生不能无诗，童年更不能无诗。和一般小孩子一样，梁衡最先接触的古典诗人是李白。

"床前明月光，疑是地上霜"，奇绝的句子和意境（意境这个词也是后来才知道的），让他看了很兴奋，就像读小说读到了武侠。如："日照香炉生紫烟，遥看瀑布挂前川。飞流直下三千尺，疑是银河落九天。""一为迁客去长沙，西望长安不见家。黄鹤楼中吹玉笛，江城五月落梅花。"小孩子并不懂这是浪漫，只觉得美。

后来读到白居易的《卖炭翁》《琵琶行》，"浔阳江头夜送客，枫叶荻花秋瑟瑟"，又觉得这个好，只是还不懂这是叙述的美。再后来读马致远的元曲《天净沙·秋思》："枯藤老树昏鸦，小桥流水人家，古道西风瘦马。夕阳西下，断肠人在天涯。"不说人，不说事，只说景，特别生动，有一种说不出的味道。

这种说不出的味道，梁衡以后才知道就是王国维讲的"一切景语皆情语"。背诵诗词，就是让这种表现意境和韵律的美感，不断地濡染自己的心灵，在朦胧中接受美的熏陶。

中学时，梁衡是语文课代表，书中的每一篇古文都是熟背的，常帮老师考同学背书。诗意的情怀在潜移默化中渐渐形成，为他后来的文学创作打下了扎实的基础。

在太原十二中时，高一有四个班，梁衡在高中二十班。

当时国家经济形势严峻，高中生每人每月定量31斤粮，食堂一日三餐，每天九两粮，剩下的三四斤自己掌握。老师们的定量比学生还少，只有27斤。忍饥挨饿是大家面临的共同问题。相比之下，梁衡家里条件还算好的。

学生们经常参加劳动。开学没几天，学校就组织他们去西山横岭帮助农民秋收。

这是太原西北吕梁山里的一个小村。

人口不多，土地不少。虽落后，但还能吃饱饭。乡亲们很厚道，小米山药焖饭管饱，白菜萝卜粉条熬一锅随便舀。大家吃得心满意足。割豆子、刨山药、打场，梁衡对这些农活，对乡村生活再熟悉不过，干起来轻车熟路。干了一上午，吃过饭后，大家有些昏昏欲睡，班长张书田就领头唱起

1958 年 6 月 22 日，太原，全家福，
梁衡（后排左一）12 岁

"起来，饥寒交迫的奴隶……"，雄壮的《国际歌》如同号角，鼓舞着大家迈着沉重的步伐走向田间地头。

他们去横岭秋收 20 天，下山后又到学校农场劳动 10 天。这种经常性的劳动在高中生活中持续了三年。这在今天是不可想象的。

在 20 世纪 60 年代，即使高三复习高考时，也要参加校内劳动，如食堂帮厨、运冬菜、打煤饼、清理环境卫生等。整个三年中，劳动占了教学的四五分之一。劳动使学生们从小懂得了生活艰辛、衣食不易，养成了勤劳俭朴的作风，对了解社会、培育忧国忧民的情怀大有裨益。

在高中同学韩丹尼印象中，梁衡不住校，他衣着朴素、相貌普通，性格内向，不多说话。

梁衡从不和同学打闹、耍笑，更不出风头。他有点少年老成，言语不粗鲁，说话办事不急不躁，写字工整，课本作业、文具书包都收拾得干净利索。比我们要斯文得多。[2]

梁衡碰上了不少好老师。他在《数理化通俗演义》里曾谈到他的高中语文老师李光英。

当时，李老师 60 多岁了，样貌苍老，衣衫破旧，戴着一副大大的老花镜，看人时要眼睛从镜框边上才能看清，像是从旧社会过来的

老先生。课上，经常顾了书本，顾不了堂下。有的同学上课时，你讲你的，我干我的。实在不像话时，也不会责骂，只是惋惜地长叹一声。

李光英老师家里有一大箱一大箱的线装书，都是一些经史子集，用那种大樟木箱子装着。他讲课时可以面对学生，手指夹拿着粉笔，不看后面的黑板，随便勾出一幅画图来。讲到杜甫的诗，"柴门鸟雀噪，归客千里至"，他随便点几只麻雀，画一个长袍大褂的人，意境就出来了，学生的兴致也非常高。他能把古文念出味道来，让学生愿意听，愿意学。老师注重培养学生的兴趣，学生有兴趣，学起来就轻松，很享受。

有一次，李老师的钱包被偷了。本来就不会料理生活的他又气又急，很是沮丧。在课堂上忍不住吐槽，他不骂小偷，却骂自己无能无用。说自己饭不能做，衣不会洗，灯泡坏了也不会换，一辈子只能教书，窝囊透了。老师的苦闷，同学们不但没有嘲笑，还捐出了自己的零用钱，帮老师渡过难关。有的同学后来猜测，一定是语文课代表梁衡组织了这次捐助活动。

他是李老师最器重的学生。同学们印象最深的是他对语文的痴迷。

梁衡读课文的神态很特别，之乎者也，抑扬顿挫，甚至手舞足蹈，旁若无人，完全沉醉在文章的意境中。班上的体育委员贺倬曾写了一篇《摇头晃脑与笑哈哈》的短文，贴在教室的墙报栏里。[3]

对于这样的恶作剧，一般同学定会掀起一场风波。但梁衡不哭不怒不反击，若无其事，照旧一声不响地干自己的事。最后反而让贺倬等人觉得很无趣。

正青春的热血少年，遇事能这样处理，显现了梁衡超强的自制力和修养。从小养成的冷静、执着与坚韧的品格，为他日后成就一番事业埋下了伏笔。

除了文学，梁衡还热爱美术。这一兴趣可以追溯到很早，那时他脖子上还系着一条红领巾。一位年轻的美术老师给幼小的梁衡种下了一个画家梦，但1957年反右派斗争，这个老师被打成"右派"，梁衡的美梦也随之破灭。梁衡在《试将稿纸当画纸》一文中谈到了这段经历对他的影响。

学校里有个美术组，我是积极分子，而且自己还买来一本傅抱石的《山水画技法》，看那势头，是必要成家了。可是在反右派斗争中，我们只有二十几岁的美术老师被反掉了，这群美术娃子也就树倒猢狲散，我的美术梦自然也就破灭了。画家是做不成了，但那旧日的梦还时时会偷偷地现出来与我相会。虽然这梦是依稀的，但她却悄悄地护佑着我的笔墨。[4]

家庭的熏陶、阅读的启蒙，一点一点打开了梁衡对美丽世界的感受和追求，敏感多思、富有诗意的情怀渐渐形成。他对美的发现与感悟在年少时便初露端倪。

大约是中学快毕业的那年。一次我骑车夜归，飞驰在府东街上。夏夜，凉风习习，月明如水。路旁是一色的垂柳，树很高，枝却又柔又长，一直低垂下来，能拂着行人的脸。路灯都给埋在柳丝里，于是这一把把的绿梳，便将那一盏盏的银灯，梳出一缕缕的柔光。树冠是一律向上鼓着，先鼓成一个大圆团，然后再散落下来，千丝万缕，参差披拂，在水银灯光中幻出奇怪的颜色，像阳光下的喷泉，像节日里的礼花。[5]

少年梁衡被这美丽的夜色征服了，一面飞快地蹬车，让凉爽的夜风鼓满自己的衣襟，一面不时伸手去抓那空中垂下来的柔条。不知怎么，他突然想起苏轼"老夫聊发少年狂"的词句来。而他当时，正是少年自狂，他被自己发现了这个城市的美而激动着。

我正在这样自我陶醉，突然发现前面有块砖头，自行车猛地碰上，跃起，一下横摔在马路上。路边乘凉的人轰的一声笑了。我拍拍被摔麻的手，赶快扶车离去。我想，他们刚才一定看见了我如醉如狂的动作。但我不后悔，这个美丽的夜晚，我发现了你，太原。[6]

1963 年，梁衡中学毕业。

在东方红照相馆拍的一张毕业照上，17 岁的梁衡，目光炯炯，嘴巴紧闭，青涩的脸上充满了坚定和向往的神采。

这一年夏天，高考结束后，梁衡遵从父命，去附近的菜站干活。

考完试，很多家庭的父母是让孩子好好轻松一下，痛快地玩。我父亲不这样，他很注重让孩子劳动。从小学到中学，假期我常常回老家帮爷爷干活，父亲觉得这是很好的锻炼。也正是这样，让我的自立能力从小得到了培育。[7]

1963 年，梁衡 17 岁，
中学毕业

干了一个多月，就在菜场拿着秤杆卖菜时，梁衡接到了大学录取通知书，高兴得不得了，周围全是大家啧啧的赞叹声和羡慕的眼神。

当时班上 45 个人，梁衡平时成绩在全班只是中等，但文科很好。高考时，全班只有他一人考到了北京——中国人民大学，全国重点大学。

遥远而神圣的北京一下子近在咫尺，新的生活即将开始。

多年后，成为著名作家的梁衡，被无数次地追问成功密码。他在《我的阅读与写作》中说，自己的文学成长归功于阅读。

我赶上了一个好时代，中学时正是"文革"前中国社会相对稳定，重视文化传承的时期，国家组织出版了一大批古典文化普及读物。由最好的文史专家主持编写，价格却十分低廉，如吴晗主编的《中国历史小丛书》，几角钱一本；中华书局的《中华活页文选》，几分钱一张。不要小看这些不值钱的小书、单页，文化含金量却很高，润物无声，一点一滴给青少年"滴灌"着传统文化，培养着文化基因。这是我到了晚年才回头感知到的。说到阅读，我是吃着普及读物的奶水长大的。

[1]　成青华，董岩，等. 倾听梁衡：在新闻、文学与政治之间. 北京：新华出版社，2004：11.
[2]　摘自董岩对韩丹尼的采访，2019 年 5 月 30 日，山西太原。

［3］　同注［2］.
［4］　梁衡. 只求新去处：梁衡散文选. 北京：作家出版社，1994：262.
［5］　同注［4］.
［6］　同注［5］.
［7］　摘自董岩对梁衡的采访，2014 年 8 月 9 日，北京万寿路甲 15 号。

3

铁狮子胡同

1963 年的夏天，17 岁的梁衡被中国人民大学历史档案系录取。

他打点起行装，风尘仆仆地开始了人生的第一次远行。

他的志愿是学中文，不承想却进了一个社会上许多人都不知道的历史档案系。这是一个机要专业，对政治出身要求很高。

当时，报考大学的高中毕业生所在学校都要对学生进行政审。政审结论基本分为四类：（1）可录取机密专业；（2）可录取一般专业；（3）降格录取；（4）不宜录取。梁衡是革命干部子弟，又是知识分子家庭出身，大概很符合专业要求，所以被选中学这门专业。

尽管内心多少有点遗憾，但新鲜的大学生活很快打消了这种感觉，他兴奋地融入了新生活。

那时，国家每年都要在北京天安门广场举行国庆大游行，大学生是其中重要的队伍。大学新生入学后，一个任务就是训练方队，为国庆游行做准备。上课、读书、操练，崭新的大学生活就这样开始了。

在梁衡入学的前一年，中国人民大学才开始招收应届高中毕业生，学制 5 年。

梁衡所在的班里有 24 人，只有 3 个女生，年龄最大的同学比他整整大 6 岁。全班有 22 人来自外地，有干部子弟，也有湘西深山里的孩子，打着赤脚在学校里进进出出。后来，这个班上出了三个部级干部。

刚进校时，每人每月伙食费 15.5 元，8 个人一间宿舍，上下铺，大家轮流值日，宿舍打理得很整洁。人们彼此信任，没有隔阂。

当时国家为了筹建档案学院，由苏联专家帮助在人民大学成立了档案系。中苏关系破裂，专家撤走，历史档案系就留在了人大。我们班人不多，24个同学来自天南海北，大家一起上课、读书、游泳、滑冰，一起劳动。关系融洽，很团结，很真诚，很纯洁。你有缺点，我就指出来，会虚心接受。有了问题，还会夹着马扎，找一地方，坐下来谈心。大家就像兄弟姐妹一样，彼此关心，互相帮助。[1]

清瘦的身材，厚重的眼镜，朴素的衣衫，开心的笑容，这是梁衡大学时代的影像。

这张照片摄于 1964 年 5 月 9 日，春光明媚的午后。

时年 18 岁的梁衡正读大学二年级，身后的建筑便是铁狮子胡同 1 号，当年段祺瑞政府所在地。

校园幽美清静，有着浓浓的历史文化氛围。

这也是梁衡在人大老校区留下的唯一一张照片，记不清是哪个同学拍的了。

当时中国人民大学有东六系和西六系共 12 个系。东六系以经济学为主，西六系以文学为主。新闻

大二时，在中国人民大学校园内，
梁衡 18 岁

系、语文系和历史档案系一年级新生总共加起来也就 70 来人，这 3 个小系还在铁狮子胡同的旧址，其余 9 个系已迁到西郊新校区。

春天里，雪白的珍珠梅和艳红的月季在校园里热烈地绽放，这样的大学生活怎能不愉快呢？

在北京地图上，从东城区宽街十字路口往东是一条在中国历史上非常有考据意义的胡同。近现代以来几件大事都发生在这条街上。这就是铁狮子胡同，现在的张自忠路。

铁狮子胡同的历史可以追溯到三百多年前的大明朝。深得崇祯皇帝宠爱的田贵妃娘家在此，李自成手下大将刘宗敏霸占吴三桂爱妾陈圆圆也发生在这里。到了清朝，康熙第九子胤禟的贝子府在这条胡

同里，雍正称帝后，胤禵首当其冲被清理，被骂为"塞思黑"（满语，"猪"）囚禁起来。其宅第赐予雍正第五子和亲王弘昼。和亲王嗜好特殊，喜好搜集为自己殉葬的物品，常排演为自己出殡的仪式来取乐。和敬公主、恭亲王后代都曾居住于此。

到了民国时期，铁狮子胡同更是见证了历史风云。

和亲王府，清末改为贵胄学堂，后来成为北洋政府的海军部。民国十四年（1925），是段祺瑞临时执政府所在地。

北洋政府外长顾维钧曾居于此，1925 年 3 月 12 日，59 岁的孙中山在顾宅内溘然长逝。1926 年，"三一八"惨案就发生在这个大门前。鲁迅先生写下了著名的《记念刘和珍君》。日伪时期，日军华北驻屯军司令部设于此。新中国成立后由中国人民大学使用，曾是人大清史研究所所在地，如今作为全国重点文物保护单位，成了人大老校区面向社会开放的著名景点。

这条胡同、这座校园，布满了历史兴衰的种种印记，让梁衡心生敬意，荣誉感和自豪感油然而生。在这样的环境中上课，学习经典，也是他最难忘怀的。

铁狮子胡同那个宁静的校园，曾是鲁迅先生不能忘却的刘和珍君牺牲的地方，明净的教室被掩映在一树树硕密的木槿花中，图书馆的楼下也泛起了阵阵清香，满园的丁香已然开放。和着淡淡的月色，让人想起了宋人"暗香浮动月黄昏"的诗句。[2]

早在 1954 年 10 月，在《关于重点高等学校和专家工作范围的决议》中，中国人民大学便是指定的 6 所全国性重点大学之一。其余 5 所高校是北京大学、清华大学、北京医学院、北京农业大学、哈尔滨工业大学。

1959 年 5 月 17 日，中共中央发出《关于在高等学校中指定一批重点学校的决定》，指定 16 所高校为全国重点大学，试招研究生。其中就包括中国人民大学、北京大学、清华大学、中国科技大学、北京航空学院。

1960 年 10 月，中央决定再增加一批全国重点高等学校，原有的全国重点高等学校和新增加的全国高等学校共 64 所。其中，综合性大学 13 所，中国人民大学、北京大学、复旦大学位列其中。[3]

截至 1964 年 10 月，又新增浙江大学、厦门大学、上海外国语学院、南京农学院（现南京农业大学），全国重点大学达 68 所，其中高等教育部直属大学 23 所。

常言道，大学之大不是校园之大，而是学问之大，学术之专，视野之宽。

梁衡从三晋之地来到首都，天高云淡，朔风清凛，天地似乎一下子开阔了许多。

在中国人民大学，他学的是政治理论，感受到的是浓浓的政治氛围。新生入学后，每人都领到了一个马扎，开会、听报告，把马扎就地一放，大家整齐而坐，然后是各个班级唱歌、拉歌。食堂没有凳子，吃饭全都站着吃。那时学校没有大礼堂，开会时大家便将饭桌推到一边，排好队把马扎一坐，聚精会神地听。那阵势完全是部队作风，当年陕北公学的影子犹在。

30 多年后，梁衡在清华大学演讲时说：

清华是个很神圣的学府，我自己是人大毕业的。我到清华一看，就很为我的母校鸣不平。清华好阔啊，我有一个比喻，清华、北大给人的感觉就像大宅门。人大就像我们的根据地、革命老区，总是富不起来。[4]

中国人民大学的历史可以追溯到 1937 年。其间历经陕北公学、华北联合大学、华北大学、中国人民大学几个主要阶段，有着光荣的历史和传统。

华北大学的前身是 1937 年创办的陕北公学，简称"陕公"[5]，1939 年合并鲁迅艺术学院等校迁往后方，改名华北联合大学。从陕北公学到华北联大，创造社元老、著名左翼文人成仿吾[6]一直担任校长。办学的重中之重，是对参加革命的大小知识分子进行短期政治培训，将他们培育成方方面面的干部。

1948 年，随着战争的节节胜利，中共中央决定合并华北联合大学和北方大学，成立华北大学，吴玉章[7]任校长，成仿吾和原北方大学校长范文澜任副校长。

华北大学进京后，有多年办学经验的成仿吾深知校舍的重要性，第一时间在东城区接管了大批房屋，最主要的两处，就是铁狮子胡同1号原段祺瑞执政府和崇礼故居。后者成为华北大学校部。

1950年10月3日，华北大学与华北革命大学合并成立中国人民大学，吴玉章出任校长，任期长达17年，直至去世。原华北革命大学副校长胡锡奎[8]任副校长兼党组书记、教务长（时称教务部长）。成仿吾任副校长，兼研究生院院长，时称研究部长。[9]

中国人民大学是在党中央直接关怀下创立和发展起来的一所社会主义新型大学，这一表述，确定了中国人民大学的政治地位。

据李新的《流逝的岁月：李新回忆录》所述，从陕北公学到华北大学各级干部多是来自城市的知识分子，被称为"洋包子"，而华北革命大学的主力是一批"三八式"干部，被称为"土包子"。中国人民大学建校之初，请来大批苏联专家，作风洋化，办学方向是苏联式的正规大学。"洋包子"对此比较接受，他们能比较快就说俄语，唱苏联歌曲，吃面包黄油，跳舞。"三反"运动中，"洋包子"颇受打击。

不久，成仿吾调任东北师范大学校长，邹鲁风[10]、聂真[11]先后调入人大任副校长，崔耀先[12]任党组领导下的党委书记。中国人民大学从1950年到1956年，既有校党组又有校党委，党组在党委之上。

在东四六条38号的校部里，还保留着战争年代的传统，不分办公区和生活区，办公室和宿舍相邻。所以，出了办公室，便能看到锅碗瓢盆和晾晒的衣服，这样的场景在北大、清华是绝对看不到的。

作为中共自己创办的第一所大学，中国人民大学领导阵容极强，当年乃国内高校之冠。1955年供给制取消后，政府制定了行政级别体系，行政八级以上为部级。校长吴玉章不仅是中央委员，还是中共元老，级别是国家领导人的行政三级；副校长兼党组书记胡锡奎和另外两位副校长成仿吾、聂真都是行政六级；另一位副校长邹鲁风是行政七级。这些人里，最有名的是吴玉章和"创造社"发起人之一成仿吾。[13]

在李大兴的《东四六条里的人民大学》中，学校几位负责人保留了谦谦君子的风度，争论起来对事不对人，面子上彼此过得去，为将来再见留有余地。人民大学的校长书记，不是书斋里的学者，他们是从革命队伍里成长、浴血沙场的知识分子。革命者和知识分子的双重身份，使这所大学呈现出与众不同的气质：关注社会和政治，注重实践，注重对学生政治思想觉悟和品德的培养。

与时代共命运、与国家共命运的使命感，救国图强舍我其谁的责任感，使校园里弥漫着浓厚的革命理想主义和革命浪漫主义色彩。

那些从战争年代走过来的教育家、革命家言传身教，给了我们很大的激励。中国人民大学的校长吴玉章和副校长郭影秋，是集政治家、思想家、历史学家于一身的典型，文学功底深厚，诗词写得非常好，现在的高级领导干部很难达到那个水平。辛亥革命老人、留法俭学运动的主要推动者、党的老前辈、"延安五老"之一的校长吴玉章跟学生们一起照相时，还穿着打补丁的衣服。他坐在前排的椅子上，后面站着一排同学，大家一看，吴校长肩膀上还有一块补丁，同学们都很崇敬他。[14]

吴校长历经戊戌变法、辛亥革命、讨袁战争、北伐战争、抗日战争、解放战争、新中国建设而成为跨世纪的革命老人，他参加过南昌起义，与董必武、林伯渠、徐特立、谢觉哉一起被尊称为"延安五老"。他把自己的一生，献给了革命，献给了教育事业，献给了青年。他认为，高等教育要坚持理论联系实际，反对机械搬用外国经验；他兼任文字改革委员会的主任，倡导根据文字的科学化、国际化和大众化原则，推行汉字简化和汉语拼音方案，1956 年主持公布了《汉字简化方案》，中国人民大学的牌子率先改成了简化字；他 88 岁高龄时还登上讲台讲党史。

"一个人做点好事并不难，难的是一辈子做好事，不做坏事，一贯地有益于广大群众，一贯地有益于青年，一贯地有益于革命，艰苦奋斗几十年如一日，这才是最难最难的啊！"这是毛泽东 1940 年 1 月 15日在中共中央为吴玉章补办六十寿辰庆祝会上的讲话。毛泽东当时还说："我们的吴玉章老同志就是这样一个几十年如一日的人。"

1960 年 5 月，80 多岁的吴玉章写下一首"自励诗"："春蚕到死丝方尽，人至期颐亦不休。一息尚存须努力，留作青年好范畴。"

梁衡清晰地记得，在开学典礼上，德高望重的吴校长说："同学们，我年纪大了，精力不行了，我向中央请求，派一个年轻的干部来。"郭影秋[15]副校长随即抱拳出来，和师生们打招呼，很是亲切。

中国人民大学自建校后至1963年初，特别是1959年的"反右倾"斗争和1960年的"反修"教学检查，校系领导与教学骨干受批判的有近百人之多，两次政治运动使学校元气大伤。鉴于这种状况，吴玉章急请周恩来为他选派一名得力助手，原拟调任国务院副秘书长或教育部部长的郭影秋，就被改派到中国人民大学主持工作。[16]

1963年5月，郭影秋只身来到中国人民大学，拿着组织介绍信和党的关系到党委办公室报到。

职业革命家出身的郭影秋，早年从事地下工作，曾担任冀鲁豫军区政治部主任、解放军某军政治部主任等职。1949年后还曾担任云南省省长。郭影秋钟爱教育事业，后来辞去省长之职，任南京大学校长。他对明史很有研究，诗词造诣高深，著有史学研究专著《李定国纪年》。

郭影秋强调要加强专业基础课，又指出必须从学生的学习时间和接受能力等实际出发，要贯彻"少而精"的原则。他说，"少而精"关键不在于"少"，而在于"精"，不是教学内容简单的削减，而是精湛之少。这样才有助于学生独立思考、生动活泼地学习，才能真正做到专业基础打得扎实，提高教学质量。要做到"少而精"主要靠教师，只有教师水平提高了，才能做到去粗取精、深入浅出。

他在抓教学的同时，也十分重视科研。他根据周恩来和董必武的愿望，领导筹建中国人民大学清史研究所，亲自兼任该所的前身清史研究小组组长，确定研究方向，制订研究规划，参加学术讨论，评价研究成果。

生活上，郭影秋对自己和家属要求十分严格。他在报刊上发表诗文后，寄来的稿酬一律退回。组织上分配供他使用的汽车，不让家属乘坐，甚至顺路搭车也不允许。

1964年10月16日，新中国第一颗原子弹试爆成功，当晚中央人民广播电台连续播放了《新闻公报》《中华人民共和国声明》，《人民日报》印发了号外。梁衡和同学们都很兴奋，跑到操场去庆祝。郭影秋也到了操场，给大家讲国际形势、讲原子弹爆炸的意义，一讲就是一个小时。操场上鸦雀无声，同学们听得入迷，又很兴奋，感到自己的前途命运是和国家、世界连在一起的。

副校长孙泱[17]曾做过朱德的秘书。其父是朱德挚友、烈士孙炳文，两人曾一起留学德国，在周恩来的介绍下一同加入中国共产党。周总理的养女——导演孙维世是孙泱的妹妹。孙泱曾留学日本，先后在八路军野战政治部、东北军区政治部工作。他对国民经济计划学理论颇有研究，著有《我国过渡时期社会主义经济规律》《我国第一个五年计划的故事》等。

这些学校领导，能文能武，乃治世之能臣、征战之良将，同时又才华横溢、博学练达，不同流俗、德被四方……革命家的风范，在潜移默化中影响着学生。在梁衡心里，知识分子＋革命者、传统文化＋马列主义、为文为政皆有建树，才是人生理想的发展方向。

中国人民大学如同革命大家庭。有很多年轻老师，富有理想，充满热情。梁衡的班主任、讲课的老师，常和学生一起打篮球，一起学习探讨，如邻家大哥，师生之间没有丝毫的拘束和客套。

班主任王德俊比学生大不了几岁。许多年后，年逾古稀的梁衡受邀回母校作读书讲座，竟然看见80多岁的王德俊老师端坐台下，为学生捧场。

记者兼作家卡特琳·文慕贝（Catherine van Moppes）在《每个人的中国》里记录了她的所见所闻。在她眼中，20世纪60年代"文革"前的中国男女平等，人民吃苦向上，社会进步，国家主席毛泽东更伟大坚毅如岿巍之山，中国是一片充满希望和理想的土地。

政治是那个年代最大、最重要的因素。

梁衡的大学时代，没有风花雪月，有的是政治烙印，直至后来学业被政治运动中断。宿舍里，谈的是国家大事和学问。同学们经常坐在马扎上谈心，互相帮助，坦诚真挚。

梁衡和吴光是班上两个团小组的组长，吴光自发组织了毛泽东思想学习小组，梁衡积极参加。学习小组七八个人，不定期学习，一般是在下午，常常一学就是两个小时。"文革"期间，吴光曾做过戚本禹的调查，写过《戚本禹的垮台说明了什么》。

梁衡是班上年龄最小的，很聪明，喜欢文学，单纯，乐观，有正义感。我们一起游香山时，他有"要跳出樊笼飞将去"的诗句，我听了，一下就记住了。50多年后再见面时，我还记得这句诗。梁衡当《光明日报》驻山西记者时，我还曾去看过他。[18]

梁衡心无旁骛，一心读书，时刻准备为党和国家奉献一切。这是那个时代大多数青年人的生活和理想，也是那个时代人们的命运和价值观。

那时，校园的广播喇叭里经常传来阵阵歌声，明快、铿锵有力，充满了热情。

李劫夫是那个时代的音乐家，他是延安时期的文艺工作者，他很神，能把语录谱成歌。其中最有名的就是《我们走在大路上》，全国上下人人都会唱。我们到天安门参加国庆游行，同学们一上卡车，就唱《我们走在大路上》，非常好听。[19]

1962年9月，中共中央八届十中全会在北京召开。毛泽东向全党发出著名的"千万不要忘记阶级斗争"的号召。

1963年5月中共中央制定的《关于目前农村工作中若干问题的决定（草案）》认为，"当前中国社会中出现了严重的尖锐的阶级斗争情况"，要求"重新组织革命的阶级队伍"。随后，中国各地陆续开展农村"四清"运动[20]的试点，从1963年持续到1966年的社会主义教育运动由此拉开序幕。

大学生梁衡参加了"四清"。

1964年寒假一开学，"四清"就开始了，班里编队下乡。梁衡到顺义县（今北京市顺义区）驻马村参加"四清"。三个男生和一个老师睡在一个土炕上，冬天乡下的夜晚很冷。大家和村民关系很好，吃派饭，喝玉米碴子粥，吃红薯，白天调查研究、劳动，晚上和农民联欢，还在焦庄户村参观了地道战展览，整个冬天过得充实而愉快。这是梁衡参加的第一次"四清"。

随着社会主义教育运动的深入进行，中央领导在运动的性质和工作方法上出现了分歧。1965年1月，中央发出《农村社会主义教育运动中目前提出的一些问题》（"二十三条"），对"四清"运动中某些"左"的偏向做了纠正，又提出这次社会主义教育运动的重点是"党内走资派"。

1965年秋开始了第二次"四清"。

当时中央党校、海淀区委、中国人民大学师生编成一个"四清"工作团，叫海淀区团，团长是郭影秋。

历经战火锤炼的郭影秋是儒家传统里"修身齐家治国平天下"的典范。这次，梁衡来到北京西山的温泉公社，也就是中央历史档案馆所在地。在苏家坨公社参加"四清"的郭影秋有着联系群众、调查研究的工作作风。

有一次，郭影秋开会时说："我们工作队队员和村里老百姓关系好不好，可以打个比喻：假如这里又变成敌占区，老百姓能不能像当年掩护八路军一样掩护我们？"没想到"文革"中，这句话竟然成了诬陷郭影秋参加"二月兵变"的"证据"。后来，他被隔离在人大时，苏家坨公社的农民还组织了"保郭团"前往人大保护郭书记。

"文革"期间，郭影秋被关押、批斗、毒打、审讯。家属也受到牵连。夫人凌静（中国人民大学监委书记）被折磨出严重的冠心病，长期不能工作。子女也被迫离开北京，下乡劳动。精神上、肉体上严重的摧残，使郭影秋原本非常健康的身躯日渐衰弱。由于没有得到及时治疗，他后来不得不截去左下肢，造成终身残疾。

那是一个身不由己的时代，也是一段激情与理想燃烧的岁月。

1963年3月5日，《人民日报》发表毛泽东题词"向雷锋同志学习"。此后，全国广泛开展学习雷锋的活动，学习他全心全意为人民服务的共产主义精神。

1964年10月16日下午三时，中国第一颗原子弹在新疆罗布泊试爆成功。

1966年2月7日，《人民日报》以头版头条的位置发表长篇通讯《县委书记的榜样——焦裕禄》，并配发社论《向毛主席的好学生——焦裕禄同志学习》，全国掀起了向焦裕禄同志学习的高潮。

在声势浩大的革命洪流中，梁衡是不甘心落后的。

1965年，"四清"运动正在如火如荼地开展，大学三年级的梁衡成为一名年轻的党员，这个19岁的热血青年脑袋里满是"国家兴亡，匹夫有责"的信念。

那个时代，在政治上是很鼓舞人心的，虽然也有反右，可那时我们还小，所受的冲击不大。我们知道的是原子弹爆炸，学雷锋，学焦裕禄，感受的是自力更生、艰苦奋斗的革命精神。那时我们就觉得中国在一天天富强！进入社会以后，我们仍然关心政治，时刻想着奋进报国。[21]

梁衡所学的档案专业，入学教育第一个要求就是保密，要学会坐冷板凳，与社会接触少，听起来高贵，其实很不自由。

大学二年级时，历史档案系有的同学开始闹情绪了，他们很羡慕新闻系的学生。因为新闻系的大二学生已开始胸前挂着相机，实习摄影，很是时髦。[22]

大学五年间，因为参加农村劳动、参加社会主义教育运动和下连当兵等，真正的学习专业和文化的时间大大压缩了。人人都赶着去参加社会活动，没人再用心读书学习了。这种情况一直延续到"文革"，"停课闹革命"。所以，真正上课、读书的时间满打满算不超过 3 年。

有益的是，国民教育、政治运动、社会实践的锻炼，使这一批大学生跳出了书本，多了对社会的了解和实践的磨炼。虽然读书时间不多，但一些好习惯却沿袭了下来。

当时人大有一个资料卡片社，相当于现在的人大书报资料中心（其《人大复印报刊资料》十分有名）。梁衡也学着自己制作资料卡片：买来空白卡片，抄录了很多资料。20 年后，他写作《数理化通俗演义》时，资料卡片又派上了用场：他量身定制了一人高的卡片柜，抄了很多资料。卡片柜被他从山西一路拉到了北京的中央党校，毕业后又跟他回了山西。他深有感触地说，大学通常有两大作用，一是培育思想和品格，二是教给治学方法。人大给了我正直向上的理想主义，还给了我做学问的方法。

1965 年夏，老师带同学们到河北狼牙山附近的部队下连当兵一个月。

同学们每人打一背包，背包上横着枪，步行赶往永定门北京南站上车。中途路过甘家口商场，大家集体休息。梁衡姐姐家就在附近，她刚生完孩子，正在家休养。因为有纪律，尽管路过却不能去探望。

走了一上午的同学们又饿又累，上车前，梁衡就着咸菜，一口气连吃了6个二两的大馒头。

在部队，他和另一位同学被分到了火箭筒班，住在农民家里，跟着战士们值班、站岗、军事训练。

"文革"期间，形势变幻莫测，校领导都成了"走资派"，校园里贴着吴玉章的大字报，郭影秋被诬为"叛徒"。时任中宣部部长的陶铸曾来人大讲话，很受学生欢迎。结果没几天也被打倒了。

1966年秋，周恩来总理来人大，在大操场的露天台子跟同学见面、讲话，动员各地来京的同学们回去。当时梁衡在台旁维持秩序，只见周总理一身灰蓝色的中山装，穿过人群登台讲话。那是梁衡第一次近距离地看到总理，因为当时有规定，不能擅自跟总理说话和握手，只能满含敬意默默地仰视着总理，直至他结束讲话，穿过人群匆匆离去。

大学期间，梁衡最爱上的课是现代汉语、古代汉语和历史。他年纪小，可探讨问题却很有见地，悟性高。他家境不差，却非常节俭，父亲每月给的生活费他舍不得花。为了节省8分钱的邮票钱，他给家里写信说，以后要少写信。母亲听后，伤心地落了泪。

那是一个物质清贫而精神富足的时代。

朴素的校园，朴素的生活，简单而纯净。

每到新年，学校在大食堂举办晚会。钟声一响，校长会出来祝福同学们新年好。

那时的北京，天很高，天很蓝，空旷干净又文明，路上车辆稀少。从一个胡同口可以一眼望到另一头，偶有几个老太太在门口择菜；公交车上，人们互相让座。民风淳朴，岁月静好。

当时的文化氛围很好，一两分钱可以买到一份《中华活页文选》，一篇篇都是经典啊！像《过秦论》，都是有注解的，认真读，都可以读懂。学生们拿一分钱就可以买到，交换阅读。我现在还存有当时的启蒙书。《唐诗100首》0.88元，《宋诗100首》0.36元，《宋代散文选注》

0.36 元。[23]

梁衡爱吹笛子。他到王府井书店里，几分钱就可以买一张笛子曲谱，回来照着曲谱练习，生活多了些情趣。

大一、大二时，同学们每周都到中国青年出版社印刷厂去搬报纸。后来到了西郊校区，一到周日，大家就自觉到学校周围的工地找活干，义务劳动。干完了，拍拍土，再匆匆赶回学校。每个人都抢着做好事，充实又开心。

夏天，学校还组织学生到房山去参加麦收劳动，一人一把镰刀，住在村里，白天割麦，晚上学习。梁衡在日记里记下了支援麦收的情况。

一九六七年六月十四日至二十四日，到北京市房山县河北公社河南大队支援麦收。十天之内主要是劳动，也留心了一下当地的政治经济状况。[24]

梁衡从经营状况、社会改革、学习毛主席著作等方面，整理出了一份《社会调查》：

十天之内，我发现群众之中，基层干部之中有大批能干的人才。贫下中农有很多革命经验。应派出大批知识分子去当小学生。并和广大贫下中农一块发现问题，解决问题。[25]

他写下了豪情万丈的《支麦战歌》：“胸如海，志如山。出校门，见世面。红旗漫卷舞战歌，大道朝阳赴战场。”这也许是他人生的第一首诗。

1966 年 5 月 16 日，中央政治局扩大会议通过《中国共产党中央委员会通知》，简称“五一六通知”，对“二月提纲”进行了全面批判，拉开了十年“文革”的序幕。

这年暑假，梁衡回家，想起几年前夏夜里漫行街头的经历，于是便骑上自行车，夜寻太原之美。

一路上，他吃惊地发现，头上没有了柳丝，路边没有了绿荫，只有一排胡乱砍伐过后留下的树桩子。他从有名的太原十中前经过，玻璃被打得粉碎，墙上还留有弹孔，窗户里传出"下定决心，不怕牺牲"的歌声。最奇的是墙上的标语："弹洞校园壁，今朝更好看。"这也算是一种美吗？他的心在颤抖。

1966 年 8 月 18 日，首都举行有百万人参加的"庆祝无产阶级文化大革命群众大会"。参加这次大会的主要是北京和全国各地的青年学生。这是全面开展"文化大革命"的总动员。

凌晨，来自北京、哈尔滨、长沙、南京等地的红卫兵接到了"毛泽东主席将在天安门接见红卫兵小将"的消息。在学校组织下，数十万名红卫兵迅速集结到天安门广场。广场上数百万红卫兵手臂如林，挥舞着红宝书。人群汇成了巨大的红色海洋。毛泽东登上城楼，第一次接见了红卫兵。

在红色的海洋中，红卫兵梁衡激动万分，在震耳欲聋的欢呼声中，像做梦一样见到了身穿军装的伟大领袖。当时天安门观礼台上挤满了红卫兵，梁衡站在西侧，他踮着脚尖，近距离地看见毛主席顺着城楼，边走边向人群的海洋挥手致意。伟人挥手之间的伟大形象，深深地印在他的脑海里。20 多年后，梁衡先后创作了《这思考的窑洞》《假如毛泽东去骑马》《文章大家毛泽东》等 8 篇文章。从不同的视角解读伟人，解读历史，成了他的自觉使命。

1966 年 9 月 5 日，全国红卫兵大串连拉开了序幕。

从 1966 年 8 月中旬到 11 月底的 3 个多月里，毛泽东共检阅了 8 次红卫兵，人数共计达 1 200 多万。

至此，红卫兵运动达到高潮。

这一年，范仲淹后代、35 岁的老"右派"范敬宜，再次受到冲击，被"流放"到辽宁西部最贫困的建昌县插队落户，条件异常艰苦，而且一去就是 10 年。

这一年秋天，后来拍过纪录片《毛泽东》《邓小平》《孙中山》的刘效礼，正在山东昆嵛山深处当兵。他接到军区通知，立即办理退伍手续，到北京去。军区还给了他一张纸条，上面写着：北京市复兴门外大街 2 号广播大厦干部处，10 月 31 日前报到。

刘效礼想不通，也不情愿。他舍不得脱掉穿了 4 年零 4 个月的军装，也舍不得离开朝夕相处的战友。这时连长发火了，拍着桌子说：

你怎么不明白呢？到了北京，贡献肯定比这里大！

　　刘效礼当时并不知道电视为何物，就被连长骂上了北去的火车。车厢里摩肩接踵的是大串连的红卫兵，根本没有座，他躺在行李架上一路躺到了北京。[26]

　　南方的红卫兵，怀揣着去北京见伟大领袖毛主席的满腔热忱，登上了北去的列车。北京的红卫兵也纷纷南下，到领袖的故乡韶山去学习、取经。

　　由于串连中所需车旅费、生活费全部由国家开支，随着串连人数的增多，交通日益拥挤不堪。在这种情况下，不少青年学生自动组织了"长征队"，步行进行串连。

　　1966 年 10 月 22 日，《人民日报》发表了《红卫兵不怕远征难》的社论，赞扬红卫兵步行串连是一个很有意义的创举。

　　梁衡和同学们响应号召，抱着认真学习的态度，动身步行串连。他要响应领袖的号召，到社会中去经风雨，见世面。

　　11 月 7 日，到达南京。第二天，参观了雨花台烈士陵园。梁衡抄录了烈士家书。他一路走，一路记下自己的感想和思考。

　　11 月 14 日，到达上海。这一天，他兴致勃勃地参观了鲁迅纪念馆，回来后写下了 20 多页的材料和感想。

　　11 月 27 日，在江西南昌，参观了八一南昌起义纪念馆。他记下了贺龙在撤离南昌时说的一段话：

　　像这样小孩离了娘似的可怜状态、怯懦心理，我们每个同志，尤其是武装同志是万不应该有的。[27]

　　12 月 19 日，梁衡和同学到江西电机厂下厂劳动一个月，写了《江西电机厂基本情况及问题》的调查报告。

　　怀着拜谒革命圣地的心愿，梁衡和同学离开江西前往湖南韶山，去追寻领袖的革命足迹。

　　1 月的湖南，湿寒阴冷，梁衡穿着薄薄的冬衣，因为紧着赶路，衣服都被汗水湿透了，晚上借宿老乡家里时，靠近火塘慢慢把衣服烤干，第二天再穿上，继续赶路。

　　对革命和理想的热烈追求，让这个 20 岁的大学生一时忘记了疲累。他一路前行，身体也越来越结实了。一路上的所见所闻，让他对社会有了新的认识。

后来，梁衡回忆起大学生活时，感慨人大重视社会实践，校风朴素务实，让学生们在实践劳动中学会彼此友爱团结，学会尊重，远比现在的拓展训练要健康、自然得多。

时间到了 1968 年，"文化大革命"使他的学业基本被中断。出于对文学和诗词的兴趣，闲不住的梁衡开始自学中国古典诗词，在日记里记下了许多学诗感悟。

1968 年 9 月 20 日，毕业前 2 个月，在太原到北京的火车上，梁衡即兴写了两首诗：

一

水向东，浪如银；
田成梯，禾似金。
夕阳里，密密麻麻染翠林，
——是枣红。
秋收时节喜煞人！

二

水朗朗，云朵朵，
列车如梭穿山过，
满目秋色阅不尽，
心飞逐行云。[28]

毕业前夕，11 月 16 日，周六，灯下，他认真梳理了自己的思想：

最近偶翻过去的日记、照片，发现自己从外貌上比原来"老"了，没有那股朝气、生气、锐气了，没有那种冲劲和求上的劲了，从日记也发现思想上比从前懒了，使自己得到猛省，感到真有必要清理一下思想，打扫一下灰尘，擦擦油泥，继续前进。

一、比从前懒了。1. 勤于学习毛主席著作，改造思想，反省缺点比以前懒了……2. 关心国家大事、世界大事，研究政治时事问题比以前懒

了……3. 业余研究文学艺术比原来懒了……二、比从前盲目性增加了，考虑生活琐事多了……[29]

政治运动打乱了正常的学习和分配。

他所在的 1968 届毕业生分配也拖后了半年。

分配已经没有什么专业的概念了。只有一条，服从组织。

1968 年 12 月，毕业前夕，学校下命令开始动员大家去边疆，同学们讨论表决心，个个热血沸腾。他们全班 12 个党员都写了决心书，表示要一颗红心，报效祖国，不怕吃苦和吃亏。

12 月 4 日，学校公布了毕业分配方案。12 个党员同学如同撒豆一般，被分配到从新疆到黑龙江等省区，也有些同学被分到大城市。

梁衡被分到了内蒙古巴彦淖尔盟。

他立即查找了内蒙古巴彦淖尔盟的许多资料，做好了工作的准备。从地图上看，巴彦淖尔盟离乌兰布和沙漠很近。

在离开北京的火车上，梁衡听到广播里传来毛主席的最新指示："不仅中学生要到农村去，大学生也要到农村去。"听到这个最高指示，他意识到，这下可能回不来了。

那个年代，个人是微不足道的，只能被时代的洪流裹挟着，推向不可知的未来。

我经历了共和国的三个时期。在学雷锋的 1963 年考入中国人民大学，在"文革"中的 1968 年毕业分配到内蒙古，改革开放后的 1978 年进入《光明日报》。我们这一代人从小受的是爱国教育，立的是报国之志。毕业时全班 12 个党员自愿报名到边疆。我要去的地方一片沙漠。便随身只带了两本书。一本是袖珍本《毛选》四卷，一本是《县委书记的榜样——焦裕禄》。干什么？去学焦裕禄治沙。[30]

[1] 摘自董岩对梁衡的采访，2015 年 4 月 3 日，北京万寿路甲 15 号。
[2] 梁衡. 只求新去处. 北京：作家出版社，1997：188.
[3] 其余 10 所综合性大学为中国科学技术大学、吉林大学、南开大学、南京大学、武汉大学、中山大学、四川大学、山东大学、山东海洋学院（现中国海洋大学）、兰州大学。

［4］　成青华，董岩，等．倾听梁衡：在新闻、文学与政治之间．北京：新华出版社，2004：14．

［5］　毛泽东为其办学和发展给予了极大关心和支持，先后十多次到陕北公学讲话。1938年4月1日，在陕北公学第二期开学典礼上，毛泽东发表讲话，并送陕北公学两件礼物：坚定不移的政治方向、艰苦奋斗的工作作风。

［6］　成仿吾（1897—1984），湖南新化人，革命家、教育家、社会科学家、文学家、翻译家。早年留学日本，五四运动后，与郭沫若、郁达夫等人建立了革命文学团体"创造社"，曾是黄埔军校教官。1928年8月，在巴黎加入中国共产党，主编中共柏林、巴黎支部机关刊物《赤光》。回国后，曾参与左翼作家联盟活动，曾任中共鄂豫皖省委宣传部长。1934年1月，参加中华苏维埃第二次全国代表大会，从事宣传教育工作并主持中央党校的日常工作，是当时中央党校唯一的政治教师。参加过长征，1937年抗战期间，中央成立陕北公学，他出任校长。曾翻译《共产党宣言》，参加过开国大典。1950年，参与创办中国人民大学。后调任东北师范大学校长兼党委书记、山东大学校长兼党委书记。

［7］　吴玉章（1878—1966），四川荣县人，革命家、教育家、历史学家和语言文字学家，新中国高等教育的开拓者，是"戊戌变法"和"维新运动"的拥护者和宣传者，后加入同盟会，参加辛亥革命。1925年加入中国共产党，参加过南昌起义，被派往苏联、法国和西欧工作过，参加过共产国际第七次代表大会等，早在20世纪40年代就与董必武、林伯渠、徐特立、谢觉哉一起被誉为中国共产党著名的"延安五老"。新中国成立后，领导全国的文字改革工作，制定并实施了《汉字简化方案》《第一批异体字整理表》和《汉语拼音方案》，推广普通话，是我国文字改革的先驱。

［8］　胡锡奎（1896—1970），湖北孝感人，1925年加入中国共产党，曾留学苏联。回国后从事地下工作任北平市委书记。1931年被捕入狱5年，在北平草岚子监狱中曾任秘密党支部书记，领导抗争。1963年调任西北局书记，在"文革"期间被打成所谓"六十一人叛徒集团"重要成员，受迫害致死。

［9］　李大兴．东四六条里的人民大学．经济观察报，2017-06-18．

［10］　邹鲁风（1910—1959），辽宁辽阳人，原名邹宝骧，因仰慕鲁迅而改名邹鲁风。"一二·九"运动的组织领导者之一，当时是北平学联总纠察。他接替成仿吾任副校长，后转任北大副校长兼副书记。1959年，邹鲁风率领北大、人大两校人民公社考察团赴河南、河北考察，写出了反映"大跃进"虚报农村实际情况的调查报告。庐山会议后，邹鲁风和考察团主要成员被打成"右倾反党分子"，愤而自杀。

［11］　聂真（1908—2005），原名聂元真，河南省滑县人。1928年参加革命，1930年11月加入中国共产党。抗战后期，曾任中共太岳区党委书记兼太岳军区政委。

［12］　崔耀先（1917—2005），山西省翼城县人，调入华北革命大学前曾任邢台市委书记，在中国人民大学负责党务工作。"文革"期间中国人民大学被撤销，他转任北京师范学院（现首都师范大学）"革委会"副主任。任北

京师范学院党委书记、院长多年。

[13] 同注〔9〕.

[14] 摘自董岩对梁衡的采访，2014 年 8 月 9 日，北京万寿路甲 15 号。

[15] 郭影秋（1909—1985），江苏铜山县（今铅山区）人。1935 年加入中国共产党，从事地下工作。后投笔从戎，在微山湖一带发动组织抗日，任湖西军分区司令员。后分别担任冀鲁豫军区政治部主任、解放军十八军政治部主任等职。新中国成立后历任川南行署副主任、主任，云南省省长兼省委书记。1957—1963 年任南京大学校长兼党委书记。1963 年调任中国人民大学党委书记兼副校长，1978 年人大复校后任党委第二书记兼副校长。

[16] 张增琏，黄达强，李春景，等．郭影秋在中国人民大学．人大新闻网．（2007-10-24）〔2019-12-15〕. http://news.ruc.edu.cn/archives/10602.

[17] 孙泱（1913—1968），四川南溪人。朱德挚友孙炳文烈士之子。光华大学、日本东京明治大学肄业。1938 年加入中国共产党。曾任八路军野战政治部宣传部宣传科科长、中共嫩江省委宣传部副部长、东北军区政治部宣传部部长兼文化部部长。新中国成立后，历任国家计委军局局长，西南师范学院党委书记、副院长，成都电讯工程学院党委书记，中国人民大学党委副书记、副校长。

[18] 摘自董岩对吴光的采访，2018 年 11 月 18 日，浙江桐庐。

[19] 摘自董岩对梁衡的采访，2015 年 4 月 3 日，北京万寿路甲 15 号。

[20] "四清"运动即社会主义教育运动。1963 年至 1966 年 5 月在部分农村和少数城市工矿企业、学校等单位开展的一次清政治、清经济、清组织、清思想的运动。四清，在农村中最初是"清账目、清仓库、清财物、清工分"，在城市中最初是"五反"——反贪污盗窃、反投机倒把、反铺张浪费、反分散主义、反官僚主义，后统一为清政治、清经济、清组织、清思想。

[21] 同注〔4〕.

[22] 同注〔1〕.

[23] 摘自董岩对梁衡的采访，2014 年 8 月 16 日、17 日，北京万寿路甲 15 号。

[24] 摘自《梁衡日记》（1966—1967 年）。

[25] 同注〔24〕.

[26] 董岩．"红镜头"背后的故事："电视将军"刘效礼访谈录．今传媒，2006（6）.

[27] 摘自《梁衡日记》（1966—1967 年）。

[28] 摘自《梁衡日记》（1968—1969 年）。

[29] 同注〔28〕.

[30] 同注〔1〕.

4

家境与性格

梁衡成长于一个知书达理的农村知识分子家庭。

父亲有文化有思想，母亲勤劳贤惠，家境清苦，却恬淡和睦。他聪慧好动，自幼得到父母、兄姊的关爱，是在淳朴厚重的黄土地、散发着麦草清香的农村长大的。

那时家里一来了客人就先说上炕吃饭，以至于后来进了城，不理解怎么来了客人只说抽烟、喝水。多年后，已经做出一番成绩的梁衡若有所思地说："童年在农村的生活是我的根。"[1]

黄土情结、乡土眷念是他灵魂深处不灭的火花，一直影响着他的生活和创作。比如，写邓小平被下放到江西新建县（今江西省南昌市新建区）的《一座小院和一条小路》时，他就不由想起小时候的乡村小路。那时父辈晚上收工回来，背着很大的一垛草或者是庄稼从山上下来，老远人都看不见，只见一大堆东西慢慢地顺着小路移过来。这是儿时的乡村记忆，城里人无论如何是想不出来的。

他到延安参观窑洞、搜集《这思考的窑洞》的创作素材时，看着绵软的黄土，感受着暖融融、湿润润的空气，不觉勾起了遥远的回忆，想到了家乡的窑洞。

梁衡生于李世民反复征战的霍州，长在晋阳古城"傅青主"家乡的并州，这里人杰地灵，英华辈出。

单就文学艺术而言，柳宗元、王通、王勃、王昌龄、王之涣、王维、元好问、罗贯中、关汉卿、白朴、郑光祖等历代名家都出生在这里。当代著名作家赵树理、马烽、西戎也成长在这片土地上。这是一片充满传说和典故、荟萃文化和历史的土地。

梁衡很幸运，父母给了他一个宽松的环境，没有过多地干预。比如他中学时喜欢读《古文观止》，父亲就让他读，并不担心他看不懂，也不因为他年纪小而加以限制。

在这样的氛围里，他逐渐养成了温和又不失个性，喜欢刨根问底、坚持己见的性格。幼时农村的生活经历让他比五谷不分的城市孩子更能吃苦耐劳，懂得稼穑之苦，更了解土地和农民。农村与城市的生活经历，是梁衡自嘲为"夹馅面包"的第一层。

温良仁慈的母亲给了梁衡细致入微的爱，他对母爱的伟大、不计回报的奉献体会甚深。

大学毕业后我先在外地工作，后调回来没有房子，就住在父母家里。一下班，还是那一句话："饿了吧。我马上去下面。"

我又想起我第一次离开母亲的时候。那年我已是17岁的小伙子，高中毕业，考上北京的学校。晚上父亲和哥哥送我去火车站。我们出门后，母亲一人对着空落落的房间，不知道该做什么，就打来一盆水准备洗脚。但是直到几个小时后父亲送完我回来，她两眼看着窗户，两只脚搁在盆沿上没有沾一点水。这是寒假回家时父亲给我讲的。[2]

梁衡第二次离开父母，是从山西调到北京去工作，那是1987年的春天。下午就要进京，临行前去父母家里辞行。

他一进门，就看到母亲正躺在床上，听到敲门，走出来，说耳朵不好，分不清是前面还是后面门在响。看得出，她在努力装出平常的样子。父亲回来了，说了几句家事。母亲说，走了后转一二年还能回来吧。她希望儿子说"能"。可是梁衡知道几乎不可能。怎么也说不出，不能哄她，而且就是说能，他不信，她也不信，大家相对沉默。母亲掉泪了，父亲也掉泪了。

1987年4月15日

我忍着，怕我一哭，他们就更不可收拾。老人的泪，老人的哭直使人难受。那虚弱的身子，几乎承受不起这伤心的震颤。声音也变了。她说："你走就走吧，要是瑞芳和孩子们也走了，咱这一家人就少了一半，更没有想望。当初你要是不从内蒙古回来也就不想了，现在回来十多年，爸妈是七十六七的人了，你又要走。以后还能回来出差吗？"我知道一到国家机关，不像在报社，常有采访任务往外跑，出差回来的机会也是不多了。更不敢说，又是无语。

这样坐了一会儿，基本上是老人问，我答或是不答。快12点了，我说："下午你们也不要过去了，送行的人很多，乱。"他们说："知道。"

我出来了，上了车。他们也出来。车子倒退着出院门，渐退渐远。我看着两个老人苍老的身影。不等我全退出院子，他们已转身往回走了。我想，幸亏还有两个人相伴。[3]

人说山西好风光，左边太行，右边吕梁，还有石窟庙宇和汾水。三晋之地，雄浑素朴，古雅优美，文化底蕴丰厚。三晋之人，勤俭朴厚，内敛传统。

在有的人看来，山西人的性格是矛盾的统一体——豪爽大气又愚顽固执，质直侠气又保守悭吝，既有强悍的一面又胆小软弱。基于历史文化和自然环境的关系，他们凝重雄厚、工稳而富有激情，素有在现实与理想中追求诗意境界的文化传统。有人将"山西品格"比作老白汾酒，"其润也慢，其入也深，其力也绵，其性也仁"[4]。

人文历史和山川风物的外在之美与内蕴之丽，使年少的梁衡心游万仞，常常沉醉于山水之间，乐而忘返。在自然的熏陶下，对美的欣赏、领悟与捕捉，逐渐培育起来。苏东坡月下泛舟赤壁的感叹——"惟江上之清风，与山间之明月，耳得之而为声，目遇之而成色……是造物者之无尽藏也"，在梁衡也有了"与我心有戚戚焉"的朦胧同感。

自然之爱，让他拥有一颗充满了诗意、投入自然和拥抱自然的心。他曾说，爱文学是因为爱生活。这些美景风物也在其笔下得以流传，化为永恒。如《恒山悬空寺》《清凉世界五台山》《壶口瀑布》《娘子关上看飞泉》《芦芽山记》。

少年梁衡还沉迷于语言文字。中学时，上历史课，不专心听讲，却去翻书中的插图，这一翻就翻到一页影印的《新民主主义论》。出于好奇，他趴在书上细细辨认那些小蚂蚁串似的影印字，一段文字跃入眼帘："抗战以来，全国人民有一种欣欣向荣的气象，大家以为有了出路，愁眉锁眼的姿态为之一扫。但是近来的妥协空气，反共声浪，忽又甚嚣尘上，又把全国人民打入闷葫芦里了。"他迅即被有趣又有个性的描述打动，印象中硬邦邦的政治文字竟然可以这么写。放学回家后，他便翻出父亲的《毛泽东选集》，一读而不可收，居然将大部分文章读完了。那时他才 15 岁。

梁衡读《毛选》竟是这样开始的。不是学政治，而是当文学来读，因为它美。

一个 15 岁的少年，竟能从理论著作里读出这么浓厚的兴趣，除了天赋，还有家庭环境和学校教育的影响。

父亲是个老教育工作者，文学功底很厚。新中国成立前在解放区根据地教书或者当干部。解放后做了霍县县长，然后又去了太原。父亲手不释卷，常常给我买来好书，比如插图本的《西游记》，让我自小养成了阅读的习惯。父亲还给了我一个示范，就是一边工作，一边做学问。[5]

父亲是他的第一任老师。"他从教师到教育管理干部，后来又是行政官员，我的人生道路很受父亲的影响。"[6]

1996 年，父亲梁次文 86 岁生日时写下了《家训十则》，不久辞世。家训成了遗言：

> 勤学多读，耐劳吃苦。
> 起居入出，有节有度。
> 诚实相处，无间无疏。
> 团结和睦，互让互助。
> 文明进步，健康幸福。

中国人民大学的培养，则让梁衡从一个埋头读书、两耳不闻窗外事的单纯学生，成长为一个关注社会、积极进取的年轻人。

在毕业前夕的自我鉴定上，他这样写道：

由于中学时期受旧学校的培养，在考上大学的一二年内，埋头苦读，一心想闹点学问。很少过问班里、支部里的工作。一九六五年七月，有机会下连当兵进行锻炼，部队突出政治，加上学校政治理论尤其是毛主席著作的学习，自己受到很大的教育。一九六五年至一九六六年，参加"四清"运动使自己有机会接触社会，提高了阶级斗争的觉悟，加强了群众观点，学会了群众路线的工作方法，胜利完成了任务……[7]

　　为了切实改掉清高、不懂实践、不了解社会的毛病，他积极投身社会实践——两次参加"四清"运动，跟农民打成一片，并光荣入党。他曾参加大串联，从北京一路南行，到南京，走江西，去湖南，直到领袖的家乡韶山。他一路走，一路学习，一路思考，去了解社会，磨炼意志，完善自我……青年梁衡慢慢褪去了青涩，逐渐成熟起来。

　　在他身上，闪耀着革命浪漫主义和革命理想主义的色彩。他温和，又顽强而固执；他机敏，又深思熟虑；他勤奋，充满了好奇，喜欢探究规律……他的身上有着山西人职责分明、井然有序、细致精明的特点，也有着成长环境所带来的红色基因。在记者的采访中，他曾不止一次谈到中国人民大学给他留下的这种红色烙印：

　　　我的父亲是革命干部，也是一个知识分子，我考上人民大学，他特别高兴，觉得到我们党自己办的大学读书最好不过。在人民大学，从校长、书记到副校长、秘书长等等，都是枪林弹雨里走过来的革命家、政治家，他们也是功底很厚的知识分子，跟其他学校不一样。他们关注政治，懂得政治，要求严格，正直坦荡，修养很高。讲话、做事非常务实、很有针对性，不回避问题，循循善诱，水平很高，同学们由衷地尊敬他们、以他们为楷模。在我的心里，像他们那样以身报国、能文能武、为文为政皆有建树的，才是真正意义上的知识分子。其实从父亲到郭影秋，都是这样的人。[8]

　　　如果人生可以重新选择，我要做政治家。小时候我觉得做画家就挺美，接触文学后，觉得文字也很美。进入人民大学后，在那里感受的都是政治氛围，学的是政治和党史……那个时候政治感召很具体又很完美，而我们后来理解的政治好像就是斗争啊，夺权啊！其实政治家首先是无私的、高尚的，又是博学的，这样才有号召力。[9]

　　特殊的政治氛围和家境，使梁衡形成了一种积极的人生观、价值观，连朴素淡泊的生活观、物质观，都与这段岁月密不可分。

　　若干年后，当他以炽热之心，大声疾呼提倡写"大事大情大理"，书写红色经典时，绝非一时之念，亦非冲动之举。

　　在中国人民大学，那个火热年代、铁狮子胡同的红色校园里，早已埋下了种子。

［1］ 成青华，董岩，等．倾听梁衡：在新闻、文学与政治之间．北京：新华出版社，2004：5．

［2］ 梁衡．梁衡散文．北京：作家出版社，2010：260．

［3］ 摘自《梁衡日记》（1987—1989 年）。

［4］ 孔庆东．山西何止好风光．（2016-03-13）［2020-01-10］．http://www.mzfxw.com/m/show2.php?classid=12&id=59946&style=0&cpage=290&cid=12&bclassid=4．

［5］ 摘自董岩对梁衡的采访，2014 年 8 月 16 日、17 日，北京万寿路甲 15 号院。

［6］ 同注［5］．

［7］ 摘自《梁衡日记》（1969—1970 年）。

［8］ 同注［5］．

［9］ 同注［1］17-18．

二、边塞牧笛
内蒙古临河（1968—1974）

　　今天宣布了毕业分配方案，我被分配到内蒙古巴盟［巴彦淖尔］。广大的农村，辽阔的边疆，急需建设和开发，以赶上先进的城市与内地。祖国的需要就是我的志愿，共产党员没有个人利益好讲。事先我向组织交了决心书，现在我就要愉快地、坚定地走向新的战斗岗位。"志存胸内跃红日，乐在天涯战恶风"，像我们这样学校里培养出来的学生极需要接受工农兵的再教育，极需要在艰苦的环境里磨炼，去战胜风沙干旱，战胜一切自然灾害，走焦裕禄同志的道路。

——《梁衡日记（1969—1970 年）》

1

塞外临河

这张照片摄于 1969 年。这时梁衡大学毕业后被分到内蒙古临河县（今内蒙古巴彦淖尔市临河区）的农村才四个月。

当时巴彦淖尔报社的摄影记者李青文，一听说县里分来了几个大学生在农村劳动，就兴冲冲地赶来抓拍了几张照片，留下了青春的影像。当时，梁衡坐在小木凳上，身旁墙上写的是毛主席语录。梁衡手中拿着一张《人民日报》，报上头版登的是农村干部的典型王国福，文章的题目是《一不怕苦，二不怕

1969 年，梁衡大学毕业后在农村锻炼

死的共产主义战士》。脚上的旧胶鞋有 13 个补丁，是村里的妇女队长帮忙修补的……他皮肤黝黑，但是笑容灿烂。

1968 年 12 月梁衡大学毕业，被分配到了内蒙古巴彦淖尔盟。名单一公布，要求在三天之内报到。梁衡请示了学校，先回太原看望父母。在家休整 10 天后，打起背包辞别了父母。

1966 年"文革"开始后，国家规定，大学生分配后要先到农村劳动一年，后来中央决定组建生产建设兵团，一些比梁衡晚走的同学，后来就进了兵团。

二十四日晚 9：50 乘车由太原出发，二十五日晨 8 时到大同，下

午4时乘京包、包兰线火车。二十六日这个我们伟大领袖毛主席75寿辰纪念日，我来到工作岗位报到，正式结束了学生时代，开始为人民工作。当天上午到达内蒙古巴彦淖尔盟"革命委员会"报到，下午分配我到临河县。[1]

梁衡一路风尘又坐车到了临河县里，县委大院里没有人上班，当时内蒙古正在挖所谓"内人党"，生产停顿。终于找到了一个临河县"革委会"的工作人员，他见到梁衡很是吃惊，因为这是第一个报到的大学生，他想了想很为难地说："都没有上班……你先学习学习。"

在县里学习期间，有几个同学陆续报到。梁衡慢慢了解到，他们这一批分配来的大学生，只有他和北京师范大学的夏晓阳来自北京，还有一个姓胡的男生来自上海同济大学，剩下的是内蒙古当地的毕业生。内蒙古毕业生在县里的工厂留下了。梁衡很是羡慕，也幻想着自己能成为一名工人，写家信时可以光荣地说：我已经成为工人阶级的一分子了……

没有树，没有草，没有绿，甚至没有声音。在这里好像一切都骤然停止。我们都不说话，默默地站着，耳边还响起上午分配办公室负责人的训话："你们这些知识分子在这里自食其力，好好改造吧。"我们这几个人本是有力量的，有天文知识、化学知识、历史知识，可是到哪里去自食其力呢？眼前只有这一片沙漠，心头没有一点绿荫。[2]

临河县，是一个靠近黄河的小县城，全县人口不过四万。当时社会混乱，自然环境更恶劣。狂风飞沙，天地混沌不清，嘴里沙土不绝。风头过来时，路上的人得转过身子，逆风倒行。那风偶然也有停歇的时候，梁衡和几个陆续报到的同学便趁这个难得的机会，走出招待所，穿过那些武斗留下的残垣断壁，到城外去散心。只见冰冷的阳光下起伏的沙丘，一直绵延到天边，静默得似乎连生命都不存在。

荒凉的临河，让来时意气风发、一门心思接受锻炼的梁衡心里凉了半截。行走在旷野里，望着茫茫的沙漠，青年梁衡对自己的未来一片迷惘。一连多日，他在日记里只字不提临河的生活和感想，只是抄录鲁迅的诗作……也许，唯有诗词能排解他的苦闷和彷徨。

1969年2月12日，离春节还有四五天，县里把1968届毕业生中专 12 人、大专 10 人组成了一个劳动锻炼队，派到小召公社光明大队四小队，开始了类似知青的生活。只不过每月还有 46 块钱。县里说，这工资先借着发，党的九大以后，到底给不给你们工资还很难说。临走时，县"革委会"政工部的干部看了梁衡的档案，知道他是党员，就找他谈话，说你是党员，就当锻炼队队长，还给了他公社党委委员的名头。

抱着一定完成任务的决心，梁衡和锻炼队队员，包括四男两女的大学生，一起来到了最基层、最艰苦的农村。当时他们一下车，傻眼了，只见眼前全是土黄色，哪里有什么村子？大家定了定神，到近前再一细看，原来村子就在沙窝里，因为墙是土坯，房顶是用泥和草混在一起一层层地抹起来，足足有 20 多层，既保暖又防风，这土黄色的房子和沙窝浑然一体，大风一刮，满是黄沙世界。

白天和社员一起参加劳动，晚上和他们一起参加运动，这样就比较彻底地做到了插队，社会接触面和锻炼面非常广，便于了解社会，认识社会上的阶级力量、生产和科学实验，彻底改变了过去那种坐在教室里、钻在图书馆里的生活……这种锻炼形式更易打破那种知识分子成堆的状况，更接近贫下中农，更易放下架子，更易虚心向贫下中农学习。[3]

下到生产队参加劳动锻炼，刚出校门的他们学着做饭，自己管理生活。在村里大家互帮互助，晚上挤在一起互相取暖，熬过漫长的寒冬。分配到内蒙古的还有一位福建籍人大校友，人家关照他是南方人，就让他留在呼和浩特，他却说，既然来了，就要到最艰苦、最边远的地方，结果被分到了地处沙漠的阿拉善右旗，在那里放骆驼。

在兵团锻炼的中国人民大学同学还有高明光，后来曾任中宣部秘书长、求是杂志社社长。当时他在乌梁素海军垦劳动，每天挖渠排水，非常辛苦。有个同学病恹恹的，劳动总是提不起劲。连里就开批判会。结果半年后发现他得的是癌症。大家都很歉疚。

30 年后，我到北京工作了，碰到同龄人，大家都感叹唏嘘。四川出版局的局长陈焕仁，也是 1968 届的。他毕业后被分在阿坝草原劳动。三个同学到外面去拾柴火做饭。突然大雾卷来，大家迷了路。其中一个同学没有回来。第二天再去找时，只有狼吃剩的一堆骨头。我后来从北京到新疆出差，陪同我的新疆出版局局长是1967届的。他从北京师范大学分到新疆。两口子住在一个村里劳动。爱人怀孕挺着大肚子，行动很不方便。他需要赶着毛驴车到几里以外的水库去拉水。取水后翻过大坝非常费力，一个大学生又不会赶驴车，不知道受了多少苦。[4]

这一年，发生了著名的"牛田洋"事件。

牛田洋是毛泽东"五七指示"的发源地，位于广东汕头市西郊，曾是一片汪洋。1962年41军122师前往围海造田，一下围出7.8平方公里的良田。1963年开始粮食生产，到1964年，牛田洋基地共生产原粮4.5亿斤，在国家经济困难时期做出了贡献。到1965年时，粮食亩产达1190斤。当年有个粮食"纲要"，长江以南的指标是800斤。

1966年5月7日，毛泽东在牛田洋事迹材料上做出批语："学生也是这样，以学为主，兼学别样，即不但学文，也要学工、学农、学军，也要批判资产阶级。学制要缩短，教育要革命，资产阶级知识分子统治我们学校的现象，再也不能继续下去了。"[5] 这就是著名的"五七指示"。

此后，改变千万中国青年命运的"上山下乡"运动，干部到"五七干校"劳动，都是"五七道路"的产物。

1968年，55军219师接过了这杆生产红旗，2100多名大学生也驻进了牛田洋，与解放军战士同吃同住同劳动。他们大多数来自中山大学、华南师大、暨南大学、华南农大、广州外国语学院、中山医学院。还有一部分人介于学生与非学生之间，来自北京，从七机部、八机部、外交部下来参加劳动锻炼。外交部前部长李肇星便是其中之一。

1969年7月25日，中央气象台发出台风消息和台风警报。周恩来总理亲自将电话打到了汕头地区政府委员会的办公室。汕头地区进入紧急状态。

7月26日下午，潮阳县委将迟到的通知传达到牛田洋生产基地的值班室时，成千上万的军人和学生仍在忙着晚稻插秧。

7月28日，牛田洋遭受世所罕见的强台风和大海潮。时值农历六月十五天文大潮，大风、大潮、大雨三合一，一瞬间，屋顶被掀翻，床板满天飞。牛田洋三米半的大堤，被削去两米，仅剩残缺不全的废墟。

在尝试了无数次才勉强架起无线电后，收到的是后方指挥部"不到万不得已不能撤退"的命令。于是，喊着"人在大堤在"，10 000名解放军和2 183名大学生，以肉体当沙包来堵大堤决口，抵御不可抗拒的自然灾害。

结果，470名解放军官兵和83名大学生，被无情的海水吞没。[6]

董岩：个人的命运摆脱不了时代的左右。这是时代的悲剧。

梁衡：我有四句话可以概括我们这一代人的命运：搁浅在学校，抛弃在社会，挣扎在底层，苦斗在黎明。

当时有很多苦闷：一是在学校里所学专业，有知识而不能报国。二是年龄稍大，已成熟，对国家民族思考得多。三是到了结婚的年龄，在偏远的地方找不到对象。与我在同一个村里劳动的姓沈的同学，年龄比较大。一气之下从内蒙古跑到遥远的贵州，通过亲戚找了一个女工匆匆结婚。这一批人也是被耽误的一代，只有极少数人通过自己的艰苦努力，或者各种机遇后来成才。比如和我同时在生产队劳动的夏晓阳，本是分配在公社教书——我们那一茬人都是学的俄语——硬是顽强自修英语，考上天文的研究生，后来是著名天文学家。当时考研是这些人的唯一出路。[7]

和村里的知青不一样，梁衡他们是分配的大学生，每个月有工资46元，中专生是36元，因为不跟农民抢工分，农民对他们很好，觉得城里来的娃不容易。梁衡记下了他的农村新生活：

今天早晨我起得很早，推开房门，满地阳光。穿上打满补丁的劳动鞋，挑上水桶，向井边走去。我心里说不出的愉快，周围一切给我的印象是：明朗、朴素、清新而富于朝气。[8]

新鲜劲儿一过，日子就艰难了。

菜少得可怜，第一口绿色蔬菜要等到7月才能吃上，这里吃上新鲜的西葫芦时，南方已是瓜果蔬菜纷纷上市的盛夏了。在这里，一年到头大部分时间吃土豆，能吃上白菜就算很不错了。尤其是冬天，更难挨了。他们挖地窖，吃冻土豆，吃糜子米，挑水拾柴，生火做饭。后半夜炕上冻得不行，只好打了便宜的青梅酒，喝两口靠这个取暖。白天上工，闲时看书，晚上生产队开会，大家披着羊皮袄挤在炕上说几段笑话。

日子就那么一天天过去了，他们也一天天变土了，和农民完全打成了一片。穿着老羊皮袄，挡风御寒，在地里一躺一滚也磨不坏。当时，衣服紧缺，布票不够，进口的日本化肥袋子是尼龙材料，可以做衣服。村里很照顾大学生，把这些袋子卖给他们做衬衣。袋子上印着"株式会社"和"尿素"。裁衣时将茶杯大的"尿素"字样藏到腋窝下面。大学生们穿着这样的衣服在村里走来走去，别人很羡慕，自己也很得意。

此时远在辽宁的范敬宜正经历着人生的寒冬。他的下放地是建昌县一个非常贫瘠的偏僻山村。村里人都知道从省城下来一个"右派"，不敢轻易接触，山头上一个孤零零的小土屋成了他的家——没有电灯，没有收音机，完全与世隔绝。因为没有电，冬季天一黑一家四口就早早上炕，屋内天寒地冻，屋外朔风凛冽。

在这样的环境下，范敬宜顽强地生活着。他天天和农民们一起劳动，日出而作，日落而息，春耕夏锄、秋收冬藏、担粪挑尿样样都不落下。渐渐地，农民和基层干部质朴善良、乐观求实的精神感染了他，他不知不觉间融入他们之中。1971 年，范敬宜在《浣溪沙·夏锄》中写道：

一袭轻衫锄一张，清风拂面槐花香，燕山脚下麦初黄。　难得书生知稼穑，犹堪明目辨莠良，喜看遍地绿如洋。[9]

在临河，梁衡学会怎样锄草、间苗、打坷垃，还学会用一根叫"担杖"的棍子担土，学会吃羊肉汤泡糕，还知道酸菜烩猪肉时最好用铜锅，菜会越煮越鲜绿。他还懂得了，一只羊被杀掉后，羊肚正好能装下全身的肉。

有一次，房东大爷得了病，在公社医院住院，大学生们就去探望、陪床。大爷出院后为表谢意，特意送了一只羊腿。生产队杀了骆驼，分了骆驼肉。他们就把一口煮肉的大锅命名为"骆驼锅"。

已融入农村生活的梁衡，偶尔也会想起北京，想起中国人民大学。

夏初的一夜，经过一天的劳累，我在泥壁草顶的小屋里酣卧。一觉醒来，月照中天，窗外的院子白得像落了一层薄霜。不知为什么，我不觉动了对北京的思念。这时的北海，当是碧水涟涟，繁花似锦了。铁狮子胡同那个古老的校园，这时那一树树的木槿该又用她硕密的花朵去遮掩那明净的教室了。图书馆的楼下一定也泛起了一阵阵的清香，那满园的丁香该已经开放。和着月色，我忆起宋人的诗句，"暗香浮动月黄昏"。[10]

两年后，从内蒙古通辽师范学院数学系毕业的宋瑞芳，也来到了临河。

［1］ 摘自《梁衡日记》(1969—1970 年)。
［2］ 梁衡.河套忆 // 先方后圆.北京：同心出版社，2013：228.
［3］ 同注［1］。
［4］ 摘自董岩对梁衡的电话采访，2019 年 1 月 23 日。
［5］ 对总后勤部关于进一步搞好部队农副业生产报告的批语 // 建国以来毛泽东文稿：第 12 册.北京：中央文献出版社，1998：53.
［6］ 对"牛田洋"烈士的公开追认，是在 27 年后的 1997 年。《广州日报》1997年 5 月 3 日刊发《牛田洋事件死难者的追认》。
［7］ 摘自董岩对梁衡的电话采访，2019 年 3 月 3 日。
［8］ 同注［1］。
［9］ 董岩.范敬宜：一代知识分子的传奇缩影.新闻窗，2006（3）：11-15.
［10］ 同注［2］。

2

《修辞学发凡》

读好书，遇好人，做对的事，乃人生之幸。对 20 多岁的梁衡来说，在灶台上捡到一本《修辞学发凡》，纯属偶然；20 多年后，开花结果，更在意料之外。

1969 年 4 月 1 日，梁衡到临河还不到半年，党的九大召开。

这是与党的八大时隔 13 年后召开的会议。毛泽东主持了开幕式，林彪代表中共中央做了报告。

梁衡和锻炼队的大学生为学习党的九大的会议精神，他们四个男生、两个女生，步行 30 多里，专门到县里去听传达报告。听完报告，再结伴回村。运气好的话，会拦到马车，运气不好就只能再步行 30 多里。

年轻的他们，身体上的苦累不怕，精神上的苦闷才最煎熬。

他们四个男生睡在一条土炕上，四人中梁衡是学档案的，其他三人分别是学生物、化学

在内蒙古临河县的大学生锻炼队，后排左二为梁衡

和建筑的。所学专业一个也用不上。刚开始，他们放羊、牧马、吹笛子，苦中有乐。半年后，新鲜劲儿一过，便只剩下苦闷了。

在学校时，总是幻想，将来要干什么，自己要怎样干，但是根本没

有想到将来是怎样的环境，到了这个环境里后你还能不能这样干。由于没有这种思想准备，没有这种实践经验，所以幻想往往容易碰壁。而碰上几次后就无所事事随波逐流了。[1]

他们白天挖渠、挑土、锄地，晚上躺在炕上睡不着，看着窗外数星星。想家，想学校，想未来的前途。想，这一辈子完了。梁衡在日记里写道：

现在已进入了社会，将要走向工作岗位，面临的是长期的艰苦的考验，新的课题不断提出，以我们过去的知识和经验是远远不够的。这需要以高度的警惕和顽强的毅力去进行新的工作和战斗。

1. 尽量争取一个好的政治环境。2. 在任何环境和条件下都坚持学习毛泽东思想，学政治，学理论，分析问题，研究问题，不让自己的脑子里留下空隙，以免其他错误占据。3. 要有一个目标。长计划短安排。在文艺批判，特别是诗词方面要学点东西。循着这个目标，制订学习计划，读书、[记] 笔记、习作、搜集，持之以恒，这样就会如车行轨上，不会分散精力，不会无所事事，把自己紧紧地绑在学习的列车上向胜利的目的地飞驰去。[2]

恶劣的环境中，梁衡要有所作为的心思开始萌动了。就像一粒种子，被风刮到野地里，开始时无可奈何，当它慢慢捕捉到一点潮湿之气，便又做发芽的准备了。

在农村劳动的一年多里，最大的收获是能静下心来读书。大学生们带来了书，邻村知青也带来了书，大家交换着读。城里在破"四旧"，这里却很安静。下雨天，不出工，躺在热炕上看书；拉风箱烧火做饭时，映着炉火还在看书。一次，梁衡在灶台上看到一本已经撕破书皮的陈望道所著的《修辞学发凡》，没想到，这本偶得的书，竟然影响了他以后的散文创作和新闻研究。梁衡关于文学和新闻的原理与思想都能从这本书里找到源头。

我读陈望道的《修辞学发凡》非常偶然。读了之后，明白了一个道理：语法要求准确，修辞是管美的。修辞分消极修辞和积极修辞两种，消极修辞讲的是准确，积极修辞则是生动绚丽。二十年后，我深刻领会到，这就是新闻与文学的区别。[3]

修辞学是一个很小的、专业的学术分支。作者陈望道是中国第一本中文全译本《共产党宣言》的翻译者，曾与陈独秀一起做建党工作，还是《新青年》的编辑。因与陈独秀脾气不合，就改做学问，成了中国研究修辞第一人。修辞学很专，梁衡并无心专攻这一行，但从中悟出了新闻与文学的区别。

其实，读这本书时他还没有干新闻，书里也没有"新闻"二字。等到后来当记者，再后来到新闻出版署从事管理工作，总有一个摆脱不掉的问题，就是"消息散文化"，这种风气在新闻界盛行一时。为此《新闻出版报》开展了半年的讨论，多数来稿居然也同意这个观点。讨论结束时，报社请副署长梁衡写一篇总结文章，他却唱了反调：

> 虽然我是散文作家，但我明确表示消息不能散文化。理由当然有很多条，其中一条是按《修辞学发凡》给出的原理，修辞分两大类：消极修辞与积极修辞。
>
> 消极修辞，注重表达事实，以让人"明白、了解"为目的；积极修辞，注重表达情感，以让人"感染、激动"为目的。消极修辞不是内容表达的消极，而是语言风格的消极，不张扬、不夸张，恰恰是为内容的积极让位，尽量把形式对内容的干扰降低到最小。新闻是传播事实的，假如我们允许"消息散文化"，那么新闻与文学将没有边界，直接的恶果是假新闻的合法化，是记者天马行空地胡说、煽情。[4]

23岁的梁衡，做梦也没有想到这本捡来的书将是一颗珍贵的种子，会慢慢长成一棵参天大树。在20年后的20世纪80年代那场著名的"消息能不能散文化"的大讨论，30年后关于"理性散文"以及40年后关于"怎样区分低俗、通俗与高雅"的讨论中都发挥了根本性的作用，让他在漫长的思考和积累中迎来了学术的春天和理论的新生。

梁衡原创的理性散文，也源于这本书中的一篇推理散文《月夜的美感》，当年他把这篇近千字的美文抄了好几遍，背得滚熟。

> 依我所见，构成月夜美感的最大要素，似乎有三：一是月光，二是这光所照的夜的世界，三是月夜的光景在观者心中所引起的联想。

1

月光的青，有两点和普通所见的青不同：第一是光力的弱，换言之，就是比普通的青带有一分的暗；第二是其色的淡，换言之，就是略带白味而朦胧的。如果以大鼓之响比赤，以横笛之音比普通的青，那么月光的青可以譬喻为洞箫之音了吧。

依次而观，月夜的美，不是可以因其色彩说明了大半吗？这微妙的色彩，包裹天地使成一色，山，川，草，木，田野，市街，人间，凡是天地间一切的物，都被这微妙的色彩一抹而各现共同的色相。月夜，到田野去听涓涓的溪流，或锵锵的松涛，月夜的感情，自可更痛切地感受，因为这等音响，实在可谓月光的声音。

2

夜的世界，是意欲竞争告休止的世界，人们已将一日间的活动奉诸现世，这时将退而求精神上的告慰。疲劳的夕阳的向西山沉下，就是人生日日战斗休战的信号，人们在这时收了锋，脱了胄，想要安静地在平和的世界休憩了。夜非活动之时，是静思之时；非烦闷之时，是安慰之时。好像人于面包以外还有粮食的样子，白昼以外也还有不要认人生的慰藉和幸福只在名利的世界！

在这样的夜中观月，真是快悦啊！平常尚且沉于静思倾于咏叹的人，为这青白如梦的光一洗，其心地怎样欢喜啊！月的光证示夜的冥想不空，证示在六欲烦恼之巷以外，人尚有可求的安慰。

3

联想也有种种的种类，因了观者的性格阅历境遇，原不一样。常人一般所能在心头浮出的，大概是自然和人生的对比……一与无始无终的自然的美的大观相接触，就会觉得人生的事业是怎样的贫弱；名利，得失，成败，生死，觉得用了叶末之露似的五十年的短生命，在烟火巷中龌龊悲喜，实是滑稽的事了……

自然和人生的对比以外，其次最易有的联想，就是过去的追忆和远人的怀慕了。

能观月而乐的人，大都在最初已有易于感受月的美的心境，换言之，就是其性情的倾向，早已和月夜的美感相谐和的。在名利以外无乐地的人们，月夜的美，也无所显其力了。

这篇日本作家高山樗牛所作、夏丏尊翻译的美文，梁衡推崇备至。

作者将月夜的美感归为三个要素，一一推演，层层剖析。用推理、逻辑的手法来写风景，实在是太独特，太少见了。它潜移默化地影响了梁衡的文学创作。当然，这一影响在十年后方才显现出来。

这是一篇少见的推理散文，而且以后我再也没有见过这样写法的文字……一般文人最不敢使用的逻辑思维方式，倒成了作者最得心应手的武器。我们平时说月色的美丽，一般总脱不了朦胧、温柔、恬淡等意。这里，作者不想再唱这个很滥的调子了，而是像做一道证明题一样来推论为什么会这样温柔、朦胧、恬淡。你看他的步骤：先证明月色的青，再证明青在色彩上力量的弱，于是便有"柔"感，生平和、慰藉之效；青的光不鲜明，于是有神秘、无限之感；便若有若无，这就是朦胧、缥缈之美。这种用推理、用逻辑思维来写风景真是太大胆了。我后来入选中学课本的《夏感》，还有刻在黄果树景区的《天星桥——桥那边有一个美丽的地方》等散文，都是得力于这个启示。[5]

除了《修辞学发凡》，梁衡还研读了很多文学作品，做了大量的读书笔记。《读诗札记》中抄录了陆游、李煜、毛泽东、鲁迅、贺敬之的作品，他开始学习、思考中国诗词歌赋的发展规律和艺术手法，如诗风与时代的关系、诗歌发展的艺术规律。

当经过若干年的动乱时代出现稳定之后，国家富强、生活康乐、国内矛盾相对缓和，有可能发展文化，可以总结前人的文化成果，把诗歌艺术发展到新的高度。这样的诗歌内容多是抒发民族自豪感，歌颂社会升平，描绘琼楼朱阁、秀丽山水，文风易走向浮夸而少真实感情。

汉武帝时代的赋是这样；唐诗在开元、天宝时代发展到新的高峰；宋词在南宋初年柳永时代也是这样。

…………

诗词规律也是这样。

开始本无什么格律，是民间歌唱中自然地产生的。但是逐渐地发展完善，到南朝时经沈约总结发展了声律，研究了四声，诗歌逐渐向一定的规律发展。由无诗律到有诗律这是一次质变，发展到律诗，这一阶段发展到顶点。这种律诗的渠道已经装不住诗的洪流，正像河流或者改道或者回流一样，这时又出现词的形式或者回复到古风的形式，这又是一次质变。古风的出现实则是诗歌发展中的否定之否定。[6]

梁衡还注意到用典对于音乐诗歌的作用。如现代诗歌运用新典，可把诗意推到新的高峰，收到言简意赅之效。他提出向京剧《智取威虎山》学习，打破旧派别、旧行当的界限。

为了表现英雄人物的形象，过去的旦、生的行当限制和程、梅等派别的区分，已成了创作上的绊脚石。大刀阔斧地创作，需要什么拿来什么，不需要什么就砍掉，一切围绕创作主题。在诗歌创作中也是这样。

主调的反复。英雄人物的音乐形象是其主调作为红线贯穿始终、反复出现给观众树立的鲜明的形象……如《白毛女》的《北风吹》，《红色娘子军》的《娘子军连歌》。在诗歌创作中也要有这种主调，作为一条红线贯穿始终，塑造英雄人物时抓住其一个中心的特征反复出现。这不仅是文字上某字某句的重复，更重要的是一个中心思想要能明确地贯穿。这就要求写作时就要先炼意，确定主题，进行严格的创作。[7]

时代的大气候，是难以选择的。逆行还是沉沦，要看个人造化。在反右派斗争、"文化大革命"等运动中，不少人被摧毁，也有不少人重生。动荡的岁月里，梁衡在荒凉的临河，靠读书学习来打发苦闷的生活，倒是不幸中之万幸了。

[1]　摘自《梁衡日记》(1969—1970年)。
[2]　同注[1].
[3]　同注[1].
[4]　梁衡.我的阅读经历.名作欣赏.2015(5/6/7).
[5]　同注[4].
[6]　摘自梁衡《读诗札记(1969—1970)》。
[7]　同注[6].

3

初入社会

1970 年 3 月 6 日

今天接受防洪任务来到了黄河边。

这是第一次到黄河边。站在黄河大堤上极目望去，一片冰滩，黄河这条狂龙千百年来就这样张牙舞爪地滚来滚去，现在厚厚的冰层覆盖了它的真面目，抑止了它的雷鸣般的咆哮，它在冰层下静静地流淌着，一切都是这样的安静，这样的肃穆，冰是灰色的，天是灰色的，远处雾茫茫……简直是一片冰海。[1]

1970 年 3 月，国家有了新政策，给劳动锻炼的大学生重新分配了工作。

梁衡被分到了临河县"革委会"政工组。

工作前，先借调到黄河防汛指挥部，带领民工，负责 3 公里的防凌汛。

这一个月里，他一人住在河边一个大院子里，周边无人。有人问：小伙子，怕不怕？梁衡咬着牙说，不怕。

这样的生活很是难忘。梁衡感受着天苍苍、水茫茫的大自然，不忙时和民工一起包饺子，人一多，热闹不说，吃饺子也特别香。白天晒着太阳，四周空无一人；烧一锅热水，唱着歌洗着热水澡，肆无忌惮地享受着大自然的清静和自由。所有的不快和苦闷，在那无拘无束的一瞬间灰飞烟灭，剩下的是蓝天阳光下赤条条无牵挂的快活和自在。

一个月后，梁衡正式到临河县"革委会"政工组上班。同学们各奔东西，有的到工厂，有的到更远的公社去教书。学化学的沈大军"闪恋"了一个女工，把自己"嫁"到了贵州。学天文的夏晓阳边教书边自学英语，几年后考上了研究生，后来成为天文学家。

离开农村到县里工作，梁衡写了平生第一首歌词《黄河向东流》：

黄河向东流，滔滔舞丰收。水浪麦浪翻滚，河南河北羊牛。
黄河向东流，浩浩泛渔舟。草原红花朵朵，壮丽河山锦绣。
黄河向东流，纵情放歌喉。河深情深歌美，献给伟大的领袖。

懂音乐的湖南同学把歌词谱成曲，大家时不时地传唱一下，小小的成就感油然而生。

在军管还未解除，一半绿衣服、一半蓝衣服的年代，县"革委会"又成立了宣传组，梁衡在宣传组工作。15平方米的办公室，白天办公，晚上睡觉。他办了一份刊物《政工通讯》，组稿、采、写、校对、排版全是他一人干，排好后要到40里外另一个县的陕坝镇去印刷。那里曾是傅作义驻军司令部所在地。当时全县只有一辆破吉普车，梁衡自己装货卸货，不觉苦累。

1971年，临河县要举办建党50周年展览，梁衡担任展览工作小组组长，带领两个大学生和当地手工艺人一起，外出搜集素材，筹备展览。

他们一行人出差，要到上海一大会址，到湖南韶山。当时火车票很难买，为了上车补票，蒙古族同学陶克淘专门带了一件蒙古袍，需要时便穿上袍子出面办事，少数民族兄弟受优待，这一招屡试不爽。

一班人马中，除了梁衡，其他人没有出过内蒙古，特别是民间艺人，一路上闹了很多笑话。当时上海住房紧张，年轻人无地方约会，外滩长椅上常同时挤三四对恋人，各自不管不顾。面对耳鬓厮磨的恋爱场景，没出过门的民间艺人老靳大为震惊，还有些不满，就往地上狠狠地"呸"了一口唾沫。

1971年7月1日，展览如期开幕。

1971年9月13日凌晨，林彪出逃，飞机坠毁在蒙古人民共和国的温都尔汗，史称"九一三事件"。

全县干部突然接到通知，在县礼堂开会传达林彪事件。一念文件，大家都傻眼了，会场瞬间凝固了。精心准备的展览就此结束。

随后，全国各地多次掀起学习毛主席著作的热潮，涌现出大批学习积极分子。在黄开林的博客里记录了当时某地几近狂热的学习活动：

> 红星公社五一大队代表田泽建已经病了好久，这次听说要到县上开会，说什么也不肯请假，他提前一天起程，起早摸黑，翻山越岭，步行 120 里按时赶到县城。花里公社五一大队 68 岁的女代表杨才喜，人老心红，精神抖擞，与年轻人边唱边走，怀着喜悦的心情徒步 90 里，与代表团其他同志同时到达。多数代表到达县城天已经黑了，但他们没有忙着吃饭，也没有忙着为自己安置铺位，一放下背包就学习毛主席语录，唱《东方红》《大海航行靠舵手》。滔河区代表团的女代表，深夜 11 点还在集体学习毛主席语录，安排宿舍时互相推让，要把条件好的铺位让给别的同志。她们说：毛主席教导我们，我们都是来自五湖四海，为了一个共同的革命目标，走到一起来了。我们的干部要关心每一个战士，一切革命队伍的人，都要互相关心，互相爱护，互相帮助。

在"红星闪闪亮，照我去战斗"的形势下，临河县也召开了学习毛主席著作积极分子大会。各县委写作组、盟写作组，经常一起整理学习《毛泽东选集》积极分子的材料。梁衡在这个小县城里遇到了一大批从四面八方来的大学生，他们成了好朋友。有后来的中国青年出版社编辑李硕儒，中国人民大学新闻系校友、北京大学新闻与传播学院常务副院长徐泓，美术评论家贾方舟，以及国家广播电影电视总局局长、新华社社长田聪明。多年后他们陆续回到北京，建了"临河人家"的微信群。

当过长工的常四是临河县里的头号人物，他在盐碱地里种麦子，亩产 400 多斤，是不得了的。在写作组工作期间，梁衡到常四的村里采访，一块吃住，后来当了记者又去采访过他。

当时一年到头吃不上肉，但大家读书多，精神上富足，常常苦中作乐。节日里偶尔卖肉，但人多肉少，争抢激烈，想了办法，几个人保护身材最高大的杜奎，让他挤进去，最后提着一块肉，冒着被挤扁的风险，硬是从人堆里挤出来。出来之后，才发现杜奎上衣的五个扣子全被挤掉了。多年后大家聚会时还说起"买肉掉扣子"

的故事。

当地的干部宿舍是自盖"凉房"、自垒院墙的。在临河县委驻地，冬天有凉房，要圈一小院墙，可是秋天砌好的院墙一到春天就歪了。大家百思不得其解，梁衡看了半天，仔细观察，认为是两面墙受热不均，背阴的一面下面温度低、土层坚硬，向阳的一面温度高、土质疏松，才会导致墙外倾。弄通了这个道理，他就在背阴面墙底下硬硬的地方开了一条一锹深的沟，让暖空气融化地基，结果墙就慢慢正了回来。梁衡聪明、爱动脑子、动手能力强的特点，大家算是见识了。

看到报纸上一则农业部节柴炉的消息，梁衡就琢磨着改造一下，自己也盘了一个炉子，节能效果非常好。此后，谁家结婚分新房都请梁衡去改炉子，有时还请他去修院墙。邻里关系非常融洽。多年后，在北京万寿路甲 15 号院，田聪明见了梁衡，还念叨着：你这个人就是聪明，知道怎么把墙扶正。

当时有个不成文的规定，写作组到哪个县，哪个县负责招待。在河套乌拉特前旗的乌梁素海，旗里招待吃鱼。没有人想到，在湖里划着小船，四周是芦苇，鱼会自己跳进船舱。就用湖里的水，整条整条地煮鱼，一大碗一大碗地端上来，非常鲜美。写作组在那里吃得最好最畅快。40 年后，梁衡重回乌梁素海，发现那里的生态遭到严重破坏，昔日的美丽风光已面目全非，他写下了散文《乌梁素海：带伤的美丽》。文章开头便是"如让你欣赏一位带伤流血的美人，那是一种怎样的尴尬"。

每年春天，县里要召开"三干"会。县委食堂烧着一口直径近两米的大锅，里面翻滚着整块的肉、豆腐和土豆，热气腾腾，香气蹿鼻，来开"三干"会的干部们一人捧一碗，热热乎乎，边吃边聊，气氛很好。

当时物质匮乏，生活清苦，大家凑在一起聊聊心得，彼此没有芥蒂，关系简单，人也潇洒幸福。

在临河，梁衡结识了宋瑞芳，杭锦后旗最偏远的红星公社中学的一位女教师。

她是内蒙古呼和浩特人，父母走西口，从山西来到内蒙古。宋瑞

在通辽师范学院读书时的
宋瑞芳

芳家境贫寒，父母生了九个孩子，她排行老五。穷人的孩子早当家，宋瑞芳很小就帮着父母干活，补贴家用。八九岁时，母亲在家生孩子，她还洗洗涮涮，伺候月子。星期天在家做饭，做莜面，从早上 8 点忙到 11 点，才能做好全家 13 口人的饭。寒假暑假，别的孩子在疯玩，宋瑞芳却到土产公司，满脸漆黑，打电池，取铜帽和碳芯，打一个挣二厘五，她一天能打几百个，一个月下来，挣的钱比父亲当月的工资还多。

从小吃够了苦的宋瑞芳，高考时选择了离家远远的通辽师范学院，她一直记着母亲的嘱咐，不谈恋爱，先找工作后成家。

宋瑞芳在临河县招待所等待分配时，梁衡已从公社调到县里工作。碰巧梁衡的同事是宋瑞芳的同学，他有意牵线，介绍两人认识。

宋瑞芳身上的一些特质吸引了梁衡。她吃苦耐劳，豪爽能干，喜欢运动和跳舞，乒乓球、篮球是强项，身体素质很强，从小到大几乎没生过病。

她比梁衡大 4 个月，两个人都属狗。她观察到，梁衡话不多，但是读书很多，是一个老实、憨厚，求上进、爱学习的年轻人。两人在一起，有"同是天涯沦落人"之感，文化相当，互生好感也在情理之中。

从县里到红星公社中学，两地相距 100 多公里，见一面很不容易。周末，宋瑞芳就借来大队的破自行车，早上 6 点出发，骑到下午 3 点，两个人匆匆见一面，第二天便又骑车返回，回去也要大半夜了。平时主要靠书信来往。见字如面，读梁衡的信，对宋瑞芳来说，是一种享受，他的诗他的文采唤起了她内心别样的情愫。

她也有不满意的时候。有一年夏天，梁衡出差到上海，回来后骑自行车去看她。老远看见梁衡提着一书包东西，宋瑞芳以为是买了一包好吃的，非常高兴。结果临走时，掏出来的全是书，竟有《哥达纲领批判》《毛泽东选集》这样的巨著。宋瑞芳很生气，认为他不懂生活，大老远跑来，不带上海特产，竟然拎来一包书！

往常，好动健谈的宋瑞芳没事时常在村里串串门，拉家常。但自从梁衡留下了一堆书后，她就认真学习，还做了笔记，成为公社学习毛著积极分子。

1971 年夏，相处了一年半后，25 岁的梁衡和宋瑞芳登记结婚了。学校把一间教室一分为二，分给了两家人住。梁衡和宋瑞芳就在半间教室里成了家。县委宣传组买了一口锅送给他们，算是结婚贺礼。晚上，几个要好的朋友一起吃了饭，喝了酒，6 个人喝了 3 斤 60 度的白酒。朋友们本想灌新娘子，结果却被新娘子灌倒了……

他们交了不少朋友，周末时，常常各家轮流请吃饭，单纯又实在，梁衡的生活热闹起来，也多了活力。

1972 年，两人婚后的第一个春节，年三十，他们和几个单身青年一起去看戏。小县城难得有剧团来。年纪稍大的老冯写得一手好字，为剧团写了字幕，因此得了几张票。看完戏后，大家兴冲冲回到宿舍包饺子，喝酒。老冯按照蒙古族的敬酒方式，将碗高举过头，向梁衡、宋瑞芳这对新婚小夫妻敬酒。有人起哄说："你们敢喝吗？"宋瑞芳酒量很大，她二话不说接过梁衡的酒杯，大家就这样一碗对一碗地喝，此时屋外是零下 30 摄氏度的寒夜，偶尔传来零星的鞭炮声。思乡、苦闷、看不到希望，这些伤感与不快，一时间被热闹的欢笑声淹没。

大学暑假去北京看姑姑，宋瑞芳特意在照相馆留影

在小小的临河，梁衡结识了一些新朋友。从大城市被分到边地的相似命运、对文学艺术的共同爱好，让这些年轻人成为无话不谈的好友。梁衡经常拿自己的诗作和歌词，让朋友们提意见。老友李硕儒曾

回忆：

> 他诚朴单纯中飞动着一种好学勤勉，谦逊热情中沉浮着一股执着的
> 自信。自此，我们交流不断，或诗文相予，或心心交谈。后来他调到
> 《内蒙古日报》驻巴盟记者站，不光行当相同，我们两家的居室也成了
> 不远的街坊。[2]

县武装部长兼县委书记是山西阳泉人，喜欢文化，对梁衡很赏
识，常让他帮着写讲话稿。这时内蒙古日报社要成立驻巴彦淖尔盟记
者站，书记就推荐了梁衡。从此梁衡成了记者，在边远的基层开始了
新闻采访的生涯。

1972 年 8 月 7 日

上午正式向报社报到，下午县"革委会"宣传组开欢送会。从今天
起就调往内蒙古日报社了，任报社驻巴盟记者。

1968 年 12 月被分配到临河，经一年多的农村劳动锻炼后被分到
"革委会"，到今天共三年零七个月时间，生活在社会上，特别是在政府
机构中，使自己的政治嗅觉、阶级观点、路线觉悟有了提高，改变了学
校时的书呆子气，使那种天真烂漫的幻想有了落实的地方，并得到了修
正。这便是三年多的收获。

以后的任务是怎样努力搞好新闻工作，在新的阵地上利用这几年的
基础有所进取。[3]

当时条件艰苦，梁衡常常拎着破书包、骑自行车去平原地区采
访。倘若公路上有拖拉机，梁衡便抓住拖拉机拖斗的后插销，这样
又快又省力，一带能带出几十里，但有危险，需要掌握平衡技术。
夏天时，扒着拖拉机，风一吹，衣服兜风，很是惬意。冬天骑自行
车下乡采访则是另一番场景，梁衡不走公路，改走河套灌渠，在冰
面上骑自行车也很省力，但要匀速前行，这样才不会摔下来。

梁衡下乡采访，一般住在大队部的炕上，身上盖的被子油乎乎
的，他习以为常。有时采访回来，半路上会搭上运煤车，他躺在煤堆
上，仰头看着蓝天白云，心情特别好，那时特别希望自己是一名歌唱
家，能引吭高歌，抒发一下内心的喜悦……梁衡就这样无忧无虑、天

真地生活，没有私念，也没有欲望，就想在这里扎根一辈子，踏踏实实过日子。

那地方很苦，冬天要去买煤。有一次，我印象最深，恰好我到包头的煤矿去采访，买了人家几吨煤，我又拉不走，就搭了个顺车。那时风气是真好，碰到一辆空车，人家愿意给你拉煤，拉上煤，上面还有一口小缸，我躺在拉煤的大卡车上，卡车在草原上走。这时候，

婚后生活

上面蓝天白云，我才知道为什么内蒙古的人要唱那个长调，在那样的情境之下，我都想唱！[4]

在干旱少雨的河套地区，有一种随处可见、名叫沙枣的植物。梁衡的住所——临河中学就是一个沙枣园。一进大门，大道两旁就是密密的沙枣林。每天上下班，特别是晚饭后、黄昏时，或皓月初升之时，那沁人的香味便四处蒸起，八方袭来，飘飘漫漫，流溢不绝，让人陶醉。每每这时，梁衡就感到初夏的一切景色便都融化在这股清香中，充盈于宇宙。他在日记中写道：

我在沙枣香中嗅到了花的香甜，看到了糖菜的绿色，望见了麦田的碧波，听到了那潺潺的流水和田野里的朗朗笑声。[5]

夏天，河套地区盛产蜜瓜，梁衡下乡时随身带着一把勺子，这是吃蜜瓜用的。到了乡下，农民不讲究，把瓜在石头上一摔两半，一人捧着半个瓜吃。蜜瓜多蜜呢？吃完了必须得洗嘴，要不然张不开口，说不了话。还有一种冬瓜，摘下来不吃，放到房里，一直养到腊月，这时的瓜已透明，拍一拍可以看到里面流动的汁液，打开来吃，甜到心里。

除了蜜瓜，还有乌梁素海的鱼。去塞外的"江南水乡"乌梁素海采访，梁衡看见了美景，吃到了美味。

1972 年 8 月 12 日

今天从磴口县来到乌拉特前旗的乌梁素海采访。真是"才吃磴口瓜，又食乌海鱼"。

民谚"黄河百害，唯富一套"，黄河自宁夏西来，从磴口县进入内蒙古河套地区，自流灌溉，滋润了八百里农田后，退入乌梁素海，又向东流入山西。于是巴彦淖尔的西、东两端便出现两个奇迹。最西边的磴口紧靠乌兰布和沙漠，是"早穿皮袄午穿纱"的气候，特别适宜种瓜果；而最东边的乌梁素海，竟有 600 多平方公里的水面，是一个塞外的"江南水乡"，这是我无论如何没有想到的。我是一直生活在北方，乌梁素海是我平生见过的最大的"海"。当天下午，通讯组的同志就领我到海上去打鱼，而那鱼不时地自己跳出水面，有一条竟跳到小船上。最多的是鲤鱼，还有长着两根长胡子的鲶鱼。船工是 50 年代从河北白洋淀支援到这里的。过去当地人不吃鱼，也不会打鱼，现在开始吃了，但鱼太多，很便宜，五分钱一斤。他说冬天，破冰捕鱼，一网能打 10 万斤呢。船不时穿过青翠的芦苇林，水鸟多得叫不上名字。这种景色我只在电影上看到过。[6]

1972 年 9 月，梁衡和宋瑞芳的儿子梁霄羽出生。在呼和浩特休完产假，他们回到了临河自己的小家。

11 月底的临河气温已近零下 20 摄氏度，下了火车，宋瑞芳先抱着孩子到文化馆暖和一下，梁衡跑回家赶紧生炉子，打扫卫生，屋里墙上一层白霜。

当时最大的问题是没有母乳，好在可以到农民那里买羊奶，没有药，就靠邻居王老汉的土偏方，一家三口就这么过日子。有一次，想弄点肉补充一下营养，梁衡就找蒙古族、达斡尔族的两个好朋友，晚上三人到了草原，用汽油桶烧牛粪取暖，后半夜下雪了，他们开着一辆吉普车打回两只黄羊[7]，回到家里自己动手扒皮切肉。

好友李硕儒新分了房子，却无后窗，每每点起炉火，烟絮满屋，很是烦恼，梁衡听到笑笑说："这好办，开个后窗不就好了。"下班后李硕儒刚打开屋门，梁衡已拿着一锤一凿走进来。他登上一只木凳，不到两小时已打开一个方方正正的后窗，他和泥抹墙，把个后窗抹得平平展展。干完活，天黑了，肚子也饿了。忙活半天的梁衡又下了面，这让李硕儒很不好意思。20多年以后，李硕儒在一篇文章中谈到了这段往事：

> "这……"我着实不好意思了。原以为妻不在家，吃他顿饭不过是朋友间的常事，没想到他的妻子也不在，他为我干完活又为我做饭，我岂不……
>
> "别这这这了。"他已下了一锅面条，"应该承认，你的书生气太强，干家务比起来我要比你能干。"他笑望着我，"何况你是老大哥！"
>
> "这倒也是。"我得了便宜，他的一番话也使我稍感释然。当我们俩端着一大碗面条对坐"大餐"时，觉得从没吃过这么香的面。我禁不住发问："……梁衡，你这面里放了什么佐料？"
>
> "这面啊，"他释然而笑，卖起一个小小的关子，"放了一点我们山西老家的祖传调料……"
>
> 他放下那大碗，说："跟我来。"
>
> 我们走进他家的小凉房绕到一口大缸前，他揭开缸盖，用勺子舀了一勺那淡黄色的汤举我面前说："就是这腌菜汤。"我们俩相对哈哈大笑。[8]

一碗素面能让人念念不忘，一点小小的喜悦也能让人激动不已，这是边远小镇的底层生活，现在想来，其实严寒岁月中的互送温暖、对大野光天的期盼与互励，才是最难忘的。

外出采访、做家务、看看书、写写笔记……平淡充实、无欲无求，这是一个最基层记者的生活。即使辛苦的采访工作，梁衡仍能从中捕捉到美好，比如沙枣[9]。他还专门写了首小词："干枝有刺，叶小花开迟，沙埋根，风打枝，却将暗香袭人急。"在日记里，梁衡充满诗意地抒发了对沙枣的喜爱：

> 不是人像沙枣，而是沙枣像人。
>
> 它也能给人以美的享受，能上能下，能文能武，能防沙，能抗暴，也能依水梳妆，绕檐护荫，接天蔽日，迎风送香。美哉，沙枣！
>
> 宋人咏梅有一名句："暗香浮动月黄昏"，其实，这句移来写沙枣何尝不可？这浮动着的暗香是整个初夏河套平原的标志。沙枣的香过几天就要消失，但它不久会变为仲夏的麦香，初秋的菜香，仲秋的玉米香，

晚秋糖菜的甜香。

沙枣花香，香飘四季。[10]

这篇《沙枣赋》称得上是梁衡的散文处女作。当时没有发表，40年后，梁衡重回临河，却发现曾经为之写诗作赋的沙枣已不见踪影，荒漠成了绿洲。沙枣只在记忆中了。

当了半年的记者，梁衡认真总结了自己的心得。

报纸是号角，我们是号兵。我们吹号要吹在点上。这样才能起到鼓舞作用。关键是要抓得准，跟得紧。这有两条：一是要依靠上面。就是依靠党中央、毛主席。关心国家大事，及时学习和研究党的方针政策。二是要依靠群众。紧跟革命和生产的大好形势。同时还要围绕主题，突出重点。要根据形势的需要，抓住根本，不能面面俱到，还要顾及读者也是各有需要。[11]

1973年7月，毛泽东在对王洪文、张春桥的谈话中指出，林彪同国民党一样，都是"尊孔反法"的。他认为，法家在历史上是向前进的，儒家是开倒车的。

1974年1月18日，毛泽东批准王洪文、江青的要求，由党中央转发江青主持汇编的《林彪与孔孟之道》，"批林批孔"运动遂在全国开展起来，历时半年左右。《内蒙古日报》驻巴彦淖尔盟记者梁衡在采访中，碰到了不少有意思的事。

1974年3月25日

这几日在杭锦旗后采访，时值春播大忙，同时开展"批林批孔"运动。林彪叛逃后，上面的传达文件中有一句话"林彪披着马克思主义的外衣"，农民听不懂，就批判说："这个林彪很坏。他还偷走了马克思的大衣。"虽然懵懵懂懂，各队的批判会却开得很热烈。[12]

这一年的夏天，他去乌拉特前旗采访，那里有乌梁素海和乌拉山。乌拉山的牧区交通不便，难得一去，梁衡和同事老李就抓住了随军拉练的机会，一同进山。

他们来到了呼和布拉山口。在牧民六十三家里，住了一晚。河套地区的人给孩子起奶名时常喜欢用爷爷的年龄来定名，叫着叫着就成了孩子的大名。

大队长六十三热情欢迎我们到来，他的名字很有意思，其实他才是个20多岁的小伙子，膀宽腰圆，一个结实的牧民。

六十三的妻子见来了客人就提着奶桶到屋前不远的羊圈里去挤奶，回来后在炉子上煮了奶茶。主人在大土炕上摆好炕桌，端上了奶茶，然后端上炒米、奶油、白糖，他教我们把这三样东西拌在一起成糊状吃，香甜可口。我这是第一次吃奶食，却不觉得有什么膻味，他们也很为我能适应牧区生活而高兴。看来我还真是当记者的命。主人夫妇，直劝我们多吃点，他们说蒙古人最好客，来到这里不要有一点客气。

……我问了一下生产队的情况。这个队共有29户，其中3户汉人，其余是蒙古族。有4 000多只羊、100多只大牲畜分布在方圆30公里的东西两条沟里。每年每个工可分红一元多。放牧工作很简单，早晨把羊圈打开，羊就自己出去吃草，晚上自己回来。每年只是下羔子季节，人才需跟群放牧几十天，其余时间便不用去管。队里只在每年6月底那一天清点一次羊数。第二年6月底，如羊数如前，下羔百分之百，则正常记工，如少一只羊扣四元钱。做饭取暖烧的是山里取之不尽的树枝，吃的是羊肉、奶食和少量的面食、炒米。[13]

长期在山区、草原、边防线上采访，常会遇到危险。沙尘、山洪、冰雹，梁衡都曾遭遇过。一次，突降冰雹，他藏在路边的一节水泥管里才得以逃生。最大时有一尺大的冰块，从天而降，砸死了毛驴、山羊，已成熟的麦田被砸得稀烂，生产队长哭得趴在地上起不来。

有时采访是坐212吉普车，是那种帆布篷的吉普车。我下乡，和地委书记一块坐车，那个车开得艰难，风刮过来，沙子打着玻璃，一片昏黄，什么都看不见了！车必须停下来，人好像掉到黄河底下，身边都是黄水似的黄浪，沙子刮过了，过一会儿，沉淀下来，沙土全落下来了。这就是大自然给你的磨砺、洗礼，这种感受，终生难忘！[14]

有一次，梁衡进山采访，结果大雪封山，下不来。一个月了，还不见人。有人来家告诉宋瑞芳，有一辆大客车摔下山了，车上的人全部遇难。宋瑞芳听了，怔在那里，感觉心脏被狠狠地扎了，但她不相信梁衡会一直不回来。有一天晚上，门外突然传来急促的敲门声，打开门一看，走了一个多月的丈夫站在门外，头发胡子又长又乱，憔悴了很多。四目相对，宋瑞芳不禁泪流满面，两人抱头大哭。

这样的生活一天天地过去，梁衡以为自己一辈子就扎根在这里了。

他出去采访，经常一走就是 20 天，甚至一个月。家里的事和孩子全靠宋瑞芳一人担着。实在忙不开，就把孩子放在邻居那里。在缺吃少喝的年代，宋瑞芳既要上课又要照顾孩子，自己顾不上吃饭，导致营养不良，有时骑着自行车，突然低血糖，就一头栽倒在地上。

1974 年，梁衡迎来了一个工作机遇。

那时山西省委宣传部将一批干部分到内蒙古支援边疆建设。"文革"后期，干部紧缺，就将这批干部再调回山西。梁衡正是借这个机会离开了临河，回到阔别十年的故乡。离开临河时百感交集，但日记中只简短地写道：

1974 年 12 月 15 日，今日从临河出发调往山西工作。[15]

[1]　摘自《梁衡日记》（1969—1970 年）。
[2]　李硕儒. 从记者到新闻官员的梁衡. 中华儿女，1996（2）.
[3]　梁衡. 河套日记：四十年前的河套与乌梁素海采访日记 // 梁衡. 先方后圆. 北京：同心出版社，2013：282-283.
[4]　摘自董岩对梁衡的采访，2014 年 8 月 16 日、17 日，北京万寿路甲 15 号。
[5]　同注［3］290.
[6]　同注［3］283-284.
[7]　当时野生黄羊较多，且与家羊争草食，人们捕打较多。后数量逐渐减少，1988 年国家出台《中华人民共和国野生动物保护法》，将野生黄羊列为国家二级保护动物。
[8]　同注［2］.
[9]　沙枣，别名七里香、香柳、刺柳、桂香柳、银柳、银柳胡颓子、牙格达、红豆、则给毛道、给结格代，胡颓子科、胡颓子，属落叶乔木或小乔木，高 5～10 米，无刺或具刺，棕红色，发亮。生命力强，具有抗旱、抗风沙、耐盐碱、耐贫瘠等特点。天然沙枣只分布在降水量低于 150 毫米的荒漠和半荒漠地区。
[10]　同注［3］290.

［11］　摘自《梁衡日记》(1973 年 7 月 29 日)。
［12］　同注［3］.
［13］　同注［3］297-298.
［14］　同注［4］.
［15］　同注［3］303.

4

梦开始的地方

这张照片拍摄于 1969 年内
蒙古临河。在夏日正午的阳光
下，梁衡搭着毛巾坐在草地上，
很投入地吹着笛子。

小学时他就学会了吹笛子，
这支笛子被他从太原带到了北
京，又带到了内蒙古临河，在
那个文化生活匮乏的年代，这
不啻为一种难得、风雅的享受。

1969 年 8 月在内蒙古临河

头顶上是蓝天白云，身后是无边的草原和成群的牛羊，笛子里徐徐吹
出的是充满了革命豪情的《大海航行靠舵手》《九九艳阳天》。在他平
静而愉快的神情里，有一种遮挡不住的积极、乐观与向往。

1970 年 10 月 28 日

刚从学校出来，工作时间不长，工作基本是积极热情的，也较能吃
苦，同志们反映较好，但我自己明白，实际可以这样来概括：革命加天
真、理想加幻想、热情有余持久不足，是在摇摆着前进。这是小资产阶
级知识分子的通病。热情只有持久才可贵。

毛主席指出："中国的广大的革命知识分子虽然有先锋的和桥梁的
作用，但不是所有这些知识分子都能革命到底的。"一定要做一个革命
到底的知识分子。途径只有一条，努力学习毛泽东思想，和工农结合，
改造世界观，要狠斗一个私字，严防一个骄字，不断革自己的命，为
党、为人民、为伟大领袖毛主席争气。拟作五绝一首以自勉：

　　　　尾巴常夹紧，坚定亦热忱。
　　　　横眉对私字，虚怀听兼声。[1]

　　这一时期的梁衡，是农民，是最基层的记者，是扎根边塞的知识分子，那时的他还是一个诗歌发烧友，一个诗人。

　　1972 年 6 月 24 日，梁衡在日记里写道：读完了所借的 24 本诗刊。在塞外的数九寒冬里，四个大学生挤在一盘火炕上念诗，回忆过去读过的诗。从北京带去的《朗诵诗选》陪伴他们度过了漫长的寒夜。比如，贺敬之的《回延安》。

一

　　　　心口莫要这么厉害的跳，
　　　　灰尘呀莫把我眼睛挡住了……
　　　　手抓黄土我不放，
　　　　紧紧儿贴在心窝上。
　　　　几回回梦里回延安，
　　　　双手搂定宝塔山。
　　　　千声万声呼唤你
　　　　　　——母亲延安就在这里！
　　　　杜甫川唱来柳林铺笑，
　　　　红旗飘飘把手招。
　　　　白羊肚手巾红腰带，
　　　　亲人们迎过延河来。
　　　　满心话登时说不过来，
　　　　一头扑进亲人怀……

二

　　　　……二十里铺送过柳林铺迎，
　　　　分别十年又回家中。
　　　　树梢树枝树根根，
　　　　亲山亲水有亲人。

羊羔羔吃奶眼望着妈，

小米饭养活我长大。

东山的糜子西山的谷，

肩膀上的红旗手中的书。

手把手儿教会了我，

母亲打发我们过黄河。

革命的道路千万里，

天南海北想着你……

…………

梁衡见到好诗就抄就背，从诗歌中汲取的激情的火苗，让他受用一生。这个爱好一直持续到40岁左右。

在特定的年代，诗歌是号角。梁衡对诗歌的热爱要追溯到中学时期，新诗给他的影响更多的是激情，虽然他后来几乎不写诗，这激情却一直都在，伴着他写作，采访，不离不弃。

我们这一代人的诗人偶像是贺敬之、郭小川。他们的诗我都抄过、背过。《回延安》《雷锋之歌》《向困难进军》《祝酒歌》等就像现在的流行歌曲一样响彻在各种场合。他们的诗挟裹着时代的风雷，有万钧之力，是那个时代的进行曲，能让人血液沸腾。它的主要作用不是艺术，而是号角。如郭小川的诗句："我要号召你们，凭着一个普通战士的良心。以百倍的勇气和毅力，向困难进军！"[2]

20世纪90年代梁衡在新闻出版署工作，见到新华社老记者张万舒，他说：我背过你的《日出》《黄山松》，"九万里雷霆，八千里风暴，劈不歪，砍不动，轰不倒！"一次全国作协开会，梁衡与诗人严阵坐在一起，他说：我现在还保存有你的诗集《竹矛》。诗人们都没想到在二三十年前还有梁衡这样一个粉丝，大家都很激动。

梁衡在《人民日报》工作时，带着采访组到贵州采访。一路上，山水如诗如画，他不由得想起了诗人廖公弦的一首诗《望烟雨》，随口背出了第一段：

雨不大细如麻，

　　　　　断断续续随风刮。
　　　　　东飘，
　　　　　西洒，
　　　　　才见住了，
　　　　　又说还下，
　　　　　莽莽苍苍，
　　　　　山寨一幅淡墨画。

　　同行的年轻人都很惊奇，他们不知道当地还有这样一位诗人，可惜诗人已经过世。这是梁衡高二时在中学简陋的阅览室里读到的，这首诗印在《人民文学》的封底上，给人印象很深。那时阅览室里杂志不多，怕人拿走，每个刊物都用一根粗白线拴在桌子上。[3]

　　梁衡不但背诗，还研究诗、写诗。一本厚厚的《读诗札记》从1971年一直写到1977年，录有24篇札记。在《札记17》中谈到了诗歌在文学作品中的地位：

　　诗歌的地位是一天天地下降的。在漫长的封建社会里，它是独霸地位。它的地位下降，并不是由于质量的降低，而是由于其他作品从无到有，从少到多，社会上不但需要诗而且还需要其他作品，反过来，不但需要小说、散文等，还离不开诗。[4]

　　在《札记18》中梁衡写到了读臧克家的《"五四"以来新诗发展的一个轮廓》：

　　诗歌是需要激情的，需要激情的时代，激情的生活。诗歌不止是为现实的，往往还是为以后的，它对历史的作用，常常是超过其他文学作品，因此诗要写得既经住现在的考验，又要受得住历史浪花的冲刷。[5]

　　梁衡爱诗也写诗。1969年5月，在临河劳动锻炼时曾写下《塞外夏景》：

　　　　　天际马逐云，雪浪鱼穿梭。
　　　　　麦翻无垠浪，羊牧有云落。
　　　　　欢歌荷锄归，澄影掠碧波。
　　　　　何止江南景，壮观豪情多。[6]

诗歌，还让文学青年梁衡结识了一批新朋友。

> 船上站着一位青年，
>
> 虽然衣着破旧，
>
> 可手势却十分优雅，
>
> 正抚着一支横笛在嘴边。[7]

这是李硕儒[8]的回忆片段。

当年，"文化大革命"时期，他从《人民日报》被分配到内蒙古的小镇陕坝。三年后，他从陕坝镇去了《巴彦淖尔报》编副刊。在此期间与梁衡相识。

一天，李硕儒正坐在办公室里编发即将刊出的副刊，一位摄影记者走进来兴奋地说，他刚从农村采访回来，在临河县某公社遇到了一位刚从中国人民大学分来的大学生。他说此人多才多艺，才智过人，说着拿出一张照片。只见在一片光秃的赤地上有一道清水涟涟的大渠，渠水中横着一只小船，船上站着一位青年，虽然衣着破旧，顶着一头隐约才见的小平头，可手势却十分优雅，正抚着一支横笛在嘴边。他眉宇轩昂，隐约中似乎能听到高扬的笛声，悠远的旋律。

> 端详着这照片，我心里不禁生出一股股同情、怜惜和沉重……
>
> "……他读过很多书，喜欢写作，我让他写了好诗寄给你，怎么样？"那摄影记者仍在兴奋中。
>
> "当然好，我们正缺好诗稿。"我报以同样的兴奋。[9]

果然，几天后李硕儒就收到梁衡的第一首诗。字体遒劲，诗情古雅，写的是一首歌颂边防战士的新诗，却透出古边塞诗的底蕴与风骨。

李硕儒决定把这首诗发在文艺版的头条位置。

1971年12月31日，《巴彦淖尔报》登载了梁衡的诗《赞美你啊——祖国北疆的英雄哨兵》：

> 目光，横扫千里烟尘，
>
> 枪刺，直指九霄寒云。

双脚拔山而立，
啊，我赞美你啊——
祖国北疆的英雄哨兵！
双臂一抖，冰霜飞雪化春水，
枪刺一指，漫天砂石玉宇清。
任狂飙雷电夹袭，
你，心红脚稳如苍松。
双目，怒视着白宫、冬宫，
枪膛，压进一梭子仇恨。
侧耳警听东南亚的枪声，
你的铁拳握得更紧、更硬。
江河，翻滚着仇恨的浪花，
群山，竖起凌厉的刃锋，
你和壮丽的山河织成一张巨网，
只待那害人的虎豹狼虫！
眼睛，和刺刀一样明亮，
心儿，和帽徽一样鲜红。
颂歌献给你啊——
世界革命的战士、
祖国北疆的哨兵！[10]

这首诗发表后的一个多月，梁衡写下了这样一段话：

回过头来，整个诗意不活，有点发干。原因有二：1. 人称虽是第二人称，但是不强烈，不分明，有些句子像第一人称，这样给人的印象不强烈，歌颂味不浓；2. 句子、字词不活，强调了硬更丢了活。无生命的东西多了，有生命的写少了。[11]

发表后的作品，梁衡仍会回过头来重新推敲揣摩。研究与创作并行，是他的特点，后来一些学者将其归结为"且研且习"。而这最早可以追溯到他在内蒙古的"诗词生涯"。

1972年3月28日《巴彦淖尔报》第三版登载了诗人梁衡的《舞台新貌——献给全盟业余新创文艺节目会演》：

一、小序

绒幕拉开，
这就是我们的舞台。
千古旧唱，
一扫云外；
蒸蒸新貌，
感人心怀。

二、灯光

明灯打开，
满台辉映着，
毛主席《讲话》的异彩。
驱散了千年的阴霾，
廓清了历史的舞台。
灯光犹如曙光，
晨曦中——
东风浩荡，
百花盛开。

三、演员

拍拍胸膛，
迎着朝阳多豪迈；
跺跺脚，
工农兵今天登上台！
浓眉大眼，
　　——不施粉黛；
巨手一挥，
　　——演它一个风云时代。

四、音乐

何恋丝竹绕梁，
更求声冲九霄。
国际悲歌一曲，
　　——无产阶级求解放的号角；
金戈铁马齐鸣，

——横扫顽敌的动地狂飙。

乐声如涛人如潮，

冲毁了囚牢，冲断了锁链，

冲出了一条通向共产主义的远光道！

五、背景

别看一台都装下，

这布景里装着全天下。

尽收祖国的山河原野，

一揽九天的星斗云霞。

别看木制、绳挂、布上画，

和咱们的理想没有半分差。

手提北山填南海，

脚踹东岳放铁花。

共产主义的美景，

就是这样安排，这样画！

六、道具

工具、农具和武器，

都是我们的好道具。

滚开吧：銮驾、彩轿，

举起来：我们的斧头、镰刀。

砸烂这封建的城堡，

铲尽资产阶级的毒草。

高擎红旗，

让她在这舞台上

永世万代呼啦啦地飘！[12]

这些诗句，梁衡并不满意，他认为问题在于缺少诗意，自由度不够。这一年的夏天，梁衡一直在酝酿写一首赞叹河套之夏的诗。脑子里慢慢想着，总觉得滚滚麦浪一眼望去充满了诗意，可以大抒其情。他首先想到的是在麦浪上做文章。

这一片麦浪是丰收的象征，它是来之不易的，是革命的浪潮汇合而成，麦浪滚滚和人流滚滚、车轮滚滚、红旗飘飘，同为历史的洪流滚滚。于是，写成了一首200行的抒情诗，用的是贺敬之的笔法，拆行体。写成之时丰收的喜悦激之于怀，但让别人读后则说是小题大做，抒之过分，一下子枪毙了。这样甜尽苦来，这一题到底怎样表现呢？转而写小叙事诗吗？实则不会，不熟，也觉那种东西太浅。[13]

如何抒写麦浪滚滚的河套之夏呢？一连三天，梁衡苦苦思索，夜不能寐，不得出路。他想，可能自己没有写诗的天分，更深切地体会到创作不是浪漫的浅斟低唱，而是一场艰苦的磨炼。

7月，一个不眠的仲夏夜里，梁衡作小令：

创作苦，
朝朝暮暮，
梦魂萦绕，
牵肠又挂肚。

创作苦，
崎岖小道，
山重水复，
时时疑无路。

创作苦，
沙海征途，
又得蜃楼，
割爱一笔涂！[14]

创作苦，在此后漫长的创作生涯中，梁衡深受其苦，苦不堪言，却又以苦为乐，乐在其中。他在痛苦中蜕变，也在痛苦中重生，不断脱胎换骨。

当时，26岁的青年梁衡并没有先见之明，只是忠实于自己对诗歌的兴趣、文学的兴趣，执着地思考着诗歌的前世今生。

新旧诗能不能合一？最近读诗想到这个问题。结论是不能，虽同为诗，但是体裁与表现方法是截然不同的，只可以新诗学习旧诗的艺术手法，但毕竟是新诗，要想创造出一种全新的东西代替旧诗，统为一体是不可能的……臧克家说："我是一个两面派，新诗旧诗我都爱，旧诗不厌百回读，新诗洪流声澎湃。"确是这样。

……现在的问题，能不能取旧体诗之概括、凝练，去其死律，取新诗的通俗，去其散漫，改造新诗，写出一种语言是以白话为主，形式、风格像古词的东西来呢？贺敬之的《中流砥柱》、戈壁舟的《向阳关》正是这样的作品。

……形式像词，语言白话，这是一种要发展的新诗体。[15]

在内蒙古的梁衡是一个诗人。

他第一次得到稿费不是因为散文，而是诗。20多岁时在河套平原劳动，夏收季节八百里河套金黄的麦浪一直涌到天边，十分壮观。诗人梁衡就"不自量力"写了一首几百行的长诗——《麦浪滚滚》，孰料这首激情澎湃的长诗并没有得到朋友的认可，让他一度灰心。

梁衡与宋瑞芳在阅读杂志

1988年，梁衡将自己多年读、背、抄的诗选了56首，按内容和体例分为写人、写景、抒情、词曲体、古风体、短句体、长句体等11类，加了40条点评，出版了一本小册子《新诗56首点评》。[16]

他说，新诗阅读对其写作有两点影响：一是激情，二是炼字。

在临河，诗歌创作与研究占据了他的业余生活，他是一个思考的诗人。

或许，这与后来大家印象中梁衡的形象大相径庭。因为，诗人注定是浪漫、自由、散淡的，而梁衡却是理性、勤谨、积极的。笔者曾问过这个问题，他回答说，在艰苦、寂寞的岁月里，诗歌能润泽生活的枯燥，给人以温情、浪漫的抒怀，这是一种让人精神愉悦的方式。

诗歌能表达情感，却不能完整、深刻地表达思想。这就是我要写散

文，搞文学、新闻理论研究的原因。在我看来，抒情固然重要，但思想
境界才是第一。[17]

他终究没有成为诗人。

1974 年 12 月 15 日，梁衡离开了内蒙古临河，在呼和浩特岳父家
小住几天后，赴山西省委宣传部上任。

他曾无数次地盼望回到家乡。但真到了与临河离别之时，也有一
些不舍。毕竟，这里是他真正接触社会、走向社会的起点，许多个人
生的第一次都在此发生。

东去南下的列车上，在拥挤吵闹的车厢里，梁衡却沉于一个人的
世界。脑海里翻滚的是乌拉山的片段。在那里，他第一次看到了满
山的老树，苍凉而悲壮，远处山花烂漫，流水淙淙，此情此景永生
难忘。

此时妻子宋瑞芳已怀孕足月，临盆在即，儿子霄羽只有 3 岁。当
时火车晚点，还时停时开，车上冻得不行。中途停车时，梁衡就拿着
水壶，从车窗爬出去，到车站里找水给老婆孩子喝。从内蒙古到太
原，就这样歇歇停停走了一天一夜，在 12 月 31 日，年末的最后一天
回到了山西。

6 年前，还是形单影只的大学毕业生；6 年后，已携家带口，为
夫为父。6 年的底层磨砺，6 年的读书思考，28 岁的梁衡，多了几分
沧桑。

多年后，他发表了《夏感》《长城　古寺　红柳》《河套忆》《乌
梁素海：带伤的美丽》《河套日记》《忽又重听〈走西口〉》。熟悉他
的人知道，它们的根其实都在河套，一个梦开始的地方。这片"天
苍苍，野茫茫。风吹草低见牛羊"的辽阔天地，锤炼了他的性格和
胸怀。

这段经历刻骨铭心。他在散文《河套忆》里曾说：

白居易忆江南，最忆的是红花、绿水、桂子、芙蓉。我却常想起西
北的河套，想那里的大漠、黄河、沙枣、蜜瓜。

那样苦的地方，怎么能产出这样好的瓜呢？我们这些在那块土地上
生活过的人自然知道，正因为经了那风沙、干旱和早晚极悬殊的温差，

这瓜里的蜜才酿得这样甜、这样浓。事物本是相反才能相成的。河套，我永不会忘却，那个我开始学步的地方。[18]

[1]　摘自《梁衡日记》(1970—1972 年)。
[2]　摘自董岩对梁衡的采访，2015 年 4 月 3 日，北京万寿路甲 15 号。
[3]　梁衡. 我的阅读经历. 名作欣赏，2015 (5/6/7).
[4]　摘自梁衡《读诗札记》(1971—1977 年)。
[5]　同注 [4].
[6]　摘自《梁衡日记》(1968—1969 年)。
[7]　李硕儒. 从记者到新闻官员的梁衡. 中华儿女，1996 (2).
[8]　李硕儒，河北丰润人。历任《人民日报》编辑，内蒙古巴彦淖尔盟晋剧团编剧，内蒙古《巴彦淖尔报》文艺编辑，中国青年出版社编辑、当代文学编辑室主任，编审。著有《"红魔房"之夜》《爱的奔逃》《外面的世界》等。
[9]　同注 [7].
[10]　同注 [1].
[11]　同注 [1].
[12]　同注 [1].
[13]　同注 [4].
[14]　同注 [4].
[15]　同注 [4].
[16]　梁衡. 新诗 56 首点评. 太原：希望出版社，1988.
[17]　摘自董岩对梁衡的采访，2016 年 2 月 19 日，北京万寿路甲 15 号。
[18]　梁衡. 河套忆 // 梁衡. 只求新去处. 北京：作家出版社，1997：186，189.

三、记者，作家

山西太原（1974—1987）

新时期的新闻是以"文革"时期的新闻残局为起点的。新闻已经完全没有了自己的个性，成了政治的奴隶和工具，是畸形的新闻。报纸既没有信息传播功能也不计成本，成了一张政治传单。

1978年5月至1992年10月，以真理标准大讨论和党的十一届三中全会为起点，至邓小平"南方谈话"止。这一时期的新闻与政治上的思想解放同步，可名为"内容复苏期"。可以说这时新闻是被政治解放的第一个"解放战士"，是思想解放的直接受益者。结论是：新闻能说真话了。

……翻翻这一时期的报纸，讨论真理标准、平反冤假错案、农村土地承包、城市知识分子政策落实、知识和人才开始受到尊重等等，一片解放之声。新闻像多年的哑巴终于说了话，它热情地为这个新时期的政治鼓与呼，是一种按捺不住的兴奋。它也迎来了自己的春天。

——梁衡《改革开放 30 年　中国的新闻与政治》

这张照片拍摄于 1982 年 6 月山西临猗县教育局院内。

当时梁衡正在采访。

身后是美人蕉，胸前是盛开的花朵。已是《光明日报》驻山西记者站站长的梁衡，满面笑容。

此时的他，36 岁的年龄，褪去了青涩，成熟自信，明快俊朗。

梁衡作为《光明日报》记者在山西采访

1

在省委宣传部的日子

1975 年 3 月 1 日，梁衡在山西省委宣传部正式上班。小儿子霄飞已经出生。正值"文革"后期，各方面都还不太正规，从外地调来，第一件让人头疼的事是没有住房，孩子又小，四处奔波、借住，十分狼狈。一家四口只能和父母、侄子挤在一间半的老房子里。

妻子宋瑞芳调到山西省妇联工作。当时申纪兰[1]是妇联主任，但她大部分时间在基层，并不驻机关办公。她知道了这个情况后，找到宋瑞芳："小宋，我这个主任关心干部不够，让你们为难了。不要费劲了，你们小两口和孩子就住在我的办公室吧。反正那房子长年空着，也是浪费。"说着拿出钥匙。梁衡知道后很感动。

我们再困难，也不敢接这把钥匙呀。但心里一直热乎乎的，多年以后还常记起。还有一件事，当年申纪兰参加各种会议活动较多，机关常要代她填表，其时她从省到县已兼有多种职务，有各种头衔，但她每次都要叮嘱工作人员："前面那些填不填都行，村支部书记这个职务一定不要落下。"她是一个不忘本的人，常说，劳动模范离开了劳动还算什么劳模。

虽相识多年，我却一直无缘到她的西沟村一看，直到 2007 年春天终于有了一次机会。西沟真是深山大沟，前沟后沟沟套沟。老申已是 78 岁的人了，领着我翻梁下沟如履平地。[2]

申纪兰连续参加过 13 届全国人民代表大会。受到过毛泽东的接见，在周恩来家中做过客，与邓小平一起照过相，被江泽民称作"凤毛麟角"。胡锦涛、朱镕基等领导人还亲自看望过她。早在 20 世纪 50 年代，她已是全国的名人。

申纪兰顶着名人的光环已半个多世纪，却没有一点名人的架子。她确实以代表的身份为人民办了不少好事，有的还是很不一般的大事，但她从来不说，也不让媒体宣传。这正是她最让人敬重的地方。现在有些人讽刺她过时了，落伍了，是摆设，其实是他们不了解历史。她，让"男女同工同酬"写入《宪法》，让家乡脱贫，把个人的财富出让给集体，还从不为子女办私事。她是一个真正的、最合格的人大代表。[3]

梁衡在新闻处主要是管理报刊。

"文革"期间，各行各业皆萧条，报刊亦如此，内容单调。每天，梁衡都要把各省报刊翻看一遍，尤其是副刊。在内蒙古临河，梁衡通过看书抄诗来提升文学素养，到了山西省委工作，他的文学修炼则得益于报纸副刊。当时与他对桌办公的同事，曾是省委党校的一位老语文教师，梁衡碰到什么问题就请教他。

对于行政事务性工作，梁衡并不喜欢。那时省委宣传部活动很多：学大寨、参观调研，机关干部义务劳动；还要备战备荒，挖防空洞，体力活很多……办公室里，常常是人手一把铁锹，随时准备拿起工具投入劳动。

1975年8月，梁衡先后两次赴昔阳县参观和召开全国有线广播宣传会。10月，去省直机关"五七干校"学习。干校在交城县，其实是个废旧的养鸡场，条件很差，第一期学员就住在旧鸡舍里，他们去了先消毒、清扫卫生。住进去之后，他们还盖了房子给后期的学员住。这第一期学员后来都在各自岗位上发光发热，有的成为山西大学的校长、山西省委秘书长、山西省政协副主席。

1976年1月8日，在"五七干校"，梁衡从喇叭里听到了周总理逝世的消息。

下午干校学员集合在操场为我们敬爱的总理开追悼大会。大家的心都要碎了。全场静穆，音乐徐起，大家把几天来亲手制成的巨大花圈，献到总理的遗像前。花圈是各种各样的，大家都想以自己的构思来表达对总理的哀思……北风刺骨，但大家都迟迟不愿再戴上帽子，会场静得几乎能听见眼泪掉在地上的声音。

敬爱的周总理，安息吧，我们一定完成你的未竟之业！一定做一个你这样的人！[4]

1976年3月下旬至4月5日，全国各大城市的群众纷纷自发悼念周恩来，声讨“四人帮”借“批邓、反击右倾翻案风”进行篡党夺权的阴谋活动。

南京市的学生、工人首先开始揭露和声讨上海《文汇报》先后在报纸上删去周恩来题词，以及报上出现了影射攻击周恩来的语句，他们贴出“打倒张春桥”的大标语，并到梅园新村和雨花台悼念周恩来和革命烈士。

在北京，上百万群众连续几天到天安门广场，用花圈、诗词悼念周总理，声讨“四人帮”。一夜之间，满城诗人。诗人发出了“洒泪祭雄杰，扬眉剑出鞘”的吼声，后来出版了著名的《天安门诗抄》。

在政治风云变幻莫测的1976年，梁衡迎来了自己的而立之年。在拥挤的小屋里，灯下，梁衡静坐着，耳边是孩子们的打闹声，忽然一种莫名的伤悲和恐惧从他心头涌起。这种不惑之年才应有的感觉，竟在他30岁的时候，便早早到来了。

今天是我的生日，已经整整30岁了。而立之年未有丝毫的建树，实在堪悲。偶翻宋词见李清照的一首《渔家傲》，可以移来自嘲，只是句中的“谩”字应改作“未”字——

“天接云涛连晓雾，星河欲转千帆舞。仿佛梦魂归帝所，闻天语，殷勤问我归何处。　　我报路长嗟日暮，学诗谩有惊人句。九万里风鹏正举。风休住，蓬舟吹取三山去！”

又缀七律一首以自勉：

五尺微躯当未立，三十学步始登程。

路遥勿教崦嵫迫，时促当恐鹈鴂鸣。[5]

这一年的春天气候反常，清明前后竟然都是雨夹雪。在天光阴沉的清明节，梁衡偷偷写了一首词《摸鱼儿·清明》，抒发对周总理的怀念之情。

又是清明时节，怎奈雨雪如注？试问春归何处，天涯芳草不绿。悲西风，伤泪雨，草木悒悒似有诉。灰洒神州，忠魂黯长空，江河凝噎，轻举姗姗步。

转眼间，遍野飞红无数。春雷隐隐鏊鼓。山岳悲恸重抖擞，泪作狂飙催枯。将遗愿，化宏图，遣撒人间杨柳舞。红旗大路。缅音容笑貌，花间枝头，盈盈如故。[6]

1976 年是中国历史上惊心动魄的一年。共和国的几位主要开创者，在这一年先后逝世。

3 月 8 日下午，吉林发生极为罕见的陨石雨。

4 月 5 日，天安门广场上的广大群众，在"还我花圈，还我战友"的口号下，采取抗议行动，被宣布为"反革命事件"。

4 月 7 日，中共中央政治局根据毛泽东提议，通过《中共中央关于华国锋同志任中共中央第一副主席、国务院总理的决议》。

5 月 29 日，云南西部先后发生两次强烈地震。

7 月 6 日，朱德委员长以 90 岁高龄与世长辞。

7 月 28 日凌晨，河北唐山、丰南一带突然发生 7.8 级强地震。

8 月，江青等人掀起"批邓"高潮，擅自决定停止印发《论全党全国各项工作的总纲》《关于加快工业发展的若干问题》和《关于科技工作的几个问题》等三个文件，并诬之为"三株大毒草"，是所谓"邓小平修正主义纲领的产物"。

9 月 9 日，毛泽东逝世。

9 月 11 日，王洪文撇开中共中央办公厅值班室，在中南海另设"值班室"，企图取代党中央领导。

10 月 6 日，以华国锋、叶剑英、李先念等为核心的中央政治局，采取断然措施，对江青、张春桥、姚文元、王洪文实行隔离审查。"江青反革命集团"被粉碎，十年"文化大革命"宣告结束。

10 月 7 日，中共中央政治局一致通过华国锋任中国共产党中央委员会主席、中共中央军委主席，将来提请中央全会追认。

10 月 8 日至 15 日，"四人帮"在上海的一小撮余党策划的反革命武装暴乱，被彻底粉碎。同月 18 日，中共中央将王洪文、张春桥、江青、姚文元反党集团事件通知各级党组织，传达到全党和全国人民。

10 月 20 日，中共中央成立专案组，审查王洪文、张春桥、江青、姚文元的反党罪行。

11月15日至19日，中共中央在北京召开了宣传工作座谈会，初步揭批了"四人帮"在宣传理论战线上的罪行，部署了继续揭批"四人帮"的任务，夺回了被"四人帮"控制的宣传阵地的领导权。

…………

1977年8月，梁衡参加山西省委召开的关于华国锋在山西的革命实践座谈会。

会议结束后，梁衡赴交城县参观了华国锋工作过的地方。晚上在水浴贯公社过夜。夜深人静，星汉灿烂。梁衡浮想联翩，当年华国锋曾在这一带和日寇决战，枪声震荡山谷。

8月12日至18日，中国共产党第十一次全国代表大会举行。大会宣告"文化大革命"已经结束，重申在20世纪内把我国建设成为社会主义的现代化强国，但未能从根本上纠正"文化大革命"的错误。8月19日，中共十一届一中全会选举华国锋为中央委员会主席，叶剑英、邓小平、李先念、汪东兴为副主席，上述5人为中央政治局常委。

8月20日，华国锋家乡山西交城游行庆祝，鞭炮、礼花、锣鼓充溢全城，人们用传统的高跷、抬杠来欢庆。梁衡在欢庆的人流中，感受到了交城人民发自肺腑的兴奋和喜悦。8月23日，返回太原。孰料市区也在举行大型集会，车子不得入城，直到中午才恢复交通。

这一年，梁衡终于分了一间半房。这个不到40平方米的蜗居，有一个小厨房，一个卫生间，这是梁衡平生第一次住楼房，一家四口高高兴兴地搬到了新家。

省委宿舍大院里的生活条件虽然比内蒙古好多了，但仍要买煤、扛煤、烧炉子。省委研究室的刘梦溪也住在这个院里，70年代中期他曾协助老师冯其庸，参与《红楼梦》版本校订工作，后来成为著名的红学家。

1978年元旦刚过，山西省委就接到一个任务：整理华国锋在山西革命活动大事记。为此成立了四人工作小组，梁衡便是其中之一。

接到任务，梁衡就赶到交城调研，搜集资料。在4天时间里，先后到华国锋的原籍杜家庄走访、了解华国锋的家世，采访华国锋的高中、商校同学李彬，拜谒晋绥边区第八分区党政军民殉国烈士纪念碑。他们还到阳曲县查阅了吕梁根据地报纸和档案，搜集了许多珍贵的资料。谁知大事记完成了，华国锋也卸去了国务院总理职务。

后来这本大事记就用宣纸抄了两份，放到山西省档案馆存档。如今四人工作小组已有两人去世，我是最年轻的了，了解此事的人越来越少了。后来我曾跟中央文献研究室副主任陈晋聊起此事，他说这很珍贵，应该有效利用。华国锋是被哥哥嫂嫂抚养大的，他在任期间常派夫人韩芝俊回乡探望，每次都不惊动地方，悄悄来，悄悄走。有一次她探亲后，就坐公交车返回太原。县里的同志知道了，赶紧派车追上，把她送到太原坐火车返京。[7]

这大概是梁衡在宣传部期间做的最重要的一件事。对于不少人来说，在省委机关努力几年，然后提拔一下，走仕途之路，是一个不错的选择。可梁衡志不在此，他想干自己喜欢的工作，常常不由自主地怀念起当年走乡串户的新闻生涯。于是静待时机，希望有所改变。

梁衡收到了《北京文艺》寄来的 14 元稿费，这是 1977 年第 10 期《在大寨看展览》一诗的稿费，是他写作以来收到的最大一笔稿费。

当时大学毕业生月工资是 46 元。这张数额不菲的稿费单插在省委传达室的窗户上，让很多人眼红，梁衡也自豪了一阵子。

[1]　申纪兰（1929—2020），山西平顺人。1954 年被评为山西省农业劳动模范。1979 年、1989 年、1995 年获"全国劳动模范"称号。2007 年获"全国劳动模范"称号。2008 年获"全国三八红旗手标兵"称号。2019 年获"共和国勋章"。第一届至第十三届全国人大代表，是全国唯一连任 13 届的全国人大代表。

[2]　梁衡. 先方后圆. 北京：同心出版社，2013：191-192.

[3]　摘自董岩对梁衡的采访，2016 年 2 月 19 日，北京万寿路甲 15 号。

[4]　摘自《梁衡日记》（1976 年 1 月 15 日）。

[5]　摘自《梁衡日记》（1976 年 5 月 5 日）。

[6]　摘自《梁衡日记》（1976 年 4 月 5 日）。

[7]　摘自董岩对梁衡的采访，2016 年 2 月 19 日，北京万寿路甲 15 号。

2

新闻成名作

我和梁衡同志相识的时间较晚。1982 年春，我调任《光明日报》总编辑，其时他在山西记者站当记者，无多来往。而山西在全国并不属科学、教育最发达的省份，对《光明日报》来说，不是主要的供稿基地。但是不久，我发现从山西发来的稿件往往占据头条或要闻位置，特别是几篇批评报道，敢于说话，切中时弊，一时为读者称道不已，这不能不引起我对他的注意。就如地形对一个战士的作用，工作地域也常常很能影响一个记者的命运。能在不大出新闻的地方写出好新闻，就像在地形不利的情况下打胜仗，这考验着记者的本事。[1]

——杜导正[2]

"文革"结束后，百废待兴。1978 年春，《工人日报》和《光明日报》先后在山西公开招收驻站记者。梁衡在山西省委宣传部工作，可谓近水楼台，得知消息后，便整理了一份简历，去报名。

1978 年 9 月 22 日下午，梁衡正式接到通知，调《光明日报》驻山西省记者站，晚上他与记者部通电话，决定将调动手续寄京。山西省委宣传部的领导很开明，支持他的决定，还说：小梁好好干，做你喜欢的事，我支持你。

离开新闻行业 4 年后，32 岁的梁衡回归老本行，成为全国思想文化大报的驻省记者，又开始了走南闯北、采写新闻的生活。

工作伊始，梁衡就到昔阳县参观。在那个特殊的年代，被称为"铁姑娘"的郭凤莲[3]与大寨一起站到了历史的舞台上。"文革"后，急需学习，转变观念。大寨党支部书记、中央候补委员郭凤莲当时刚从美国参观归来。她说：今年大寨连续四次自然灾害，说明我们还不能做到稳产、高产。

　　和中国大多数人一样，改革开放成为事业新的起点。后来与梁衡相识的范敬宜，在辽宁当了 20 多年农民后，在知天命之年终于迎来了人生的春天。1984 年，组织上将他调京担任国家外文出版局局长。不久，又任《经济日报》总编辑。

　　中国社会正处于深刻的变革时期。随着形势的变化，许多新生事物在萌芽，这些都发生在基层。

　　昨日有同学来，他是调到北京来辞行的，我不想回京，现在最迫切的不是图个好地方，好生活，而是快点出东西。三十三岁了，时不待我。调来新岗位半年多，按说，生活也有了，可怎么写不出东西呢？过去生活少，抓住一点就千方百计要酿出一点蜜，现在多了，倒看见这也不可用，那也不行。细想起来有三点：1. 观察不能迟钝，要发现新问题。2. 文学这一方面决不能丢。3. 手不能懒。[4]

　　当记者半年后，梁衡对自己不满意，字里行间流露出一种危机感和焦虑。此时距其成名作出现，尚有一年多的时间。

　　当时梁衡正筹备山西记者站，准备退出占用的山西省委办公室，自建办公楼。他找到山西省省长、省委第二书记罗贵波请他批示。得到批示后，他又去找太原市市长岳维藩。岳维藩让城建局长拿来一幅城建地图，铺在桌子上，梁衡事先打听到省电影公司旁边还有一块空地，城建局长就用红铅笔在那个地方画了个小方块。一年后，楼房盖好了，一楼办公，二楼是宿舍。梁衡和记者站的同事就搬到了那里。办公和居住条件改善了，他们的工作热情和工作效率更高了。

　　1980 年暮春，梁衡到山西忻县（今忻州市）采访，听说有一个叫岳安林的农村青年养猪很在行，便到村里采访他，但岳安林进城了。梁衡看了他的养猪场和院子。岳安林人生坎坷，吃了很多苦。因"富农子弟"的成分，考上大学后又被退回，在村务农，遭尽白眼，家境窘迫到拆着卖房椽过日子。梁衡看到房子已被拆掉半间，椽瓦杂露如犬牙之错，山墙烟熏半黑，如乱兵刚过，院门是高粱秆编的，靠在两根木桩上。梁衡碰巧遇见了岳安林 20 年前改嫁他乡的母亲第一次回来小住。她扶着柴门含着泪对梁衡说："想不到这些年我娃这么苦。"

其实这苦状已是过去的纪念，他已经在政治上、事业上翻身，只是还未来得及改造自己的窝。我初步的印象，这是春寒料峭中的一枝迎春。枝条下尽管还有残雪，枝头上却已挂满黄花。1980年，正是我们告别一个旧时期，准备创造新日子的时刻。恩格斯说文艺复兴是造就巨人的时代，那么现在至少是创造新人的时代。这是一个好典型。[5]

当晚梁衡回到县城，晚饭后约岳安林到招待所谈了一个小时。他走后梁衡即草成一篇1 800字的通讯。这件事有新闻价值，也很传奇，但到底能不能发表，他心里没底。稿子在编辑部又压了两个月。在用与不用此稿上报社确是分歧了一阵子，及至见报时，已近年底。

1980年11月14日《光明日报》第二版刊登了梁衡的人物通讯《一个农民养猪专家的故事》。

去年4月的一天，山西省忻县温村公社的院子里进来一位黑脸膛、戴着近视眼镜的社员。他一见到公社书记王金龙同志就说："我请求当大队养猪场的场长，到年底保证上缴利润3 700元。我找大队，大队不同意，这才来请公社给我做主。"

王金龙书记问明，这是大王大队的社员岳安林。大王猪场已连续亏损了11年。书记说："安林，你就有这么大的把握？"岳安林说："多出的钱全部交队里，短下的钱全由我一人包赔！"说着掏出一个5 000元的存折，啪的一声压在桌子上："大不过是这么多，甘愿立下军令状！"王金龙真正感动了。他说："我们的队干部要都有像你这样的干劲，什么事都好办了！你干吧，如果真的完不成指标，公社替你担一半罚款。"最后大队和岳安林签订了合同，在人员、饲料等固定的条件下，猪场一年向队里上缴利润3 700元，若不足此数，每100元罚工40个，如果超过，每100元奖工15个。

合同签订了，县、社领导和社员群众都替他捏着一把汗。岳安林却胸有成竹。上任第一天，他把猪场的5人召集到一起约法三章：一、实行联产计酬，每增肉30斤，记一个工，超者奖，不足者罚；二、民主治场，全场6个人，每人一天，轮流任值日场长，人人都得听从指挥；三、8小时工作制，剩余时间，读书学习，定时进行业务考试，80分以上者奖，60分以下者罚。

约法之后，他把负责育肉猪的饲养员叫来，给了他一张纸。只见上面写着："玉米粉50斤，豆饼15斤，鱼粉3斤，食盐半斤，硫酸铜、碳酸钙各半斤……"原来这是一张饲料配方。他说："你照这去喂，一两不许变动，猪不长肉你来找我；不按配方，完不成指标由你负责。"接着他又把母猪饲养员叫来，给了另一张配方。又化验、保管等一一做了吩咐。

梁衡没有想到的是，这篇通讯反响热烈，见报没几天报社便接到电话、来信，而且这种情况一直延续到第二年4月。报社来电话说，这篇通讯已被评为"全国好新闻奖"获奖作品。

梁衡决定再去忻县采访岳安林。

让他吃惊的是，半年来岳安林就收到来信3 000多封。有一封来信说，自己是春节走亲戚在人家墙上看到这张已糊在墙上的报纸，就逐字抄下来。还有一封信说，他们正想知道养猪配方时，文章却用了省略号，大骂记者在吊读者的胃口……梁衡埋头翻着这些信，不禁心花怒放，想不到这篇1 800字的小文章，竟一石激起千层浪，能牵动社会上这么多人。

在这个乡间的养猪场，梁衡第一次尝到了成功的喜悦，也懂得了记者的价值。他决定留下来。这3 000多封读者来信激励着他，他们想知道更多关于岳安林的消息，自己有责任告诉他们。

这次一住就是7天，又写成了一篇3万多字的报告文学。

1981年深秋，梁衡风尘仆仆从太原赶到北京。

好友李硕儒回忆，他就像一把火，一把青春、知识与激情拥抱着的随时喷发的火。当时李硕儒的妻子儿女去美国探亲了，满室的沉寂与落寞一下子被那把火照得光辉喷溅。

梁衡谈着党的十一届三中全会后山西省的种种变化，谈着他五光十色、饱满丰盈的记者生涯，谈着他最近采访中发现的青年在饱受折磨与打击的十几年中潜心研究养猪技术、开办养猪场，可至今仍受着保守势力和唯成分论者的种种压抑与非议……李硕儒在一旁入迷地听着，时代的激流在心中鼓荡：这是多好的典型，这正是十年禁锢行将摧毁，改革时代喷薄欲出的信号！

我有些坐不住了，不禁跃跃欲试："你何不写成报告文学？这才有感染力、震撼力……"

他笑笑，从背包里掏出厚厚一摞稿件："这不，已经写好了。"

"你呀！"我不禁从座位上跳起，我一把抢过稿件，连夜读完并推荐给中国青年出版社主办的《青年文学》杂志。承编辑部厚爱，我以同样的激情以"路，该这样走"为题为这篇三万多字的报告文学写了作品赏析。[6]

翌年，这部作品获青年文学奖。由新闻采访直接衍生出文学作品的，这是第一个。梁衡得出了一个经验，就是"一块肉要多做几个菜"。

记得一位当炊事员的邻居说过，有经验的厨师，二斤肉就能做一桌席。那么一个好记者，应该用一个素材写出尽量多的东西，这样才不枉费那块好料。于是我就岳安林这个题材，先后在8种报、刊、书上发表，我使出浑身解数制造了一小股"岳安林热"。后来这篇写他的报告文学还获得了"青年文学奖""赵树理文学奖"。连同通讯获得的"好新闻奖"，在这一个题目上就得了三项奖。[7]

《新闻战线》曾转来一封信问："似乎在他（岳安林）身上有做不完的文章。"梁衡的回信放在《致青年记者的信》专栏中发表。编辑哪里知道，其时他才是入报社不到两年的小记者。

这次报道使梁衡的知名度大增，岳安林的处境也大大改善，由一名普通农民破格转为干部，当上了地区科委副主任，被选为省政协委员。一场热闹过后，梁衡回想起来，这就像一个牧童无意中踩着了山道上的一个机关，发现一座宝库，引起一场预想不到的眼花缭乱。那么这篇通讯为何能成功呢？

一是，要归功于我是农民的儿子，我对农村生活太熟悉了，农民的所想、所为，他们的气质，这些已经作为一种基因深深地植入我的细胞。我自己知道，虽然我后来一直生活在大城市，但总能嗅到自己身上的黄土气，所以我对主人公有天然的理解。二是，"文革"十年动乱，我颠沛流离，从北京一毕业即被分配至内蒙古一个小县当农民，政治对人的摧残，磨炼了我对社会问题的思考。三是，要归于古文基础。我中学阶段对司马迁、韩愈的文章下了点功夫，尤其古文中以极简练的笔法写人物常使我神往。这篇通讯可以说是这种训练的一次小试。[8]

　　这篇报道火了，梁衡所在的《光明日报》驻山西记者站也火了，一时间成了上访接待站。

　　各种冤屈不平，纷至沓来。有极左思潮酿造的冤假错案，有夫妻不和，还有邻里争斗。

　　妻子宋瑞芳已到山西省电台文艺部工作，她爽直善良，有同情心和正义感。每遇上访者，总热情接待。烧水做饭，送衣送物，甚至管吃管住，记者站成了招待所。

　　有时下了班回到家，上访的已排队等着了。这些人生活困难，就在楼下安排了六七个床位，供吃供喝，没有衣服给衣服，粮票不够，亲戚朋友来支援。那时，下挂面最快，所以几乎天天吃挂面，孩子们吃挂面都吃怕了，吃够了。[9]

　　梁衡外出采访，宋瑞芳就主动承担起接待任务，听上访者倾诉，陪着落泪，想办法帮助他们。此外，还要照顾两位老人和两个孩子的生活起居。她默默奉献，毫无怨言。

　　这一年，梁衡还有一条科技消息《敢于当家　发挥才干　立志改革　解进保自荐任林科所负责人取得显著成绩》获得了"全国林业好新闻"奖。

宋瑞芳和两个儿子在太原

　　《全国林业好新闻获奖作品选》的点评是：本文写法不落俗套，它没有按条罗列经验，而是始终让事实说话。由于剪裁得当，文势跌宕起伏，宛如叙述一个动人故事。梁衡的获奖感悟是，要善于在春风中寻找破土的草芽。

　　这篇稿所以能获得首届全国林业好新闻奖，并列为140篇获奖作品的第一篇，事后我想主要原因是一个"新"字，在全国林业科技界，最早报道了"自荐"、承包这个新事物。

　　新闻记者的使命就是将社会生活中的新东西以最快的速度发现并传播出去。新闻记者每天的活动都是在进行一场求新竞争。但是新东西常常是在不知不觉中出现的。它好比春风吹过田野时，这里那里悄悄拱出的几点草芽。[10]

　　此稿写于山西省召开的一次科技成果颁奖会。当时会场热闹非凡，在隆重颁奖。梁衡坐在最后一排翻看大会的文件，突然一份典型材料吸引了他。他摸出一张缺了角的稿纸，草成此稿，又找稿中的主人公解进保本人核对了一下，不等散会便向邮局奔去……

　　稿子见报时，梁衡正在外地采访。

　　清晨，他在大棚成排、绿苗遍地的菜地里散步，突然听见广播里在播送这条消息，高兴地绕着菜地连走了两圈，有一种说不出的得意。

　　他感到，科学的春天、政治的春天到来了！

［1］ 梁衡. 没有新闻的角落. 太原：山西人民出版社，1990：1.
［2］ 杜导正，山西省定襄县人。新中国成立后，历任新华社河北分社社长、广东分社社长、中共中央中南局机关报《羊城晚报》总编辑。曾被划为"右派"。"文革"后，历任新华总社党组成员兼国内部主任、《光明日报》总编辑、新闻出版署署长，第七届全国大大代表。中华炎黄文化研究会副会长、《炎黄春秋》杂志社社长。著有《是与非：对我漫长记者生涯的反思》，主编《初探日本》《张学良》等书。
［3］ 郭凤莲，山西昔阳县人，1966 年 1 月加入中国共产党。1963 年参加了大寨的抗灾自救，1964 年，年仅 16 岁的郭凤莲，任"铁姑娘"队队长，改造家乡落后面貌，成了家喻户晓的人物。先后任大寨公社党委副书记，"革委会"副主任，中共昔阳县委委员，中共昔阳县委副书记，山西省"革委会"副主任，1977 年当选为中共十一大代表，中央候补委员，1978 年当选为第五届全国人大代表，第十一届全国人大常委会委员。2009 年 1 月 18 日，荣获第七届中国"十大女杰"荣誉称号。
［4］ 摘自《梁衡日记》(1972 年 8 月—1981 年 1 月)。
［5］ 同注［1］95.
［6］ 李硕儒. 从记者到新闻官员的梁衡. 中华儿女，1996（2）.
［7］ 同注［1］96.
［8］ 同注［1］96-97.
［9］ 摘自董岩对宋瑞芳的采访，2017 年 12 月 29 日，北京万寿路甲 15 号。
［10］ 同注［1］8.

3

出门跌一跤，也抓一把土

记者怎样才能成名呢？过了近十年后再想这个问题，我觉得有两个条件。一是要有积累，知识积累、思想积累和文化积累；二是机遇，要能碰到充分表达这种积累的题目。许多记者没有出名不是他没有本事，实际水平早就够了，没有人来给他命名。而这个名由谁来命呢？由读者，只有靠千千万万的读者。怎样才能为读者所承认呢？只有靠文章，靠你笔下的文章。而文章又是可遇不可求的，如果你下决心要将某一篇文章写成成名作，往往失败，你只需抱定一个当好记者的决心，倒可能遇机而成名。[1]

获奖后的梁衡写下了一首《自勉》的诗——

时兮时兮去不回，生命生命逝难追。
莫叫明镜悲白发，宜趁青春急攻垒。
时兮时兮去不回，韶华流水不东归。
英雄不夸少年美，春华待有秋实垂。[2]

梁衡每次出差，包里都要装一本书，如果是坐长途车，从早到晚在车上，可以看五六万字。出差尽量不结伴，他不怕一个人寂寞，怕的是应酬浪费时间。

他发现有两个时间段可以充分利用。一是早饭前，他出门随身带着《历代文选》，就利用这段时间，背诵范文。二是刚到一地，还没有开始采访的间隙。除了抓紧时间做好准备工作，看当地县志等资料，还搞点"副业"。一次在雁北采访，看了阳高县的杏树栽培基地，很有感触，随手做了笔记，紧接着梁衡又赶到晋南，晚上即在招待所里整理出一篇散文。

正是这样的日积月累，让梁衡的功力见长，成为飞檐走壁的"跨界"高人。他很赞成邓拓的说法，积累知识好比拾粪，要养成习惯，每天拾，见了就拾。不要分什么牛粪、羊粪，先拾回来再说，它都能化作养分，滋养禾苗。梁衡的文章，大都是依赖这种"拾粪法"得来的。

当时在霍县县委通讯组工作的郭思红，对于年纪不大却很成熟的梁衡很是了解，尤其是他的惜时和勤奋。

20世纪70年代末80年代初，他在山西当记者，我在霍县县委通讯组工作。每次到太原拜见，不管是上班还是下了班，推门一进，他总是伏案爬着格子。在他的墙上挂着"会客约法三章"：1. 有话直说，2. 不受理告状，3. 不超过3分钟。不了解他的人，还会产生误会，其实细想可知，他是不把任何可用的时光放过。有几次我去找他，夫人宋瑞芳说："这个老梁呀，下乡、下乡没个够。"[3]

爱下乡的老梁有句著名的口头禅——"出门跌一跤，也抓一把土"。后来随着他成名成家，这句话也成了名言，在新闻界广为流传。

有人形容那些精明的采购员是"出门跌一跤，也抓一把土"，这话真太形象了。记者就是报社的采购，出门去就是要能拿回东西来。战士要有每战必胜的信念，记者要有"每采必得"的思想。采访是一件很苦的事，一个记者如没有这种顽强的意志和贪婪的意念，便会平庸终生，一无所获。[4]

梁衡是如何"出门跌一跤，也抓一把土"的呢？有例为证。

1983年9月，他到新疆采访。

这里景色奇特，在开发旅游资源，外宾很多，中央领导来的也多。梁衡采访时，宾馆里就有30多个部级以上的干部，一个小记者当然排不上号。10多天里，吃、住、用车，无人搭理。他想不能空

1983年，梁衡在新疆采访期间留影

手而归，索性自己去找新闻。

他一头扎到中国科学院新疆科学分院，找到夏训诚，他是我国进罗布泊次数最多的科学家，参加过营救彭加木的任务，曾多次赴沙漠、冰川进行野外考察。梁衡如获至宝，紧追不舍，一连谈了三个半天，又借到一些书、地图等资料，终于写成一篇通讯。接着又通过私人关系前往石河子地区，一直深入到古尔班通古特大沙漠的边缘。军垦业绩鼓舞着梁衡，他心里也在赌一口气，"看我到底能不能采访到东西"。要把在乌鲁木齐耽误的时间补回来。国庆节期间，招待所里除了梁衡和另外一个同事外，再没有一个外地客人。他利用安静的环境，加紧赶写稿件。

后来从乌鲁木齐返京路过兰州，等车票要5天时间，梁衡又抓住这几天时间到地质研究所采访了一个先进集体。这是北京地质学院一个班的31名同学，在20世纪50年代一同被分配到兰州。采访才进行了一半，他的脑海里已闪出一个标题——"二十五年祁连月"，多有诗意啊。他在从兰州到北京的火车上写成了稿子。几天后报纸寄来了，标题上又加了半句，"三十一位同窗友，二十五年祁连月"。梁衡不禁拍案叫绝，不由冒出了一句："真可得奖了。"这一加不但成了工整的一联，而且更切主题。果然这个标题得了当年的"全国好新闻标题"奖。他和那位加上半句话的夜班编辑分享了这个荣誉。

西北之行的50天，梁衡一共完成了1篇评论，3篇消息，4篇通讯，4篇散文，2篇报告文学。这50天的采访记录，后来订在一起，命名为《西北之行》。

基层记者出身的梁衡发明了很多独到的新闻采写方法，如"采访与采药""有钱难买回头看""三点一线采访法""顺藤摸瓜，讲清所以""读写无定时，见缝就插针"等，以弥补资源的不足和区位的劣势。

梁衡在《光明日报》时正值拨乱反正及改革开放的社会主义事业发展新时期。其所见所闻是国家逐步走出困境、重新焕发生机的深刻巨变。

1978年的12月18日至22日，召开了历史上著名的党的十一届三中全会。

这次会议彻底否定了"两个凡是"的方针，重新确立了解放思想、实事求是的思想路线；停止使用"以阶级斗争为纲"的口号，做出把全党的工作重点转移到社会主义现代化建设上来，实行改革开放的伟大决策。

党的十一届三中全会开启了改革开放历史新时期，对"文革"从思想和理论上做了彻底清算。

全国随之展开了范围广泛的平反冤假错案。

我正好是 1978 年进入《光明日报》当记者的，驻山西记者站，在基层目睹了这一深刻变化。

当时正处于新旧思想和体制的交替。政治上，思想极左，比如"文革"中全国学大寨，大寨被政治化、神化。报纸上登了一个大寨的村干部照片，有人在她脸上画了一个眼镜，就被打成"反革命"，判刑十年。大寨的水利工程，不按科学办事，有隐患。水利局的工程师提意见就是反大寨。他们出于科学精神和责任心，只能晚上戴上大口罩到记者站来反映情况。

在经济上，动不动就说"姓社姓资"。农民自己出卖一点农产品就是资本主义，要抓，要批判。我家乡有一座煤矿，有一个青年农民，趁天不亮时去矿上偷卖自己产的猪肉。他本来就有点儿心虚，正剁肉时，有人喊："来人了！"他一刀下去剁在自己手上，剁掉了四个指头。[5]

1978 年 5 月 11 日，《光明日报》发表《实践是检验真理的唯一标准》，引发了一场关于真理标准问题的大讨论。报上还发了一篇四指宽的群众来信《是赶集还是撵集》，试探性地提出为什么要禁止集市贸易。结果当日报纸就脱销，甚至有人上门要加订报纸。农民赶集时将这张报纸挂在扁担上作为护身符。冰冻十年的市场，春潮澎湃。

当时人们抢着订《光明日报》。常有人找到记者站，要求走后门订一份报。就是因为上面有真理标准讨论和改革开放的文章。可见那时候改革开放的思想是多么得人心。[6]

那是一个新旧交替百废待兴的时代，也是一个走出闭塞已久的国门、睁眼看世界的时代。

"文革"结束，中央决定由副总理谷牧带队，选了 20 多位主管经济的领导干部，出访西欧五国。代表团 20 多人中，只有两个人出过国。一位是水利部长钱正英，只去过苏联等社会主义国家，还有一位是外交部的工作人员。他们出国后遇到诸多不习惯的地方。宾馆等场合到处是落地玻璃门，工作人员提醒千万别碰头，但有一次还是碰碎了眼镜。吃冰激凌，有人怕凉，就有人说："可以加热一下嘛。"

这还不算什么，还有更颠覆大家认知的。

出国前想的是西方社会腐朽没落，我们要拯救世界上 2/3 受苦的人。但眼前看到的富足、繁荣让他们天天感叹，处处吃惊。联邦德国一个露天煤矿，年产煤 5 000 万吨，只有 2 000 名职工，最大的一台挖掘机，一天就产 40 万吨。而国内，年产 5 000 万吨煤大约需要 16 万名工人，需要的人数是其 80 倍。法国一个钢铁厂年产钢 350 万吨，职工 7 000 人；而武汉钢铁公司年产 230 万吨，有 6.7 万人。差距之大，令人咋舌。

代表团 6 月归来，在人民大会堂向最高层汇报，从下午三点半一直讲到晚上十一点，听者无不动容，大呼"石破天惊"。[7]

改革开放的步伐在加快，经济迅速发展，单调匮乏的社会生活变得丰富多彩。

1979 年，长虹从松下引进了一条黑白电视生产线。

1980 年 12 月，19 岁的温州姑娘章华妹，领到了一份营业执照，成为中国第一位个体工商户。

1984 年，广州从美国引进了第一部好莱坞大片《超人》。

在商品匮乏、收入微薄的年代，手表、自行车、半导体收音机和缝纫机成为家庭生活用品的"四大件"。到 20 世纪 80 年代中后期，"四大件"又换为电视机、冰箱、洗衣机、收录机。曾经不论男女老幼全民皆黑蓝灰的装扮，被喇叭裤、太阳镜、蝙蝠衫取代。

作为《光明日报》的驻省记者，梁衡算是不闭塞的。一次回京，见办公室一群人围着一件东西看，这是报社驻西柏林记者带回的一张绵纸，八寸见方，雪白柔软，上面压印着极精美的花纹。大家就考他，是什么物件。当时中国还没有纸巾这个词，也没有一次性这个概念，梁衡想了半天也答不上来。

那位记者说："这是人家公共厕所里的擦手纸。"天啊，我简直要晕

了过去，老外这样的阔气，又这样的浪费呀！我把这张纸带回驻地，给
很多人传看，无不惊得合不上嘴。[8]

后来，他第一次出国到欧洲，飞机上喝水用的硬塑料杯，舍不得
扔掉，一直带回国内。飞机上，送咖啡的空姐抛来吃惊、鄙夷的眼
光，潜台词是："你这个中国土包子！"他一时羞愧难当，永远也忘
不了那个抽了他一鞭子似的目光。

长期在基层采访的"土包子"知道处在社会最底层的农民在想什
么。他们迫切地想摆脱贫穷，要发家致富。他们受穷不是自然条件不
好，也不是人懒，而是政治上的束缚。

晋南平原产芝麻，一个叫朱勤学的农民从收音机里听到城里副食
店缺芝麻酱，就立即手磨一小罐到北京推销，一下拿到上百吨的订
单，还带出了一个靠做芝麻酱致富的"麻酱村"。梁衡采访时，他拿
出自己订的十几种报刊，大谈如何利用外部的科技信息、商品信息。
这在当时是很新鲜的事。很快，《听农民朱勤学谈信息》上了头条。

梁衡在《光明日报》9年，在当记者的头几年里，接待的采访对象
有一半是申冤告状的。

一场"文化大革命"，留下了许多后遗症。父母子女，学生老师，
朋友同事，反目成仇，互相揭发，熟悉的人突然变成了陌生的兽。梁
衡写了不少拨乱反正、平反冤假错案的消息，如《所谓"蒲县武装暴
动"案真相大白》，桑氏老人孤身奋战，诚搏一气，令人肃然起敬。

小小记者站里每天挤满上访的人，有申冤的，有要工作的，还有
申报发明的。他们以为报纸可帮他们解决一切问题。梁衡报道过的王
森浩，当时是山西一个煤矿的矿长，学采煤专业的大学生。去采访
时，他还戴着安全帽下井干活呢。稿子见报不久，王森浩就被任命为
山西省省长，一届任满后又调任煤炭部部长。那时新人成长、重用，
如雨后春笋，这是改革开放的新气象。在他报道的典型中，出了四个
人大代表。

1984年解进保被选为六届全国人大代表，1988年又被选为七届人
大代表。是年3月他在京开会，其时我也调京工作，便到代表驻地去看
望朋友，他们中有四位是未出名时我就去采访报道过的。大家一见面分

外热情，都指着胸前的红色代表证开玩笑说："这代表证有我们的一半，也有你的一半。"[9]

他对那些在穷乡僻壤埋头工作的人抱有十二分的同情。他们见到记者时那憨厚的微笑，那询问上面精神的虔诚，谈到自己工作成绩时的坦然与淡然，还有那爬满皱纹的脸与青筋暴突的手，常使梁衡心中掠过一丝无名的悲哀，倒不是他们有多么伟大，而是他们甘愿吃苦的精神深深触动了他。

为隐者立传，给无名者传名，成了他的职业自觉。他的新闻稿里，有的是籍籍无名的乡村养猪专家、水利专家、林业工程师、民办教师、绿化荒山的农民。他和这些人成了朋友，挖掘他们的故事，介绍他们的成果，看着他们在新闻报道后成名被提拔，他由衷地高兴。

而梁衡自己，则在新闻之外写散文、写报告文学、写科普小说，去研究理论，帮人打官司，去当董事长办全国第一家人才开发公司……基层记者这个角色，让他与老百姓，与火热的生活有着天然的血缘联系。

这几年的记者生活确实改变了我的人生道路。所以我主张，如果有条件，每个年轻人，无论他将来干什么工作，最好都先当四年记者，这是另一种大学。我只知道自己经过这个阶段后由天真变得实在，由浮躁变得深沉，上任之初的那种职业的新鲜感、自豪感换成了一种人生的使命感、紧迫感，使我能以新的态度对待以后的人生。[10]

[1]　梁衡. 没有新闻的角落. 太原：山西人民出版社，1990：97.
[2]　摘自：《梁衡日记》(1972年8月—1981年1月)。
[3]　摘自董岩对郭思红的采访，2017年7月，山西霍州。
[4]　同注[1]140.
[5]　梁衡. 40年前开启国门的那一刻. 北京日报，2018-10-08.
[6]　同注[5].
[7]　同注[5].
[8]　同注[5].
[9]　同注[1]13.
[10]　同注[1]3.

4

《晋祠》

偶为报纸写了一篇介绍山西名胜晋祠的文章，想不到竟被收入中学教材。我写文章本不懂格式，看课文后面的练习题，才知这叫说明文。[1]

梁衡曾有过许多梦。

画家梦、诗人梦先后破灭，唯有文学梦想成真，陪他到老。

此生最爱是文学。

梁衡对文学的爱可以追溯到中学。

大学毕业到内蒙古边陲后，是文学支撑着他度过了艰苦岁月。那时，他最爱的是诗歌，他写诗，也研究诗。他认定自己不是诗人的料，便转向散文创作和研究。

回到家乡，梁衡成为《光明日报》驻山西记者，仍不舍文学。

1980年他发表了第一篇散文《恒山悬空寺》，尝到了"成功"的滋味。

1980年11月28日，梁衡来到晋祠，寻找灵感。他边看边记，回去后又整理了晋祠历史、建筑特征等资料。他想积累些素材，写写晋祠。

其实，最早发现晋祠之美的是建筑学家梁思成和林徽因。

早在20世纪30年代，梁、林在太原至汾阳途中，偶然望见了晋祠的一角殿宇，爱不忍释。两人不肯失之交臂，一个月后专程来看。梁思成是这样描述的："一进大门，说不出的美丽辉映的大花园，使我们惊喜愉悦，过于初始的期望。"[2]这惊鸿一瞥成就了这对伉俪的深度一游，也留下了一幅精美的晋祠鸟瞰手绘图。

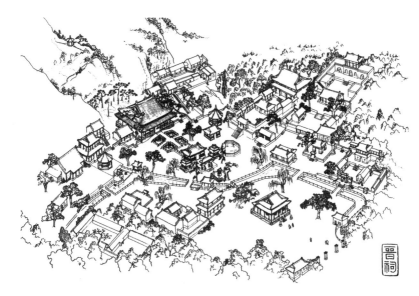

梁思成晋祠鸟瞰手绘图

时间到了 1982 年春节。

孩子们出去玩了，40 平方米的房间里顿时安静下来。

梁衡坐到小小的书桌前，准备完成报社交给他的任务，为即将创办的《图苑》杂志写稿。题目就是"晋祠"，对他来说这是一个再熟悉不过的地方，一个童年时常常游玩的地方。他开篇即说：

> 它的自然之美对我熏陶极深，清清的水，郁郁的树，还有那座秀丽的山。当时山上的野花比现在多，每年五一节假日，城里的人骑车来玩，傍晚回去时车上都有一束从山上采来的黄花，一条花的车流甚是壮观。我很爱在这个季节爬山，在花丛中嬉戏。那景象是难忘的。[3]

写《晋祠》的那天，是大年初一的下午。由于之前做了很多准备，写得很快，两个小时便完成了，就像他两年前创作的《恒山悬空寺》一样，都是思考多年的题目，写起来很顺手，可谓一气呵成。没有想到的是，这篇花了两个小时、几乎一挥而就的文章，会引起那么大的关注，承载了那么多的文学意义。

写这篇文章，似乎是一气呵成，实际上，它在我心里酝酿了许多年。我是山西人，童年时常到晋祠游玩，晋祠的自然之美，对我熏陶极深，直到结了婚，成了家，我们还经常骑车到那儿去玩。那儿的山、水、树，给我留下了难以磨灭的印象，这是生活的赐予。我写《晋祠》，首先想到的是把它的美丽迷人之处告诉读者。[4]

谁知原本约稿的《图苑》杂志中途流产，这篇《晋祠》稿件被截留，发在1982年4月12日《光明日报》的副刊上。

不想当年9月1日开学，即出现在中学课本上。

梁衡一举成名。

这篇文章从1982年出现在教科书上至今，算起来已有40多年了。当年推荐编录《晋祠》的人民教育出版社课程教材研究所的张定远教授，对梁衡欣赏有加。

挑选教材是严格的。要求作品文质兼美，内容和形式高度统一，要适合于中学教育，篇幅不长，语言规范，指导性强，所以，当时一见《光明日报》刊发的《晋祠》，真是让我们这些编选教材的人喜出望外。这篇说明文介绍晋祠时线索清楚，文字优美，文化内涵多，引人入胜，可以让中学生学到很多东西。当年在挑选其他文章时，还有人有些不同意见，这篇文章是大家一致通过的。[5]

《晋祠》入选课本5年后，在1987年的一次语文报刊会议上，有人把刚到不惑之年的梁衡介绍给张定远时，他大吃一惊："你就是梁衡？写《晋祠》的那位？"得到肯定的回答后，张觉得不可思议："你怎么这么年轻？《晋祠》的文笔那么老到，我们一直以为你是一个白发老学究呢！"

后来提及初见梁衡的戏剧性一幕时，张定远仍赞叹不已："他年纪轻轻，就满腹经纶！"

20世纪90年代，梁衡到中央党校学习，党校的一位同学放假回家，见上中学的儿子正摇头晃脑地背《晋祠》，便自豪地说："儿子，这篇课文的作者是我党校的同学。"儿子仰起脑袋，瞪大眼睛望着爸爸半天："不可能吧，他早死了。"当时入选课本的作者要么是韩愈、苏轼这样的古人，要么便是鲁迅、朱自清、郭沫若这样的故人，孩子有这样的猜测也不无道理。

梁衡写《晋祠》时还不到 36 岁。

从课本上读了他文章的许多学生，见到他本人时都很吃惊，原来梁衡不是故人，也不是老朽，竟然还这么年富力强。

据说很多人读了《晋祠》，便萌生了去看晋祠的念头。各地慕名畅游，领略晋祠风采、怀古抚今的人络绎不绝。笔者也曾因此春游晋祠，果然秀如江南，美好如画。

那么《晋祠》究竟好在哪里？又是怎样写出来的呢？

文学的价值在于揭示生活中的美，而美一般分为社会美、自然美、艺术美。梁衡的思路是，首先发现晋祠之美。

晋祠，从现在还保存着的宋代建筑算来也已近 1 000 年，其山水景物的形成当更久远，其间来游历和歌咏的人亦甚多。但我看晋祠，它的美与一般的山水却有不同，是一种既有自然的又有社会和艺术的综合之美。这个发现是逐渐的。[6]

《晋祠》先是呈现了它的自然之美："春日黄花满山，径幽而香远；秋来，草木郁郁，天高而水清。无论何时拾级登山，探古洞，访亭阁，都情悦神爽。"这是晋祠给梁衡的美好印象。还有那苍劲的老树，和古老的祠浑然合成一种古朴的美；那水"多、清、静、柔"，是一种秀丽的流动的美。这些合在一起组成了独特的自然风光。梁衡心中，晋祠之美，在山美、树美、水美。

这里的山，巍巍的如一道屏障，长长的又如伸开的两臂，将这处秀丽的古迹拥在怀中。春日黄花满山，径幽而香远；秋来，草木郁郁，天高而水清。无论何时拾级登山，探古洞，访亭阁，都情悦神爽。古祠设在这绵绵的苍山中，恰如淑女半遮琵琶，娇羞迷人。

这里的树，以古老苍劲见长。有两棵老树，一曰周柏，一曰唐槐。那周柏，树干劲直，树皮皴裂，冠顶挑着几根青青的疏枝，偃卧于石阶旁，宛如老者说古；那唐槐，腰粗三围，苍枝屈虬，老干上却发出一簇簇柔条，绿叶如盖，微风拂动，一派鹤发童颜的仙人风度。其余水边殿外的松、柏、槐、柳，无不显出沧桑几经的风骨，人游其间，总有一种缅古思昔的肃然之情。

这里的水，多、清、静、柔。在园内信步，那里一泓深潭，这里一条小渠。桥下有河，亭中有井，路边有溪，石间有细流脉脉，如线如缕；林中有碧波闪闪，如锦如缎。这么多的水，又不知是从哪里冒出的，叮叮咚咚，只闻佩环齐鸣，却找不到一处泉眼，原来不是藏在殿下，就是隐于亭后。更可爱的是水清得让人叫绝。[7]

除了自然的景物，更重要的还有祖先留下的文物。这是晋祠的社会之美和艺术之美。特别是古建三绝：圣母殿、木雕盘龙、鱼沼飞梁。

如果山水风物是它的外美，那么这些文化就是它的内秀。这是我要告诉读者的第二个方面，是更深一层。[8]

那么，发现了美，又如何表现它呢？

找最有个性的特征，作一细微深入的刻画。画人，最关键的是画眼睛，山水也是有"眼"的。只需着意点染这一点，其美自见。如文中写山，着意春秋二景，写那棵奇怪的左扭柏，便突出一个"扭"字："它的树皮却一齐向左边拧去；一圈一圈，纹丝不乱，像地下旋起了一股烟，又似天上垂下了一根绳。"写水，则细摹其清："无论多深的渠、潭、井，只要光线好，游鱼、碎石，丝纹可见。而水势又不大，清清的波，将长长的草蔓拉成一缕缕的丝，铺在河底，挂在岸边，合着那些金鱼、青苔、玉栏倒影，织成了一条条的大飘带，穿亭绕榭，冉冉不绝。"这些关键地方多费一些笔墨正是为了在别的地方多省一些笔墨。既发现了它的美，便将它最美的地方，写透、写够。[9]

这还不够。

梁衡要让山水名胜"活"起来，"动"起来，去撩人情怀，让读者产生共鸣。《晋祠》中，他尽量取动势，从山水落墨，从人处着眼，将主客观之间沟通。文中写到泥塑仕女的形态，写木龙抱定大柱，怒目利爪，周身风从云生，写十字飞梁石桥，又从桥引申到"人行桥上，随意左右"等，都是以动写静，给那些泥塑木雕石刻注入了生命，以充满动感、色感与光感的画面，把历史拉回现实，给读者以鲜活、真实的感受。

　　1998 年，《晋祠》发表 16 年后，记者采访了梁衡，谈及《晋祠》的创作过程。

　　刘：您除了写尽晋祠迷人的自然风光之外，对它的人文景观也作了独特而撩动人心的描写，给那些泥塑木雕石刻飞檐都注入了生命，使它们随着文章鲜活跳跃了起来，这些，单凭生活的积累和感知是否可以完成呢？

　　梁：这是生活之外的另一种积累，借鉴书本，借鉴前人，借鉴历史。晋祠不仅仅是一个自然景观，而且是一处人们经营了千年以上的名胜所在，我以此作为文章的两个支点来构筑全篇。从它的外美到感知它内秀的过程，是随着阅历的增加而逐渐形成的，这也是文化知识和艺术修养方面的积累。我这篇文章写山、写水、写树的各节中，可以找到欧阳修的《醉翁亭记》、朱自清的《松堂游记》、柳宗元的《小石潭记》的影子。而写龙、写虎虽只数笔，却仰赖了《史记》太史公之气；写山水绿荫时，曾借用徐志摩写康桥风光时的色调。

　　刘：关于这方面的借鉴，您能说得更详细一些吗？

　　梁：这是一种心灵的感悟所得，很难细说。写这篇文章，我着重于客观描写的美，但我认为散文还应该具备意境的美和哲理的美。我从事散文写作以来，一直在进行着苦苦的追求和探索。继《晋祠》后越写越怕，越写越苦，怕重复别人，怕重复自己，一心只在"求新"二字。我在杜甫的"语不惊人死不休"的后面，给自己加了一条"篇无新意不出手"。有许许多多的题材，想了十年、二十年，由于没有找到一个新的角度，一直没有动笔。[10]

　　《晋祠》只是一个开始。

　　此后，他发表了一系列山水散文：《望星空》《河套忆》《石河子秋色》《清凉世界五台山》《西北三绿》《吴县四柏》等。

　　他的《泰山：人向天的倾诉》被收入《散文欣赏辞典》。

　　他与教育的缘分由来已久。

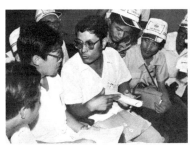

《晋祠》入选课本后与师生见面

早在 1979 年，他就在《中学语文报》和《语文教育通讯》发表文章。继《晋祠》后，1984 年 6 月发表的《夏感》，再次入选中学课本。

如果说《晋祠》入选中学课本，主要是因为美，那么《夏感》则是因为新——题材新、比喻新、立意新，让学生们对"夏"有一种新的感悟。

再后来，他又给孩子们写了一部章回体小说《数理化通俗演义》。

一次，梁衡到山西出差碰见一位女公务员，是黑龙江人。他问：为何这么远来山西工作？她答道：上学时学了《晋祠》，觉得山西很美，就报考了山西大学，又嫁给了山西人，就留在这里工作。

一篇文章竟然改变了一个人的人生，这是梁衡没有想到的。

《晋祠》这篇课文一直到现在还使用，大约送走了 30 届学生，这其中不知还有多少故事，可能以后还会改变一些人的人生轨迹。我没有想到的另一个结果是，晋祠为此也大大增加了游客，带来了更大的知名度和经济效益。常有北京的一些白领，想起小时的课文，假日里就自驾游，去山西游晋祠。[11]

以《晋祠》为开端，梁衡先后有 70 余篇次作品入选中小学、大学教材和各种教学用书，成为网友评选的中国中小学语文课本十大作家之一。十大作家中，仅他与赵丽宏、冯骥才在世，其他七位作家林海音、牛汉、林清玄、朱自清、叶圣陶、老舍、鲁迅，均已去世。

2018 年，《晋祠》一文在服役 36 年后，退出教材，取代它的是梁衡的另一篇写黄河的文章——《壶口瀑布》。

晋祠有幸，在建成千年后，赢得两位梁先生的青睐。

一位是建筑学家，为它亲绘了一幅载入建筑史的古建结构图；一位是散文家，为它书写了一篇入选课本的美文。

太原晋祠公园专门为《晋祠》一文立了一面碑。

［1］ 梁衡 . 梁衡文集：卷三：为文之道 . 北京：人民教育出版社，2002：155.
［2］ 梁思成 . 梁 . 北京：中国青年出版社，2013：224.

［3］　梁衡．没有新闻的角落．太原：山西人民出版社，1990：303.

［4］　高深，高小立．梁衡散文研究．沈阳：辽海出版社，1999.

［5］　同注［4］.

［6］　同注［3］.

［7］　梁衡．梁衡文集：卷一：名山大川．北京：人民教育出版社，2002：
　　　　23-24.

［8］　同注［3］304.

［9］　同注［3］304-305.

［10］　同注［4］.

［11］　梁衡．教材的力量．光明日报，2010-12-17.

5

散文革命

我清楚地记得，大约是在 1961 年，我第一次在《人民日报》读到《东风第一枝》。那时我们这代人，杨朔[1] 就是偶像，就是远不可及的大师。想不到 1980 年左右，我第一个在报上发文章批判杨朔散文，从而结束了杨朔的一代高峰。[2]

20 世纪 80 年代的中国是解放思想、改革开放的时代。

1978 年 12 月党的十一届三中全会召开，一年之后，召开了全国第四次文代会。

党的十一届三中全会批判"两个凡是"，否定"文革"，进入改革开放的新时期。会上，邓小平做了《解放思想，实事求是，团结一致向前看》的主题报告，这是指导各项工作坚定不移的根本方针，也是发展文艺事业的指导方针。

1979 年 1 月 2 日，党的十一届三中全会闭幕后的第 12 天，中国文联举行了"迎春茶话会"，刚就任中宣部部长没几天的胡耀邦到会讲话。讲话首先否定"文艺黑线专政"，认为"文革"期间把全国文艺界办成了"管教所"，强调说：从今开始，建立党与文艺界的新关系，要把党的宣传部门建成文艺界同志的"服务站"。

1979 年 10 月 30 日，有 3 000 多名代表出席的全国第四次文代会在北京隆重开幕。邓小平代表党中央向大会致祝词，重申"我们的文艺属于人民""为工农兵服务"，不再提"文艺为政治服务"。周扬在《继往开来，繁荣社会主义新时期的文艺》报告中，提出了新时期文艺要处理的三种关系：文艺与政治的关系；文艺与人民的关系；文艺继承传统与革新的关系。

这是继十一届三中全会在政治领域"拨乱反正"之后，在文艺领域的"拨乱反正"，具有划时代的里程碑意义。

文学创作和文艺批判的环境随之发生了变化。

梁衡的文学探索趋向活跃。

1978 年，他以评论的声音重回文坛。在《再"焖"一会儿》《清水出芙蓉，天然去雕饰》《要留有余味》中，对散文创作提出自己的看法。

1979 年，有评论《首先要准确》《读民歌有感》。

1980 年，有评论《绘形与传神》《诗与酒》《关于标点》；有作品《恒山悬空寺》《白杨树下的身影》《酸甜酸甜的杏子》《桑氏老人》。

1981 年，有评论《关于山水散文的两点意见》《"兴"与"酒"》《银幕太艳了》；有作品《娘子关上看飞泉》《秋思》。

显然，有两条线贯穿梁衡的文学之路：一条是理论探索，一条是散文创作，其散文理论研究甚至先于文学创作。他先是探索山水之美的写作规律，直到 1996 年发表《觅渡，觅渡，渡何处？》（也简称《觅渡》），从此转入历史人物的创作。

在梁衡看来，理论是创作的指南针、探路器。散文应该有自己的规律，在没有看清之前，不肯贸然动笔。他总想做个明白人。常常是想一想再写一写，想通一点道理，就实践一二篇文章；写一写再想一想，将创作中触发的一些感想，努力提升到理论高度。

这一时期，百家争鸣，涌现出"伤痕文学""反思文学""改革文学"等各个流派。作为文坛新人的梁衡，置身社会变迁的改革大潮中，也在不断地反思和求新。他注意到，长期以来散文的真实性被忽略，散文注解政治、套政治之壳，文艺批评却很少触及这些，或是碍着名家的面子，不愿说。如，何为的《第二次考试》明明是小说，长期以来却被当作样板散文编入课本，收入各种选本。杨朔的散文被收入大学、中学课本，影响更大，于是，不论写景写人都要贴上政治标签，几成写作定式。

文艺批评，却几乎没有批评，只有赞颂，如此这般，文学怎么发展？

1981 年 5 月，梁衡在《汾水》发表《关于山水散文的两点意见》；1982 年 12 月在《光明日报》发表《当前散文创作的几个问题》。这两篇文章针对散文创作长期以来贴政治标签的流弊，提出写山水散文要忌牵强、忌平；散文的题材也不能局限于歌功颂德言好事，不能不顾内容硬求境界，需要打破"物—人—理"的三段式结构。

发表于《汾水》上的《关于山水散文的两点意见》说，"长时间以来有一种流弊，山水文字总要贴上一点政治"，这篇文章直接提到杨朔的名字，并举了他的《香山红叶》和《泰山极顶》为例，这是国内最早公开对杨朔散文提出批评的一篇文章。发表于《光明日报》的《当前散文创作的几个问题》又指出："这种'物—人—理'的三段式结构几乎成了一种新八股。"文中回避了杨朔的名字，主要是考虑到《光明日报》影响较大，也出于对杨朔的尊重。

> 当时在全国大报提出这个问题还是有点怯生生的，因为我们知道杨朔同志是"文革"初期就被迫害而死，他的作品确实影响了一代人。从感情上这个弯不能转得太急。[3]

梁衡认为，由于历史原因，在文学创作中存在着一种虚假，就像平常人在马路上走台步、生活中用京剧对白一样，失去了真实，文学将为虚假所毁灭。

大凡文学革命必定与社会变革相关联。近有新文化运动，远有唐代古文[4]运动。它是在骈文[5]泛滥、内容空虚，阻碍了文学发展的情形下出现的。其实，隋文帝时就曾下诏禁止"文表华艳"。唐朝初期，僵化浮夸的骈文仍占主导。史学家刘知几曾在《史通》中提出"言必近真""不尚雕彩"的主张。中唐时期，韩愈批判当时文风"忘于教化之道，以妖艳为胜"，提倡"文道合一""务去陈言""词必己出"的独创精神。

其实，古文运动不单是文体改革。韩愈说："学古道则欲兼通其辞；通其辞者，本志乎古道者也。"倡导古文是为了推行古道，复兴儒学。这一主张得到了柳宗元等人的大力支持。及至北宋，以欧阳修为代表的一些文人，极力推崇韩、柳，掀起一次新的古文运动。范仲淹也曾上疏议政，提出"文质相救"，文章既要言之有物，又要优美通俗。

当年韩愈改造文风，"文起八代之衰"，给魏晋后颓废的中国文坛带来清新之风。20世纪80年代初，梁衡也做了一件惊世骇俗的事，那就是首开先河，打破杨朔散文模式。

对杨朔散文的批评，在中国文学界我是第一人。上中学、大学时，我就背诵了很多杨朔的散文，教材上选的就不少；到我上大学的时候，讲义里还有杨朔的散文。那么我为什么要批评杨朔呢？就是因为时代变了。杨朔所处的时代是一个歌颂的时代，一个唱颂歌的时代。唱颂歌的时代对不对呢？它有它合理的成分，历史上存在的就是合理的，所以它有合理的成分，但它的时代已经过去了。[6]

从1981年到1987年，针对杨朔散文模式的批评及对散文写作规律的探讨，梁衡先后发表了七篇文章。探究了流行模式的弊端与缺陷，集中剖析了杨朔模式出现的历史背景、创作方法及消极影响。但公开表达这些观点，需要极大的勇气，当时一些报刊不愿发，认为是否定权威。但梁衡生性执拗，既然对通行的模式有看法，就想改一改，破一破。

其实杨朔是我学散文的几个主要老师之一，特别是语言方面，对我启发很大。他的许多文章我都背诵过。他对散文的贡献是不会磨灭的。我们不过是站在发展的角度来研究问题，寻求改革突破。[7]

梁衡认为，杨朔模式的最根本缺陷在于"假"，这种"假"在特殊的历史条件下是不容易突破的。就本质来说，是沉醉于美妙的理想，诱导人们寻找一个简单的政治答案，是为空头政治服务。

这种反映生活的虚幻性、象征性，是杨朔模式长期在散文界套用而得不到突破的一个重要原因。这个突破必定是要待到人们对政治、经济、社会生活等各种"左"的观念都有了一个彻底的认识和清算后，在文学改革的浪潮已席卷了其他文学领地之后，才可能冲击到这块地盘。[8]

这种模式的流弊和危害，局限了内容与形式，使创作之路越走越窄。结果便是千人一面，千篇一律，如同流水线的产品，失去了个性，毫无美感。

这几年我对杨朔同志的散文及其影响提了一点自己的不同看法。一次我到某大学去讲散文也是讲的这个观点。一个学生递条子问："那么你最崇拜的散文家是谁？"我说："如果过去曾有一个散文家被我最崇拜，那正是杨朔。"这话一点不假，大约高中、中学阶段，我对杨朔散文崇拜得五体投地。他的集子是找见一本就买一本。《雪浪花》《茶花赋》《荔枝蜜》等是背熟了的。记得一次放假回家，在火车上我与一个刚认识的同志谈起杨朔，又到行李架上取印有他的文章的讲义。那讲义是单页，夹在一个弹簧夹里，一不小心弹开来，车厢里就像天女散花，惹得大家都拿眼来看我这个书呆子。现在想来，那样子一定很窘。可知我当初是怎样真心地崇拜和积极宣传他的。[9]

从中学到参加工作，梁衡一直读的是"革命散文"。直到"文革"结束，才比较集中地读了鲁迅、朱自清、徐志摩的作品，才知文学，特别是散文第一要"真"，要有真情实感。他渐渐理解，文学作为一种艺术，并非必须要担负说教的任务，审美才是它的本行。朱自清的游记《瑞士》，徐志摩的《我所知道的康桥》，清新自然，都深深地打动了他。对于读了多年"革命散文"的梁衡来说，无异于一种文学回归，是他的"文艺复兴"。

其时，正值小说、诗歌乘时代之风跃跃欲试、复兴繁荣之际，散文却因承袭了历史重负而徘徊不前。新的美学观念和自觉的文体意识，无不呼唤散文突破历史的拘囿。在长期的反思中，梁衡意识到，杨朔散文具有不可替代的价值和影响，但部分作品内容上的虚幻性和象征性、形式上的刻意雕琢和模式化，在相当程度上损害了其审美价值。散文改革必须从打破这个模式入手。

后来，在中国作家协会组织的梁衡作品研讨会上，作协副主席冯牧先生说："真实是散文的生命。这次看梁衡同志的这本书，有文章专谈这个问题，我们不谋而合。""他在散文理论上还有一个值得重视的贡献，就是最早提出对杨朔散文模式的批评，这种缺点不光是杨朔一个人有，这是历史的局限造成的。"[10]

杨朔是中国当代散文界的一面旗帜。

面对这面大旗，敢于站出来，发出质疑和批评的，却是一位痴迷文学的新闻记者——梁衡。其真诚与勇气足以让人敬佩。这种决绝、不趋炎附势的性情，勇于批评、敢于极言的独立精神，源于其独立的思考。

带着对杨朔散文的疑问，梁衡专门研读了美学方面的书，主要是黑格尔的《美学》，他从中悟到的就是把握好三个关系。

第一，人与审美对象的关系。黑格尔把人与外部世界的关系概括为三种：一是消耗、破坏它，换取自身的生存，是一种消费关系；二是研究它，并不破坏，是思考关系；三是欣赏它，保持距离，是审美关系。就是说，有距离才美。第二，把握事物内容与形式的关系，形式有独立存在的价值，即审美价值。既不能让形式妨害内容，也不能降低审美价值，"把它降为一种仅供娱乐的单纯的游戏"。第三，把握审美的作用，即艺术对人的作用。就是说，艺术创作不能粗制滥造，不能媚俗，应承担净化心灵的责任。

这三个关系的对立统一，为梁衡的散文批判奠定了一个基本的逻辑框架。在批判的同时，他又提出了一些新论。

围绕这一问题，我先后撰写了一批论文，提出了散文创作真实论、文章自然相似论、文章形式论、散文美的三层次论、两种分类论等自己的观点。还撰写了十七篇创作自白，毫不隐瞒地解剖了自己学习和写作过程中的所喜所忧，所想所得。这些论点可能以后会有一些站不住脚，但是我很欣慰。这是我自己在创作实践和学术研究中得出的结论，它含着我的个性。正因为它有个性，所以也能为散文繁荣增加一点色彩。[11]

梁衡着重思考了三个问题：其一，什么是散文的真实？其二，怎样突破平庸？其三，什么是散文的美，怎样做到美？这个名不见经传的文坛新人带着这些问题，去创作、去研究，探索那些写作规律，令人刮目相看。

2018年，《人民日报》头版发表了长篇文章，综述《人民日报》70年的代表作。其中文艺方面6篇文章，反映改革开放不同时期的文艺观、文学观和发展脉络。这6篇文章是以杨朔的《东风第一枝》开头，以梁衡的《何处是乡愁》结束。而他们，曾是一对"师徒"与"冤家"。

［1］ 杨朔（1913—1968），当代作家，著有小说《三千里江山》。其散文在我国当代文坛上有较大的影响，风格独树一帜，清新隽永并富有诗的意境。《荔枝蜜》《茶花赋》《樱花雨》《雪浪花》等，都是脍炙人口的名篇。

［2］ 摘自董岩对梁衡的采访，2016 年 2 月 19 日，北京万寿路甲 15 号。

［3］ 成青华，董岩，等．倾听梁衡．北京：新华出版社，2004：91.

［4］ 所谓"古文"，是对骈文而言，先秦和汉朝的散文质朴自由，以散行单句为主，不受格式拘束，有利于反映现实生活、表达思想。

［5］ 骈文，指六朝以来讲究排偶、辞藻、音律、典故的文体。该文体始于汉朝，盛行于南北朝。骈文中虽有优秀作品，但大都形式僵化、内容空虚，流于对偶、声律、典故、辞藻等形式，华而不实。骈文作为一种文体，曾成为文学发展的障碍。

［6］ 摘自李清霞对梁衡的采访，2016 年 6 月 16 日。

［7］ 同注［3］91-92.

［8］ 同注［3］92-93.

［9］ 梁衡．梁衡文集：卷三：为文之道．北京：人民教育出版社，2002：89.

［10］ 梁衡．我的阅读与写作．北京：北京联合出版公司，2016：17.

［11］ 同注［3］91-92.

6

丈夫立世，独对八荒

约在 30 多年前，1984 年，我的人生有一个小挫折。也许是境由心生，我注意到当时的一个社会现象。当年被打成"右派"的知识分子虽都落实政策回城安排工作，但结果却大不相同。很多人身体垮了，学业荒了，不能再重振旗鼓，只有坐家养老，等待物质生命的终了。有一部分"右派"却神奇地事业复起，演戏、写书、搞研究等，又成果累累，身体也好了，精神变物质。这其中有一个原因就是在最困难的时候他们没有停止读书，反而趁机补充了知识，补充了生活。

我的一位官场朋友，受挫折后就去读书，他说读书可以疗伤，后来很有学术成就。"文革"中很多学者都是靠读书挺了过来，并留下了著作。毛泽东在去世前的 70 多个小时还在阅读。只要有阅读，人就不会倒，不会老。[1]

党的十一届三中全会后，百废待兴，科技界强烈呼唤着改革。

梁衡常常遇到各种求助的问题。

他所在的《光明日报》驻山西记者站不断有人来告状，来申诉。有时候一天要接待几十人，其中有些是专业人才。梁衡帮他们写"内参"，或公开呼吁，报上一登，或上面转来一信，有时也能解决一两个人的问题。但杯水车薪，无济于事。他转念一想，水利可以开发，煤炭可以开发，人才为什么不能开发？何不把他们组织起来，自己解放自己？于是，就有了一个大胆的尝试。

我就说这样吧，大家受苦了，历史已经过去了，你们既然有才，我们组织一个人才开发公司——中国第一个人才开发公司，到现在没人用这个名字。我当时提出了一个口号：像开发矿藏一样开发人才。于是就组建一个公司，我就是这个公司的董事长。大家就在公司底下搞了好多企业，干得风风火火。[2]

1983 年，经报社批准，由梁衡发起在山西太原成立了"晋光人才开发公司"。"晋光"即"山西"与"光明日报"之意。这是全国第一家人才公司。它明确提出："像开发矿藏那样开发人才，像搞活经济那样搞活科技""愿天下有才者都能为'四化'出力"。

山西省委、省政府对晋光公司的成立给予了大力支持，专门责成一名副省长具体抓这件事。省长办公会议决定批准成立人才开发公司，并在开办之初拨款 40 万元。

1984 年 1 月 27 日正是春节前夕，省城各机关都在搞迎新茶话会，并抢着请领导参加，我们也开了一个茶话会，想不到省市领导几乎全部到会，使同日不少茶话会晾了台。会前我自己写了公司成立的消息，与《人民日报》记者一同联名，并嘱两报编辑部最好在开会前一天见报。果然，我们开会时报纸刚到，每人面前摆两张国内第一、二大报，着实为茶话会助威不少。这也看出舆论的威力。[3]

1984 年 1 月 26 日《光明日报》第一版，刊登了梁衡写的消息《山西省试办人才开发公司》，他在文中这样介绍这家在全国"第一个吃螃蟹"的公司：

这是一个独立自主、自负盈亏、企业化管理的事业单位。它广泛收集社会上零散的小改小革成果，组织、挖掘闲散的和未被人重视的科技人员，并给予支持，帮助他们完成研究、通过成果鉴定、安排生产和向有关方面推荐使用。其活动经费将靠自身开展咨询、转让成果，按照国家有关规定合理提取的收入，以"科研养科研"。

这个公司在筹备之初便开始了紧张的业务工作。有一位青年工人业余钻研节电技术，但是由于他的研究与其厂的业务不对口和受其本人知识水平所限，以致十多年来一直没有取得成果。他找到公司求助，公司给他提供了有关材料、仪器，并组织省内知名的电子专家进行测试、讨论，又积极向省科委进行推荐，终于使这项节电效率很高的科研项目取得成果，并通过了鉴定。山西省有一个县铁厂因赔钱下马，但是当地建材原料丰富，公司便组织了省里的技术人员帮他们制定了炼铁炉改产白水泥和副产品钾肥的方案。这样，该公司在开发那些正规科研部门不可能全部包揽的零星项目，支援技术力量薄弱的县社基层部门方面，真正起到了机动灵活、拾遗补缺的作用。[4]

在拨乱反正的年代，经梁衡宣传报道，不少人的命运被改写。

当时山西省副省长叫张维庆，后来做过全国计划生育委员会主任，他是北大毕业的，我是人大毕业的，大家很投缘，说起改革，都热血沸腾的。还有当时的山西省省长王森浩，我以前采访王森浩的时候，他还是一个在井下挖煤的工程师。我去采访他，他戴着柳条帽从井下上来，那情景至今如在眼前。我采访他的报道在报纸上刊登后不久，他当了省长。那个时代啊，就像是文艺复兴，恩格斯曾经说过，是一个需要巨人，并且产生了巨人的时代。说不定明天谁是什么。因为采访，我们成了好朋友，他当了省长以后，一下不适应，山西有个临猗县，那个字很生僻，他不好意思问别人，就来问我。[5]

在新闻、文学、人才开发公司之外，梁衡还和朋友一起研究思维科学相似学。研究成果写成了一篇文章，但《光明日报》理论部没有人能看懂，也拿不准，就一直压着未发。

1984 年 8 月 7 日，好友张光鉴拉着梁衡来到北京，以研究者的身份参加在远望楼召开的中国思维科学讨论会。

当时全国只有 59 个人参会，包括李泽厚、吴运铎、高士其，还有 80 岁的心理学家胡寄南等专家。会上分逻辑思维、形象思维、灵感思维、计算机与思维共 4 个小组。张光鉴致开幕词，他说国防科工委不但经常出科学成果，也经常萌发新的科学思想。

接下来钱学森做了一天报告。

钱老说，我们是学术会，年轻同志为大家服务，做好会务。钱老上午讲思维科学的基础科学，下午讲应用。会后，钱老很关心他们的那篇文章，问发了没有。他们如实相告，钱老叹了口气，有些失望。

后来，梁衡回报社谈工作，说起钱老过问此事。当时还是铅排印报，理论部只好重新捡字，把压了半年的文章发表了。

那些年，梁记者是省里的"红人"。山西省委和《光明日报》两家抢他进班子。省里开会，省长问，那个梁记者来了没有？省科委更是离不开他。

我这个记者当到什么程度了？省科委开党组会（人事问题除外），我不在不开会。我下乡去了。他们说等小梁回来再开会，因为我对全国科技界熟悉，比他们熟悉，我的点子肯定比他们多。我当记者竟然当到这个份上，这就是把我作为干部梯队候选人的原因。[6]

朋友们对此羡慕不已，他们说，梁衡啊梁衡，真不知道是生活发现了你，还是你创造了生活！他们调侃道："我只担心有一天，我们这个文人队伍里会少了一个同类，而在官员的行列中又添了一位生力军！"

果然，记者梁衡的"企业家"身份和他的人才开发公司并没有持续多久，这一切在1984年戛然而止。

这一年，是梁衡人生的转折点。

好消息和坏消息相继到来，上演了一出起起伏伏的命运大反转。

好消息是，38岁的梁衡被列入省部级后备干部名单。

他作为《光明日报》记者驻山西9年，由于报道和后期搞人才开发公司的改革举动，省里就向报社要人，想让他在地方任职。报社接信后怕人被挖走，立即调梁衡回京任职。

当时全国正搞省部级干部三梯队名单，梁衡在其列，中央党校为这批人专开了两期研究生班。

报社领导问："先上任还是先上学？"梁衡回答："先上学。"当时还年轻，不懂什么叫机遇，在他心里，学问比官重要。又赶上有几本腹稿，正好可用整块时间来写。

坏消息是，有人作祟，仕途上经历了一次节外生枝。

仕途中事难免浮沉，遇有升迁贬谪，真心道贺者有之，嫉贤妒能者有之，献谗诬陷者亦有之。坚持先上学再上任的梁衡，一进党校学习，就感到被放在火上炙烤，因为人们都指着这批人说，两年后某某出来要当大官。即将升迁的消息一出，谗诡之风顿起。两年里，有充足的时间让人做靶子，且无还手之力。

我的同学中有许多被人告状，毕业后提拔的反没有几个。我当记者多年，写批评稿，自然树了几个敌，以书生而进"梯队"，且已传出职务，更遭人嫉，也有一封匿名信。当时一张邮票只八分钱，所以有顺口溜："八分钱，查半年。"而且还未查上面已批示撤销"三梯队"名单。

当时我正全身心地想出去怎样工作，星期天带着十几页的工作设想去看望社领导，却听到这个消息。我立即热泪横流。男儿有泪不轻弹。我说："难道真的要报国无门了？我被确定为接班人选，是组织多年考绩，又天南海北外调，难道这八分钱的匿名信就能推翻那些正规的考察？"总编默默不语，一会儿说："你要经得起，这比'文化大革命'我被剃阴阳头呢？"我去上访，答曰："问题是没有，这一拨儿是把你误了。"大约人生中有挫折、逆境这一课，我是非补上这一课不可了。[7]

好在有书要写，《数理化通俗演义》出版社催得紧。梁衡一边学习、抓紧写书，一边等待调查结果。

有苦不能言，有怨不能诉，还要埋头写作，苦苦支撑，很是煎熬。肝区开始隐隐作痛。

在苦闷的日子里，家人、朋友给了不少安慰。远在山西的妻子把一家老小照顾得无微不至，让他稍稍安心。还有并不认识的朋友，常常拿着电影票悄悄送上门去，让孩子们的业余生活不至于太过单调。

年轻时的宋瑞芳

这一年的国庆节，梁衡是在校园里过的。

妻子宋瑞芳前来探望，让他紧张的神经稍稍放松了些。屈指一算，从内蒙古临河到山西太原，俩人已同甘共苦走过了 14 年的岁月。在日记里，梁衡难得地提起两个人的独处：

自从有了孩子，她就再无自由。原说利用出差机会来京一次的。但突然机关又不让出差了。节前她打电话说怎么办。我说："自费。我们出钱买一点自由，有了家我们就再也没有单独在一起玩一天两天的权利了。"她来了，看了香山、圆明园，很高兴。我们落后的生产力造成的生活方式是，一个人有了家，如果再有事业压身，就不但失去了在社会上玩乐的自由，连和自己的妻子在一起的自由也极少。等到把家务做得差不多，孩子上大学了（上了大学也不行，还得分配了工作），自己也就老了。[8]

宋瑞芳9月27日出发，次日到京，10月4日离京。这是两人结婚成家以来第一次离开孩子离开家，安静地过了一个国庆节。

瑞芳这次见面哭了。哭我们能享受的时光太少了。多少年来，她当家务的牛，我当事业的牛。我们好像没有发现自己的存在，自己享受的存在。这次也就是七天而已。时间虽短，却玩得很好。香山，是她从未去过，而我也好多年未去，虽近在咫尺，却是望望而已，这次去了，还了旧债，也还了我们自己的债，感情的债。

一早，她要走了。此时想起，说好让我教她太极拳的，哪有时间。在地上匆匆比划了几式。她又突然说："你的皮鞋不穿了吧，我给你收起来。"到床下翻箱子。我有点火了，"就要赶车了，那些事我不会慢慢干？怎么会想到这个事！""哎，我是想为你多干点事。你这样忙。"我委屈了她，又很内疚。[9]

送走了瑞芳，生活复归老调：学习，写书，等待审查结果。

苦干了几天，梁衡开始通宵失眠，后背酸痛。有时听课，大汗淋漓。

10 月 11 日

近来一心钻到写作里了，反倒好一点。去年以来，因为可能到政界的消息传出，反遭来许多人的忌恨和诬告。匿名信一大堆，费了许多神。曾书"不想"二字于墙上。突然想起一句俗话："把心放到肚子里。"因戏得一首四言诗：

> 心落肚中，
> 重心即稳。
> 如月在水，
> 且静且明。[10]

在1985年11月3日的日记里，梁衡写道：

今天进城去看望总编老杜。想不到又有坏消息。中纪委根据上面的批示，要我退担任董事长的职务和收入。要《光明日报》退还分成的钱，而且撤销了我的报社领导后备干部资格。

我当时就掉泪了。我说，我第一心疼的是我们的党风，如果总是这样恶人一告状就得势，将来谁来工作。我只不过是搞了一点改革。而且立即停止，就要被逼得如此下场。看来此生只有去搞业务了。想干一点，却不让干，报国无门。[11]

从杜导正家出来后，梁衡去看他的顶头上司记者部主任卢云。他还不知此事，听后大吃一惊。卢云安慰他："小梁，谁能夺掉你手中的笔？"副总编刘爱芝，也因改革之事刚被撤职，正在下棋，他说，总是这样，先乱搞，再平反。

此时梁衡倒平静了许多。本来是做好了准备牺牲自己的爱好，全力为公的。这下也好，可一心写书了。正合了前几天的小诗《无题》：

能工作时就工作，
不能工作时就写作。
二者皆不能，
就读书、积累、思索。

我有一种强烈的主观意识，一是观察社会，二是实现自己的理想。这首小诗算是言志之作吧，表达了当时真实的心理状态。王蒙的经历也很典型，他被打成"右派"，和王蒙一起的还有电影演员许还山，他演过《牧马人》。被打成"右派"后，坚持读书、积累、思索，后来又重返社会，重新工作。我当时就是这个心境。[12]

回到学校的斗室中，梁衡在墙上挂了一个小条幅，上书"不想"二字。但夜半难眠，他翻身对灯孤坐，草成半阕《渔家傲》：

孤灯秋风夜半时，
心潮忽翻情不已。
写得新诗空满纸，
无人知，
举头月明星正稀。

我遇到了两个好领导，一个是杜导正，一个是山西省委书记李立功，刚开始上面要查我，他们非常冷静，在电话上说我们党在干部问题上犯的错误太多啦，不要老搞这个东西，忽左忽右。对青年干部要爱护，先冷处理，先慢慢地查清楚了再说。这两个老同志，在这种情况下保护我，就这么拖着。然后就查着，查到最后就没事。可已是两年后了！[13]

梁衡继续写书。

周日一大早，图书馆一开，他第一个进去，准备埋头写作直至闭馆。因为匿名信之事，已让《数理化通俗演义》的写作停顿了十几天，他甚为不安，心里暗想，不好好写书，有何颜面见人呢？所以，头发长了，也没有时间去理，胡子也顾不上刮，他甚至孩子气地想，不写完这一回，就不刮它。

在 1985 年 11 月 9 日的日记里，梁衡写下了这样一段文字：

我挟着书，迎着寒风，冲出图书馆，高兴得直想唱歌。我想，这两天有达尔文陪伴我，一切烦恼都可忘掉。一时觉得世界上只要有这两本书就行。

晚十一时半，写完第四十九回。至此第二册已突破十万字大关。[14]

在中央党校创作《数理化通俗演义》

说到他写《数理化通俗演义》，大家会百思不得其解，幼年父亲教他的是韩愈与司马迁，大学学的是文科，写散文编诗词他是行家，为何要写一部 40 万字的章回体科学史小说呢？梁衡曾解释，这部无法归类的怪书，起因既不是创作小说的文学冲动，也不是科普创作的知识冲动，而是一个记者的责任使然。

我是学文科的，后来的工作也不是科技领域。但是误打误撞，进入了科普写作。经过十年"文革"，1978 年全国科学大会之后科学的春天来到了，报刊上沉寂了十年后科普文字如雨后春笋。被耽误了的一代，有的恶补文学知识，搞创作；有的恶补科学知识，准备升学或搞科研。我出于好奇，也开始浏览一些科学故事。[15]

那时梁衡在《光明日报》专跑科技和教育。科技工作者思维活跃，读书多，常讲一些他所不知的故事，很吸引人，让他深感科学并不枯燥。

他采访学校，看到学生读书很苦，不少人对数理化有畏难情绪。主要是教学不得法，科学和教育之间缺乏形象生动的沟通。小孩子是形象思维，而数理化是逻辑思维，让他们直接切换到逻辑思维，肯定不适应。

梁衡想，能不能转换思维，把课本里公式、定理的发现过程，以及人物故事写出来，让学生像读小说一样学数理化，提高他们的学习兴趣？

好友张光鉴鼓励梁衡写出来。他是山西一个军工厂的工程师，全国人大代表，极聪明。两人因合作研究相似学而成为好友。

在太原，摩托车很少见，张光鉴就有一辆。他经常骑着摩托车来找梁衡。只要记者站的院子里有摩托声，就知道他来了，梁衡的两个儿子霄羽和霄飞就会跑出去，好奇地东摸西看他的车。

俩人一见面就聊思维科学，有时一聊就是一天。饿了，宋瑞芳就下碗面，两人边吃边聊。张光鉴脑子里的例子、素材多，梁衡的数理化演义就受他启发，有时把他讲的例子直接用到书稿里。

写《数理化通俗演义》绝不是为当作家，是典型的社会功利的出发点，并不是文学创作。当时我既采访教育又采访科技，两方面的情况都熟悉。科技界的一些科学家、朋友，就给我讲些故事，我受到启发，就开始找资料。那时正值国家的科技春天，第一次科学大会开过了，杂志上有很多科学史的文章，很多科学故事，我就剪报纸，剪了好几大本，一本生物，一本物理，一本化学，这样就开始了尝试。[16]

第一步是找故事。读科普报刊，按中学课本里的内容寻找公式、定理背后的故事。梁衡做了大量剪报，分类剪贴了数学、物理、化学、生物等几大本。除了剪报又摘卡片。那时还没有电脑，更没有搜索工具，完全靠手记笔录，他大学时练就的手抄卡片技能，派上了用场。

　　我专门做了一个半人高的卡片柜，像中药店的药柜。只读报刊当然不够用，又读科学家传记，如《伽利略传》《居里夫人传》《达尔文传》等。读单本书不行，还得宏观把握科技进步的过程，又读科学史、工具书，如李约瑟的《中国科学技术史》《自然科学大事年表》之类。有事实和故事仍然不够，还得恶补科学知识和科学方法论。现在还留有印象的如恩格斯的《自然辩证法》，英国贝弗里奇的《科学研究的艺术》，俄裔美国著名科学家阿西莫夫的科普系列、中国数学家王梓坤的《科学发现纵横谈》等。我走的还是经典加普及的路线，读那些大家的最好的经典普及本。如爱因斯坦的《狭义与广义相对论浅说》，1964 年版，一百多页，才 3 角 7 分钱一本。[17]

　　梁衡写的第一个故事是数学方面的"无理数"，他用形象化的语言来破解抽象的概念：

　　古希腊有个数学家叫毕达哥拉斯，他死后几个学生在争论老师的学问。一个叫西帕索斯的说，他发现了一种老师没有发现的数，比如用等腰三角形的直角边去除斜边，就永远除不尽。别的学生说，不可能，老师没有说过的就是没有，你这是对师长的不敬。当时大家正在船上，争到激动时不能控制情绪。几个人便把西帕索斯举起来扔到海里淹死了。事件过后，他们反复演算，确实有这么一种数。比如圆周率，小数点后永远数不完。于是就把已有的，如整数、循环小数等叫有理数，这个新数叫无理数。

　　这就是他小说里的第二章《聪明人喜谈发现，蛮横者无理杀人——无理数的发现》。这个教师在课堂上 3 分钟就能讲完的故事，学生却一辈子都不会忘。

　　那时《光明日报》驻山西记者站是一栋小楼，楼下是科协的一个刊物《科学之友》，我先试写了几个章回拿给《科学之友》看，他们觉得很好，就发表了，很受欢迎，连续写了四五年，写了 70 多回，40 多万字。[18]

梁衡的数理化故事，大受欢迎，编辑部要求接着写，结果骑虎难下，只好不停地写，每月一期，连载了四五年，1985年1月结集出版了《数理化通俗演义》第一册，1988年三册全部出齐。

当《科学之友》连载到二十几回的时候就有出版社来找他出书，从1985年出版第一册开始，至今已经出版了30多个版本，不知救了多少对数理化失去信心的孩子，很受学生、家长和教师的欢迎，他们认为这是改进教学方法、提高学习兴趣的好工具。

有一次，汪曾祺先生与梁衡同在一个书店签名售书，即兴为这本书题词："数理化写演义堪称一绝"。中国科学院院长白春礼、科普老前辈叶至善都曾为书作序。

梁衡被选入省部级干部后备梯队时，正在创作《数理化通俗演义》的兴头上。

一封匿名信，让他的仕途和生活发生了逆转。

1985年11月23日

原副省长、现省委常委张维庆同志前来看我，谈了一小时。我办公司一事是他一手支持，不想落得这个样子，他也极感不安。前几天到京开会，已先派秘书来过一次，今又亲自来。我谈对教育工作的建议，山西应搞教师轮换服务制。每年师范毕业生先分到山区服务两年，一可解决山区教师缺人，二可锻炼青年。他说回去立办。我们本是想大干一番的，人也年富力强，无奈小人太多，这样捣乱，一级政府、党委，竟也无法。[19]

正所谓书生不知窗外事，隔墙有人搬是非。

看来我得调整一下自己的生活了，就像船遇礁石要转向。仕途可遇不可求，学问随时由人做。一个人主要是为某种精神、理想而生活，因为物质方面还是容易满足的。写作、读书都是精神追求。但有时会连写作权也没有，这也是常有的，古今中外的例子很多。这时只有思考，咀嚼人生。[20]

在中央党校偌大的图书馆，在鲜有人光顾的科技阅览室里，梁衡是常客。

他孤独的身影从早坐到晚，两耳不闻窗外事，如老僧入定，进入了一个境界。他先是将涉及的资料通读一遍，再理出创作思路、情节，当升华出感想、理论和方法时，就记在卡片上。

他给自己规定一天至少要完成 20 页。当飞笔落墨时，外面的世界是不存在的，写作就是他的全部。那时，他最怕的是下班铃响。

这一年年底，梁衡的《数理化通俗演义》出版。这是积四五年的闲散工夫，最后被逼出来的一本书。梁衡在日记中写有"我和我的书"：

以书明志，以书会友，是我的《数理化通俗演义》的主要特点。

当我想写一本书时，这本书就是我这段实践的人生目标，写作就是我的全部生活内容。它是我的精神支柱。

书是逼出来的。这有内心的冲动，有外部压力的逼迫。一齐来挤，也就挤成形，挤出一本书。否则，安逸日子是永不会有作为的。这时，我生命的量尺就是那些格子。我大致按二十页一日，所以当时，心里有这样一句话，"十页已过半，十七页松口气"，总是一紧一松地爬格子。[21]

《数理化通俗演义》的出版，在党校学员中引起了不小的骚动。

中国素有学而优则仕，或者仕学兼治的传统。梁衡一直努力向着这个方向发展。在他心里，一直有一个标准：立功、立德、立言。他所欣赏所仰慕的也是这样有独立人格的圣贤，如范仲淹、欧阳修。

1986 年元旦，新旧交替之夜，梁衡是在北京到太原的火车上度过的。夜车上，他梳理了过去的一年：

去年底最大的麻烦是因为我去了党校，有"当官"的可能。于是招来嫉恨，被诬告一年。一年也没有查完。我这个小干部都要劳驾这样几位巨头批示查，而根据是一封匿名信。真可笑。幸好我有事可干。他查一年，我写书两本。但想来实在是党、国家的悲剧。我这件事，报社查一次，中纪委查一次，省委查一次，最近又批让省委再查，共四次。惊动八方，行路万里，车费旅费，误工工资，估计花掉也有几万元……

去年一年就是在这种别人背后射冷箭，我却忍痛伏案写作的状态下度过的。所以还算有意义。有一大批人在为我浪费时间，我自己的时间却没有浪费一天。我很对不起那些因我而浪费时间的人，但这是多余，他们自己并不觉得是浪费。我很对不起我想服务的机关，因为我已经准备全力献身事业，但这也是多余，因为上面已不想再用我。我自然识趣，去种"自留地"，只要能丰收，也能为社会贡献几粒粮的。[22]

清晨，梁衡回到太原。

许多朋友前来看望，为他鸣不平。几个热心的好友还来商议，要开车陪他去北京告状。1986 年 1 月 6 日晨，刚从北京回来的梁衡又坐上赴京的车，一路上他思绪万千，心情复杂，这是平生唯一一次告状的经历：

由此条线经原平，凡 1 200 里。这条线，正是我 1984 年夏进京上党校时坐小车走过的。这几年来尽听人告状，看别人的告状信，不想今日也以这样的身份进京，而且是刚从北京回来几天。不觉有点好笑。人生如梦，人生如戏。人有限的精力却被迫着做这种来回抵消的运动，无用的消耗。

……晚上十一点到京。住体育宾馆。房费每人每晚四十元。我参加过的所有会议，也没有这样贵的房费。我说不住吧，他们几个说不怕，先住下再说。我心中十分不安。[23]

等待的日子，无聊而郁闷。

梁衡住的宾馆，离老师、朋友很近。他却无心看望。

他一个人把自己锁在房间里，躺在床上看电视，电视声音开得很大，但他似乎听不见，就这么从中午一直看到晚上，创造了连续看电视时间最长的个人纪录。他一边心不在焉地看，一边却想起了李清照的词："如今憔悴，风鬟霜鬓，怕见夜间出去。不如向、帘儿底下，听人笑语。"正和了他此时的心境。

1 月 10 日，梁衡如约来到中纪委反映情况。他讲了自己在山西这些年主要做了两件事：一是为捍卫党风写了许多稿子；二是为挖掘人才做了许多工作，包括办了人才开发公司。这带来了两个结果：一是要提拔重用，入了"第三梯队"，上了中央党校；二是有人诬告，一封匿名信，就让昨天抢着要的干部，今天就要受处分。

谈完之后，梁衡如释重负。他向《光明日报》总编辑杜导正汇报了情况。老杜反复说，一定要相信组织。这一天，梁衡平生第一次请客、"送礼"。晚饭，他出面请陪他赴京告状及帮忙的朋友共六人，请了一桌饭，共 100 元。对梁衡来说，这是破天荒的头一回。平时都是他帮着采访对象讨公道、打官司。哪里想到有一天自己也要进京告状，也要为告状而请客呢？

> 尽管没有送礼，但刚出版的新书就送出去几十本了。这虽不是烟酒，但也有送礼之意。毕竟不是以文会友啊。我已因违心而脸红了。[24]

回到太原，梁衡还在为这封匿名信奔波、说明。他将写好的材料交给调查组。这已是第三次送材料了，每次陈述都要写五六千字。谁也想不到，一个开展了一年工作的公司，竟然查了一年半，仍然在查。省纪委书记和梁衡谈话说，"上面是要处分的调子，李立功书记[25]说要实事求是。我被夹在中间。你这件事我很头疼。省机关一年的查案费就三万，你已把几千元花完了。"

那么梁衡究竟得罪了谁？

告状人原是梁衡力帮过的。

他不但告梁衡，还告了很多人，成了社会公认的"告状专业户"。他跟谁都合不来，对谁都不满意。他从山西告到北京。每次进京都带着大批材料，人大开会，他就在门口，脖子上挂着一个黄书包，给人家发材料。后来他重新搞技术，又遇到一个事情要告状，那时梁衡已经到《人民日报》工作，他竟然又去找梁衡帮他呼吁。

> 我说我再不惹这个事了。我跟他说：你回去吧，我已经够大度了。过去的事，我都没计较，你回去吧。[26]

其实，这不是梁衡第一次被人诬告。当《光明日报》记者 9 年来，梁衡因为群众申冤，多次被诬告。一次是因表扬解进保办研究所，有人嫉妒指使人告状，报社查清后反在报纸上正名；第二次为了给著名劳模李顺达申冤，梁衡写了内参，结果被告到卫生部要查处记者；第三次碰了一个九级干部，这场官司打了三年，还告到中宣部，后来官司打赢了，告状人受到党纪处分。可这次告状惊动了大领导，竟告到薄一波、胡启立亲自批示。梁衡没有想到，自己一个小记者、小人物一下就和大人物挂上了线。

1986 年 3 月 30 日，《光明日报》发表了梁衡的散文《马列公园赋》，一时传为名文。当时报社副总编马沛文，一位积极支持改革开放、主持了遇罗克平反报道的领导，立即给他写了一封信，特意送他一句话——"纸墨之寿，永于金石"，鼓励他写好文章。梁衡请人把这句话写出来，挂在墙上以自勉。

1986 年 4 月的一天，有朋友告诉梁衡：报社已经重新报了副总编人选。其实这消息在寒假时他便听说了，这回得到证实。此时此刻他的心情不是一两句"失落""怅惘"所能形容的。本来，如果是组织安排或者是工作需要，他都能欣然接受；但这却是恶人告状的结果。

这一年的夏天很不平静。

先是告状信调查结果终于出来了，山西省专案组的调查报告分成七个部分，对诬告材料全部否定。但调查组要他写个检查，以应付上面。梁衡明确表态，我是受冤者，有什么可检查的？但是同志们为我费了这么多心，为了赶快收场，我可以写个东西。

临毕业时，在党小组会上，又有人拿这封告状信来做文章。身处逆境，梁衡的心态有了很大的改变。他写诗明志：

自勉

宠而不惊，弃而不伤。

丈夫立世，独对八荒。

天生我才，才当发光。

不附不屈，慨当以慷。

朋友李硕儒读了他的述怀之作，感知他正经历着人生的一场波澜，否则不会深夜难寐把笔论心，不禁有些担心。但见面时，梁衡谈笑风生，并没有一丝一毫的消沉和颓废。

梁衡呵呵一笑说道："你放心，诗者，心痕心迹而已。自己与自己谈谈心。我向来认为，人的精神寄托不可丢失，精神追求不可停止。三军可以夺帅，匹夫不可夺志。在命运这架大算盘上个人只是一粒算珠，冥冥中有只大手总在拨动你；可在自己这架小算盘上，你就是手指，而时间、工作、书本、课题……都是算珠，应该由自己安排。我拟了两句座右铭：'报国之心不可无有，治学之志不可稍息。'在中央党校的这两年，我除了潜心学习，还写了40万字的章回体科学史小说《数理化通俗演义》，编完了我的散文集《夏感与秋思》，还编了一套《学文必背丛书》，也没白过吧？"说完，他又朗声大笑。

听着他说的话，看着他的笑容，那在内蒙古边陲小镇的稚嫩与单纯已经退到岁月的后面，坐在面前的他是更多的成熟、坚韧与丰饶。[27]

1986年7月21日，梁衡离开了中央党校，这个被他称为"马列公园"的地方。

在这里，他经历了从人生即将出现的高峰跌至低谷的苦闷彷徨。

两年里，背后不断射来暗箭，让人防不胜防。万箭穿心之时，他依然端坐书桌前，埋头苦读、写作……他说：不能工作，就读书、思考、写作。他沉下心来，写成了40万字的章回体科学史小说《数理化通俗演义》，编完了自己的散文集《夏感与秋思》和《学文必背丛书》。

此情此景，让人想起了"醉里挑灯看剑，梦回吹角连营"的辛弃疾，一个曾驰骋沙场的习武之人，被朝廷弃用20年，只能忧心如焚，在诗词中把栏杆拍遍。

走出中央党校，不惑之年的他眼神里多了些淡然的通透。

不可预知的未来与茫茫仕途，远不及新闻与文学来得真实美好。

在壮阔的精神世界里，充实而自由地活着，才是人生之本，人生之幸。

后来，梁衡写了著名的散文《把栏杆拍遍》。辛弃疾，一个本意"金戈铁马，气吞万里如虎"的帅才，屡遭构陷，40岁时被迫隐居山林，内心烈火轰雷，表面上却平静如水，最后硬是被命运逼成了一代词人。

其实，这哪里是写辛弃疾，分明是在写他自己。

那心有山河而豪气郁结、空有抱负却一筹莫展的无奈与困顿，实在是感同身受。和辛弃疾一样，仕途的挫折反倒成全了梁衡，让他成为跨界新闻、文学、政治与人文森林的大家。

记者成名或许与所在媒体的大小、遇到的机会有关，但是成才则不分环境优劣，关键是自己如何适应环境，苦心孤诣，扬长避短。更进一步说，环境的优劣或者说顺境与逆境是随着人的遭际的变化而变动着的。生命就是创造。凡想有创造的人都会碰到阻力，因为他要破旧出新。一生绝对顺利的人，也就等于他没有在世上生活一回，因为除了享受，随波逐流，他没有给这个世界贡献什么，留下什么。[28]

[1]　梁衡. 我的阅读与写作. 北京：北京联合出版公司，2016：17.
[2]　摘自董岩对梁衡的采访，2016 年 2 月 19 日，北京万寿路甲 15 号。
[3]　成青华，董岩，等. 在新闻、文学与政治之间. 北京：新华出版社，2004：199.
[4]　同注 [3] 199-200.
[5]　摘自李清霞对梁衡的采访，2016 年 6 月 16 日。
[6]　摘自董岩对梁衡的采访，2016 年 2 月 19 日，北京万寿路甲 15 号。
[7]　成青华，董岩，等. 倾听梁衡. 北京：新华出版社，2004：39.
[8]　摘自《梁衡日记》（1984—1985 年）。
[9]　同注 [8].
[10]　摘自《梁衡日记》（1985—1986 年）。
[11]　同注 [10].
[12]　同注 [6].
[13]　同注 [6].
[14]　同注 [10].
[15]　梁衡. 我的阅读经历. 北京：北京联合出版公司，2016.
[16]　同注 [6].
[17]　同注 [15].
[18]　同注 [6].
[19]　同注 [10].
[20]　同注 [10].
[21]　摘自《梁衡日记》（1987 年 3 月—1989 年 6 月）。
[22]　同注 [10].
[23]　同注 [10].
[24]　同注 [10].
[25]　李立功，时任山西省委书记。
[26]　同注 [6].
[27]　李硕儒. 从记者到新闻官员的梁衡. 中华儿女，1996（2）.
[28]　摘自董岩对梁衡的采访，2015 年 9 月 17 日，北京万寿路甲 15 号。

7

新闻与文学

一个人好比一片土，这上面不应该只长一棵树。新闻记者在写新闻之余，应该写一点与新闻相近的东西。在新闻与文学的混交生长中，双方相得益彰。记者有这个条件，他应该充分利用这个混交生长优势，在互补中多一些收获。[1]

新闻与文学，在梁衡的人生里，一个是安身立命之本，一个是此生最爱。

他曾笑说，记者是本行，作家是业余。在基层采访中，林业工作者告诉他，单一品种的树林并不一定好，不同树种长在一起的混交林，可以合理利用土壤养分，减少病虫害，长得更茂盛。

受混交林长势更好的启发，梁衡提出，且把新闻当文学，意思是新闻要向文学借力，改进新闻写作方法。

文学对新闻的补充主要是语言和构思。新闻天生枯燥，文学语言的艺术美可以补其短。另外，文学作品的构思讲究形象、典型，以征服读者的心为目标。这就比之于新闻只要读者知道一件事高一筹。参照文学笔法、立意去写新闻，总会得到一些超出新闻的新意。记者在写新闻之余，写一点文学作品倒不一定想成作家、名作家（当然能成更好），主要是掌握文学手法好用它来改进自己的新闻笔法。[2]

新闻借鉴文学，意指记者要注重提高文学修养，如语言积累和运用的功夫，捕捉形象和表现形象的能力，以及发现和塑造典型的能力。

借用一些文学手法，新闻作品就会生动、有韵味、不平庸。梁衡采访的许多山野之人、平民百姓，从新闻性来说并不占优势，他就从文学性上来弥补。对雁北农民灭鼠能手赵生成的报道，就运用了很多文学手法，设计了口技诱鼠、现场擒鼠、鼠洞辨伪三个情节和场景段落，以生动的文学描画，完成了新闻背景的叙述，赵生成的形象一下子跃然纸上，给读者留下了深刻的印象。

《青山不老》原是梁衡采访山西神池县 81 岁造林功臣高富时的一篇独白，这篇新闻解读，后来被当作文学作品收入语文课本中，成为学生写作的模板。文章开头，从《三国演义》切入，很吸引人：

　　《三国演义》上有一个故事写庞德与关羽决战，身后抬着一口棺材，以示此行你死我活，就是我死了也没什么了不起，埋了就是。真一副堂堂男子汉大丈夫的气概。这种气概大约只有战争中才能表现出来，只有在书本上才能见到。但是，当我在一个小山沟里遇到一位普通老者时，我却比读这段《三国演义》还要激动。[3]

以生动的故事情节铺陈而来，很容易抓住读者的眼球。接下来他又以细腻的文笔描述了采访的环境：

　　窗外是参天的杨树。院子在沟里，山上全是树，所以我们盘腿坐在土炕上，就如坐在船上，四围全是绿色的波浪，风一吹，树梢卷过涛声，叶间闪着粼粼的波光。[4]

参天杨树、绿色波浪、风吹过的涛声、粼粼的波光，声色兼具，动静相宜，光影流动间，充满了诗意和美感。不能不说，这是文学的魅力和功劳。

凭着高超的文学造诣，梁衡在此后政治题材的创作中用文学翻译政治，让枯燥的理论统统插上了生动的翅膀。有学者评价说，梁衡的新闻作品总有一种说不清、道不明的意蕴，那是来自文学、哲学、政治和艺术的学术径流一起融汇到了新闻长河中所产生的特殊魅力，这是梁衡新闻作品所独有的特色。[5]

那么，文学写作是否可以替代新闻写作呢？答案是否定的，梁衡提倡的是新闻向文学的"有限借鉴论"，而非"新闻文学统一论"。

　　新闻向文学借鉴的一个总原则是借艺术性，借形式美。因为内容的真实、实用，新闻并不亚于文学，倒是形式的枯燥、单调是它天生的弱点。新闻的"闻"者，所见所闻也，是质朴的信息；文学的"文"者，纹也，花纹、纹彩。言之无文行之不远，我们的借鉴就是要让新闻穿上文学的衣裳，要喜闻乐见，为读者所接受，有文而远传。[6]

在这一前提下，记者的文学修养有助于增加新闻作品的文化含量。

一个记者当他有相当的采访阅历，又掌握了语言艺术，这时就可以左右逢源，因材成文，当新闻时写新闻，当文学时写文学。只会写几百字的"本报讯"，是初级记者；除消息之外，通讯、评论、述评、来信、内参、调查报告等新闻的十八般武艺都会，是中级记者；于新闻之外还能写点与新闻相近的题目或搞一点研究，这才算是高级记者。因为到这时，他的根才抓得深广，新闻之树也才茂盛。[7]

文学如何向新闻借鉴呢？梁衡认为，关键是采访，主要是靠观察采访的方法和记者生活中积累的素材。

记者的功夫主要在采，作家的功夫主要在写，因为记者求真信息，要挖得深，抓得快；作家求艺术美，要编得巧，写得美。所以好记者常在似有似无新闻处挖出新闻，这就是观察、采访之功。在新闻实践中练就的这般功夫用于文学创作则立见成效。另外，记者腿长，只要留心，所过之处，所见之物，所遇之人，特别是对人物山川的所思所感，都可成文章。[8]

梁衡一直强调新闻的真实性，在散文创作中也始终坚持这一原则，并将新闻采访的方法融于文学构思、资料收集、实地调研之中。以田野调查的方式，到历史事件、历史人物的发生地亲身体验，遍访当事者，努力挖掘鲜为人知的细节和故事。

为了写《觅渡，觅渡，渡何处？》，他先后三去常州，徘徊于瞿秋白故居，找寻素材和灵感。写《二死其身的忠臣彭德怀》，五上庐山，实地探访彭德怀的踪迹、文存与庐山会议的资料与细节。《假如毛泽东去骑马》中提到的地方，他都去过，还专门到陕西探访农民思想家杨伟名的故居，找到第一手资料。

与其说是身临其境的文学采风，倒不如说是亲临现场的新闻采访。将新闻采访移植到文学创作中，总能发现一些新的素材，成为文章的亮点。如毛泽东演讲时前排的同志去喝他茶缸中的水，瞿秋白送给郑振铎的两方印等。这些生动的细节，让历史人物饱满而真实地呈现于读者面前。

在有的学者看来，梁衡文学作品从新闻借力，还体现在角度出新和题材独特上。[9] 他早期的山水散文、人物散文，许多都是老题材，他却能另辟蹊径，以新的意境、新的高度、新的视角，带来深刻而清新的呈现。

众所周知，新闻写作中常常碰到一些相似题材，或者不同记者报道同源新闻，往往最强调写作角度，以此来挖掘不同的新闻价值。[10] 多年新闻职业练就的新闻敏感，使他在题材把握、角度选择等方面，具有超常敏锐和独到的眼力。如《你不能没有家》《百年革命　三封家书》，于细微处，发人未见之见、言人未言之言。其社会洞察力、对现象的本质思考、对规律的认识把握，功力非同一般。

新闻思维方式与文学创作的嫁接，使梁衡的文学作品呈现出强烈的现实主义风格和磅礴大气的格局。

在真实的新闻世界里求索，在艺术的文学世界中探寻，他在两个不同的世界里各自成长，又融会贯通，互动共生。作为一个从记者队伍中成长起来，又长期坚守在新闻一线的作家，在当代文坛，可谓独树一帜。那么，新闻与文学，或者说记者与作家，究竟哪个受益最大？

2005 年夏末，梁衡在接受笔者的一次访谈时，曾这样说：

董岩：记者这一角色，对您的多栖发展起了什么作用？

梁衡：记者这个职业给了我一个舞台、一个机会，给了我一个接触社会、研究社会的机会。在对社会的不断认识中，培育了我的人生态度，磨炼了一颗忧国忧民的心。这种忧国忧民的情怀，使我在以后的管理中能设身处地从全局考虑，从人民的需要考虑，始终把关注的目光投向基层，自觉做到对老百姓负责，对国家负责。我曾说过，记者这个职业是最好的人生平台，他可以充分地调研学习，观察社会、吸收营养，长成自己。我就是因为在采访中不断得到素材、发现问题、进行思考，才有了这些理论探讨和文学作品。我的9卷文集中有6卷不是新闻，却都植根于新闻实践，得力于新闻实践。比如我写《数理化通俗演义》就是因为在采访中有感于孩子们学习数理化太苦，因此下决心要为他们写一部通俗的数理化"软教材"，让孩子们能轻轻松松地学好数理化。这个简单的愿望，孕育诞生了40万字的科普作品《数理化通俗演义》。记者是我所有身份的一个基础，给我提供了源源不断的养分和灵感，使我获得了新闻以外更为广阔的天空。[11]

究竟是文学成就了新闻，还是新闻成就了文学？这个问题一时很难回答。只能说，是新闻和文学的共同滋养[12]，成就了梁衡。

记者还曾问他，新闻、文学与政治，最爱哪一个？梁衡毫不迟疑地回答，此生最爱是文学。

的确，无论是内蒙古边城清苦寂寞的艰难岁月，还是在饱受屈辱、苦闷的人生低谷，都是文学让他在暗夜中有了一丝希望和慰藉，如获重生。这种对文学的执着追求，也常常让他沉浸在自己的世界里，随时随地从平庸嘈杂的生活中抽离出来，陷入深思，久而久之养成了一种"强迫症"。

1986年5月5日

今天，我的生日。从今日始进入40岁这个坎了。

上午，小嘉送来一点香蕉、梨为我"祝寿"。谈及事业，我没有愧对生活，愧对时光。所以这个日子应该高兴。

晚上，学校请民族乐团刘德海等人来演出，这倒是难得的一件生日礼品。刘德海是著名的琵琶演奏家。我在中学时就听他的曲子。这一天，他带了五个人的演出队，有古筝、三弦、扬琴、琵琶和埙。他最后的独奏是两首保留曲目《春江花月夜》和《十面埋伏》。我坐在剧场里欣赏着音乐的美，思绪却又自然地回到审美上去，音乐之所以能打动人，有美感，原是因了那乐符的高低不同，色调各异。这高低的音色和各色的调排列开来，就可以变幻出无穷的曲子。人的内心有千头万绪，所以音乐从这点入手，与自然与人巧妙地相似。音符的高低强弱，代表了自然与内心的各种情境。[13]

淡远清越的《春江花月夜》徐徐奏起，送来缕缕清宵之音，仍无法阻止梁衡活跃的思绪，他从音乐中顿悟了审美的求同心理与求异心理。他认为，前者寻求一种相似，后者则不满足于常规，寻求新的相通，人们在寻求相似、相通的过程中，得到精神的满足，这是美的一种本质。

从中央党校毕业前两个月，转来中纪委的调查结果，梁衡的事情已查清，不影响任用。但提拔的机会因此而错过，高级职称的评定因上学而耽误，一些人生疑而疏远……梁衡想，至少还可以继续做记者，况且还有文学，还有自由思想的天空。

1986 年 10 月 21 日，梁衡记者生涯的最后几个月，他计划写一本新闻理论书。

1. 理论性强一点。探讨新闻写作、记者工作、新闻形式的基本规律。

2. 实践性强一点。结合自己过去的稿件和采访体会，谈记者修养——品质修养、业务修养、政治修养、知识修养四部分。

还有一个专门部分：记者的选择。

就是说不是所有的人都能当记者，也不是凡上了新闻系就能当记者，记者必须有一种灵活、机动的头脑，敏捷的思维加机智的表达。记者像十字路口的交通警察，眼观、耳听、手脑并用。他应有政治家的眼光，能观察出问题，并且能提前发现问题，预先决定自己的行动。

一个记者还要居安思危。四十岁时就应该想办法，扩展自己的外延，或搞政治，或做学问。[14]

天下没有不散的筵席。

1987 年 3 月，41 岁的梁衡正在黄河壶口瀑布现场采访，一个电话由北京打到地区、县里，调他回京。

记者生涯要结束了。他独坐黄河岸

《没有新闻的角落》部分版本的书影，这是"新闻四部曲"的第一部边，感慨万千：

其实这几年我就有这种预感。记者是年轻人的行当。我 25 岁开始当记者，一直在基层记者站，干到 41 岁。后几年我明显觉得老了，记者的生命像运动员的生命，黄金时间很短。虽然也有干到 50 岁、60 岁的，但很难再显高峰，竞争能力也在下降。

在调令下来前的几年里，每逢参加记者招待会，或组成记者团集体活动，那些 20 多岁的青年记者又唱又叫又笑，我却开始享受被尊重的孤寂。该离开了，一个人应该随时选择最适合自己年龄段的工作。我留恋这一段风华岁月，我得感谢历史，感谢机遇，我也满意自己的创造，终于留下了一个美丽的回忆。[15]

[1]　梁衡. 种一片新闻与文学的混交林. 新闻传播，2000（3）.
[2]　同注［1］.
[3]　梁衡. 青山不老 // 只求新去处. 北京：作家出版社，1997：131.
[4]　同注［3］.
[5]　梁衡，董岩. 梁衡新闻作品导读. 北京：中国人民大学出版社，2008.
[6]　成青华，董岩，等. 倾听梁衡：在新闻、文学与政治之间. 北京：新华出版社，2004：265.
[7]　同注［1］.
[8]　同注［1］.
[9]　来向武. 梁衡作品中新闻与文学的互动滋养. 名作欣赏，2016（25）.
[10]　同注［9］.
[11]　董岩. 梁衡：一个人的生命四重奏. 今传媒，2005（10）.
[12]　同注［9］.
[13]　摘自《梁衡日记》（1984—1985 年）。
[14]　摘自《梁衡日记》（1985 年 9 月—1987 年 2 月）。
[15]　同注［6］217-218.

四、目如锥利能透隙

北京·新闻出版署（1987—2000）

自1987年新闻出版署成立，我即由新闻工作转做新闻出版管理工作，先在研究室、政策法规司、报刊司，然后又升任副署长。所接触的工作有书、报、刊的管理，而以新闻管理的时间最长。我国在解放之初曾有出版总署，但几年后撤销。所以新闻的行政管理基本是从头做起。

——梁衡《新闻原理的思考》

　　这张照片拍摄于北京东城区东四北大街，原新闻出版署的办公室。

　　梁衡戴着一副金边眼镜，曾经热情爽朗的笑容覆盖上了温和、持重的神态，淡淡地透出一丝威严。

　　犀利深刻的目光，儒雅而果断的气质流露出不同的身份：官员、作家、学者。

梁衡在新闻出版署办公室

1

赴京上任

这几年，当官之事已经说得耳朵都要磨出茧子了。我却始终不能下决心。凡是碰到的熟人朋友都在问，听说你到哪里哪里，我说："按大家的意思，我这个官已当上一百次了。"这期间，机会也不能说没有，我最犹豫的是，将失去自由的时间，自由的自我支配。一旦有责任在身，我将不是我自己。但是，不负一点社会责任，又更不甘心。于是总是这样犹豫不定。[1]

我真可以写一篇文章《当官记》了。本不愿当官，却被人请来当官，而另一些人又不让你当。就这样左右为难。[2]

看着梁衡成长起来的《光明日报》总编辑杜导正，很欣赏他的才华和人品，也为其遭遇感到遗憾。

我和总编辑不能说不熟。同是山西老乡，陪他下过乡，也到他那部级的住房里吃过家常饭，一次饭后他还主动提议，在阳台上亲热地搂着我照了一张相。但是这些交往也总离不开工作、稿件。

这次要出国了，他是团长，把我叫去说，你是副团长兼秘书长。我想，这个官你当然可以分，一共才五个人的团，一正两副的团长，而且只当半个月。临走前一天，我去办公室问还有什么事。他脸色很不好，正为一件事动了肝火。

到了国外，我们被招待在一座小楼里，二层楼，就住我们一个团，破格。团长则一人住一个三进套间，房子是依山势而修的，他这一间实则是个三层，房外是个大客厅，走下楼梯才是我们几个人住的二层。他每次饭后，总要把我们留在大厅里说话，说闲话。我们几个平时难得像现在这样接近总编，不由地总扯到工作上、版面上，他却立即岔开，看得出，他想把那些烦人的字、稿甩到国内，解脱两天。我们不想说了，要走，他却拉着不让走，要听他说，都是些闲话。还把袜子脱下来，把脚跷到茶几上。我知道，老头儿怕孤独。[3]

1987 年 1 月，国务院决定撤销文化部出版局，设立直属国务院的新闻出版署，并且保留国家版权局，继续保持一个机构、两块牌子的形式。其实，早在 1949 年 11 月，就组建了中央人民政府出版总署，1954 年 9 月又被撤销。

杜导正调到新成立的新闻出版署任署长后，就调梁衡来当秘书长。

3 月 27 日

老杜总是这样的老布尔什维克，想到马上调来就干。还说家属、户口、房子都不成问题，好像事情就这样定了。那里许多职位都在空着。[4]

3 月 31 日

今天是最紧张的一天，也是决定性的一天。

早晨六点半下火车，在和平门出地铁，却赶上 15 路无车，只好大汗淋漓走到报社，八时，副总编王强华同志来叫，一同乘车绕南、西城来到杜导正同志家。他已在楼下等我们。就在车上介绍了新成立的这个署、机制和人员。下车后他说：我的意见，你任秘书长兼政策研究室主任，正局级。这个位置宏观决策，长远考虑，很合你的特长。[5]

北京，是梁衡再熟悉不过的地方，他在这里读了五年大学、两年中央党校。这里有难忘的青春时光，也有苦闷的记忆。一年前，当他离开中央党校、离开北京时，没有想到，10 个月后又重回故地。

从杜导正家出来，梁衡匆匆走在北京街头，不时在公共汽车站静立一会儿，心里说不出什么滋味。直到前一天上午，他还是打定主意不进京，但又盛情难却。想到以后自由的时间、写作计划都将被牺牲掉，不免有些失落、惆怅。这一天，他在日记里写道：

这种当官机会已是有过三次了。第一次时才 36 岁，现已 41 岁了，一次比一次盛情难却。而且每一次都增加社会压力：个别嫉妒者怕你升，写匿名信，朋友们上门劝，社会上关心的人问，连家乡的农民都问。我成了一个中心人物，无论正反面，都在摇撼着你。我像一个没有出嫁的老姑娘一样，人人都从不同的角度观察议论。只有这姑娘结婚，这些议论才会消失。除此，别无他法。[6]

4月的北京，有狂风黄沙，也有明媚的春光。

在这个阴晴不定的季节，梁衡正式到新闻出版署上任了。

但报到时，因部门关系协调的问题改任他为副秘书长。听起来只是正副之差，但又错了一级。

机关党委书记是个50多岁的女同志，很热情。她专门跑到小屋子来，问我可有什么难处。我说，很满意了。她又说，家属很快会调来的。其实我并不急。如果真来不了，我正好回去。

不管怎样，我又要重过单身了。

下班后，院子静悄悄的就剩下我一个人了。窗外下着今年北京的第一场春雨，淅淅沥沥，我写了一会儿毛笔字，在灯下品着这寂寞的味道。在家里是一天忙得不知星期几，不知几点钟，连孩子老婆都顾不得一看的，现在才真开始想他们。[7]

比梁衡大15岁的范敬宜，此时已是《经济日报》的总编辑。说起外人难以想象的坎坷遭遇，范敬宜说，个人的恩怨在历史的长河中都是微不足道的。况且，这段经历成全了他，使他真正与人民联系在一起。[8]几年后，梁衡与范敬宜相识，这两个人足以支撑起中国新闻界的半壁江山：一个是兼通新闻与文学、创作与学术并行的才俊；一个则是家学渊源、诗书画"三绝"的人物。两人惺惺相惜，互为知己。

刚到新闻出版署工作的梁衡，住的是单身宿舍。就在东城区东四北大街，离中国人民大学的老校区不远。这里是北京市的历史文化保护街区，传统韵味和现代气息交织，有叶圣陶故居、海兰察府邸、正觉寺等，也有一些时尚店铺。这里见证了历史变迁，也见证了改革开放。从这里南行两站就是东单夜市，西行一站是王府井夜市，北行一站是隆福寺夜市。当年开夜市是新鲜事物，是发展市场经济，也给梁衡提供了观察生活、消磨时间的便利。

晚上无事照例上夜市。夜市上的叫卖声很有趣。看起来乱糟糟的，其实里面有规律。我渐渐像进图书馆一样，有了逛夜市的瘾，几乎每晚必去。

夜市一般是五时开始。太阳偏西，街上白日里出差办公，外地人逛商店的人渐渐少了，本地人回到自己家里，外地人回到旅馆。白天的节目快演完了，但是街道没有多长时间的安静。夜市上的摊位很多，长可数百米，夹道拥挤，但大致有两类：吃和穿。看来人手里有了钱，就想消耗掉。[9]

梁衡逛夜市并不单纯为消遣，他是带着新闻眼去观察生活的。他不会浪费时间，不做无用功。收获便是散文《夜市》。29 年后，这篇文章重又登在《北京日报》上，成了一篇惜别东华门夜市的珍贵回忆。梁衡在题记中写道：

忽见 2016 年 6 月 25 日的《北京日报》发稿《32 年东华门夜市灯熄人散》，一时心底说不出什么滋味。真是三十年河东，三十年河西。当年开夜市是新鲜事物，发展市场经济；今天关夜市因大城市病凸显，要还市民一个清静。事物总是波浪式前进。又忽然想起当时我刚调进京，单身一人，机关距东华门一站之遥，晚饭后无事，最大的消遣就是逛东华门夜市。1987 年顺手留下了一篇旧稿。翻看其中，当时的风土人情，包括商品价格，历历在目。别梦依稀咒逝川，夜市三十二年前。耳旁还闻碗瓢声，眼前大道一扫宽。[10]

1988 年 1 月 8 日，梁衡接到通知，他的"问题"已经调查清楚，中组部终于同意梁衡的调动。副署长宋木文轻松高兴地说："问题解决了，这些已经成为过去。"

当时两人有一段对话：

老宋说："已经成为历史了，不管它了。"
我说："可以留着写回忆录。"
"退休以后再写。"老宋总是怕我再惹事。
老杜说："事实再次证明，正确的东西就是要坚持。"[11]

2 月 13 日，春节刚过，中组部进京调函正式到了，梁衡算是有了"名分"，名正言顺了，户口、房子也就有了。一时间，他百感交集，有一种莫名的酸楚。

在我还未正式批调这期间，也是对人情的又一次考验。后勤上几个人觉着我是来不了，因此就是拖着不给分房，而借口什么怕人攀比，连老杜亲自说了三次都软顶着，等着有一天突然你自己滚蛋。人情啊。大约忌妒之心，使坏之心，是一种本能。[12]

这一天，单位通知他去看房子，可以不住单身宿舍了。房子在新街口豁口、电影资料馆楼下，一座12层塔楼，两居室，面积40多平方米，背阴。居住条件比太原差远了。

这一年的元宵节，在梁衡的记忆里是冷清的。外面鞭炮声不断，他在屋里整理着会议记录，吃的是白菜、面条，跑了两处都没有买到元宵。

这一年的春天，梁衡先后聚会了两次。他不是一个爱热闹的人，但在北京，有些人情世故不得不顾及。一是党校同学聚会，同学相见，畅谈甚欢，当年他们这一批两百多名学员是作为未来领导干部后备梯队入学的，没有想到的是，回去后提拔的几乎没有。二是看望了来京参加两会的山西熟人，有仲济学、张光鉴、解进保。他们都是从最基层提拔上来的干部，因梁衡报道而改变命运。

多年的积累，使梁衡很快进入了新闻出版署副秘书长兼研究室主任的新角色。当时全署加起来只有20多个人，主要来自《光明日报》和文化部出版局，大家共同筹备、组建新成立的新闻出版署。

国务院对新成立的新闻出版署的职责做了规定，主要是：起草关于新闻、出版的法律、法令和规章制度，经审定颁发后组织实施；制定关于新闻、出版管理的方针、政策；制定并组织实施新闻、出版事业发展规划，对申请新建图书出版社、创办报纸和期刊进行审批；会同有关部门管理图书、报纸、期刊市场，取缔非法出版活动；管理图书报刊的印刷和物资供应，管理图书发行；归口管理有关对外交流、贸易和合作。

上任之后，梁衡考察了广东、广西、四川、贵州、云南和上海等地，组织了全国报纸管理会议。

老实说，我的本质还是记者。我现在说话、思考问题总是用记者的眼光。外出开会、工作，老愿意和报社的同行在一起，大家也不把我当作管理者，总觉得你还是一个记者，我自己也觉得不像个官员。[13]

在上海，梁衡调查探讨了民办报纸、刊物、出版社的可能性，自费出版问题，出版经纪人问题。这些议题，在改革开放的20世纪80年代，是脑洞大开、超出一般意义的前沿探索。他的眼光果然敏锐超前。

在1952—1987年这35年中，报纸是政治宣传、阶级斗争的工具，由党的各级宣传部门来管理。这一时期，新华社、宣传部门都可以审批报纸。建立从无到有的、符合市场经济的新闻出版管理体系，乃当务之急。

首先，建立了从中央到地方的行政管理机构，国家有新闻出版署，地方有新闻出版局；其次，建立报纸行政管理制度，包括报纸的审批、审读、处罚等，报纸经营还必须办理经营手续，与工商局合管；建立、完善报纸管理法规。那几年一共颁布了十五六个法规，其中最重要的是《报纸管理暂行规定》，它标志着我国报纸管理体制的根本改革，由过去只靠党委部门政策指导转入在党委部门的领导下，由行政部门科学管理的法制化轨道，实行依法行政、分级管理。[14]

随着中国改革开放事业的发展，中国报业走过了一条由计划经济向市场经济过渡的道路。在党的十一届三中全会前，全国报纸只有186种，基本上是机关报，期刊930种。1981年，全国中文日刊报纸中，对开八版的只有一家《人民日报》，对开四版的也只有42种，体现了计划经济配给制的特点。梁衡曾在《两个转折与新闻工作者一个不变的责任》[15]中谈到，新时期的两大转折促进了报业的繁荣：

第一次是党的工作转移到以经济建设为中心的轨道上，繁荣的标志体现于报纸内容、数量和品种结构三个方面。内容从过去以阶级斗争为主转到以报道经济工作、传播经济信息为主；数量由1978年的186种发展到1984年突破千种大关，1985年达1445种；品种结构由过去基本上是单一党委机关报发展到包括有政治、经济、文化、生活等九大类综合结构。报纸实现了内容的大转变、数量上的大发展和结构的大调整。

　　第二次转折是市场经济体制的提出和确立。这一深刻的变革给中国报业带来了第二次繁荣。主要表现是：一、报纸数量进一步增长，到1993年年底已突破2 000家大关；二、品种进一步增多，特别是和改革开放、市场经济相关的新报，如财政、金融、证券、期货、房地产等各类信息报，还有适合各种不同对象，直接服务于群众生活的晚报、文摘报、广播电视报等；三、出版形式多样化，省报已普遍由四版过渡到八版，有的还出版了周末版、月末版及专版、专刊；四、经营机制开始向适应市场经济过渡，在财力上依赖国家减少，自主能力增强。报纸直接为经济建设服务，在改进内容和形式方面，在适应市场经济、转换自身经营机制方面，上了一个新的台阶。[16]

　　这一年，也就是1988年的夏天，梁衡全家团聚了，宋瑞芳调到中影公司，梁衡在日记里简短地写道：

　　8.10—8.26，回太原搬家。[17]

　　第二年岁末，梁衡唯一的姐姐因胃癌去世。

　　为了挣讲课费，她一天讲八节课，是累垮的。姐姐病重期间，梁衡曾探望过两次，还给她做过一碗拉面。

[1]　摘自《梁衡日记》(1987年3月—1989年6月)。
[2]　同注[1].
[3]　摘自《梁衡日记》(1985—1987年)。
[4]　同注[3].
[5]　同注[3].
[6]　同注[1].
[7]　同注[1].
[8]　董岩.范敬宜：一代知识分子的传奇缩影.新闻窗，2006(3)：11-15.
[9]　同注[1].
[10]　梁衡.夜市三十二年前.北京日报，2016-07-14.
[11]　同注[1].
[12]　同注[1].
[13]　成青华，王永亮.梁衡：提倡写大事大情大理// 王永亮，等.传媒思想：高层权威解读：第2版.北京：中国传媒大学出版社，2006：106-107.
[14]　梁衡.新闻原理的思考.北京：人民出版社，1996：237-239.

［15］ 这是梁衡于 1993 年在首都各界纪念毛泽东同志诞辰 100 周年座谈会上的发言。
［16］ 梁衡. 新闻绿叶的脉络. 北京：人民出版社，1997：347-348.
［17］ 同注［1］.

2

杭州会议·中国报业集团化

1993 年 5 月 5 日

生日。我是生日必忘。妻子记着，说是一定要买个蛋糕。我说蛋糕有什么好，其实是上面一层奶油，下面一层发糕。但还是上街去买了，挑好蛋糕，旁边是个书店。一进去转了两个小时，为儿子买了一大堆美术书。回来后，我说："爸爸过生日，为儿子买礼品。"儿子说："我今天还看了一眼日历，是马克思诞辰日。"[1]

1993 年，梁衡 47 岁生日不久，在新闻出版署党组会上，宣布新署长于友先上任，同时传达了中共中央宣传部小组会上丁关根对梁衡文章的表扬。

一个月后，中宣部、中组部派考察组来署，拟了一个 50 人的谈话名单，这是梁衡时隔 9 年后，第二次接受组织考察。

于署长提醒他，一定要谨慎，把工作抓好，少说话。

10 月 23 日（星期六）的日记中，梁衡写道：

下午，署党组开会正式宣布文件。中组部文件，任命党组成员是 9 月 13 日发出的；国务院任命副署长的文件是 10 月 14 日，相差了一个月。

这场马拉松式的、历时 4 个月的考核、任命才算结束。[2]

1993 年 10 月，梁衡出任新闻出版署副署长，分管报纸。

上任伊始，家里电话铃声不绝。电话里第一句是祝贺；第二句是问候，说些闲话，身体可好，忙不忙；第三句就是，我们想办报纸，请批准。

报纸的行政管理不同于物质部门的行政管理。它面对的是一个特殊的对象，一个具有意识形态性质的软东西。对软东西又必须用硬管理，即必须是可操作的管理，这就是报纸行政管理的特点，也是难点。我们的管理又不同于宣传部门的管理，宣传部门是意识形态的领导部门，它主要不是采用行政手段，而是政策指导；而行政管理则是要把党的政策转化为具体的行政手段。[3]

20 世纪 90 年代，中国报业结构面临着市场的挑战，出现了机关报危机。党报如何转型，更灵活地适应市场，服务大众，是梁衡一直思考的问题。是否可以实施"一报两制"的探索，即党报管理，走自费路子？

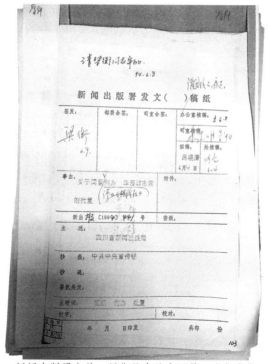

新闻出版署文件，梁衡签发的中国第一张都市报

1994 年 6 月 9 日，梁衡签发了同意创办《华西都市报》的文件，中国首家都市报诞生。

1994 年 6 月，梁衡先生签发新闻出版署文件，同意创办《华西都市报》，中国首家都市报从此诞生。2003 年，我采访华西，创作《一份报纸和一个城市的未来》。今天首次见到这份珍贵的历史文献，感慨因为先生的胆识，中国新闻史有了更丰富的内涵。[4]

此后，新闻出版署批准了一些省报创办都市报，当年即见成效，无论是内容宣传还是经济收入，都让人大吃一惊。

《河南日报》办的《大河报》最为明显，几年即起了一座大楼。后来中央级大报也办了都市报，如《人民日报》的《京华时报》，《光明日报》的《新京报》。它们从内容、市场占有率到经济收入都对主报有重要的"反哺"作用，这也为后来办报业集团打下了基础。[5]

都市报的崛起，从根本上改变了我国的报业结构，由单一的党委机关报变为以机关报为主、多元多层的报业结构。都市报作为改革开放后出现的一个报纸新品种，已成为报业中的一个支柱。中国报业发展翻开了新篇章。

1994 年，新闻出版署先后召开了全国新闻出版局长会议和全国报刊管理工作会议。梁衡在接受记者采访时提出，要从以下几个方面入手，提高报纸质量：

首先抓审批环节，解决报纸只生不灭的问题。报纸不能无限制地增加，过去是报上来合条件就批，今年要实行新的原则。第一"先调后批"，即先把现有报纸中办得不好的优化掉再审批新的。第二是结构上的倾斜原则。报业结构要合理，适应市场经济发展又为人民生活所需的报纸，就鼓励办。第三是"以管定批"，就是参考管理基础，即管理得好可多批，管理不好就少批，甚至不批。用这三条新措施来保证报纸的总体质量。[6]

此外，梁衡还谈及正在探索一些新的管理方向。如全国性报纸地方版的尝试，准备先以《人民日报》为试点；集团经营的问题，即发展报业集团，鼓励报纸搞集团经营；还要解决独立法人问题、协办问题等等，使新的管理政策更好地适应社会主义市场经济的大环境。

在西方报业集团发展了 100 多年之后，20 世纪 90 年代初，中国报界开始出现报业集团热。这是中国经济发展与报业进步内在规律与需要使然，也是中国新闻事业改革的结果。[7] 就新闻管理部门来说，希望通过建立报业集团来治理"散"和"滥"的问题。

市场竞争的结果必然出现兼并，出现集团。兼并和集团是市场经济发展到高级阶段的产物，是社会分工专业化、市场一体化、管理现代化后，对小而全、封闭式经营的淘汰与改进。现有的报刊市场上有一批发行量少、质量低的报刊，勉强靠拉广告、搞活动维持。对这一现状的改进，除用行政手段外，一个有效的办法就是借助兼并和组建集团的办法，提高报刊的整体素质。[8]

梁衡说，什么时候"小报挤大报"变成"大报吃小报"，开始集约化、集团化经营，中国的报业就有希望了。[9] 他认为，市场经济条件下，在现代报业发展壮大和竞争的过程中，报业集团的出现是必然的，有降低成本、扩大发行和增强竞争力等优势。

1994年夏，为探索建立适应社会主义市场经济体制的报业集团模式，受新闻出版署委托，由《浙江日报》承办的中国首届报业集团研讨会，一如"星星之火"，引燃了中国报业集团发展的燎原之势。

1994年，在杭州召开了有10家报社参加的报业集团问题研讨会，这在全国是第一次。杭州会议可以说是个开端，是发祥地。我看，今后如果写报业集团史的话，杭州会议应该写上一笔。杭州会议为1996年《广州日报》成立第一个报业集团，以及1998年全面铺开组建报业集团的工作，起了很好的作用。[10]

其实，在1994年5月之前，就有20余家报纸宣称，欲走报业集团道路。这些报纸中有的在积极筹备，有的已向主管部门提出成立报业集团的申请报告，有的干脆自行挂出报业集团的牌子。许多报纸已经从单一报纸发展为拥有多种报刊的联合体。如《人民日报》已拥有8报5刊，《经济日报》也拥有4报2刊，《广州日报》拥有6报1刊。

鉴于此，1994年5月18日，新闻出版署在《关于书报刊音像出版单位成立集团问题的通知》（以下简称《通知》）中，对组建报业集团做了几条规定：（1）目前只做少量试点，不能一哄而起。（2）不组织股份报业机构。（3）不吸收与报业无关的企业、商业参加。（4）不组织跨省区集团。（5）报社组建集团要写出论证报告，报新闻出版署审批。其后又通告那些已经宣布自己为报业集团的报社，统统取消"报业集团"的称呼。

《通知》发出后，报业集团热有所降温，一些报纸将其报业集团的牌子暂时收起来。但报业走向集团化的脚步并未停止，一些实力较强、起步较早的报纸将活动的重点放在了争取"试点"上。

在此背景下，1994 年 6 月 10 日至 12 日，梁衡在杭州主持了全国首次报业集团问题研讨会。《光明日报》《经济日报》《浙江日报》《四川日报》《解放日报》《南方日报》《北京日报》《湖北日报》《辽宁日报》《新华日报》等 10 家报纸代表参加了会议。

杭州会议不是工作会议，不同于每年新闻出版署召开的各管理会、评比会。它是个务虚会，非正式的研讨会，是真正从报刊规律出发思考问题，比如对形势的分析、成立集团的标准等，杭州会议为我国报业集团从理论上做出了贡献。[11]

会议研讨了组建报业集团的必要性、可行性，以及组建报业集团的条件，形成了一个纪要。会议认为，组建报业集团是加强正确舆论导向的需要，是壮大我国报业经济实力的需要，是强化报业管理的需要，也是推进报社内部体制改革的需要。会议提出了以党报为主组建报业集团试点的设想，并拟定了组建报业集团必须具备的五个基本条件。

（1）传媒实力。除一张有影响的主报外，至少应有 4 个子报子刊，组成报刊系列。（2）经济实力。根据不同地区经济发展的差异，沿海地区报社年利税在 5 000 万元以上，中西部地区报社年利税在 3 000 万元以上。（3）人才实力。报社在职采编人员中，具有高级新闻职称（包括副高职称）者占 20% 以上，经营管理和技术人员中，有各类专业中级职称以上者占总数的 15% 以上。（4）技术实力。拥有独立的印刷厂，拥有现代化的照排、胶印设备，具有彩色胶印能力。除保证本报社所属报刊正常印刷装订外，能承接一定数量的代印业务，每日总印刷能力在对开 200 万份以上。（5）发行实力。主报和子报子刊期发行总量在 60 万份以上，或在本地区每 150 人以下拥有一份报纸；有畅通的发行渠道，有逐步建立自办发行网的可能。

这一年秋，梁衡第二次就读于"马列公园"——中央党校。

10 年前，他第一次走进中央党校，在那里完成了《数理化通俗演义》。10 年后，他又带着思考来到这里，在组建报业集团的声浪中，写下了《当干部与讲政治》，获得了中宣部"五个一工程"奖。他在《继承与超越》中发问：

> 我们这些世纪之交的人，在这继往开来的时刻，应该做些什么样的思考，怎样继承过去，开拓未来，这是个现实问题，也是个哲学问题。[12]

置身改革开放的市场经济大潮中，梁衡认为领导干部关键要有批判精神，能发现问题，提出问题，大胆改革，有所创新。这何尝不是在自我激励和鞭策呢？

摆在他面前的是，杭州会议后有关报业集团试点的问题依然悬而未决。因为符合前述 5 项基本条件的报社有 20 多家。1994 年到 1995 年，国内外纸张价格大幅上涨，特别是新闻纸的价格更是一路飙升，报纸成本陡然增加。加之国内市场低迷，国企纷纷陷入困境，报纸广告收入普遍下滑，许多报社面临危机。

如何提高报纸质量，增强市场竞争力？梁衡决定去实地调研。

他选择了一家好新闻频出的地市报——《湖州日报》。1995 年 6 月，梁衡赴浙江湖州考察新闻出版工作，检查报纸质量。他高度评价《湖州日报》的《为了太湖不再倾斜》和《星期日记者驻店值班》的报道，提出要加强队伍建设，努力培养一批名记者、名编辑，多出精品，出好稿。

1995 年 8 月，梁衡在接受《中国商报》记者采访时谈道：

> 报社要想在社会上站住脚，生存、发展、壮大，必须有自己的个性才行。办报人在经营上要研究市场的深层规律，注重长期行为，注意研究自己的市场定位，在编辑文稿和版式设计上，树立精编意识。报社总编也得考虑计算成本、利润和如何丰富促销手段。可以相信，在不远的将来，一批既不靠政府补贴，也不靠恶性刺激、非法投机经营的优秀报

刊，将会凭着经济效益和社会效益双双丰收的硕果，在中国的新闻战线上，展示出全新的光彩。[13]

1996年1月15日，中宣部、新闻出版署正式批准《广州日报》作为全国组建报业集团的第一个试点。符合5项条件、经济实力居全国报业首位的广州日报社成为第一个"吃螃蟹"的报社。

新闻出版署在《关于同意建立广州日报报业集团的批复》中指出："我国报业发展迅速，至今已有公开发行的报纸2 000多种。随着社会主义市场经济体制的建立，报纸的竞争也日趋激烈。在这种形势下，适时组建以党报为龙头的社会主义现代化报业集团，可以带动我国报业由规模数量型向优质高效型转移。因而，它具有十分迫切的现实意义。"[14]

从杭州会议到广州日报报业集团挂牌，中国报业集团化战略终于迈出划时代的一步。梁衡出席了广州日报报业集团的挂牌仪式。

从现在试行情况看，报业集团化已显示出其优势。这主要体现在对内互补，对外竞争。以广州日报报业集团为例，集团拥有10报1刊1个出版社，对内实现了信息互补、人才互补、财力互补。集团1997年总产值16亿元，净资产为11亿元，利润3.8亿元，是广州市国有资产十强之一。集团下属的广告公司、报刊发行公司、房地产公司、印务中心、连锁店公司、宾馆酒家及俱乐部等经济实体迅速发展，利润占集团的50%，初步具备了现代化报业集团的经济实力，在对外竞争中表现出较为雄厚的实力。[15]

中国报业走向集团化，符合社会主义市场经济体制的规律。国家对报业的倾斜和扶持政策不可能永远持续下去，报业迟早要在平等的基础上与其他产业展开竞争。所以说，组建报业集团以增强报业竞争力是大势所趋。[16]

实际上，自广州日报报业集团成立后，两年内再无第二家报业集团出现。虽然杭州会议纪要中提到"希望中宣部和新闻出版署把参加这次研讨会的10家报社列为全国首批报业集团的试点单位"[17]，但报业集团毕竟是新生事物，5项条件又是非常具体的量化指标，试点原则是"充分论证，谨慎试点，逐步推广"。因此，虽然一些报社已具备组建报业集团的条件，但并未被批准成立报业集团。广州日报报业集团的实践经验尚待总结，对于如何建立适应社会主义市场经济体制、具有中国特色报业集团的论证还不够充分，报业集团建设尚处于初步探索阶段。

1997年12月，新闻出版署和中国报协在北京顺义召开了组建报业集团座谈会。广州日报报业集团两年来的实践，加上学术界两年来的深入研究和探讨，此次会议上，学界、业界和政府部门三方将理论、实践和政策对接，对报业集团的探讨从组建原则、组建条件深入到集团性质、组织结构、运作模式等问题，为报业集团的发展提供了方向和具体指导。

1998年2月，新闻出版署制定的《新闻出版业2000年及2010年发展规划》中提出："要扶植有影响的党报实施兼并、重组，建立以党报为龙头的报业集团，到2000年，报业集团要扩大5～10家，到2010年，报业集团要有较大发展，经营规模上亿元的报社要达到总数10%。"

广州日报报业集团试点所取得的明显成效，加之政策的利好，激发了国内各大报社争相申办组建报业集团：

1998年，5家报社经新闻出版署批准挂牌成立报业集团；

1999年，10家报社经新闻出版署批准挂牌成立报业集团；

2001年，10家报社经新闻出版署批准挂牌成立报业集团；

2002年，13家报社经新闻出版署批准挂牌成立报业集团。

至2002年年底，全国共组建39家报业集团，报业集团的全国性布局基本形成。[18]

2002年11月，党的十六大召开，提出了"继续深化文化体制改革"的战略任务。

2003年6月，全国文化体制改革试点工作会议在北京召开，对全国文化体制改革试点工作做出全面部署。新华日报报业集团、大众日报报业集团、河南日报报业集团、深圳报业集团等4家报业集团被列为中央文化体制改革试点集团。

…………

建设现代化报业集团，是中国报业改革具有方向性的大事，是中国报业发展史上的飞跃。梁衡生逢其时，从1996年到2000年，他主持了中国报业集团化试点工作，参与了每一个试点集团的考察、验收和挂牌典礼，为报业改革做出了贡献。

[1]　摘自《梁衡日记》(1992 年 3 月—1993 年 11 月)。
[2]　同注 [1].
[3]　梁衡. 新闻原理的思考. 北京：人民出版社，1996：239.
[4]　摘自史江民微信日志，2017 年 5 月 26 日。
[5]　梁衡. 都市报的意义. 新闻战线，2014 (12).
[6]　同注 [3] 240-241.
[7]　曹鹏. 中国报业集团发展研究. 北京：新华出版社，1999：8.
[8]　同注 [3] 193.
[9]　同注 [3] 262.
[10]　成青华，董岩，等. 倾听梁衡：在新闻、文学与政治之间. 北京：新华出版社，2004：72.
[11]　同注 [10] 74.
[12]　梁衡. 继承与超越. 北京：中共中央党校出版社，1999：3.
[13]　车美萍. 国家新闻出版署副署长梁衡认为要靠：诚实为本质量上乘个性鲜明. 中国商报，1995-08-07.
[14]　《中国传媒集团发展报告》课题组. 中国传媒集团发展报告. 长沙：湖南教育出版社，2004：445.
[15]　同注 [10] 76.
[16]　同注 [10] 77.
[17]　同注 [14].
[18]　詹新慧. 中国报业集团十年发展历程和现状分析. (2011-03-31)[2020-01-15]. http://cn.chinagate.cn/culture/2011-03/31/content_22263838.htm.

3

治理整顿与"三刊"工程

在这座新闻出版最高管理机关的大楼里，梁衡的办公室却更似学者的书斋，或者说眼下更近乎书刊阅览室。一张很大的桌案占据了房间中央，主人的写字台及接待客人用的沙发、茶几仿佛被挤到了角落。桌案上面下面以及四周是一沓沓的期刊，这是各地推荐来参加中国期刊奖和百种重点社科期刊评比的，房间快被书刊淹没了。我们的谈话就在这书刊堆里进行。[1]

1999 年，在拥挤的环境中，记者孙琇提出的第一个问题是关于全国范围内两年多的报刊治理整顿及其成果。

梁衡认为，要谈这次的报刊治理整顿，必须了解我国报刊业的发展现状。可以概括为两点，一是改革开放 20 年来繁荣发展，二是快速发展中出现"散""滥"。自党的十一届三中全会召开 20 年来，作为新闻出版的一个重要方面，报刊发展很快，规模不断扩大，效益不断提高，综合实力不断增强，在为全党全国的工作大局服务，推动两个文明建设中发挥了很大作用。但是也出现了新的问题，如结构失衡，重复建设，布局分散，质量不高，一些报刊违规违法、险情不断等等，这些就是所谓的"散""滥"。

其实，"散""滥"早已有之。1994 年年底，全国报纸达 2 108 种，期刊达 7 919 种。在报刊数量、规模日益膨胀的同时，管理中面临的难题也开始显现出来。1996 年，他亲自调研，写了《报业结构——1996》，文中披露了"全国的大报发行量在急速下滑"的真实情况，如《人民日报》在创造历史最高日发行量的 1979 年曾攀升到日发行量 619 万份，1996 年年初的日发行量则只有 209 万份。差不多同一时期,《光明日报》则由日发行量 147 万份的最高纪录降到 1996 年年初的日发行量 32 万份。文章说,在全国大报作为"党指导工作、引导舆论和保持社会稳定的重要力量"影响力减弱时,"地方各局办的小机关报却从无到有猛增到 628 种"。梁衡分析小报挤大报的手段:一是利用国家的钱,二是利用政府给的权。

针对这些新问题,中共中央办公厅和国务院办公厅于 1996 年 12 月发出了《关于加强新闻出版广播电视业管理的通知》,即"37 号文件"。其精神是"控制总量,提高质量,增进效益"。

1997 年 3 月,新闻出版署根据"两办"精神下发了报业治理工作的文件,主要目标是针对法制类小报和各种行业报,治理 3 年,计划每年压缩报纸的 10%,其中包括日发行量不到 3 万份的长期亏损的行业报。

在中央的直接领导下,1997 年 3 月到 1998 年年底,新闻出版署对全国报刊出版共压缩公开报纸 300 种、公开期刊 443 种,取消了内部报刊系列,压缩了一批行业报刊,使报刊的绝对数量有了一定程度的减少,基本改变了报刊"散"和"滥"的状况。

梁衡将这次治理成果概括为四个方面:一是抓了主阵地建设,促进党报党刊加强实力;二是清理转化内部报刊,取消了内部报刊管理系列;三是压缩行业报刊,使全国报刊结构明显优化;四是理顺结构,建立了专门报刊管理系列。同时,也指出了存在的问题:

> 现在来看主要是两点。一是大量的内部报刊转为内部资料后,有个如何进一步管理和防止反弹的问题。现在有少数内部资料违背有关规定,仍在一定范围内征订。虽然是少数但容易引起连锁反应,扰乱报刊秩序,所以轻视不得。
>
> 二是现在压掉了一大批厅局报刊,但各省又上报了一批,大约有八九十种,这不利于报刊结构调整。可以明确一点,以后再不会批办各省厅局的报刊。[2]

经过两年的治理整顿,厅局办报刊虽有一定程度的减少,但仍未彻底解决。1999 年尚有厅局机关报 535 种,机关刊 868 种。据不完全统计,全国每年花在办报刊和订报刊上的公费有 50 亿元。公款办报刊结构重复，不但会加重基层负担，也对政府形象不利。

1999 年 8 月 30 日，中共中央办公厅、国务院办公厅下发了《关于调整中央国家机关和省、自治区、直辖市厅局报刊结构的通知》，即"30 号文件"，对报刊市场进行第二轮整顿。"30 号文件"针对的是中央和地方的几百家行业报，按文件规定不能被党报和报业集团吸收的行业报一律取消。在《整顿规范报刊市场》讲话中，梁衡谈了朱镕基总理对此的意见：

> 前不久收到朱总理的一个指示，对中央办事机构办的一个刊物里面发表了两篇有违中央精神的文章提出批评。他指出，机关领导同志不可能具体去审读有关刊物，机关要与刊物立即脱钩。这也是我们这几年新闻出版管理的一个大的原则，"30 号文件"的精神主要有这么几条：地方上各厅局不办报纸，只保留一份指导工作刊物，其他的都转到出版单位，省委各部门也一样。中央机关各部门原则上不办机关报，避免报纸打着机关的牌子说话，原来报社的人、财、物由国家来调拨。这个文件是经党中央、国务院同意，以中央两办的名义发的。

"30 号文件"出台后，新闻出版署随即下发了《关于落实中央"两办"30 号文件调整报刊结构的意见》。从此，新闻出版系统开始推行"政报分离""政刊分开"，政府职能部门不再直接办报办刊，退出具体出版经营领域。这不单纯是数量上的压缩，更意味着出版结构的调整，是我国报刊管理的一次重大改革。削减下来的报刊，鼓励党报系统和出版社兼并、吸纳、划转，组建报刊业"大船"。这一时期，报纸的基本属性和各项功能都得到了全面发挥，真正成为大众传媒。梁衡在《中国报业五十年》一文中提出：

> 首先它的信息本质和传播功能得到了承认。20 年来的最大变化就是报纸信息量的变化和内容的丰富，是版面信息的繁荣。其次，报纸的商品属性得到承认，报纸的经营方式和经济效益有了飞跃的变化。可以用三个方面最简单的事实来说明：到 1998 年，我国报纸有 3/4 实现了自负盈亏，而改革开放前基本是靠国家养活；全国报纸广告收入达 115 亿元，是 1983 年恢复广告时的 16.4 倍；全国已有一半以上报纸自办发行，包括省（市）委机关报，打破了邮局一家发行的垄断局面。[3]

在推动报业集约化发展、抓好报业整顿的同时，梁衡还狠抓全国期刊规范发展，启动了"三刊"工程——"百刊工程""社刊工程""署刊工程"。他首先提出开展评比全国百强期刊的活动，评出全国最好的一百家期刊，把期刊的质量管理突显出来。

1997年2月，新闻出版署发出《关于推荐全国100种重点社科期刊的通知》。到10月底，共收到被推荐的期刊209种。最后评选确定102种期刊为全国百种重点社科期刊，一批质量上乘、在读者中广有威信的刊物榜上有名。这是我国首次推出的重点期刊建设工程，简称"百刊工程"。

"署刊工程"就是通过抓"署直期刊"（指新闻出版署直属的期刊）的质量，增强全国期刊的质量意识、效益意识，多出精品，发挥"国家队"的作用。

"社刊工程"则是遵循出版物自身的规律，针对机关办刊太多，要求抓好出版社办的期刊，要求出版社发挥自身人才、信息等资源优势，理顺图书、期刊出版关系，强调增加期刊在出版社经营方面的比重，把期刊出版作为出版社的一个新的产业增长点。

"三刊"工程旨在鼓励期刊走集约化、精品化的道路，提高质量。1998年，新闻出版署首次评选并公布了全国一百种重点社科期刊。1999年，首次评选出了"国家期刊奖"。当时，根据市场考验和读者检验，已产生几十家著名大型期刊，形成了新的期刊结构：

中国期刊从结构上已经初步形成了一个有机的宝塔形，即以全国8 000多种期刊为基础，产生100种重点社科期刊，在此基础上，社会科学和自然科学方面再产生60种获国家期刊奖的优秀期刊；再在此基础上各产生20到30种著名大型期刊。中国期刊事业不但有数量上的繁荣，更有质量上的提高。这种宝塔形结构既反映了我国期刊业雄厚的基础，又反映了它最新发展的尖端水平。[4]

20世纪80年代到90年代，是中国报业改革、发展的关键时期。1987年1月新闻出版署成立，直属国务院。建署之初，梁衡即被调来担任重要职务。1987年4月至1993年9月，他先后出任新闻出版署副秘书长兼研究室主任、政策法规司司长、报刊司司长，1993年10

月任副署长，直至 2000 年 3
月调离新闻出版署。

十余年间，梁衡亲历了中
国报海的波澜起伏，他是中国
新闻报刊出版业改革的亲历
者、见证者，也是推动者之
一。作家、记者、官员的多重
身份，以及独具风格的行政管
理，引起了外界对他的关注。

1998 年，梁衡在延安主持全国书市
开幕式

　　我也常问自己我是一个什么样的人呢？是一个走过东西南北路，一
个杂七杂八人。社会上最上层、最底层的生活我都体验过。我住过国家
领导人住过的宾馆，也住过生产队的榨油坊；除了记者工作之外，写报
告文学、散文，写科学史小说，也研究方法论，甚至帮助人打过官司，
并当过全国第一家人才开发公司的董事长……从社会这个大课堂里，我
学到了各种财富。[5]

［1］　孙琇. 为中国报刊业跨世纪发展奠基：访新闻出版署副署长梁衡. 编辑之
　　　友，1999（5）.
［2］　同注［1］.
［3］　梁衡. 梁衡文集：卷六：新闻原理的思考. 北京：人民教育出版社，2002：
　　　329.
［4］　同注［3］340.
［5］　方佳殿，秦海龙.《没有新闻的角落》和它的作者. 新闻之友，1991（4）.

4

———————

学者，将军

今年中秋在北京过，且是在党校，我才感到自己的本质乃是一介笔耕书生。[1]

笔耕书生是梁衡对自己的评价。47岁的梁衡出任新闻出版署副署长时，亲友们都为他捏把汗。他们知道，他有的是才华，坦率果断有余，圆融世故不足。

梁衡全家福，左一梁霄羽，右一梁霄飞，拍摄地点为新闻出版署小西天宿舍

在一些朋友看来，让一个有天赋、钟爱写作和研究的人，去处理纷繁琐碎的事务，是某种程度上的浪费；安于一室，潜心写作，才是梁衡最适合的状态。

1992 年 8 月 8 日

上午，瑞芳、小龙出发到海拉尔，并到俄罗斯一游。

我开始过一周的单身生活。下午和晚上，房间特别安静。我开始写稿，修订《没有新闻的角落》，准备再版。[2]

马治权在《"把栏杆拍遍"的梁衡》中，忆起了两人的第一次见面：

我和梁衡，不是患难之交，也非同学至友，我认识梁衡，正是缘于他是一位"精神上富有的人"。我第一次与他晤面，是在新闻出版署他的办公室，他那时已是副署长。我通过他大学同学找到他，他很谦和地接待了我。大概谈话比较投机，我们有缘，他拿出一本他写的书——《新闻绿叶的脉络》，签上名给我。"这是一本讲新闻业务的书。"就在他签名的时候，我站起身来走过去，看到了他玻璃板下面压着的放大了的《张玄墓志》帖。《张玄墓志》是名帖，历来为书法家收藏家所重视。我说何绍基旅行两万余里，此帖一直伴随在身，无时不在欣赏。没想到梁衡从抽屉中拿出一个缩印本说："我也是这样做的。"这个缩印本，剪贴得很精，只有64开大，可装在口袋里。初次晤面，《张玄墓志》缩小了我俩的距离。他惊奇我对《张玄墓志》的熟悉，我则钦敬他在从政之余不仅喜好文学，而且也如此喜欢书法。这正如他在《与朴老结缘钓鱼台》中所写的："在精神上富有的人，才有缘相识于人，或被人相识。"[3]

从梁衡办公室出来，马治权感觉和梁衡在精神上相通了。

此后，两人常有稿件往来和信函回复。

每看到他的新作，难免不为其才华所打动。于是就想，梁衡身负重任，管理着全国上万家报刊，哪有时间写这样好的文章？一定牺牲了许多的节假日吧。所以又想，他做官不免有些可惜！假如他像许多专业作家，能静下心来专门写文章，那会有多少好文章问世啊！有了这样的想法，马治权就给梁衡写了一封信，劝他隐退，专心写作。

把我的想法如实写了出来，希望他能逐渐隐退到一个有更多时间搞创作的岗位上。梁衡接信后，一如以往，没有正面回答这个问题，他大概不想拂我的面子，或者说这个问题回答起来太复杂。"人各有志，不可强勉。"我也知趣，以后便再也没有提这类似的话题。[4]

文采过人的梁衡没有隐退，反而积极投入到管理工作中。

1996年，一家期刊刊登了一篇《学者的眼　将军的胆》的文章，总结了梁衡执政为官的特点。

记者、作家、学者的多重身份，让这个分管报纸的副署长很有独到之处：先从理论入手，条分缕析、追根溯源，弄通思路，确定方向，再制定具体的实施办法。他在基层工作多年，一向对拍脑袋工程深恶痛绝。任副署长后，尤其注重调查研究，在理论上一层层地明确，管理上再一步步地实施。这种工作思路与方法，借鉴了他在新闻实践、文学创作中的一些经验，就是且研且习，先弄清规律，再付诸实践，减少盲目性与主观性。"凡是中央提出一个大的理论、政策，他都要在自己分管的工作中找到结合点，找出答案和办法，尽可能使管理走到实际的前面，争取主动。"[5]

我现在虽然处在一个政府官员的位置上，但是我从来不把当官当作我追求的目的。我认定的还是我早年立下的两句话："报国之心不可无有，治学之志不可稍怠。"既然党和国家需要我到这个岗位上，那就一定把工作干好，把管理工作上升到一定的高度。所以，我结合工作写了一些记者修养、出版工作方针与政策之类的文章。我个人坚守的还是"治学之志不可稍怠"。[6]

学者的眼光，练就了梁衡透过表象揭示规律和本质的能力。他常刨根究底，一针见血，语出惊人。

早在 1993 年，梁衡任职新闻出版署之前，便针对一些有钱人想要办报的情况，提出警惕"资本介入"，并写了一篇 8 000 字的文章。中央一位负责同志批示：意见很好，请组织讨论，使之进一步完善后付诸实施。这个观点后来果然落实到报纸的审批管理上。

上任两年多，梁衡发表了调查报告、研究论文 40 多篇，出版近 28 万字的专著，提出了一些观点和方法。如"两个转折、一个不变"，"报刊的两个市场"，报刊市场发展"三阶段论"，报刊的"四个商品属性"等。在此基础上，推出"报刊审批三原则"、报刊质量的定量管理、报刊"年检分级"创优等相应的管理政策。[7]

不管当官也好，当记者也好，还是先要学做人，除了政治上的要求外，还有很多最基本的，如豁达、开朗、勤奋、刻苦、勇敢、刚强、坚韧……有了这些最基本的东西才能在社会上站住脚。[8]

在不少人眼中，副署长梁衡是这样的形象：经常穿着宽口的黑布鞋，戴着一副普通的金属框眼镜，脸上挂着和蔼的微笑。

其实熟悉他的人都知道，看似温和的梁衡并不是老好人，他书生意气，凡事认真，不怕得罪人。当记者时，他仗义执言，吃过亏，当上副署长后，仍不改本色。

他说，管理要有学者的眼、将军的胆，要有两副面孔，微笑服务，铁面无私。制定的政策，一定要坚决推行，不能含糊。一家报纸曾刊登一条假新闻，加印600万份，事发后，说情者络绎不绝。最有意思的是，正当新闻出版署党组开会研究要吊销这家报纸的许可证时，一封重要的说情电报来了，正好送到他手里。梁衡看完随即将其反扣于桌上，等决议通过后，他才告诉大家，木已成舟，对不起了。类似这样不讲情面的事很多。

在20世纪90年代，假新闻不少，梁衡对此深恶痛绝，一旦发现，坚决处理，绝不手软。一条假新闻，涉及全国12家报纸，梁衡克服重重阻力，终于将其处理。1993年年底，由他主持首次公布了全年10条假新闻，社会反响很大，《人民日报》为此专门配发了评论《新闻也要打假》。其中，一家法制报的一条假新闻，一直追了10个月才结案。

有一次，他出差，在火车上买了一本学术期刊，封面的标题却是"中国十大强暴案"，他看后大怒。回京后，指示坚决处理，地方来人进京说情，梁衡不为所动，他说：按照"以管定批"的原则，此事如果不处理，这个省将不许再批一个报刊。如此这般，这个刊物被吊销了许可证。

市场经济大潮下，受经济利益的驱动，80年代出版业曾出现一些不良的短期行为。

多少年来我们的出版文化一直保持着它特有的平静，这是在权力高度集中的政治体制和以计划经济为主的经济体制的总背景下出现的一种平衡。政治体制和经济体制的改革、开放、搞活政策的实行，犹如一双无形的大手将一盆清水突然搅动。按部就班的图书市场，忽然失去平静，出现了新的不平衡。一方面是通俗读物，甚至还有一些淫秽、色情读物的畅销；另一方面是严肃读物、学术书籍的出版难。出版业出现了一种短期行为，备受冷落。这是新中国成立以来出版业发展中的一种特别现象。[9]

当时，平庸读物甚至色情淫秽读物的泛滥已经到了前所未有的程度。

1988年，新闻出版署不得不宣布对16家出版社出版的21种色情、淫秽读物进行处罚。其中延边人民出版社出版的《玫瑰梦》更是新中国成立以来首本被确认的淫秽书，一次就印了 40 万册。奇怪的是，这 21 种书虽在 7 月被查禁，但到年底还在市场上暗暗流通，报载上海一地流入的禁书至少有 13 种 30 万册。

色情书的出版，持续"高烧不退"。但另一方面，学术书、严肃书的出版难也到了空前程度。1988 年 12 月 27 日，《新民晚报》报道，青年作家陈明源研究词学 18 年，写成专著《常用词牌详介》，求了几家出版社都未能接收出版。他一狠心，借债 3 万元，自费出书，到街头摆摊叫卖。中国戏曲学院讲师平海南写了一本 24 万字的学术著作《美的网络》，出版社说要自筹 2 万元才能出版。他无法可想，便于 1989 年 2 月的一天，到北京前门闹市，挂牌为自己的书筹款，一时成了爆炸性新闻。

对于这一"热"一"冷"，梁衡看得很透，他提出"市场的倾斜与政策的支撑"。市场倾斜实际上是利润倾斜，要实现这种倾斜，需调整价格、税收、基金、信贷、稿费这几方面的经济政策。

> 在政策上的一小点倾斜就会失之毫厘，差之千里，倾斜一分，损失一尺。我们在组织和指导文化建设时，比经济建设更要小心翼翼，瞻前顾后。[10]

如何解决学术著作出版难的实际问题？梁衡在山东调研时，发现山东科技出版社补贴学术著作出版的做法很好，便帮助他们设计成立了"泰山学术出版基金"，并在报上力推这一做法。到他离开研究室时，全国已设立各种出版基金 12 项，基金达一千多万元。这对于解决全国学术著作的出版难题起了一定的推动作用。

在其位谋其政，梁衡如履薄冰，不敢放松。

某省的一张报纸，在新闻出版署批准后，私自换了报名，梁衡立即请该省分管报纸的局长到北京谈话，停刊半年，勒令改正。当时，有不少报刊为追求经济利益，纷纷想超越宗旨，改换刊名，有的"工人报""人口报"竟要改成"人报"。这个心思，骗不过梁衡。他笑着说："一字之差，宗旨改变，结构大乱。我们搞管理的，就是盯住一个，万变不离其宗。"[11]

家乡山西常有人来找他说情办事，前来求情的朋友们埋怨他不给一点面子。在一次采访中，记者问及此事，他坦诚地说："现在我负有责任，要我知法犯法，办不到。妥协一下，整条防线就会垮，所以即便是告我、骂我，我也只好认了！"[12]

他任副署长两年，有55家报纸、69种刊物因违规受到处分。面对外界的种种不理解，他以"目如锥利能透隙，胸似海阔可撑船"自励。他常想起周恩来总理晚年说过的一句话："我不下地狱，谁下地狱？"梁衡说：管理就是要得罪人，周总理可以说是全国最大的管理者，所以他心胸最宽，最具牺牲精神。

貌似"无情"的梁衡，其实心很软。他到广东调研，发现几个研究生办的地级文艺刊物《佛山文艺》（半月刊）发行量达58万份，内容很好；为外来打工者办的一个内部刊物《打工妹》，居然发行了16万份。几年来没有任何人为这两个小刊物和这些小人物说情。梁衡一回到北京，立即批准了他们的办刊申请。

他有自己的管理六字诀：胆（敢管）、识（理论）、法（办法）、权（用好权）、责（责任心）、效（讲实效）。《广州日报》4年来不发红头文件，不参与发行大战，发行量却轻轻松松上涨了50%。梁衡以与该报总编辑对话的形式，推广《广州日报》的经验，探索在市场经济条件下该如何办报，在报界反响很大。

工作中严厉的梁衡，私底下却没有官架子，爱才、惜才，不按常理出牌，甚至主动上门去做工作。

1993年10月，在报刊司司长的职位上被提拔为新闻出版署副署长后，梁衡开始物色报刊司司长的人选。一次开会，遇到了《解放军报》总编辑杨子才，当时他兼任中国记协副主席，两人很熟。梁衡问他有没有合适的人选，杨子才就推荐了刘波。当时刘波刚从《解放军报》平职安排到后勤指挥学院任政治部副主任。

1994年，杨子才见到刘波。问他："你在后勤学院当那个官，有意思吗？"刘波说："那里环境宽松，任务不重，生活也规律，将来就在那里养老也不错。"杨总编笑道："你才多大，就想着养老了？我看那个地方是有你不多，没你不少，发挥不了你的长处。现在有个地方，能发挥你更大的作用。"

杨总编告诉刘波，已经将他的情况向梁衡介绍了，梁衡要他去聊聊。刘波那时对新闻出版署的情况一无所知，也从不认识梁衡，想到刚刚在后勤指挥学院安顿下来，那里氛围和谐，况且已在军旅生活30年，如果脱掉军装，到一个陌生环境，能否适应？杨总编见他犹豫，便鼓动道："你不妨先去见见老梁，听他谈谈情况。如你觉得合适，就转业过去；如觉得不合适，也就算了。"就把梁衡的电话给了他。

第二天上午，刘波到新闻出版署和梁衡见了面。因为都是记者出身，聊起来就有许多共同语言。交谈两个多小时，梁衡说："杨子才总编已经向我介绍了你的情况，说你是个人才，人品也好。你当过记者、新闻处长、战友报社长、军报记者部主任，是报刊司司长最合适的人选，我今天就向于署长报告。"当天晚上，杨总编找到刘波说："老梁来电话了，说你的经历、职务完全适合做报刊司司长。还有几个想去的，他都不考虑了，就要你去。他已向于友先署长报告了。"这事情来得突然，刘波一时难以抉择。

过了几天，梁衡见没有动静，便打电话邀他进行了一次长谈。他说："你来当报刊司司长，就是全国两千多家报纸的总司令，还犹豫什么？回去就写转业报告吧！"

1995年春节过后，梁衡来到后勤指挥学院，与院领导协商刘波转业之事。他态度明朗，语气恳切，希望院党委尽快为刘波办理转业手续。他走后，卢政委对刘波说："总署领导都亲自来要你，安排的又挺理想，我们也不好再挡着了。我尽快请示一下总后领导，如他们同意，党委就给你打转业报告。"

1995年4月底，刘波离开生活了30年的军营，正式到新闻出版署报到。多年后，梁衡笑谈此事，说帮了这么大忙，竟然没有吃过刘波一顿饭！

热心肠的梁衡，骨子里还是一个记者，路见不平，敢说真话。

1995年夏，梁衡去山东长岛开会，同行的还有中央其他部委的几个同志。在蓬莱，他们利用等船的时间去看景点，门票每张30元，可看9个景点。看到第8个景点时，接待者十分热情，并给每个人都强塞了一把香、一把蜡烛。梁衡见此，掉头就走。刚走出四五步，两个彪形大汉拦住去路，向每人索要10元钱。梁衡问道："谁让你们强要香火钱？"有人出来调解："好，好，你就不用交钱了。"梁衡见大汉手中攥着厚厚的钞票，又见游客为息事宁人而无可奈何地留下钱走人，不禁大怒："不但我不交钱，大家的钱都不能收！"听完此言，两个大汉便要动手打人，梁衡火了："前两天你们书记、市长还在报上登文章说蓬莱旅游要与世界接轨，就这个接法？！"那帮人见势不妙，只好作罢。

开完会，在晚饭桌上，当地的一位同志说："老梁，你是散文家，来一趟不容易，是不是为我们留一篇好文章？"梁衡说："我正有一篇稿子，先口述，看你们能不能登。"还未说完一半，当地的同志坐不住了，忙问："到底收没收你的钱？"梁衡回答："我一个人，就算交了，也不过10块钱，问题是怎么能容忍这些人长年累月敲诈老百姓？！我那样做，也许失态，有失当官的身份，但我实在不能容忍这种歪风。"

梁衡并不是心疼那10块钱。在许多人看来，这样的小事，大可不必较真，不必去管。可梁衡看来，凡事不能没有原则、不分是非曲直，要讲公道。

铁面无私的梁衡，并不高冷。看到报上登载了贵州一位民办教师艰苦办学的事迹，大为感动，立即通过《贵州日报》将150元转交这位教师。一次，他代表新闻出版署，带队为一个县送去六大卡车扶贫御寒衣物。年底时，县长进京，便问县长衣物发给百姓没有，县长说等春节"送温暖"。一向温雅的他听后大动肝火，当即把那个县长大骂了一顿："你怎么穿着棉衣，先知道自己温暖？"

［1］ 摘自《梁衡日记》（1985年10月24日）。
［2］ 摘自《梁衡日记》（1992年3月8日—1993年11月29日）。
［3］ 马治权."把栏杆拍遍"的梁衡.文艺报，2004-05-13.
［4］ 同注［3］.
［5］ 张安惠.学者的眼　将军的胆.东方明星，1996（6）.
［6］ 方佳殿，秦海龙.《没有新闻的角落》和它的作者.新闻之友，1991（4）.
［7］ 同注［6］.
［8］ 同注［6］.
［9］ 梁衡.倾斜与支撑：关于出版业的理论与政策.求是，1989（15）.
［10］ 同注［9］.
［11］ 同注［5］.
［12］ 同注［5］.

5

从新闻新定义到消息不能散文化

新闻出版署成立以来的这几年正是国家发生深刻变化的时期。改革开放，社会主义市场经济都给新闻出版业提出许多新问题。十年来我力图把实践中遇到的问题上升到理论的高度来解答，先后围绕新闻出版的管理这个专题发表了一批论文。[1]

1994 年 12 月 2 日，《人民日报》刊载了一则消息——《人民大学新闻学院聘请兼职教授》：

本报北京 11 月 30 日讯　中国人民大学新闻学院今天举行仪式，聘请首都新闻、宣传界 22 位知名人士为兼职教授，向他们颁发了证书和校徽。

这些知名人士中有：徐惟诚、邵华泽、范敬宜、李志坚、郭超人、南振中、徐心华、艾丰、刘习良、杨伟光、梁衡、刘保孚、杨尚德、王福如、满运来、刘虎山、崔恩卿等。

中国人民大学新闻学院聘请资深编辑、记者担任兼职教授始于1992 年，目前已形成力量雄厚的兼职教师队伍，他们讲课理论联系实际，富有新情况、新境界、新见解，给师生留下了深刻印象。

中国人民大学校长李文海、新闻学院院长何梓华对兼职教授应聘表示欢迎和感谢。[2]

这些兼职教授中，不乏德高望重的前辈，48 岁的梁衡算是年轻的。

徐惟诚，1946 年 16 岁入党，曾在上海从事党的秘密工作。新中国成立后，历任上海《青年报》总编辑，《解放日报》副总编辑，北京日报社社长、总编辑，北京市委常委、宣传部部长，北京市委副书记、中宣部常务副部长等职。邵华泽，毕业于中国人民大学哲学系，中将，曾任解放军报社副社长、解放军总政治部宣传部部长、《人民日报》总编辑、人民日报社社长。范敬宜，上海圣约翰大学毕业，曾任《辽宁日报》副总编、文化部外文局局长、《经济日报》总编辑、《人民日报》总编辑……他们有一个共同点：既有新闻专业性，又具备政治高度，能从新闻实践与新闻理论相结合的角度，给予学生实际而中肯的指导。

与这些前辈相比，梁衡年资尚浅，却总有新观点，引起学界和业界的关注和热议。

其一是关于新闻的定义。

什么是新闻？关于新闻的定义流传最广的是陆定一的那句话：新闻是新近发生的事实的报道。1997年，梁衡在《新闻传播》第1期发表了《关于新闻的定义》，结合新闻采写和管理实践做了新的补充：新闻是为受众所关心的新近发生的事实的信息传播。有学者认为，这一修订的重点在于加了两个新概念，一是"受众"，二是"信息"，以受众需求为依归、以信息为核心的"新闻"定义是理解梁衡新闻思想的枢纽。后来，在一次学术专访中，梁衡曾谈及这一新闻定义：

康香阁：在您之前，关于新闻的定义国内外已有上百种之多。国内有代表性的就是陆定一的"新闻是新近发生的事实的报道"，您当时是出于什么样的背景和思考要提出新闻的新定义，是从新闻实践中体悟出来的吗？

梁衡：这个定义是来自实践，又上升到理论的结果。我并不是新闻科班出身，没有坐在教室里学过新闻教科书的定义。我从大学一毕业，除了一两年的劳动锻炼外，就开始搞新闻了。当时我脑子里的新闻定义就是陆定一的定义，因为它非常普及，好记好用好懂。随着信息时代的到来，新闻传播的方式和手段发生了很大变化，陆的定义已难以满足新闻发展的实际需要，我结合自己长期的新闻实践和新闻管理实践，增加了"受众"和"信息"两个要素，又将"报道"改为"传播"，新闻定义由原来的3要素变成了5要素，即受众、事实、信息、时效、传播。[3]

大凡研究一门学问，绕不开的就是对概念的厘清，起点错了，研究就会走弯路。新闻定义虽短，却是新闻学科的基础。概念不同，延伸而来的内容、功能、目的、效果、方法就不同，对实践的指导也大相径庭。多年的新闻实践，使梁衡认识到：对新闻来讲，首先要有受众；新闻的本质是信息，不是政治。[4]

> 梁衡：随着时代的发展，新闻传播的方式和手段必然会发生变化，对新闻的理解也更加深入。也许再过几年或几十年，又会有更新的概念提出。为什么要在原有概念上增加新的要素呢？这是实践发展的结果，也是指导新时期新闻工作的需要。[5]

在精确定义"新闻"的基础上，梁衡将新闻分为三类：瞬间新闻、稳态新闻和预见性新闻。

> 从采写角度着眼，依据新闻的势态，可将新闻分成三类，即显性的（瞬间的），指那些已发生的明摆着的新闻，如突发事件、会议新闻；隐性的（稳态的），指那些已经发生，但时效性不是很强，还未被人知道的新闻，如人物新闻、经验性新闻。这两类都是在采访前已经发生的新闻。预见性新闻是指必定要发生，但是还未发生的新闻，如可预见的事件等。与瞬间新闻相对的，是那件事早就发生，并一直存在着，但是从没有报道过，还不为人所知。由于事件本身时效性并不强，它早几个月迟几个月，甚至早几年迟几年报出，一样可以吸引读者，这类新闻可以叫"稳态新闻""隐性新闻"……当记者期间，凡是我写出的这类稿件都得到了较强烈的反响，我获得的几项全国性新闻奖恰恰都是这种稳态新闻。[6]

其二是消息不能散文化。

20世纪八九十年代，消息散文化曾一度流行。当时新闻界有不少人提出，要抓"活鱼"，要把消息写活，进而提出消息散文化。

> （消息散文化）提出的背景是当时新闻界的人感到新闻没人看，没有出路了，比如我们的新华社、《人民日报》的稿子空话多，很枯燥，读者不爱看。这样的话，就要找出一个让读者爱看的路子，有人就提出了"消息散文化"，就是主张把消息写得像散文一样，让读者爱读。[7]

1982年，新华社原社长、著名记者穆青在一次谈话中说："我们要鼓励和支持记者捕捉社会生活中最重要、最生动、最活泼的新事物，探索最能反映丰富多彩的社会生活的新闻形式。"他还说："在西方一些国家新闻报道的形式正在发生很大变化，在向散文的方向，向松散的、自由的、不那么规格的方向发展。"[8]穆青主张将散文化手法引入消息写作，认为："新闻报道的形式和结构也可以增加自由活泼的散文形式，改变那种沉重死板的形式，而代之以清新明快的写法。"[9]

所谓消息散文化，就是说新闻报道的形式和结构具有散文化倾向，像散文那样讲究"立意"，努力构造出深邃的"意境"，尽量使用白描手法，结构像散文那样富于变化，语言像散文那样生动凝练。

消息散文化的倡导者——穆青[10]，早年投身革命，16岁参加八路军，上过前线，毕业于鲁迅艺术文学院。新中国成立后曾任新华社社长，从事新闻工作50多年。1986年，新华社创办中国新闻学院，穆青兼任新闻学院院长。其人物通讯《县委书记的好榜样——焦裕禄》《为了周总理的嘱托》等经典作品，充满了艺术生命力和感染力。

新华社在纪念穆青的专题中评价：新中国成立以来，穆青的每一篇报道几乎都成为中国新闻界的范文。他和他的同事，记录并传播了那个风云年代的主流精神。他贡献于他所生活的时代，同时也无可逃遁地为时代所规约。他的新闻作品、新闻主张和新闻实践，均为20世纪中国新闻史不可或缺的篇章。

对于消息散文化，新闻界也有不同的声音。1996年，《新闻出版报》专门开展了长达半年的关于"消息散文化"的大讨论。时为新闻出版署副署长的梁衡应邀为这场讨论写结语。

我问《新闻出版报》的编辑，半年的讨论有什么结果？他们告诉我，根据反馈的意见，有70%的人同意消息散文化。这个数字很大啊。我有些吃惊，这么多同志支持消息散文化，说明我们新闻界思想混乱，对新闻认识不清，理论水平不高。为什么外界总说，新闻无学呢？新闻界是要集体补钙，提高一下学养了。[11]

大家没想到的是，梁衡旗帜鲜明地提出"消息不能散文化"，主要理论依据在于新闻的本质是信息，文学的本质是艺术。二者有本质区别。散文遵循美学规律，消息则遵循新闻规律。从修辞手法来说，文学是积极修辞，要优美生动，而新闻是消极修辞，要简洁、客观。梁衡认为，提倡消息散文化，就是新闻文学化，可能会在新闻写作上引起两点偏差：一是内容失实；二是形式的夸大导致新闻功能的削弱。

陈望道的《修辞学发凡》中有一个观点，就是把文字分成积极修辞和消极修辞两大类，前者如文学作品，后者如法律文件。1996 年新闻界开展"新闻写作散文化"的讨论时，我就想，新闻该属于哪类修辞？这个问题前人没有触及过。我就是这样开启了我的一个新研究课题——新闻与文学的区别及联系，我的结论是新闻不能散文化，并提炼出两者之间有 12 个本质区别。[12]

1. 本质上，新闻是信息，文学是艺术；2. 功能上，新闻是传播信息，文学是提供审美；3. 选材上，新闻以事为主，文学以人为主；4. 视点上，新闻面对社会，文学面对个体的人；5. 构思上，新闻真实，文学则虚构；6. 写作过程上，新闻重采访，文学重写作；7. 作品形式与内容的关系上，新闻淡化形式，文学强化形式；8. 处理作者主体上，新闻无我，文学有我；9. 文章风格上，新闻重直白，文学重修饰；10. 修辞分野上，新闻属消极修辞，文学属积极修辞；11. 文章结构上，新闻简明，将最重要的信息放在最显著的位置，文学求变化，将作者的思想深藏于形式之中；12. 审美取向上，新闻求质朴简洁，文学求绚丽多彩。[13]

梁衡身为新闻官员，此言一出，引起了不小的轰动。有人说，消息散文化是新闻大家穆青倡导的，言下之意是，否定穆青的观点，不就是否定权威吗？但梁衡"一意孤行"，坚持己见。

对于新闻写作，我坚决反对新闻散文化，新闻和文学这两个个性不同的东西，是不能相互混杂的。只有通晓了其中的规律，你才能明白。原理上不能乱，方法上可以相互借鉴，只有理论到了一定的高度，你才能分得清，才能得心应手。很多人写消息的时候也来很多形容，很多比喻，很多心理描写，他们分不清新闻和文学的规律，读了几篇文学作品，觉得好像很新鲜，就拿过来乱用，反而把新闻的美破坏了。

我打个比方，舞蹈和健美是两个不同的项目，但都讲究美。前者属艺术范畴，后者属于体育范畴，它们都在展现人体，都很美。但健美的美是肌肉、骨骼、力量的美，舞蹈的美则是柔软、意境、韵味的美。所以，舞蹈演员可以拖很长的袖子，越长越好，而健美运动员只穿三点式，越暴露越好。如果你不懂两者之间的规律，那美就无从谈起了。可见，只有在理论上有很深认识的时候，才能反过来指导实践。[14]

这不由得让人想起文坛上那场著名的对杨朔散文模式的批判。二者有许多相似之处。同样是批判权威：一个是大作家杨朔，一个是著名记者穆青；同样是抓住了要害：一个是散文创作的问题，一个是新闻写作的问题，都是时代转型期急需解决的问题。笔者曾就此专访梁衡。

董岩：在对杨朔散文模式的批判中，您是记者、作家；而在消息散文化的批判中，在作家、记者之外，您还是新闻出版署副署长。这样的身份是不是更敏感，尤其面对的是新闻界权威？

梁衡：消息能不能散文化，是当时新闻写作的一大要害问题。问题由来已久，悬而未决。主张消息散文化，其实是对新闻定义认识不清，否定新闻的信息属性。我反对消息散文化，作为一个学者，从学术上、从根上去厘清这一问题，这是一个学者的学术良心和担当；作为一个新闻管理者，面对的是全国新闻界，更应当讲真话，实事求是，不能畏惧权威，这是一个新闻官的责任和担当。

董岩：消息散文化这一问题涉及新闻与文学两个不同的领域。当时的新闻界，既是记者又是作家，既写散文又写新闻报道，同时还是新闻官的，大概只有您一位了。

梁衡：这个问题既是实践问题，也是理论问题。我恰巧既从事新闻写作、散文创作，又从事新闻、文学理论研究。解决这个问题，要从文学与新闻的本质区别上去找答案。很多年前，我已经把这个问题想透了。消息散文化的主张，体现了新闻界的学术局限性。澄清这一问题，实际上是一个时代的责任，把新闻、文学的学术节点打通的任务就落到了我肩上。

董岩：消息散文化是穆青倡导的，您在文章中并没有提及穆青，这场争论后您见过他吗？《消息不能散文化》发表后，有何反应？

梁衡：文章发表后，大家没有什么异议。我和穆青同志没有什么交集。如果时间可以倒流，我很希望能跟这位新闻前辈交流、探讨一下新闻实践和新闻理论的一些问题。[15]

一场关于消息散文化的激烈争论，就此终结。梁衡没有想到，这得益于二十多年前看到的一本书。

我从《修辞学发凡》里悟到理论依据，阐明新闻基本上应属于消极修辞，因为它强调信息的客观性，文字要干净、朴实。新闻可以向文学借鉴，但不能文学化，新闻有它本身的美学标准。[16]

梁衡从修辞学、本质、功能等多个维度提出这样的观点，与他既从事新闻采写又从事文学创作，还从事新闻管理工作的经历有关。关键是追根溯源，说透了新闻与文学的本质区别。其认识更深刻，也更有发言权。

后来我调到《人民日报》，第一次给记者部开会，我就把这个观点又说了一遍，说供大家参考，会议主持者杨振武[17]，现在是人民日报社社长，他说："你是三个身份，三位一体，长期实践，你最权威，说得很对。"[18]

其三是报纸的四个属性。

1992年，梁衡在《中国记者》第12期发表的《社会主义市场经济条件下的报纸管理》一文中首次明确提出并详细阐述了报纸的4个属性——政治属性、新闻属性、文化属性、商品属性，特别是报纸的商品属性属首次提出。此文还第一次全面解释了报纸的本质，为社会主义市场经济条件下的报纸管理提供了理论支撑。

其实，早在1992年的9月，在浙江宁波召开的全国报纸管理会议上，他就提到了报纸的四个属性。时间在党的十四大召开之前。

当时，浙江省绍兴市新创办了一个全国纺织品市场。他们在开全国报纸管理会议的间隙去参观这个市场，市场有个口号——"不管你的产品是'部优''省优'，卖不出去就是'心忧'"，梁衡当场就对来自各地的新闻出版局局长说了一句："听懂了吧。对报纸来说，不管你是大报小报，卖不出去就是废报。"这句话成了那次会议上让大家印象最深的提法。在这之前，报纸主要是公费购买，所以大家并不关注和研究市场。梁衡在全国报纸管理会议上还讲了报业是产业、报社是企业、报纸是商品，这在当时是超前的。就在这次会议上，他提到了报纸的四个属性，首次指出报纸的商品属性。

在党的十四大之前，社会主义市场经济体制还在酝酿之中，报纸是党的喉舌，宣传工具，强调政治第一，很忌讳谈报纸的商品属性。后来有人问梁衡，当时提出报纸的商品属性是否考虑到一定的风险？

梁衡：确实是捏一把汗，我提出报纸的四个属性，尤其是商品属性多半是来自实践，少半是来自理论，当时理论上还没有解决报纸是否有商品属性的问题，但也不是没有一点预感。1992 年 6 月，江泽民在中央党校有一个报告，提出了建立社会主义市场经济体制问题，虽然涉及不到报纸的改革问题，但我认为报纸应该属于体制改革系统的一个部分，迟早都要改革，这就需要你有理论的思维和理论的勇气去探索。正是基于这样的思考，我将来自下面的实践和上面的精神结合起来，提出了报纸的四个属性，如果你不懂得上面的精神，也不懂实践，就谈不上创造。我提出报纸的商品属性之后，在理论界引起了轩然大波，很长时间都有不同的争论，后来慢慢就被接受了。[19]

此后，梁衡对报纸四个属性的表述顺序和用词稍有变化。

1996 年，在《新闻出版交流》发表的《论报纸的四个属性》一文中将其表述为：政治属性、信息属性、文化属性、商品属性。同 1992 年的表述相比，不同之处在于，将"新闻属性"改为"信息属性"。

1999 年，梁衡在《报刊管理》第 4 期发表的《中国报业 50 年》一文中将四个属性表述为信息属性、政治属性、文化属性、商品属性，将信息属性放在了第一位。

2008 年 12 月出版的《梁衡新闻作品导读》收录了《30 年来的新闻与政治》一文，在这篇文章里有两处提到报纸的四个属性，其中有一处表述的顺序为"信息、政治、商品、文化"，同 1999 年表述的顺序相比，将"商品"放在了"文化"之前。

梁衡：四个属性的顺序发生变化是社会发展的需要和认识逐渐变化

的结果。过去讲报纸绝对是服从政治，政治属性第一，这是我们传统的概念。我刚到新闻出版署时，全国只有 186 种报纸，基本都是机关报，是为政治服务的。到我离开出版署时报纸已超过 2 200 种，多数报纸都是市场化报纸，是为市场服务的。报纸既可以为政治服务，也可以为市场服务，那么，报纸的本质属性到底是什么？我经过研究最早提出了报纸的基本属性是信息，并不是政治。开始是把政治属性放在前头，后来才把信息属性放在前头，以反映出报纸的本质属性。我有一篇文章专门谈报纸的本质属性问题。

至于报纸的商品属性和文化属性为什么有时放在前，有时放在后，我们刚开始搞商品经济时，报纸的商品经营观念比较弱，所以有一个时期，就把商业属性放在第三，文化属性放在第四。报纸的商品性的提出争论很大，首先争论报纸是不是商品，过去"左"的观念认为报纸不是商品。后来又提出报纸是特殊商品。还有人打比喻说，药品就是特殊商品，药吃不好是要死人的。但我说，你不管怎么说报纸也是商品，它再特殊你也得拿钱买，药品特殊你也不能免费发放，报纸特殊也不能当传单免费散发。报纸有没有商品属性在报业里边是争论时间最长的一个问题。后来大家认识上去了，但又提得过头了，只要能赚钱报纸什么都敢登，什么黄色的、打擦边球的都来了。这个争论已经过去了，大家对报纸的商品属性认识得差不多了。站在今天的角度，报纸四大属性的表述顺序应该是信息属性第一、政治属性第二、文化属性第三、商品属性第四。[20]

报纸四个属性的微调，反映了他未曾停止的对于实践的理性思考。

一个事物或一门学问，不能因其功能而忽视了它的本质。从事某一项具体工作，首先要搞清楚它的性质、规律。我们当记者、办媒体或者管理媒体，首先要把媒体的性质搞清楚，即媒体到底是什么？它有哪些基本属性？任何事物，都会因时间的推进而逐渐显现它的本质。

从历史发展的角度来看，对报纸属性的界定也是随着社会的发展、认识的逐步深入而逐渐完善的。这是历史发展的必然。只有在社会主义市场经济理论提出之后，才可能思考媒体的商品属性。过去几十年，至少在党的十一届三中全会以前是不会思考这一问题的。[21]

梁衡在《改革开放 30 年中国的新闻与政治》中，以政治发展、新闻改革为脉络，划分了三个时期。其中，第二时期为 1992 年 10 月至2003 年 10 月，以邓小平"南方谈话"和党的十四大为起点，至 2003年 10 月党的十六届三中全会。他从实践和理论上，总结这一时期的新闻业：除继续内容上的解放外，最大的特点是自身事业的发展。

实践层面：报纸数量由"文革"结束时的 186 种发展到 2 000 多种。由单一机关报结构发展为多层次多元结构。印张数由 1978 年的113 亿增至 2004 年的 1 524.8 亿。1983 年，国家工商局正式开始允许报纸登广告。到 2003 年（党的十六届三中全会的这一年）广告收入达到 241.3 亿元，平均年增长 33%，并且已经开始集团化经营。1994 年，新闻出版署在杭州召开第一次报业集团问题研讨会。1996 年，我国第一个报业集团广州日报报业集团挂牌。1998 年制定《新闻出版业 2000年及 2010 年发展规划》，报业集团全面铺开。

理论层面的一个重要突破是，1992 年 9 月新闻出版署召开的全国报纸管理工作会议提出报纸的四个属性，即政治属性、信息属性、商品属性和文化属性，特别是指出报纸的商品属性。这是第一次区别于以往的"喉舌""工具"论而尝试全面解释传媒本质。这可以看作是新闻领域"姓社姓资"问题的突破，是媒体思想解放和事业发展后的理论总结。以后又更进一步系统提出"报纸是商品，报社是企业，报业是产业"的市场运作思路，传媒业的经营才名正言顺，放手大干。在这一时期，新闻业不只是一个发音的"喉舌"，而是一个膀大腰圆的巨人，它已有了在国民经济中占一席之地的财力物力。[22]

［1］ 梁衡. 新闻原理的思考. 北京：人民出版社，1996：7.
［2］ 李梦超. 人民大学新闻学院聘请兼职教授. 人民日报，1994-12-02.
［3］ 康香阁. 梁衡先生访谈录. 邯郸学院学报，2012（2）.
［4］ 同注［3］.
［5］ 高海珍. 让新闻的世界各就各位. 新闻与写作，2014（7）.
［6］ 成青华，董岩，等. 倾听梁衡：在新闻、文学与政治之间. 北京：新华出版社，2004：226，227，228.
［7］ 同注［3］.
［8］ 李怀志. 消息散文化. 连云港职业技术学院学报，1993（2）.

［9］　吴辉．精彩的新闻　优美的散文　永恒的魅力——穆青新闻通讯散文特色赏析．新闻与写作，2002（11）：35．

［10］　穆青（1921—2003），生于河南周口，新华社原社长，当代著名新闻记者。早年参加学生运动，16岁参加八路军，17岁发表前线通讯《岛国的呐喊》，1940年7月考入鲁迅艺术文学院。1945年10月随解放日报社、新华社先遣队离开延安，前往东北解放区。先后在《东北日报》和新华社工作。代表作有《县委书记的好榜样——焦裕禄》《为了周总理的嘱托》《一篇没有写完的报道》。

［11］　摘自董岩对梁衡的电话采访，2017年4月25日。

［12］　同注［3］．

［13］　同注［1］141，142，143．

［14］　成青华，王永亮．梁衡：提倡写大事、大情、大理//王永亮，等．传媒思想：高层权威解读传媒．2版．北京：中国传媒大学出版社，2006：106-107．

［15］　同注［1］．

［16］　同注［3］．

［17］　杨振武，河北新乐人。曾任人民日报社副总编辑兼机关党委书记，上海市委常委、宣传部部长，人民日报社总编辑，人民日报社社长，十三届全国人大常委会秘书长、党组成员、机关党组书记。现任十四届全国人大常委会委员、全国人大社会建设委员会主任委员。

［18］　同注［11］．

［19］　同注［3］．

［20］　同注［3］．

［21］　同注［11］．

［22］　梁衡．改革开放30年中国的新闻与政治．新闻与写作，2009（1）：20-22．

6

《觅渡，觅渡，渡何处？》与《大无大有周恩来》

梁衡同志是作为散文家的官员，或反过来说，是作为官员的优秀散文家，他对中国当代散文最主要的贡献是什么呢？我个人认为，首要的一条，别的同样优秀的散文家们难以取代的一条即是——他用他的笔，用他的散文，深情地，客观地，爱国思想分明地，与人为善、与党为善地，一而再再而三地传播着人文政治的思想理念，推动着中国人文政治的进步步伐。[1]

——梁晓声

1997 年，梁衡与瞿秋白女儿瞿独伊的合影，地点是北京瞿独伊家的楼下

关于《觅渡，觅渡，渡何处？》的通信

梁衡副署长：

您好！

前些日子经一位朋友的推荐，我看到杂志上登载的您介绍我父亲的文章《觅渡，觅渡，渡何处？》，读后感怀颇多。

父亲一生磨难多，争议多，先生的一支笔概括了父亲的一生，提炼了他生命的精华，让没有读过党史的人，也能清晰地感到父亲的思想脉络，和他对党对国家的赤子之心。如今，当我散步时，常有知情的年轻人上来嘘寒问暖，说他们读了这篇文章后，加深了对我父亲的认识，亦深感其启迪人生。静夜沉思，咀嚼先生美文，我常心存感激，感谢先生将个人的思考变成了亿万人对父亲的追思。

先生细心地捕捉到父亲的才情。父亲的才不仅杂，而且样样都精，他的才思，他的理想，在错误路线的迫害下过早夭折。每忆于此，总让人痛彻心扉。怀念父亲，我是真心希望我们的国家今后尽量没有或减少这样的遗憾。

先生的笔让人沉思，先生的犀利更让人振奋。如您近期有空儿，还望与您一见，面叙感慨。

瞿独伊

1997 年 3 月 12 日[2]

1996 年，于梁衡而言，是难忘的一年。

3 月，父亲病重，梁衡回太原，与哥哥轮流照顾父亲。

其间，创作《走西口》。

两周后，86 岁的父亲去世。

这是继姐姐后，他失去的第二个亲人。

3 个月后，梁衡创作了《觅渡，觅渡，渡何处？》。

其散文创作以此为分水岭，开启了新的篇章。此前，为师法自然的山水散文；此后，为大事大情大理的人物散文。

毋庸置疑，在梁衡散文中，《觅渡，觅渡，渡何处？》是反响最大、最受欢迎的作品。该文思想深邃，人物形象丰满，结构紧凑，一直为人称道。

文章在《中华儿女》1996年第8期首发后，立即引起轰动。全文被刻碑立在瞿秋白纪念馆。至今仍有许多读者关注它、研究它，甚至出现了谈瞿秋白不能不提《觅渡，觅渡，渡何处？》的现象。后来又以"觅渡"为题，拍摄了电影。

许多人评价，这篇不足4 000字的美文，其价值超过一篇学术论文，其影响超过一本专著。连梁衡自己都感叹，写了那么多年的山水散文，还不及一篇《觅渡，觅渡，渡何处？》反响大。

梁衡曾三访常州瞿秋白同志故居，时间跨度达6年。

1990年，梁衡第一次到常州出差，问当地有什么历史名人。答曰：共产党早期三大领袖瞿秋白、恽代英、张太雷都是常州人。他听后，心中一惊，真是人杰地灵。这座小城怎么竟然有三位风云人物？

得知瞿秋白在城里的一处故居已开辟成纪念馆，梁衡便前去拜谒。这是地处闹市的一座旧房子，说是故居，其实是瞿家的一座祠堂，瞿秋白一家当时已穷得房无一间，无处栖身，只好借住在本族祠堂里，穷途末路，与林教头风雪借宿山神庙差不了多少。

我去参观时，默默地盯着那张老式木床，盯着深黑色的砖地，半天憋得喘不过气来。我曾经想过，文章就从这个情节开头。秋白是贫白如洗，是被社会逼到生存的边缘的啊。他从本质上代表被压迫的贫苦大众。这是他的人生起点。贫穷是第一课。他的人格锤炼是从这里开始的。他是一块烧红的铁，被放在砧子上反复锻打，又再度投到熔炉中，许多不纯之物被烧化了，化作青烟飞走了；又有许多不纯之物被锻打成渣挤出体外。剩下的是一块纯精之钢，坚不可摧，柔可绕指，光洁照人。秋白以没落世家子弟受劳苦大众之苦；以一柔弱书生当领袖之任；以学富五车、才通六艺之躯，充一普通战士，去做生死之搏。像山高岭险而生劲松，雾多露重而产名茶，历史的风口、浪尖、滚雷、闪电下站起了一个瞿秋白。[3]

6年里，瞿秋白的形象常常浮现在他脑海中，万语千言，却又不知从何说起，无从下笔。

"老常州"、中国剪报社总编王荣泰请他为办报出主意。在常州宾馆，报纸大样铺在地上，梁衡给他参谋讲解。谈完后两人就上街了。

我问有什么地方可看？他说就看瞿秋白故居，于是就走过去看。瞿秋白当年离开家乡过的那个桥还在，就叫"觅渡桥"。现在看不到了，常州市拓宽道路时毁掉了，当年桥下还有一条河。站在桥边，回想瞿秋白革命的一生，他的历史与身后荣辱，让我感慨万分。[4]

王荣泰告诉他，故居前的马路当年是一条河，河上有觅渡桥，故居旁的一所小学就叫觅渡桥小学。

20 世纪 90 年代梁衡到中国剪报社考察，左一王荣泰，左二梁衡

听闻此话，梁衡顿悟，瞿秋白一生都在"觅渡"。这与他思量已久的文学意象不谋而合。秋白，觅渡，觅渡，没想到，一个文学意象就这么不期而至，成全了他和他心中的瞿秋白。

1996 年夏，材料烂熟于心，梁衡这才从容落笔。其间三易其稿。最开始第一稿，是第一人称，觉得不理想不大气，就又改过来。文中，以觅渡桥为契机，以三个"如果"为构想，对瞿秋白的人格进行剖析，揭示了瞿秋白为真理而斗争的悲剧一生。

如果秋白是一个如李逵式的人物，大喊一声："你朝爷爷砍吧，二十年后又是一条好汉。"也许人们早已把他忘掉。他是一个书生啊，一个典型的中国知识分子，你看他的照片，一副多么秀气但又有几分苍白的面容。他一开始就不是舞枪弄刀的人……

如果秋白的骨头像他的身体一样地柔弱，他一被捕就招供认罪，那么历史也早就忘了他。革命史上有多少英雄就有多少叛徒。而秋白偏偏以柔弱之躯演出了一场泰山崩于前而不动的英雄戏……

如果秋白就这样高呼口号为革命献身，人们也许还不会这样长久地怀念他研究他。他偏偏在临死前又抢着写了一篇《多余的话》，这在一般人看来真是多余……[5]

梁衡设计的三个"如果"，分别表达了瞿秋白对生、对死、对名的态度，并以瞿秋白悲剧性的惊人之举加以回答。通过层层递进的方式，挖掘人物深层的人生悲剧。悲在哪里呢？怀才不遇、壮志难酬而又长期蒙冤。这两个"悲结"，是瞿秋白之所以能引起广泛共鸣的主要原因之一。鲁迅说："中国人先在自己把好人杀完，秋即其一……中俄文都好，像他那样的，我看中国现在少有。"梁衡进而从历史高度，揭示瞿秋白不寻常的一生：

> 怀才不遇是历史上屡见不鲜的事实，也几乎是文学永恒的主题。这是社会矛盾发展中不可避免的现象，人们对这个主题的关注，正是企望社会的进步和人的价值的实现。所以屈原、贾谊、司马迁总是激励一代又一代的人。瞿秋白也已经加入这个行列。但秋白与他们还有不同。

> 壮志难酬，这也是历史上常有的事，也是一种社会矛盾现象。对一个人来说逆境难免，企图一生顺利，心想事成，这不可能。但秋白之逆境，不是前进方向遇到的逆风、逆浪，而是在革命阵营内部，在他的身边、身后发生的不公平、不愉快，甚至是迫害。

> 他是被"左"倾路线，被自己人所害。是长征前有意甩下的包袱，是被母亲推出怀抱的孩子。他甘愿舍弃自己的才华救党救民，反遭如此不公，这怎么能不令人从心里感到深深的悲凉和激愤呢。[6]

显然，瞿秋白的悲剧性和不寻常，是梁衡史海探秘的发现，是与人物心会神交的独特体悟，党史专家和作家甚少论及。在他笔下，"觅渡"已不仅仅是开启灵感之门的契机，提领全篇之纲，更重要的是，它点亮了一座城市的精神之灯，成了含义深永、耐人寻味的象征。

> 梁衡唤醒了一座城市的文化。觅渡桥小学，一百年了，没有人关注。梁衡到了常州，用了6年的时间，写了《觅渡》，把觅渡精神挖掘出来了，把人的精神情感焕发起来了。思想境界的闪光点激发出来了，一个地方的文化激活了。[7]

梁衡跟瞿秋白"有缘"。

初中时就读过介绍瞿秋白的小册子。那幅脸色略显苍白的照片，给他留下了很深的印象。照片后有一行题字："如果人有灵魂的话，何必要这个躯壳。但是，如果没有的话，这个躯壳又有什么用处？"还有鲁迅送瞿秋白的对联："人生得一知己足矣，斯世当以同怀视之"。这些都深深地烙在梁衡的记忆里。

1963 年我上大学，社会上批判叛徒哲学，说太平天国英雄李秀成是叛徒，又影射到他的《多余的话》。到"文革"，在空前的翻案风和打倒声中，他被说成叛徒，我在八宝山亲眼见到他的被砸毁的墓，世事沧桑，世态炎凉。"文革"以后，党中央又再次正式确认他的功绩、他的英雄地位。他是个人物，是个复杂深邃的人。但这时还没有想到写他。真正想到要为秋白同志写篇文章，是见到了他的故居。[8]

1996 年《中华儿女》第 8 期，首发了《觅渡，觅渡，渡何处？》，6 年的思考算是画上了句号。梁衡遂将 1 000 元稿费捐给瞿秋白纪念馆，用来为瞿秋白塑铜像。

《觅渡，觅渡，渡何处？》手稿

两年后，该文被选入中学教材。此时距 1982 年《晋祠》入选中学语文教材已过去 16 年。应教学需要，梁衡写了一篇《我写〈觅渡〉》，谈到了《晋祠》与《觅渡，觅渡，渡何处？》的区别：

这篇文章和《晋祠》不同，《晋祠》是写景，《觅渡》是写人，作者在《晋祠》中的目标是怎样发现自然美，表现自然美；而在《觅渡》中的目标是怎样发现人的价值，挖掘人的价值，想写出一种人格的力量和做人的道理。与大自然雄浑博大、深奥无穷一样，人也是永远探究不完的课题。人的精神世界其广阔、博大、复杂，绝不亚于自然世界。人是另外一个宇宙。[9]

如果说《晋祠》开启了梁衡山水散文的创作，那么《觅渡，觅渡，渡何处？》则标志着其步入了人物散文创作阶段。《觅渡，觅渡，渡何处？》的意义不止于此。关键是创新了一种方法与模式——以散文的形式对政治人物、历史人物进行解读，如田野考古般挖掘材料，还原真相，进行人格与精神世界的剖析，从而使人物研究与散文创作达到了新高度。一方面，散文的形式扩大了人物研究的影响力；另一方面，史料、史论与人物精神世界的结合提升了创作的境界，开创了大散文的格局。

《觅渡，觅渡，渡何处？》的发表，让梁衡身上的光环更加闪亮。作家和官员的双重身份，让不少读者心生好奇又有距离感。

听说许多人读了《晋祠》，便萌发了参观晋祠的念头。其实，我就是这许多人中的一个，遗憾的是这个愿望对我来说，至今仍是个"悬念"。所幸的是我获得了一个采访《晋祠》作者梁衡先生的机会。

在文学界素以大家手笔著称的梁衡先生，除《晋祠》外还有一篇作品入选中学课本。他的文章新、奇、深、美，充满理性的魅力；像《觅渡，觅渡，渡何处？》《红毛线，蓝毛线》《大无大有周恩来》那样一类人物散文，怎么读怎么有新感受，怎么读也品不尽其中的哲理内涵……可是，这样一位作家，只有一半属于文学界，他办公，是在新闻出版署那幢显得很高、别具一格的蓝幽幽的大楼里。出版署副署长的名分，也就是"官员"的名分，使我对他的采访生出一种像畏缩像隔膜的感受。老琢磨他文章成功的高度和"官员"的高度是怎么形成正比的……[10]

这是刊登于《中国校园文学》1998年6月的一篇访谈。

秘书朱学东带作者刘延去见梁衡。

他推开门，叫了声：老梁，他们来了！

这一声"老梁"，让刘延印象深刻。

只见"老梁"坐在他办公的位置上。记者刘延细看一眼秘书心中的"老梁"，"老"字实在有点夸张，无论神态、举止、言谈，都鲜明地展现出练达、敏锐、儒雅、爽快，不足以言"老"，搞不清这年轻的秘书与他的副署长上级间这种"老八路"化的称谓和关系，是从哪支革命队伍中继承下来的，连那热乎劲儿也有点炙人的味道。[11]

这一年，《中华儿女》第2期发表了梁衡的《大无大有周恩来》，同时出版的《中华散文》《新华文摘》也都全文发表。这是继《觅渡，觅渡，渡何处？》之后的又一力作，是当年纪念周总理百年诞辰活动中影响最大的一篇，也是该年度"中国散文排行榜"冠军，转载率最高，被很多党校和机关作为教材来用。

周总理的侄女周秉德、周秉建和侄女婿拉苏荣曾对人说：《大无大有周恩来》是所有写周总理文章中最深刻、最有思想的一篇，写出了周总理人格的精髓。

梁衡说："我写东西太慢，常半年、一年才得一篇，文章如果真的用心来写，一生是得不到几篇的。"[12]《觅渡，觅渡，渡何处？》用了 6 年时间，这篇《大无大有周恩来》则用了 20 年。

文章的缘起可追溯到 20 世纪 70 年代。

1976 年，周总理去世，"四人帮"限制对他的悼念，国内既没有立碑又无纪念活动，甚至还不能发表纪念文章。直到粉碎"四人帮"，才在中国革命历史博物馆举办了第一个周恩来同志纪念展览。

1978 年冬，梁衡专门赴京，观看了周恩来同志纪念展。回太原后，用一周的时间写了一篇散文《一个伟人生命的价值》。大学时，他曾近距离地目睹了周总理的风范，在心中留下了印记。

总理的形象总是在我的眼前，总理的声音总是在我的耳边。总理不时震撼着每一个中国人的心。最近中央批准北京市委为"天安门事件"平反，万众欢呼。总理去世时我就想写点东西，当时正值"四人帮"高压。写了一首词但不能发表，而且还不敢直写。即使这样，还险些被查出来。去年总理生日，想写点散文，写出来了，又觉不如意。这次去京，看了总理展览，想重写一篇，几易其稿，还是写不出来。我终于感到，这样伟大的人物，我是不能写的。把这些底稿一起保存起来吧，也算是对总理的纪念。[13]

但他对《一个伟人生命的价值》并不满意，也没有发表。

这些素材和底稿一放就是 20 年。

随着有关史料逐渐公布，梁衡开始了一场长达 20 年的拉网式阅读。

直到 1998 年，周恩来诞辰百年前，他着手写。虽有 20 年的积累，但尚需确定一个主题思想。当时发表有关周总理的回忆文章最集中的是《中华儿女》，于是他找来约有半人高的《中华儿女》合订本，按年谱重新阅读摘记；依据历史背景，阅读相关党史资料；围绕主题，阅读有助于阐发主题的书籍文章。

此时，周恩来去世已有 22 年，其间回忆文章数不胜数，如何独辟蹊径？

几经思考，他明确了一点：以周恩来不同寻常的品性与特殊的一生为线索，展现其高尚的情操和人格。梁衡先是从周总理的"无"而引发出"有"，以哲学命题般的思想深度，揭示了一代伟人的生命哲学。文中，提炼出周恩来的六个大无，即"死不留灰、生而无后、官而不显、党而不私、劳而不怨、去不留言"，由事及理地去写其精神的崇高与人格的伟大。

> 周恩来的六个"大无"，说到底是一个无私。公私之分古来有之，但真正的大公无私自共产党始。一九九八年是周恩来诞辰一百周年，也是划时代的《共产党宣言》发表一百五十周年。是这个《宣言》公开提出要消灭私有制，要求每个党员只有解放全人类才能最后解放自己。我敢大胆说一句，一百五十年来，实践《宣言》精神，将公私关系处理得这样彻底、完美，达到如此绝妙之境者，周恩来是第一人。因为即使如马克思、恩格斯、列宁也没有他这样长期处于手握党权、政权的诱惑和身处各种矛盾的煎熬。总理在甩脱自我，真正实现"大无"的同时却得到了别人没有的"大有"。有大智、大勇、大才和大貌——那种倾城倾国、倾倒联合国的风貌，特别是他的大爱大德。[14]

《大无大有周恩来》一文的题目本身充满了思辨精神，"大无"和"大有"成为贯穿全文的核心。同时，遵循着梁衡式的情理结构：以理为主，情感辅之，起晕染和烘托的作用。情感的渲染始终伴随着理性的思索，在清明理性的导引下起伏变化，形成作品内在的律动。

其散文之美不能说与他用情毫无关系，但主要源于理性的深致、新颖与独到。一般的理性，并不是审美的对象，理性完成审美转化，其要义在于一个趣字，只有新颖别致的理趣，才能成为读者鉴赏的对象。[15]而梁衡散文的情，是在理性控制下的情，是被理性，包括道德理性和政治理性过滤了的情。因此，他的《大无大有周恩来》《觅渡，觅渡，渡何处？》里，没有无拘无束、天马行空的情感释放，有的是克制的、透辟的静水深流。

1998 年 1 月 8 日，思考、积累、沉淀 20 年的作品《大无大有周恩来》问世。

完稿后，他给时任中华儿女杂志社社长的杨筱怀看，说："谢谢你们给我提供了宝贵的资料，你看看这样写行不行。"晚上 11 点半，杨筱怀看完后，忍不住立即给他打电话："这篇东西我们一定要用。我敢断定在百年纪念活动中，这是最轰动的一篇。"[16]

《大无大有周恩来》全文 13 000 多字，成为周恩来诞辰百年纪念中影响最大的一篇。总理的家属专门请梁衡吃饭，送上一个纪念封，上书："感谢你"。周总理身边工作人员请他参加一年一度的西花厅聚会。直到现在，文章发表 20 多年了，每年周恩来诞辰、忌日还有刊物在转载。

周恩来的侄女周秉德写给梁衡的信

董岩：您在中南海跟伯父伯母生活了10多年，他们给您留下的最深印象是什么？

周秉德：印象深的有很多，最深刻的是他们一切从人民着想，完全没有自己。除了无私，还是无私。伯父的衣服打着补丁，吃得也很简单，他们对生活的衣食住行没有追求。一切都是为了人民、民族和国家，一辈子都在做这个事。

董岩：《大无大有周恩来》这篇文章是否体现了总理的精神风范？

周秉德：总理诞辰百年发表的这篇《大无大有周恩来》，替老百姓说出了心里话，把大家的思想反映出来，全面、深刻、透彻，写得非常好。我和周围的朋友都很赞赏。[17]

此后，梁衡又创作了《周恩来让座》《周恩来为什么不翻脸》《总理手植一品梅》等作品。但最打动人心、影响最大的仍是《大无大有周恩来》。

我前些年写了一些政治散文，实际上它是一种对我们党传统作风的呼唤，我写周恩来、瞿秋白，写老一辈革命家怎样追求革命理想、怎样追求人生价值。如瞿秋白，他已经超出了一个共产党人而成了一种伟大的人格力量，他启示了一种思想。现在很多人读了《觅渡，觅渡，渡何处？》，一见面就说，这是你最好的一篇，它已经超出了一个党派的界限，它在探讨人生。我觉得，有一颗忧心，就会说一点真话，就会说一点贴近规律的话。大家之所以喜欢我的作品，我想一是说到了规律上，二是说到了大家的心里。如果你只顾做花样文章，不想如何为读者解决问题，如何为社会思考问题，而是卖弄你的文字，那文章肯定没有什么生命力了。[18]

这些散文创作，让他获得了"红色经典作家"的称誉。

在散文领域我是两条腿走路。一方面是通过大量的阅读思考散文理论；一方面是创作实践。我的散文创作可分为前后两期。前期是山水散文，以《晋祠》为代表；后期是政治散文或称人物散文（其实仍是政治人物较多），以《大无大有周恩来》《觅渡，觅渡，渡何处？》为代表。[19]

［1］ 摘自梁晓声《推荐信》（2003 年 5 月 21 日）。

［2］ 见《中华英才》1997 年第 12 期。

［3］ 梁衡．我写《觅渡》// 梁衡．我的阅读与写作．北京：北京联合出版公司，2016：284．

［4］ 摘自董岩对梁衡的采访，2016 年 9 月 19 日，北京万寿路甲 15 号。

［5］ 梁衡．觅渡，觅渡，渡何处？// 梁衡．觅渡．北京：中国人民大学出版社，2005：4-6．

［6］ 同注［3］283．

［7］ 摘自董岩对王荣泰的采访，2019 年 5 月 28 日，山西太原。

［8］ 同注［3］280．

［9］ 同注［3］283．

［10］ 刘延．梁衡谈《晋祠》// 高深，高小立．梁衡散文研究．沈阳：辽海出版社，1999：256，257．

［11］ 同注［10］．

［12］ 何西来．梁衡散文三论 // 高深，高小立．梁衡散文研究．沈阳：辽海出版社，1999：216．

［13］ 摘自《梁衡日记》（1972 年 8 月—1981 年 1 月）。

［14］ 梁衡．大无大有周恩来．中华儿女，1998（2）．

［15］ 何西来．为了自己，同时也为了他人 // 高深，高小立．梁衡散文研究．沈阳：辽海出版社，1999：219．

［16］ 同注［4］．

［17］ 摘自董岩对周秉德的电话采访，2019 年 2 月 28 日。

［18］ 成青华，王永亮．梁衡：提倡写大事大情大理 // 传媒思想：高层权威解读传媒．2 版．北京：中国传媒大学出版社，2006：106．

［19］ 梁衡．我的阅读与写作．北京：北京联合出版公司，2016．

7

提倡写大事、大情、大理

在长期的急风暴雨过后，一些作者沉溺于身边琐事，竭力回避政治。本书作者却旗帜鲜明地标榜文章为思想而写，提倡写大事、大情、大理，认为文学不能缺政治，因为只有政治大事才能触发一个国家和民族共有的大利大情。这样的思想高度使他的文章表现出大家之气，不像古今那些因为力求精致而趋于小气的作者；严肃而重大的题材自不必说，即使小题材也能以小见大。考察近代中国文学史，散文发展的主流始终是同社会政治和思想进步的潮流相呼应的，有成就的作家很多都是社会发展和变革的积极参与者，他们作品的社会意义也因此而增加。梁衡的散文继承着这种优良传统。[1]

1997年12月，梁衡在德国科隆①

梁衡在新闻出版署的13年里，许多作品都是在工作、出访、会议间隙，见缝插针完成的。

这得益于当记者多年养成的好习惯。比如笔、本子不离手，观察细致，常常边看边问边记，积累素材。他经常带着"任务"去考察，每去一地，总要提前做足功课。出国考察，梁衡会提前研究所到国

① 这是梁衡在德国科隆的照片，时间是1997年，回国后创作了《被缓解稀释和冲淡了的环境》。他说，德国人仿佛把盖房当游戏，必得玩出一个味来。要是大型建筑，他们就极有耐心地去盖，欧洲最大的科隆大教堂，千顶簇拥，逶迤起伏，简直就是一座千峰山。从1248年一直建到1880年才算好。

家的风土人情及历史宗教文化，留心一些著名的景点和历史遗迹。他曾暗发宏愿，要遍访世界上现存的王宫，因为它集中体现了建筑艺术和历史文化。当罗马尼亚主人邀请梁衡访问佩莱斯王宫时，梁衡窃喜，正中下怀。

这次出访并没有预期的那般美好舒适。

1991年12月5日，代表团出发，前往罗马尼亚、阿尔巴尼亚，考察报刊、印刷业。

其时正值东欧剧变、苏联解体之际，无论自然气候还是政治气候，都是欧洲最冷的季节。梁衡一行遭遇了由当地能源危机带来的严寒。

12月10日

昨天晚上，睡了一个记忆以来最冷的觉。作为一个政府代表团出访，这是再也找不到的苦了。罗马尼亚能源短缺，所以暖气没有一丝热气。卫生间，刚住进来时还有一点温水，今天干脆是冰冷的水。这里很怪，没有棉被，只一条薄线毯，又加一条化纤毯，我把所有的衣服压上，还是睡不着。外面还是不停地下雪。我胡思乱想着，脑子里过雪景文章。最有印象的是张岱的《湖心亭看雪》，但现在哪能赏，我都被雪埋了。在印度，是被红花所掩，为花所醉，这时为雪所醉，但冷得出不了诗意。[2]

他们在没有暖气和热水的布加勒斯特宾馆住了整整一周，吃的是冷面包、几片肉、炸土豆。白天出访，开会还要西装革履，主人见面问一句房间还暖和吧，他们客气地回答：还可以。

晚上宾馆冷得坐不住，大家听说布加勒斯特有一家中餐馆，便想去吃一顿。不想走了一个多小时也没有找见，在布加勒斯特大街上踏了一次雪，单皮鞋都湿了。好不容易找到了传说中的"南京酒家"，原来只是噱头而已，仍是西餐。晚上回到宾馆，冷得心里发抖，难以入睡……

挨到阿尔巴尼亚，转机巴黎，一路奔波，直到19日深夜11点半，终于回到北京的家中。

访问回来，他大病一场，拖到24日到北京协和医院输液一天，到 30 日才算病愈。年前一直没有下楼。

此次罗马尼亚东欧之行产生了两篇散文，一篇是《佩莱斯王宫记》，一篇则是《试着病了一回》。

在《佩莱斯王宫记》里，作者以不断变化的视野，勾勒出一幅幅流动的画卷，全然不见背后的艰辛，可见文章之境与背后之事差距甚大。

回国后生病治疗的经历，则写成了当时为止他最长的一篇散文《试着病了一回》，8 000 字，以少有的幽默、诙谐和风趣，描画了世情百态，成为他作品中风格独特的一篇。

在新闻出版署工作期间，数次出国考察，写下了不少美文：《平壤的雪》《与秋相遇在莫斯科》《奉献给死者的艺术》《这热辣辣的生命之美》《迈索尔土王邦寻旧》《被缓解稀释和冲淡了的环境》《在欧洲看教堂》。

他分管报纸工作，经常参加一些全国性会议。大多数人会好好休息放松，梁衡却抓住时间，思考创作。《在青岛看房子》《圣弥爱尔大教堂》《草原八月末》《壶口瀑布记》《永远的桂林》《长岛读海》皆由此而生。尤其是《天星桥——桥那边有一个美丽的地方》最有代表性。

那是 1995 年 10 月，梁衡去贵阳主持全国报刊工作会议。其间，经当地同志介绍，他们参会人员一起去游览黄果树瀑布旁 6 公里的天星桥，一处还未开放的景区。到了天星桥，他大吃一惊，全国的山水不知道去了多少处，没想到竟还有这么美丽的地方。

天星桥的美就美在你突然发现世界上的风景还有这样一种美。只要你一走进这个景区，就一步一吃惊，一步一回头，你总要问："这是真的吗？"一般的"真像""真美"之类的词在这里已经苍白无力。[3]

天星桥的美，在梁衡眼里，与众不同，是超越了想象的美：从没见过，从没想过，就是在小说中，在电影上，在幻想时，在睡梦里也没有出现过。他形容这种感觉，如同突然从心灵深处抓出一种美，摆在你眼前。你心跳，你眼热，你奇怪自己心里什么时候还藏有这样的美。

被天星桥深深迷住的梁衡，灵感迸发，大笔一挥，写出了《天星桥——桥那边有一个美丽的地方》。

自此，天星桥成为去贵州不可不看的风景。

11 年后，2006 年 4 月，《天星桥——桥那边有一个美丽的地方》石刻碑文在黄果树天星桥风景区揭幕，名人、名作、名景相得益彰。他被景区授予 001 号名誉游客称号。

在梁衡的文学生涯里，这种因文得名的例子已不是第一个。当年，一篇《晋祠》，让晋祠之美世间皆知，也让梁衡有缘结识了很多人。

那一年，我刚调新闻出版署工作，陪署长回山西出差去参观晋祠，晋祠文管所的所长把署长晾在一旁，却和我热情攀谈，弄得我很不好意思。原来，他于中山大学毕业后在广州当教师，教了好几年的《晋祠》，终于心动，调回家乡，当了晋祠文管所的所长。他说，我得感谢你让我与晋祠结缘，又送我一张很珍贵的唐太宗《晋祠铭》的大型拓片。他说很多贵宾来过，都没舍得送。[4]

梁衡没有想到的是，晋祠因此增加了游客量，拉动了经济增长。有了这个先例，不少风景名胜点都来找他写文章，说最好也能入课文。可见教材在人们心目中的影响力。

由于工作关系，梁衡常能见到一些名人，超强的观察力总能让他捕捉到一些细节，深受触动，于是，便有了一些浅淡随笔。

缘是什么？缘原来是张网，德行越高学问越深的人，这张网就越张越大，它有无数个网眼，总会让你撞上的，所以好人、名人、伟人总是缘接四海；缘原来是一棵树，德行越高学问越深的人，这树的浓荫就越密越广，人们总愿得到他的荫护，愿追随他。[5]

这是梁衡《与朴老结缘钓鱼台》里的一段文字。1993 年初冬的一天，研究佛教的王志远说："11 月 9 日在钓鱼台有一个会，讨论佛教文化，你一定要去。"平时他们的来往并非谈佛，主要话题是文学或哲学，这次倒要去做"佛事"，梁衡就说：不去，近来太忙。王说：赵朴老也要去，你们可以见一面。他怦然心动。

1993 年 11 月 9 日

上午到钓鱼台开佛教文化景点建设座谈会。我本与此无关，是王志远极力邀请，希望能捧捧场。最有吸引力的原是他说的一句话："可见见赵朴初老人，以后也有由头，向他求一幅字。"[6]

这次见面就有了《与朴老结缘钓鱼台》。

在休息室，梁衡见到了朴老，握手之后，朴老静坐在沙发上，接受着不断走上前来的人们的问候。老人听力已不灵，戴着助听器，不多说话，只握握手或者双手轻轻合十答礼。梁衡在旁仔细打量，他个头不高，清瘦的脸庞，头发整齐地向后梳去，着西服，学者的沉静和长者的慈祥在他身上和谐地统一起来。

会议主席台，赵朴老居中，我在他右手，我的右边是北京市副市长何鲁丽女士。赵朴老，是一个中等个子，又中等胖瘦的老人，慈祥白净，一头白发稀疏整齐地向后梳去。不知是因为他在佛教界的影响，还是他的气质，见到他就觉得见到了佛，觉得接触到了佛的慈悲（但我倒没有感到佛光）。他已行动不便，由一位同志挽着，主持人向他

1993 年 11 月，梁衡与赵朴初在一起

介绍来宾，他都客气地握手。我想，他是一位名人，是当今在佛学方面最有学问的人，自然十二分地尊敬，一握手却这样的平和。发言的人多，且冗长。我就与朴老说几句话。[7]

与季羡林结识也是在会场。

当时新闻出版署每两年评选一次全国优秀图书，季老是评委，坐第一排，梁衡则"主持"会议。

他大概看过我哪一篇文章，托助手李玉洁女士来对号，我赶忙上前向他致敬。会后又带上我的几本书到北大他的住处去拜访求教。[8]

从此二人开始了持续近 20 年的交往。有时，两人在会议主席台

上，抬头一看，总见到对方在写着什么。中间休会，梁衡问，季老您是不是在写文章？季老会心一笑：我看见你也在写。原来都是惜时之人。

梁衡发现，主席台上的写作效率高。因为坐在那里，身体不能动，但思想可以动。况且主席台上没有别的东西，有时带个笔记本，有时连张纸也没有，就用会议请帖翻过来的那一面写，列个提纲，来回拟个标题什么的。他的文章，有的是在主席台上写的。他说，大会堂一个主席台上一百多人，你就是一个填空的符号。把这个时间利用起来，效率最大化。

季老兼任50多年的行政工作，也常在主席台上写文章。有时请柬正反面写完还不够用，就伸手要旁人的。梁衡说：这一点，我不如您，只敢用自己的请柬写。

梁衡与叶至善相识于第二届金钥匙奖颁奖大会。

梁衡应邀出席，一进门碰见叶老。梁衡的《数理化通俗演义》曾托别人送他写序。叶老对梁衡说："我收到书了，你说是一层'薄薄的糖衣'，太谦虚了。我一辈子搞科普就是没有想到这个点子。我一定要写篇序。"

后来我们坐到了主席台上，他又说："你什么时候出再版？"

我说："您什么时候写好，就什么时候出。"他显出很抱歉的样子，说："要写就得仔细看一遍，我每次出差都把书带在身上，以为出来时间多点，但一样紧张，所以到现在还未看完。这本书很好，我一定要写好序，已经开了三个头，总不满意。"

我倒真惭愧了。这样一本小杂书，叶老这样有名望的老前辈却这样认真。[9]

《中国日报》总编陈砾是一个和蔼、机敏的小个子老头儿，他的父亲是陈布雷。

梁衡曾多次和他在一起开会。某次，他的记者瘾犯了，想采访一下。哪知陈总编抬起头，深度眼镜片后的双眼疑惑地看着他，问："你是要问工作的事，还是问我们家的事？"梁衡表示，以工作为主，也可写点家事。陈砾说："家事最好不要写。"梁衡记录了这段不是采访的采访：

1983年左右，曾有年轻人写文章，说陈布雷对国民党绝望自杀，我姐姐陈琏对共产党绝望自杀。这不能类比，陈琏的死正是她对党的忠。不一样。当时我在天津出版社当社长，知道这篇文章排在南京的《钟山》上，坚决不同意发。后经过中宣部干预，没有发，《钟山》已印好了，赔了钱。当时对毛主席的怀疑声很高，这个文章发出来影响不好。

有人写文章说，陈布雷后期看到了蒋的腐败，甚至想投奔共产党，也有人分析，再做点工作就过来了。这不可能。

…………

我问，你和父亲接触多吗？

"小学时，在重庆，在一起；中学时在杭州，在一起；大学我就到北京上了，放假回南京。后来他自杀了，我们全家就到了解放区。"[10]

有记者瘾的作家署长作品不断。1997年，创作《这思考的窑洞》《红毛线，蓝毛线》《读柳永》《特利尔的幽灵》《一座小院和一条小路》；1998年，《大无大有周恩来》《跨越百年的美丽》《说韩愈》先后发表，这一年，他还主张，作家要写大事大情大理。

当时《人民日报》约他写篇稿子，梁衡就写了《提倡写大事、大情、大理——兼谈文学与政治》。这个观点，其实是杨朔模式批判的延续，是其散文理论的两个阶段：第一阶段是打破杨朔山水散文的框子，不要搞光明的政治尾巴；但此后作家出现了另一种极端，就是越来越远离政治，并以此标榜独立和清高。

要对整个时代负责，对历史负责，文学界要担当思想大义，要延续思想的香火。可惜，不光是文学理论、文学批评界，还包括政治学、历史学、法学、美学等，都遇到了一个大的问题，就是我们过去讲的犬儒主义，就是我们的一部分（或大部分）知识分子没有脊梁骨，没有担当。[11]

1998年7月17日《人民日报》发表的《提倡写大事、大情、大理——兼谈文学与政治》中，梁衡疾呼：

　　政治者，天下大事也。大题材、深思想在作品中见少，必定导致文学的衰落。什么事能激励最大多数的人？只有当时当地最大之事，只有万千人利益共存同在之事，众目所注，万念归一，其事成而社会民族喜，其事败而社会民族悲。

　　夫人心之动，一则因利，二则因情。利之所在，情必所钟。于一人私利私情之外，更有国家民族的大利大情，即国家利益、民族感情。只有政治大事才能触发一个国家民族所共有的大利大情。[12]

　　他认为，作家从大事中写人写情写思想，升华到美学价值上来，是为真文学，大文学。他还从文学与政治的关系方面予以阐述。

　　文学和政治，谁也代替不了谁，它们有各自的规律。从思想上讲，政治引导文学；从题材上讲，文学包括政治。政治为文学之骨、之神，可使作品更坚、更挺，光彩照人，卓立于文章之林；文学为政治之形、之容，可使政治更美丽、更可亲可信。它们是相辅相成的，不能绝对分开。[13]

　　为何作家不愿碰触政治题材？为何有政治思想深度的作品少之又少？梁衡认为原因有二：一是作家对政治的偏见和疏远，将政治与文学对立起来，从事远离政治的"纯文学"。二是作家把握政治与文学间的转换功力不够，政治思想与文学审美间的转换，难以达到思想与艺术的有机结合。一个作家，在政治阅历、思想深度、文学技巧中，倘若有一点缺失，都无法解决这一难题。

　　在中国文坛上疾呼呐喊，梁衡已不是第一次。

　　历史在戏剧性地重演。

　　20世纪六七十年代，中国文坛受"左"的政治倾向的影响，就散文而言，无论山水、人物散文都要努力和政治挂钩，贴上政治标签，安上政治尾巴。文学自觉不自觉地成了政治的注脚。1982年12月，梁衡在《光明日报》发表了《当前散文创作的几个问题》，在国内首

在《人民日报》发表《提倡写大事、大情、大理——兼谈文学与政治》

开对杨朔散文模式的批判，他自己也身体力行地致力于山水散文的革新创作。

20世纪90年代，当散文从贴政治标签走向另一极端——远离政治时，梁衡又旗帜鲜明地"提倡写大事、大情、大理"。在当时一些文艺界人士张扬"文艺应与政治离婚"，在文艺作品中竭力淡化政治的情形下，他又如此鲜明地表达自己的政治立场，为政治人物树碑立传。

有人不禁会问，梁衡这位写"政治散文"的高手，当年与散文的结合，是从反对为散文做政治注脚开始的，为何后期又与政治结缘，创作了那么多被称为红色经典的作品呢？他在采访中不止一次地回答了这个问题：

> 政治题材的创作，就是把历史与政治转换成文学、翻译成文学。我选择这些政治题材、历史人物，是要从中挖掘深远的社会意义与时代精神。从马克思、毛泽东到周恩来等等，我笔下的这些事件和人物虽各不相同，但有共性：第一，都是处于历史转折时期的大事；第二，都是处于历史转折时期的人物；第三，它们反映了时代潮流与趋势，他们立业、立德、立言堪称楷模。世事更替可知社会前进的历史规律，曲折人生复现人性至美与人格至高。这些事件与人物意蕴丰富、影响深远。我写这些大事、大情、大理，就是要总结事件精神财富、揭示历史规律。英雄千古，精神永存，这些传统与规律在今天仍有现实意义和指导作用。一部文学史如果没有政治这条主线，是不可想象的，若真是那样，文学将严重缺钙而立不起来。[14]

1998年7月18日，在辽宁锦州召开了"1998大散文研讨会"，几乎集中了当时全国著名的文艺评论家。会上，何西来、施战军、徐鲁、刘绪义、蒋巍等对梁衡的大散文进行了解读、剖析和批评。

> 刘绪义：作为散文家的梁衡近年来已出乎独具个性和思想的大家。这种新高度已经超越了20年前他那些草木有灵、水石有韵的山水散文。这种新高度在于他近年来的散文倾注了浓厚的时代意识和忧患意识，倾注了他关心国家命运、人间疾苦的良心。这种新高度摒弃了其他散文模式的桎梏，以"苦吟诗人"的身份着墨于政治人物、政治事件，充分吸

收优美深沉的文学语言，开启了散文创作中一个新流派：政治散文。[15]

在何西来[16]看来，梁衡是做领导工作的，他用规范别人的东西，也首先规范了他自己。要别人守规矩，他自己就得做到。

这就是说，在创作中，很少"梦魂惯得无拘检，又踏杨花过谢桥"那样的浪漫。他的作品，无不体现他在社会生活中的角色意识。他的创作，是在规矩之内的创作，居然达到了某种看不出、本不太看得出规矩的境地，人们就不能不佩服他的才力和本事。他能做到超越、创新而不逾矩……这当然是他的长处，但也同时是他的局限。[17]

作家写来写去，归根结底写出个自己。蒋巍认为，梁衡文章的最动人之处，在于字里行间对人民的绵长深情。

无论什么人走到他的笔下，他都拿人民的感情、人民的评判作标尺，他都以老百姓的目光来审视。我之所以被感动并且钦敬，是因为梁衡的这种视角和价值判断是真诚而非矫饰的，是本色而非做作的，是一以贯之而非偶然一见的。他坚守着自己的百姓本色。[18]

2004年，梁衡在他主编的大学生文化读本《爱国的理由》中写道："爱国，永远是一个民族、一个国家存在的支柱，也是做人的起码标准。"只有能触发国家、民族和全体民众共有情感的大情大理，才是文学的灵魂。

写作是社会化的工作，满意不满意应当由社会、读者来检验、评判。我认为作家的作品不是私有的，而是社会的结晶、时代的产物；他的创作不是纯粹为了宣泄个人化的情绪，而是面向大众的社会化写作。只有站在政治的高度，胸怀忧国忧民之心，摆脱针眼窥天、无病呻吟、自我陶醉的私人化写作，这样的文章才有力度和厚度，才能达到治国的高度，成为经典。[19]

梁晓声认为，"政治散文"在改革开放前的中国是难以想象的，有过，也很难称其为散文。故这一文本，后来差不多成了中国文苑的一处荒圃。梁衡的"政治散文"，使那荒圃有了灿然绽放的花朵。

梁衡这些散文中的思考、议论、抒情是真挚的，又是谨慎而有分寸的。他的抒情欲言又止，偏于低沉凝重。今天看来，甚而使人有不够酣畅之憾，但在当时已属难能可贵，已是"政治散文"的幸事和欣慰。即使在这些凝重含蓄的散文中，字里行间也时见其睿智，比如："在中国，有两种窑洞，一种是给人住的，一种是给神住的。""窑洞在给神住以前，首先是给人住的。"[20]

对于"大事、大情、大理"的文学主张，梁晓声表达了不同的意见：

梁衡在特定的历史时期，针对私人化、琐碎化的散文创作趋向，提出了大散文的主张，其红色散文包含了他的反思和情怀，起到了积极作用。但文学不分大小，有些小题材小角度也可以有大情怀。我们的散文需要多种多元多彩，不能以"大"来一概言之。[21]

在当时杯水波澜、针眼窥天的散文创作形势下，梁衡的主张与实践，一扫阴柔之风，丰富了散文内涵，在一定程度上改变了散文创作的格局。他将文章视为"经国之大业，不朽之盛事"，为时代立言，显现了千百年来"文以载道"的散文传统。一些作家、评论家见了他，很真诚地说："在我们平庸的生活中，读你的散文常常使我们高尚一下。"

但曲高和寡。

在文坛，梁衡是孤独的。

通常，作家必须有个性，有自我审美发现和独特风格，但这并不意味着高高在上，可以随时脱离地球。作家不过是平凡世界中的沧海一粟，生存的根基在大地和人民。他说："我大概得益于从没把自己当作家吧。"[22]的确，他从没把自己当作家，也从未沉浸于狭隘的个人空间，有的是思想之路上的凝眸。

在一些人眼里，他沾了体制的光，有普通作家无法"攀缘"的捷径。文章又太过工整和精致，流露着苦心经营的痕迹，凡事总要说出个"理"字，拘谨有余，率真不足，反而失去了文学原有的自然和洒脱。[23]

在官场，梁衡也是孤独的。

古往今来，不乏"学而优则仕"之人，可"仕而优则文"的又有几何？刘禹锡、韩愈、柳宗元、欧阳修、苏轼、王安石都曾在宦海沉浮，累贬累迁，写文章便成为遣怀与自警的途径。

《左传》中有立德、立功、立言三不朽之说。曹丕认为文章乃"经国之大业，不朽之盛事"。但立功与立言互生共荣者不多。杜甫在《天末怀李白》中有"文章憎命达"的高论，认为在做官与为文的关系上，官高位显之人是写不好文章的，而写好文章的人，则很难把官做大。杜甫此番言论，与其说是写"斯人独憔悴"的李白，不如说是感同身受的自伤。宋代欧阳修识破了文章是"穷而后工"的残酷规律，这一论断似乎成了文论史上的主流。[24]

其实，仕与文的矛盾无非有三：一是事务繁忙，分身乏术，无暇著文；二是谨言慎行，力避锋芒，无心著文；三是理想情趣，消磨殆尽，无力著文。但这些矛盾，在梁衡那里却是相依共生的。

其实，它们之间并不矛盾，当官是一个制高点，在这个平台上，每天要处理大量的政务，这些工作一方面提供了鲜活的只有在这个高级层面上才能获得的素材，另一方面锻炼了敏锐的思维。丰富的政治阅历和思想高度对于文学创作和研究都是难得的条件。当官的不利因素就是公务繁忙、时间有限。我曾说过，我要编织一张细密的网，把时间之鱼网住，不让它溜走。我的许多文章都是在会议间隙、在旅途中一点点构思出来的，再见缝插针地写下来，最后反复打磨推敲。这么多年来，我在新闻这个行当里揉来揉去，在写作上反复实践，在管理上反复实践，最后悟出了一些道理。其实，不管是做官，还是写作、研究，最后都要归结到一个"理"字，这是它们的相通之处。[25]

曾任中国作家协会副主席的冯牧[26]，认为"仕而优则文"的梁衡沿袭了两三千年来中国的散文传统，难能可贵。早在1994年，在《光明日报》文艺部组织的梁衡散文作品研讨会上，参加过"一二·九"运动、当过战地记者的冯牧说：

中国有句古话"学而优则仕"，我更希望有人能做到"仕而优则文"。我高兴地看到我们国家有一些身处领导岗位的同志做到了这一点。他们关怀文学，同时又亲自参与创作。梁衡同志是位作家，他的散文写得很好。他又是新闻出版署副署长，"仕而优则文"，这对文学创作和管理工作都是件好事。

梁衡同志既当官又为文，既是领导又是作家，又能在创作中探索着自己的路。这很值得我们高兴，我向他表示祝贺，也感谢他为读者带来了一批散文精品和许多美的感受。[27]

对于做官与作文、既是领导又是作家，何西来直言其中的利弊：

从政，给他带来的好处是接触面广，信息来源多……无不锻炼着他的眼界、胸襟和应变能力。"世事洞明皆学问，人情练达即文章"。在这方面，他比一般人有更多的机会与资源。这一切，无不给予他的散文创作以一般作家没有的优势。但同时，他作为政府官员，又比一般作家有着更多的戒律和顾忌。从政为梁衡的散文提供了灵感，而散文创作，则陶冶着、提高着他的人生境界，使他有一块自己的灵魂的净土，他以此自策自励，也与他人交流。规矩方圆行处有，宦情文采各翩然。这里有自由，也有局限。[28]

显然，梁衡的许多作品都得益于官位的便利与高度。比如《跨越百年的美丽》就源于李岚清副总理的一个批示。当时李岚清就1998年8月的一期《参考消息》说到居里夫人发现镭百年一事，给时任教育部部长批示：

至立同志：我建议今年的12月开展一次纪念居里夫人发现镭100周年的活动，以激励大学生勇于探索、为科学献身的精神。亦可以会同科技部，但以教育界为主。会不要搞得太大，要有一些学术气氛。要按程序报批。[29]

这成了梁衡创作的契机。他对居里夫人太熟悉了，早在党校写作《数理化通俗演义》时就积累了很多素材。写起来很顺手，仅用了一两天的零碎时间，便完成了。

1998年10月22日，《光明日报》首发《跨越百年的美丽》。文章很快入选师范院校和中学语文教材。文中有许多闪烁哲理之美的经典佳句：

本来玛丽·居里完全可以换另外一种活法。她可以趁着年轻貌美如现代女孩吃青春饭那样，在钦美和礼赞中活个轻松，活个痛快。但是她没有，她知道自己更深一层的价值和更远一些的目标。

居里夫人的美名，从她发现镭那一刻起就流传于世，迄今已经百年。这是她用全部的青春、信念和生命换来的荣誉。

大音希声，大道无形，大智之人，不耽于形，不逐于力，不持于技。他们淡淡地生活，静静地思考，执着地进取，直进到智慧高地，自由地驾驭规律，而永葆一种理性的美丽。[30]

这篇文章成为许多家长给女儿的必读之文。至今，仍被视为积极引导女孩子的励志美文。先后被 14 种教材选用，是梁衡所有文章中入选教科书次数最多的一篇。甚至在航班上，还有人拿着登有此文的书请作者签名。梁衡不禁感慨，时光如流水，当年 52 岁创作此文，如今自己已至古稀，但穿越时光、跨越百年的居里夫人依然美丽。可见纸墨之寿，永于金石。

既当官又写作的梁衡，事业风生水起，仕途、文运两不误。在一些人看来，他是一个典型的功利主义者。记者也曾问过这个问题，梁衡并不讳言。

记者：是否可以这样认为，在写作上，您是一个功利主义者？

梁衡：我承认，一直以来，我所有的创作都带有对社会负责的功利主义。我的政治散文尤其强调为现实服务的很实用的目的。

记者：您的政治散文恐怕读者面并不是太广吧？

梁衡：不，相反，政治散文恰恰有更大的读者群。正因为这样，我的读者并不只是一般的文学爱好者，凡是稍有点文化的，关心国家、社会，对人生、世界、历史有兴趣的人都是我的忠实读者，包括中等文化以至很高文化的人，包括工人、农民、学生和各级干部。因为我的作品虽然"苦吟"精炼，追求文学的美感，但绝不敢仅止于此，而是追求思想性、理性。

我写瞿秋白的《觅渡，觅渡，渡何处？》，在我的所有散文里，可能是内涵最深、比较抽象的一篇了，但是收到的读者来信中，从平民百姓到官高位显者都有。瞿秋白的女儿瞿独伊读完《觅渡》后，给我来了信，这封信，使我受到很大鼓舞。

我的一个搞煤炭的老乡到我家来，拿了我的一本散文集回去看，再见到我时第一句话说的就是瞿秋白。

一篇有思想深度和美学价值的文章，在不同层次的读者那里会有不同的理解和触动。对某些读者，即使他对文章的某些要素一时理解不了，但只要你的文章是好东西，他还是能感受到的。

记者：您笔下的为何多是一些大人物？

梁衡：我写马克思、毛泽东、瞿秋白、邓小平、周恩来等等，这是因为他们涉及"大事、大情、大理"。第一，他们在事业上都有所成就；第二，他们都有独立的人格；第三，他们大都有悲剧色彩，都为后人留下一点遗憾。鲁迅说，悲剧就是把有价值的东西撕裂给人看。[31]

在他的笔下，历史和人物得到更丰富的呈现、更深刻的解读。有些朋友建议他辞官，一心为文，他淡淡一笑，并不为其所动。他心知，做官与为文早已融为一体，互为滋养，哪里分得开？

曾经写信劝梁衡隐退专心写作的马治权，后来逐渐理解了：梁衡本不是纯粹意义上的文人，写文章只是他政治抱负的一种宣言。

假如他不是现在这种角色，而是一个纯粹的文人，那么无论如何也写不出这种感觉，写不出这样的深度和高度。就像瞿秋白、范仲淹、辛弃疾之所以不同于李煜、李清照、柳永等人一样。[32]

[1] 摘自王梦奎为梁衡《走近政治》一书所作的序，2003年5月2日。
[2] 摘自《梁衡日记》(1991年7月—1992年8月)。
[3] 梁衡.梁衡文集:卷一:名山大川.北京:人民教育出版社，2002:156.
[4] 梁衡.我的教材缘.光明日报，2010-12-17.
[5] 梁衡.与朴老结缘钓鱼台.佛教文化，1994(2).
[6] 摘自《梁衡日记》(1992年3月—1993年11月)。
[7] 同注[6].
[8] 梁衡.百年明镜季羡老.人民日报，2009-07-14.
[9] 摘自《梁衡日记》(1987年3月—1989年6月)。
[10] 同注[6].
[11] 摘自李清霞对梁衡的采访，2016年6月16日，江苏常州。
[12] 梁衡.提倡写大事、大情、大理.人民日报，1998-07-17.
[13] 同注[12].
[14] 董岩.梁衡的生命四重奏.今传媒，2005(10).
[15] 刘绪义.他开启了一个新的流派:书人写真//高深，高小立.梁衡散文研究.沈阳:辽海出版社，1999:231-232.

［16］ 何西来（1938—2014），原名何文轩，陕西临潼人。毕业于西北大学中文系，中国当代著名文艺理论家、文学批评家。首倡"反思文学"，对新时期文学创作起到了助推作用。曾任中国社会科学院文学研究所副所长，研究生院文学系主任，《文学评论》副主编、主编。著有《文艺大趋势》《横坑思缕》等。

［17］ 何西来.梁衡散文三论//高深，高小立.梁衡散文研究.沈阳：辽海出版社，1999：317-318.

［18］ 蒋巍.读梁衡：灵魂的沐浴//高深，高小立.梁衡散文研究.沈阳：辽海出版社，1999：347.

［19］ 同注［14］.

［20］ 梁晓声.静夜时分的梁衡//梁衡文存.北京：中国青年出版社，2016.

［21］ 摘自董岩对梁晓声的采访，2019年3月21日，北京牡丹园。

［22］ 同注［18］.

［23］ 摘自张煜炜与梁衡的微信谈话，2019年1月15日。

［24］ 同注［17］313.

［25］ 同注［14］.

［26］ 冯牧（1919—1995），笔名冯先植，北京人。1935年参加"一二·九"运动，1938年到延安。曾在鲁艺学习和工作。后任《解放日报》文艺部编辑、第二野战军第四兵团新华社前线记者。新中国成立后，历任《文艺报》副主编、主编，文化部文学艺术院副院长，中国文学艺术界联合会副秘书长，中国作家协会副主席和书记处常务书记，《中国作家》主编。是第六、第七届全国政协委员。著有评论集《繁花与草叶》《耕耘文集》，散文集《滇云揽胜记》。

［27］ 冯牧.散文创作需要精品.光明日报，1995-02-28.

［28］ 同注［17］.

［29］ 摘自《梁衡日记》（1996—1998年）。

［30］ 梁衡.跨越百年的美丽//梁衡.觅渡.北京：中国人民大学出版社，2005：131-133.

［31］ 成青华，王永亮.梁衡：提倡写大事、大情、大理//传媒思想：高层权威解读传媒.2版.北京：中国传媒大学出版社，2006：106-107.

［32］ 马治权."把栏杆拍遍"的梁衡.文艺报，2004-05-13.

五、文章为重官为轻
北京·人民日报社（2000—2006）

　　新闻出版署是管理部门，主要职能是管行业运营、当裁判；而报社是业务单位，平时的工作主要是指挥、审稿、值夜班、组织重大报道，工作压力肯定比署里大。但两个岗位还是有共性的地方，都需要认识新闻规律。不管搞新闻管理还是搞新闻采编，都要懂得新闻规律，但还是各有侧重：管理有管理的规律，编采有编采的规律。

　　　　　　　　　　——成青华、王永亮《梁衡：提倡写大事、大情、大理》

这是很多出版社喜欢拿来做其书封面的一张照片。

午后的阳光洒下来，光影流动中，一张笑脸，层次分明地定格在王洛宾写情歌的草原。

《人民日报》副总编梁衡穿着夹克，席地坐在金银滩草原上，手里拿着采访本，脸上绽放着他招牌式的笑：平和、亲切、宽厚，甚至隐去了智慧的锋芒。耳边传来阵阵明亮辽远的民歌，不觉触动了梁衡文人的情怀。此时，盘坐草地，遥对湖山，时光似乎在倒流，恍惚间，有几分乐而忘形、豪放不羁的魏晋之风。

2001 年夏末，梁衡在青海采访王洛宾

2000 年 4 月，梁衡离开做了 13 年的新闻管理工作，到《人民日报》任副总编，回归业务。多年前曾被耽误的部级职务，在离 54 岁生日只有一个多月时才补上来。

北京朝阳区金台西路 2 号的《人民日报》大院，从此出现了一个戴着金边眼镜，若有所思，肩膀宽厚，走起路来大步流星的梁总编。

作为中共中央的机关报，《人民日报》诞生于战争年代。

1948 年 6 月 15 日，《人民日报》在河北省石家庄市平山县里庄创刊。由《晋察冀日报》和晋冀鲁豫《人民日报》合并而成，为华北中央局机关报，同时担负党中央机关报职能。毛泽东亲笔为《人民日报》题写报名。

1949 年 3 月 15 日，《人民日报》随中央机关迁入北平（今北京）王府井大街 117 号。

1949 年 8 月 1 日，中共中央决定《人民日报》为中共中央机关报。

1992 年，《人民日报》被联合国教科文组织评为世界十大报纸之一。

《人民日报》，尤其是《人民日报》一版和社论，能准确反映中国政治经济生活的风向，展现历史发展的脉络。在历次重大事件和重要历史时刻，这个原坐落于北京市东城区王府井大街 117 号，后迁至朝阳区金台西路 2 号（1980 年 5 月 25 日正式迁至此处）的国家大报，是永远在线的坚定、权威的发声者。

没有人想到，从东城区王府井大街 117 号到朝阳区金台西路 2 号，两地距离不足 8 公里，却整整用了 8 年才完成迁址。这次搬迁与 1972 年美国总统尼克松访华带来的彩色报纸有关，搬迁计划从提出到落实都得到了周恩来总理的关心。

1972 年 2 月 21 日，美国总统尼克松访华，2 月 28 日，中美两国在上海签署《联合公报》，中美关系开启新的篇章。尼克松访华，还给中国人带来了一份礼物——彩色《纽约时报》。毛泽东主席看后说："我们也要出版彩色报纸。"

出版彩色报纸的任务落到《人民日报》和《解放军报》肩上。周恩来随即指示，组织人员到联邦德国、英国、日本考察彩色印刷设备。原《人民日报》印刷厂厂长刘炳振是当年考察团成员之一，他记得："16 人到日本，8 人到西德［联邦德国］、英国考察轮转机和电子分色机。""1973 年先后从日本、英国、西德购进了 4 台小型胶印轮转机、电子分色机和胶印照相制版设备。"[1]

尼克松带来的彩色《纽约时报》，无意中拉开了人民日报社迁址的序幕。

1973 年 1 月 25 日，人民日报社给周恩来总理起草了一份《关于〈人民日报〉彩色印刷建厂问题的请示报告》。报告提出了解决厂房的三个方案：现址扩建；找一所停办的大学，全部搬迁；选择适当地点，全部新建。与北京市规划局研究后，报社倾向于第三个方案。但周恩来对第二个方案更感兴趣，他用两个感叹号、一个反问句，在第二个方案旁批示："最好！！""为什么找不到？"[2]

1973 年 9 月 22 日，人民日报社再次给中央起草了《关于〈人民日报〉明、后两年基本建设计划的请示报告》。

9 月 24 日，周恩来在这份报告上做了"特急"批示，他再一次明确强调人民日报社和解放军报社新馆址"只能选空出的大学、学院改建"。

报社马上派出吴述俭、冯连仲、蔡向欣、闫德山等人在全市范围内寻找停办的大学院校。

1 个月后，1973 年 10 月 18 日，一份《关于人民日报选址问题的请示报告》，提出人民日报社全部搬迁至北京东郊京通公路北侧一机部所属机械学院较为理想。第二天，周恩来在这份报告上圈阅了一个"同意"[3]。

当时机械学院地处郊区，周围一片农田，大家都不愿意从繁华的市中心王府井迁到这里。20年后，这里已是寸土寸金的商务中心区。

历史上，许多赫赫有名的大家曾任人民日报社的社长、总编。如胡乔木、范长江、邓拓、吴冷西。他们中有许多人是出身革命队伍的新闻家、政治家、思想家。

第一任社长是张磐石，第二任社长胡乔木[4]名气最大。

毛泽东称"靠乔木，有饭吃"，邓小平说他是"中共中央第一支笔"。胡乔木曾参与领导北平学生和工人的抗日爱国运动，当过毛泽东的秘书，新中国成立后，曾任新华社社长、新闻总署署长、中共中央宣传部副部长、中共中央副秘书长、中共中央党史研究室主任等职。曾参与起草了《关于若干历史问题的决议》、第一部《中华人民共和国宪法》，主持起草了中国共产党中央委员会《关于建国以来党的若干历史问题的决议》等重要文件。

邓拓[5]也是一位老革命。

他18岁入党，"七七事变"后，进入五台山抗日根据地，曾任晋察冀日报社社长兼总编辑、新华社晋察冀分社社长、晋察冀文联主席、中共中央政策研究室经济组组长等职。抗战期间，他率领新闻队伍，转战太行山，既是总编辑，也是指挥员。新中国成立后，邓拓任中共北京市委政策研究室主任、宣传部长。1949年秋，任人民日报社社长兼总编辑。1958年调离人民日报社，任中共北京市委书记处书记，分管思想文化战线工作。

邓拓在调离人民日报社的欢送会上，即席吟诗一首《留别人民日报诸同志》：

2013年，在韶山毛泽东图书馆，梁衡手持邓拓当年在解放区编的中国历史上第一本《毛泽东选集》

笔走龙蛇二十年，分明非梦亦非烟。

文章满纸书生累，风雨同舟战友贤。

屈指当知功与过，关心最是后争先。

平生赢得豪情在，举国高潮望接天。

邓拓写过大量社论、杂文，与吴晗、廖沫沙合写杂文《三家村札记》，著有《燕山夜话》，深受读者欢迎。他才华过人，是新闻家、政论家、历史学家、杂文家，还是一位诗人。有《中国救荒史》《论中国历史的几个问题》等论著。1945 年，在极端艰难的条件下，他主编出版了第一部《毛泽东选集》，写过大量热情讴歌和传播毛泽东思想的文章。"文革"中，被扣上"反对毛泽东思想"的罪名，含冤自杀。

记者出身的范长江在新闻界的贡献和名气最大。他参加过南昌起义，是除美国记者埃德加·斯诺（Edgar Snow）外第一个正式以新闻记者身份进入延安、报道红军的人，著有《中国的西北角》，是西安事变的披露者、报道者。

1949 年 1 月 31 日，北平和平解放。时任新华社总编辑的范长江带领一批"新闻兵"，跟随先头部队入城，奉命接管国民党在北平的各新闻单位，组建北平解放后的第一张党报《人民日报·北平版》，成为新中国新闻事业的奠基人和开拓者之一。范长江的夫人沈谱是沈钧儒之女，邓颖超的秘书。

范长江雷厉风行，个性很强。时任新华社北平分社社长的李庄曾回忆，准备出版《人民日报·北平版》时，北平市委书记彭真说，市委刚刚进城，事情很多，人手不够，设想《人民日报·北平版》先出对开两版，以后再出四版。范长江和李庄认为，国民党的《华北日报》还出对开四版，我们是胜利者，无论如何不能少于四版，而且两版容量太少，内容很多不好安排。范长江还说，他愿立出四版的军令状：保证报纸不出大错误，保证每天只睡 4 小时，完不成任务愿受处分。

在人民日报社，范长江留下了许多故事和名言。1950 年 1 月，范长江任人民日报社社长。当时报社闹稿荒，他提出一个响亮的口号："决胜于社门之外"。不少人对这个决策半信半疑，几个月后，稿子源源而来，报社工作由被动变为主动。

《人民日报》记者金凤曾回忆：范长江初到《人民日报》，不定期地举办"飞行集会"，常突然召集编辑部全体人员会议，随时传达中央领导同志的意见。他告诫大家，要清醒地认识《人民日报》在社会上的地位和作用。每个工作人员都要兢兢业业，不能"大致差不多"就算了。他还说，靠中央党报的牌子、地位吓唬人是不行的，要真有领导舆论的本领才行。

范长江有许多真知灼见："新闻，就是广大群众欲知、应知而未知的重要事实。"他指出："新闻是报纸的生命，是报纸的灵魂。""新闻必须是事实，谣言不是新闻，感想不是新闻，一定是事实。"而且"必须是新的事实，有代表性的事实"。他认为，记者要有健全的人格。他说："在时局艰难的时候，新闻记者要能坚持真理，本着富贵不能淫，贫贱不能移，威武不能屈的精神，实在非常重要。"

"文革"中，范长江受尽折磨。

1970年10月，在被关押的河南省确山，61岁的范长江死于一口机井。

1991年，中国记协与范长江新闻奖基金会联合设立了"范长江新闻奖"，2005年与"韬奋新闻奖"合并为"长江韬奋奖"。

显然，这个与共和国一起成长的国家大报，和梁衡的母校——中国人民大学一样，都有着红色基因、光荣历史和革命传统。

在梁衡到人民日报社之前，著名新闻人范敬宜曾担任总编辑。

他是北宋名臣范仲淹第28世孙。1951年，在抗美援朝、保家卫国的热浪声中，范敬宜从上海圣约翰大学毕业，受魏巍《谁是最可爱的人》的影响，强烈的爱国热情让这个年轻人"把诗情画意都轻放"，投身于烽烟弥漫的白山黑水间，进了当时东北局机关报《东北日报》（《辽宁日报》前身），开始了党报编辑的生涯。他才华出众，工作四年即被提拔到行政16级，这在同学中是绝无仅有的。没想到，1957年一场反右派斗争，把他一下子打入深渊。这个"右派"一当就是20年。

1975年10月，来自辽宁建昌偏僻山村的农民范敬宜，随一批农村干部到大寨参观，路过北京时进城到王府井大街的人民日报社看望老同志，没想到那天是星期日，找不到人。当时天色已晚，只好在人民日报社门口报栏前看了一夜的报纸。望着报社一个个灯火通明的窗口，他感慨万分，心想：在这里工作的人该有多幸福啊，可惜我永远不会有这种幸福了。[6]

范敬宜没有想到，18 年后，63 岁的他竟以《人民日报》总编辑的身份在此工作。更想不到的是，退休后，他到清华大学，讲的仍是新闻。

[1]　朱悦华. 从王府井到金台路 揭秘人民日报迁址的前因后果. 金台唱晚微信公众号，2016-08-05.
[2]　成青华，王永亮. 梁衡：提倡写大事、大情、大理 // 传媒思想：高层权威解读传媒：第 2 版. 北京：中国传媒大学出版社，2006：107.
[3]　同注［2］.
[4]　胡乔木（1912—1992），本名胡鼎新，笔名乔木，江苏盐城人。1930 年加入中国共产主义青年团，1932 年加入中国共产党。曾任中共中央顾问委员会常务委员、中共中央党史工作领导小组副组长、中国社会科学院名誉院长。曾任人民日报社社长。
[5]　邓拓（1912—1966），原名邓子健，笔名马南邨、邓云特，福建闽侯人。无产阶级革命战士，杰出的新闻工作者、政论家、历史学家、诗人和杂文家，还是一位书画收藏家。曾任人民日报总编辑、社长。1961 年 3 月，开始以"马南邨"为笔名在《北京晚报》副刊《五色土》开设《燕山夜话》专栏，发稿 153 篇。"文革"中与吴晗、廖沫沙一起被诬为"三家村"成员；1966 年 5 月 18 日，含冤而死。
[6]　董岩，阿成. 新闻大家范敬宜. 中华儿女，2005（12）.

1

夜班生活

> 一剪梅·报社夜班
> 遥夜如水灯独照，
> 窗外星光，桌上电脑。
> 夜班昨夕又今宵，
> 钟摆漫摇，键盘轻敲。
>
> 闲拍电话等新稿，
> 车声迢递，东方破晓。
> 长夜最是把人熬。
> 白了青丝，黑了眼梢。[1]

上任两个月后，2000 年 6 月 8 日梁衡在宁夏召集西北五省（自治区）记者站会议，策划治沙报道。

7 月 21 日，他在日记中简短地写了一段话：

> **7 月 21 日**
> 领到万寿路新房钥匙。[2]

梁衡再次搬家，由小西天新闻出版署的宿舍，迁至万寿路甲 15 号院，这里是由原傅作义司令部旧址改建的。

万寿路两旁树木茂盛，夏日里浓荫蔽日，非常安静，傍晚时分常有乌鸦成群聚集，聒噪热闹，成为北京的一大奇景。

在万寿路以东、直线距离 16.4 公里外的人民日报社里，当时报社领导还在一座 50 年代的苏式老楼 5 号楼办公。梁衡的办公室在 3 楼，装修陈旧，地面是老式的木地板。一年后，搬至新建的编辑楼，305

房间是他的办公室。谁能想到，当年在内蒙古农村草房子前，着补丁衣服、看《人民日报》的梁衡，后来成了这张大报的副总编。

人还没到人民日报社，梁衡要来当副总编的消息已传遍了报社大院。办公厅特地选了刘波任其秘书。

给才华横溢的作家当秘书，刘波心里直打鼓。

在他看来，清高、冷峻、自我，似乎是作家的标配，这个秘书不好当，刘波甚至一度想辞掉。

4月的一天，梁衡来人民日报社上任。刘波第一次见到了他，戴着眼镜，拎着简易的公文包，儒雅、和蔼又朴实，和想象中的形象相去甚远。[3]

后来梁衡对刘波说，咱俩挺有缘，你和我的一位老部下同名同姓。刘波也惊奇地发现，他与梁衡同月同日生，只不过差了整整20岁。喜欢穿黑布鞋的梁衡，在刘波眼里，跟大多数官员不一样，他不讲派头，和蔼，亲切，有学问。刘波私下里喊他老头儿。

在人民日报社，梁衡分管记者部、国内政治部、教科文部、群工部、出版社和杂志《新闻战线》。看稿、定版面几乎成了每日必做的功课。看大样、值夜班的生活从此开始。

人民日报社的夜班平台在6楼。通常下午4点开碰头会，把当天主要稿子报一下，各部主任都参加。晚上7点半，值班总编辑准时主持开会，夜班室参加，1版、2版、3版、4版碰头，各版文章、消息报题，包括字数，最后由总编辑定下头条，然后各版分头干活。

夜幕降临，人民日报社的夜班值班平台，却是灯火通明，一片忙碌。平台上，一个版一个摊，总编辑坐在一个角落里，各个版都有自己的小平台，随时沟通交流。值班副总编辑坐镇。不停改大样，送大样，再修改。通常，总编辑主要盯着要闻版，白天定好的版面，大致看一下。

没来报社前，梁衡就听老总编说他在任上写的检讨比稿子多。果然，上班不到半年，就赶上了一回。

2000年9月，梁衡的夜班。

9月1日是全国中小学开学的日子，夜班选了一张人民日报社记者拍的一年级新生第一次走进校门的照片。大家都说好，还说肯定能得奖。

凌晨下了夜班，梁衡在办公室稍事休息，便匆匆赶到郊区参加一个会议。午后，突然接到电话，让他速回报社。

一进门，总编辑许中田就说头版的照片有问题，上面提出批评，他已在电话上检讨。上面问，为什么李鹏委员长的照片发在3版，不发头版。我们解释，国外新闻，惯例发国际版，而且接见六国议长，六张照片也不可能都放头版。又问9月2日发开学消息和照片有无先例，报社解释，年年都发。又要求报各年9月情况，一直上查10年。对于自己的第一次检查，梁衡记忆犹新。

许总开了一张单子。最后以许总名义写了一个检查，我也在检查上面附了几句检查的话。我很为自己新来乍到就给领导惹麻烦而内疚。再后来，又传出话，不知谁发现画面上小学生旁边站着六位老师，似有影射之嫌。因为一侧标题新闻说"李鹏委员长接见六国议长"。我们有口莫辩。[4]

后来梁衡问过随李鹏出访的一位老同志，在国外看到报纸，听到什么没有？他说李鹏同志对报道很满意，从没有说过什么。听到这话，梁衡才放下心来。在夜班笔记里，他写下了一段话："这次检查让我懂得版面语言的讲究，做版看样如履薄冰。"[5]

报人都知道，夜班最怕长稿，更怕领导人活动的长稿，还怕先预告又迟迟等稿。因为这种稿子必上头版，有时还要转其他版，再一等稿，后面的版也不敢定，大家都不能下班。

2001年6月21日晚9点左右，一上夜班梁衡就接到预告有一条朱镕基、尉健行、李岚清参观"国有企业改革与发展暨技术创新成果展"的稿，长短不知。但梁衡和值班编辑们想，三个常委出马，一定不能太短，便在头版留下地方，又在4版留下一块备用转稿的地方，就开始了紧张的工作。

过了半夜12点，稿子还没有来，就耐心等待。

谁知到12点40分，国务院办公厅电传稿过来了。朱镕基亲自动手改稿，将5页稿纸1500字的原稿，改得还剩300字，其中有一整页被撤掉了。当时几个值班编辑相对一愣，几秒钟后，大家都笑起来，高兴地举着改样去干活。

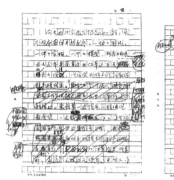 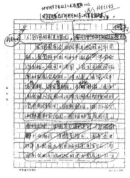 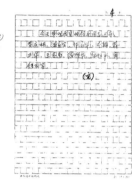

朱镕基修改稿影印件 1　　朱镕基修改稿影印件 2　　朱镕基修改稿影印件 3

在长稿愈演愈烈之下，这不啻是一股清流。

在夜班笔记里，梁衡重重记下了这段佳话：

近来稿子长风越演越烈。许多人争版面，争字数。三个常委看展览的消息只用 300 字（同看展的还有另 10 个国家级领导人），这可真是新闻史上的一段佳话。改掉的文字主要是两方面的内容，一是记者的议论部分，二是对朱镕基的描写："朱镕基十分高兴……指出"之类的话。[6]

梁衡意识到朱镕基改稿的意义，特地嘱咐编辑将这篇总理亲自改稿的原件，复印留存，真实记录了一位领导人务实求真的作风。

夜班看稿改稿，梁衡常遇到这样的情形：文字洋洋洒洒，却没有新闻眼，或者一些基本的新闻要素埋没在琐碎的新闻事实中。于是便有了半夜三更找"眼睛"的趣事。一个电话打到记者站，让记者重新组织稿件、挖掘素材。记者们有时难免抱怨几句，但不得不承认，经过重新组织的稿件，一下有了亮点和神采。

在报社，梁衡常对记者说，你们是月亮，采访对象是太阳，要借助太阳的光芒照亮自己。好多年轻人都记住了这句话。当过教科文部主任、政治文化部主任，现任新闻协调部主任的温红彦说，梁衡不是官，他是报人，也是学者。

有时候版面上有触动他的，便穿着布鞋，拎着大样来了，说这个写得好，是哪个记者写的？写得不好，他也直言这个不行，要改，然后怎么改，都说得很细。有时候稿子不好，梁总会发火，但他对事不对人，会直接到夜班平台上找记者，有着老报人的风范。[7]

2001年，湖南《永州日报》记者蒋剑翔给梁衡写了一封信，求购他的新闻书。其实，蒋剑翔早已做好了梁衡不回信的准备。出乎意料的是，梁衡很快给他寄来了6本书，还在每本书的扉页上写下了"蒋剑翔同志指正"。

2003年4月26日，从部队转业的王耿分配到人民日报社办公厅，给梁衡当第二任秘书。此后，一直在他身边工作，直到2013年梁衡结束第十一届全国人大代表的工作。

10年间，王耿亲眼所见，梁衡在飞机上写作，在电脑上改稿，从"一指禅"式的打字，到学会了五笔输入法，再到熟练地制作课件，真正见识了他学不厌精、孜孜以求的精神。

尽管书桌上资料一堆，每天下班前，梁总要归置一下办公桌，用两个铜镇纸一压，把桌子收拾干净。梁总太用心，脑子里天天想的是新闻和文章。福建省林业厅厅长专门到报社请他吃饭，因为当时福建林改是全国典型，梁总策划了林改报道，并力挺上了《人民日报》头条。[8]

有一次王耿陪梁衡去湖北红安的山村学校。

去时，老师正在给学生们讲居里夫人。当地陪同的干部拉着他介绍说，这就是作者梁衡。讲课老师听了惊得半晌合不上嘴，以为作者早已作古。

在人民网工作的史江民，仰慕梁衡已久。

在金台大院里，有时会碰到背着手、若有所思的梁衡，偶尔也看到打乒乓球的梁衡。

史江民鼓起勇气，写了一张贺卡——"不朽的是文字，永恒的是人格"，连同自己写的《想见梁衡》一并交给了秘书王耿。

2003年"非典"期间，我写了篇《想见梁衡》。"从小生长在农村，巴结领导不是特长，但对名家的仰望从小便有。想到自己钦佩的人便在身边，却没有勇气看望一次，哪怕打个招呼，说半句话也好。我还是想当面见梁衡一次，聆听他的乡音。这是我的心病，也是心愿。"[9]

类似的粉丝，王耿见惯不怪了。

他曾安排过来见梁衡的小学生、大学生还有老干部等。有人一见面，便张口背诵梁衡的文章；有人则紧张得说不出话来。印象最深的是，一个县委书记披着大衣，气宇轩昂地来到梁衡办公室，啪的一声，将大衣飞快地掀去，后面的秘书立马接住，并飞快地上前递上名片。梁衡眉头一皱，递过来的名片干脆不接。

在梁衡办公室，史江民终于见到了他的老乡、文学偶像梁衡。

先生微笑着让我坐到沙发上，然后与我并排而坐。先生说："我就是这么一个普通人，你见我不如不见，可能会失望吧。"我当时有些激动紧张，但我说的一句话记得很清楚。"我一见到您，好像一下子对您的文章理解得更深了。"先生鼓励我多写，还送我他著的《走近政治》。[10]

史江民那时经常到报社夜班处，有一次看见梁衡签大样，拿个铅笔，看着送版的同志，开玩笑地说：你改好了？我要签字了，你不会害我吧。

要说夜班也是最好值的，大样来了，看一看，签个字。但动不动脑子，不一样。夜班决定版面最后的变化，是提升版面质量的关键。夜班苦是苦，也很有味道，我还写过一首值夜班的诗。[11]

一次，国内政治部送来大样，他一看，很不满意。修改后，又顺手在大样空白处写了一首打油诗，批评版面枯燥乏味。

在报社时，我分管教科文体部、群工部，还有国内政治部。国内政治部新闻专业的少，我只能从 ABC 教起，有时也训他们、骂他们。有一次，我在大样上批过一首打油诗，一位女记者看到后压力很大，就哭了。我听说后，上楼去安慰了一下，说无所谓，慢慢来。当年哭的小女子，现在也成了副局级，与我出去两次采访，她从内心说，提高很大。她不是新闻出身，过去没有人教她。[12]

梁衡也知道自己这种直言的"毛病"，容易让人下不来台。他在

《中休感言》中曾检讨，分管的国内政治部、教科文体部的四位正副主任，皆为女性，常常不得不面临一个黑脸判官。其实大家心里清楚，在他的批评和严格要求下，业务能力提升得很快。

梁总刚分管我们时，对我们的稿子板着面孔讲官话、讲法律术语很头疼。他说，消息要三分骨，七分肉，可你们写的这些全是骨头，找不到一点儿肉。这样干巴巴的报道谁爱看？要搞好翻译工作，把最朴素的规律用最形象的语言来表达。这样的要求，我们是第一次听到，虽然改起来很难，但确实很受益。[13]

漫漫长夜，在等大样、等签字的时候，梁衡不忍虚度，他将废大样裁成16开，利用这空闲的时段，来配评论、写散文。他的许多名篇，如写李清照的《乱世中的美神》、写辛弃疾的《把栏杆拍遍》，以及评论《裁者有其权　百姓得其利》都是利用夜班的零散时间写就的。

夜班是个苦差事。可就看你怎么看，怎么干。7年下来，有不少散文和评论。时间没有浪费和耽误。[14]

在人民日报社，编委会成员轮值夜班，一人一个月。

夜班生活昼伏夜出、晨昏颠倒。通常是下午5点上班，6点晚饭，12点左右吃夜宵，凌晨3点半左右下班。

下了夜班，梁衡要从东到西穿过大半个北京城回到家里，因为天安门是必经之路，常会看到升国旗仪式。夜班辛苦，除了特殊情况，基本上不替换。最怕那时生病，因为不好意思开口请假，只能坚持。

2004年12月，轮到梁衡值夜班。正是北京最冷的季节。说怕病，病真的就来了。挺了几天，实在挺不住了。凌晨时分，只好下了夜班直接到302医院看病。

我从来没有半夜进过医院，大楼里静得怕人。空荡，昏暗，无声。接诊护士睡眼惺忪，问："怎么这个时候来看病？"我说："报社的，刚下班。"她大奇，瞪着眼道："报社还有夜班？我还以为这北京城里只有我们医院才上夜班呢！"我说："没有夜班，你白天怎么能看到报纸？"[15]

梁衡本想就打一针，赶快回家睡觉，医生说，你发烧，一针不顶用，要输液，起码要 3 个小时。他只好拣了一张输液用的躺椅，老老实实地输液。

多年前，当时还在出版署工作的梁衡从东欧出访回国，曾生了一场大病，在医院就诊的经历，激发了他的灵感，有了一篇幽默诙谐的散文《试着病了一回》。

这次在 302 医院就诊，梁衡脑子里满是时事、大样、标题，还没有切换到散文之境，只有一篇简约的记事《凌晨就诊记》。

身上发烧，脑子里一片混乱，正强迫自己闭目小睡一会儿。突然一阵清脆娇媚的笑声震入耳膜。我睁眼一看，两个漂亮的女孩相扶着走进大厅。一个穿着红色的羽绒大衣，一顶浅蓝色的绒线帽。另一个着黄色风衣，一条宽大的花围巾，潇洒地甩到肩后。她们也在接诊台前办了手续，就在离我不远处拣了一张躺椅输液。[16]

正在输液的梁衡，百无聊赖，听到两个女孩亲密地聊着，聊到漂亮衣服，聊到其中一个女孩每月给妈妈寄 5 000 元。

这话像一颗小炸弹，震醒了迷糊的梁衡。

他一惊，好家伙，什么工作啊，小小年纪，每月只寄回家的钱就比我的工资还多。难得她还很孝顺。想到这，梁衡没有了睡意，也忘了发烧。

此时，屏风后面，医生在大声呵斥一个 110 救护车送来的急诊病人。

他脑子一片空白，要不是凌晨就诊，真还不知道夜幕中的京城还有这样的故事。

[1] 摘自梁衡《一剪梅·报社夜班》（2006 年 2 月）。
[2] 摘自《梁衡日记》（2000 年 7 月 21 日）。
[3] 摘自董岩、史江民对刘波的采访，2017 年 11 月 3 日，北京金台西路 2 号人民日报社。
[4] 梁衡，董岩. 一次检查 // 梁衡新闻作品导读. 北京：中国人民大学出版社，2008：331.
[5] 同注［4］.

［6］　梁衡，董岩．朱镕基改稿//梁衡新闻作品导读．北京：中国人民大学出版社，2008：337．

［7］　摘自董岩对温红彦的采访，2017年11月10日，北京金台西路2号人民日报社。

［8］　摘自史江民、董岩对王耿、柳晓森的采访，2017年10月27日，北京金台西路2号人民日报社。

［9］　史江民．文如其人真梁衡//马步升，朱明辉，王荣泰．永远的觅渡：梁衡散文研讨会论文集．上海：华东师范大学出版社，2017：195-196．

［10］　同注［9］．

［11］　摘自史江民微信朋友圈内容《听梁总讲那过去的故事》。

［12］　同注［11］．

［13］　摘自史江民、董岩对董宏君的采访，2017年11月2日，北京金台西路2号人民日报社。

［14］　摘自董岩对梁衡的采访，2017年8月21日，北京万寿路甲15号。

［15］　梁衡，董岩．凌晨就诊记//梁衡新闻作品导读．北京：中国人民大学出版社，2008：339．

［16］　同注［15］．

2

两项改革

记者部是梁衡分管的主要部门。

经过调研和观察，他发现记者队伍存在一些现象：不安心写稿，却在搞多种经营，吃大锅饭，奖惩不明。梁衡着手整顿，推行"一个中心，两个措施"，提出"记者以稿为本"。

我自 2000 年调人民日报社后即接手记者队伍的管理。当时市场经济思潮正热，各单位还在办公司。人民日报，因为牌子硬，各地记者站都能要到资源，不少站搞了经营，大大冲击了采访业务。有一个站给我送来一本他们的广告画册《我们这样盖房子》。我说你怎么不先汇报：我们怎样写稿子？有一个站，财务混乱。新站长去上任，却发现 24 颗私刻的公章，他怎么也不敢接这个烂摊子。[1]

梁衡提出，以稿为本，发稿排行，状元出国，末位淘汰，充分调动记者积极性。还制定了两个具体措施：一是实行发稿排行榜。记者见报的稿件，依据版次、条目位置，全部换算成稿分。100 多个地方记者，每月大排行一次，正式公布。年终奖金兑现，前几名重奖。二是年终排行第一的跟随领导出国一次。

依据规定，社领导每年可出国一次，并决定团员人选。梁衡的访问团中总为基层记者留一名额。此事令记者们大为震动，这是从未有过的待遇。南京站的一位年轻记者，外事局通知他回京办护照，他不相信，说你们在开什么玩笑，还接着在乡下采访。结果因他迟办手续，差点误了全团出国。

梁衡分管记者部几年，每年都有一个写稿状元享受这个待遇。树起标杆，就有方向。这"一个中心，两个措施"，奖惩分明，调动了记者的积极性，增强了荣誉感。当年上稿量即增加 42%。

这项改革的最大受益者是年轻记者。一般进报社的大学生，特别是驻基层站的记者，论资排辈，五六年内很难出头。从采访资源到发稿关系，他们都不占优势，经常会受到屏蔽。而记者手中唯一的出头利器就是稿件。因此要创造条件，让每一个记者都有使用这个利器的公平机会。这就像中国古代的科举制度，保证每一个寒门子弟都可能成为状元，从而形成人才的上下流动。排行榜实行后，很快形成了以稿为本，写稿光荣的氛围，许多新人脱颖而出。[2]

一个新来的外地大学生连续几年排名在前，还被社领导看中，招了"驸马"。梁衡开玩笑说，得感谢我的新政策。一个从外地调入的驻站记者，频频居全社榜首，被驻地省委看中，调去任省报总编，后又任宣传部常务副部长。

这项改革，有人叫好，也有人反对。

一些常年不发稿、老资历的驻站记者跑到他那里诉苦抱怨，说压力大，难以完成任务。

当时，在市场经济大潮下，许多企业都在推行末位淘汰制，以提高管理效率。对于《人民日报》这样一个传统体制的中央大报来说，实行起来困难重重。

改革势必会打破旧的秩序，触动一些人的利益。

毕竟，触动利益比触动灵魂还难。

20 世纪 90 年代中期到 21 世纪初，新闻行业风头正劲，电视和纸媒风光无限。

那时，新媒体刚刚出现，尚显稚嫩，自媒体还没有萌芽。

中央电视台和《南方周末》是当时发展最快的媒体。正值电视的黄金时代，各地都市报也步入繁荣期，对党报形成了一定的冲击。2001 年 8 月，《人民日报》报纸发行量比年初下降 13.37%，发行处告急。

在人民日报社，梁衡只管采编业务，并不管发行。但是每年的发行又自然而然地落在各地记者站的头上。他分管记者工作，自然要处理好这件事。

为解决这一难题，他想出了一个办法：发行发稿挂钩，实施星级工程。

我虽主抓记者业务，强调以稿为本，但发行离不开驻地记者，我也就逃不脱"干系"，不能不动脑子。于是策划了发行"星级管理工程"。[3]

机关报发行的一个最大问题是发行与发稿脱节。梁衡认为，一方面，这与公费订阅有关，没有市场杠杆；另一方面，也没有用好工作杠杆。

机关报是指导和反映工作的，你不反映人家工作，人家当然不订你的报纸，这是问题的本质。许多地市，甚至新中国成立以来都没有上过《人民日报》。马克思说，人们所为之奋斗的一切都同他们的具体利益有关。万里谈当年农村土地承包改革，说大锅饭使农民对土地失去了兴趣。你让人家订报，得提起他对报纸的兴趣。这就是要给人家发稿。[4]

全国报纸发行，地市级是关键，但当时订报很不平衡。最多的是唐山，3万多份，比有的省还多。订报最少的地方只有几百份。提高报纸发行量，改变这一不平衡的现状，关键是要提高地方的积极性，进行与之数量匹配的报道。

2001年7月，人民日报社在河南洛阳召开了发行会。

会上，梁衡提出发行工作"星级工程"。地市一级，是发行的着力点。对发行量在两万、一万、八千、五千、三千的地市，分别给予五星、四星、三星、二星、一星称号。每年在版面上要有相应的见报要求。五星头版两条，其中一个头条；四星头版一个头条或报眼；三星一条头版，二星一个要闻版头条；一星其他版一条。

这需要记者部供稿，总编室安排版面，发行处提供数据，共同配合完成。因此制成一张滚动表，压在总编室和值班总编的桌子上，随时掌握进度，年底务必完成。举全社之力搞发行，发行处的同志最高兴。[5]

这个工程后半年才启动，兑现完成了星级工程稿件涉及157个地市，到年底收订，比上一年增加发行2.3万份，增幅1.9%。

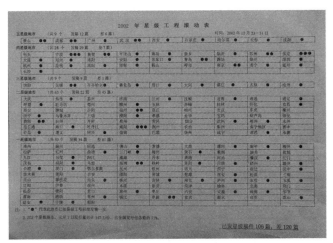

2002 年星级工程滚动表

过去我当记者时，跑基层，常有县委书记说，不是我们无典型，只是你们不下来。全国执行一个政策，何处阳光不长苗？只怪我们过去发稿不均衡。当然，不是为了星级工程就降低稿子的质量。记者部、总编室还有另外的发稿标准制约。[6]

每年进入第四季度，是党政机关总结与规划的大忙季节，也是报纸抓发行的关键日子。每年一次的党中央全会大多在 10 月、11 月召开，会有新的提法、精神要贯彻宣传；同时也是社内社外、今明工作结合的节点。

2001 年 9 月底，党的十五届六中全会召开。梁衡建议把宣传全会、发稿发行捆在一起，搞一次版面内外的联动大策划。这一联动，牵涉记者部、国内政治部、理论部、总编室、发行部。梁衡直接分管前两个部。

显然，贯彻党的十五届六中全会是宣传核心，落实下一年的报纸发行则是具体目标。不论是落实全会宣传还是发行，最关键的一级是地市和报社驻省记者站。那么如何将采、编、发结合起来，达到一石三鸟、事半功倍之效呢？

梁衡想到一种形式，举办一次"人民日报"论坛，用"坛"的方式来整合收纳。

多年的办报经验告诉我，能在党的机关报《人民日报》上发一篇文章，是地市委书记们梦寐以求的。全会一结束，就请几十个市委书记进京，到社里来开个会。会后，每人的发言见报。

这需要准备好几个条件：1. 稿子。书记的稿子谁来写？我深知书记们（含他们的秘书、写作组）说的全是官话，写的东西报纸根本不能用。于是我决定，驻地记者站抽一名记者陪书记回社开会。就像驻外大使，陪驻地国的总统来访。你只管发言，我们写稿还保你见报。这样的好事，书记何乐而不为？但提前打好招呼，你发言时一定要联系会议精神举一个你当地的例子，这个要求也不高。稿子计入记者的当月写稿工作量。也不能让记者误工吃亏。2. 版面。涉理论宣传，由理论部编稿拼版。总编室协调，连续两天，调用四块专版。3. 会议文件。每个市委书记面前摆一个文件袋，里面有两样东西。一是上年度本市在我报的见报稿复印件；二是上年度我报在当地的发行数及分布表。这两个资料分别由记者部、发行部准备。4. 会务。由行政部门准备会场，并在报社食堂请客人一顿饭。[7]

在报社各部门的全力协作下，论坛效果非常好。一是创新形式，及时宣传了全会；二是首次大规模请基层党委书记进报社，加深了感情，为《人民日报》驻地方记者开展工作创造了条件；三是社内外开辟了沟通渠道，有了一个客观实在的对话基础。

过去，大家都在空喊。报社说，发了稿，地方不订报；地方说，我年年订报，不见你们发的稿。袋子往桌面上一摆，谁也不说话了。有的袋子很厚，见报稿很多，而发行表上的订数很少，书记脸红；有的袋子里，表上订数多，但只有薄薄的一两张见报复印件，我们社长、总编、记者脸红。每年说破嘴皮子，此时无声胜有声。薄酒一杯，大家一饮而尽，相约看明年。[8]

此次论坛形式，是人民日报社史上少有的。

当时《人民日报》曾以摘要与消息的形式连续报道。发布消息两条《首届人民日报论坛在京举行》《东西南北话作风　身体力行抓党建：在首届"人民日报论坛"上听 27 位书记部长吐心声》，发言摘要四块专版。

　　初到报社的梁衡，很想身体力行地大干一场，调动年轻人的新闻热情，提高报社的新闻生产力。在社里的支持下，他大刀阔斧地推行了末位淘汰制和星级工程。一年多下来，自然也会得罪人。

　　报社有人评价，梁总没有私心。他一直有一个原则，无论做什么，只要办好报纸，写好稿子，提高报纸质量。

　　体制如果不行，会造成水平下降。假如体制好一点，水平会提高一大截。有些部门编大样，凑合。有地方背后走走关系，稿件就上版了。有一次，版上有一篇某市委书记的文章，说干部要怎么样，要怎么样。一千字，有 13 个"要"字，我当时看到就火了，咋编的稿子？！一个市委书记，有什么资格向全国人民发号召？！就这个水平，你们怎么管的？有半年他们很难受。[9]

　　梁衡在新闻出版署当评委时，曾写过一篇《"哇"字牌通讯》。面对这张大样，他写了严厉的批语，发表的《"要"字牌言论》，成了社内新人入职培训的必读文章。

　　退休多年的梁衡曾谈起这段历史。

　　史江民：您在报社有没有遗憾？

　　梁衡：遗憾太多了。我在报社，负责记者部管理，当时正是报社财务最乱的时候，有些记者站不搞业务，胡作非为，盖房、做买卖。有记者站印了个册子，叫"我们这样盖房子"。我当时就问他们，咋不写"我们这样写稿子"？整个风气全坏了，我对记者站整顿了半年，正是高潮时候，上层人事变动，记者站没整顿完，不知道有多少人得了便宜。好在实行了发稿排行榜，以稿为本，谁第一，谁出国，风气基本正过来了。[10]

［1］　摘自董岩对梁衡的采访，2017 年 8 月 21 日，北京万寿路甲 15 号。
［2］　同注［1］.
［3］　梁衡. 发行发稿挂钩，实施星级工程 // 梁衡. 总编手记：版面背后的故事.
　　　北京：中国人民大学出版社，2018.
［4］　同注［3］.
［5］　同注［3］.

［6］ 同注［3］.

［7］ 梁衡. 一次"编、采、发"联动的大策划 // 梁衡. 总编手记：版面背后的故事. 北京：中国人民大学出版社，2018.

［8］ 同注［7］.

［9］ 摘自史江民微信朋友圈内容《听梁总讲那过去的故事》。

［10］ 同注［9］.

3

总编手记

　　从大学毕业到退休，我这一生的公务年龄都是在新闻这个平台上度过的。全部时间中有一半是做新闻业务，一半是做新闻管理。我大学的专业并不是新闻，以一个外行，一步步走进新闻的殿堂，先当记者、编辑，后来又任新闻出版署官员、《人民日报》副总编。但是我总觉得自己还是个外来户。一路上如履薄冰，小心观察，谨慎体悟，孜孜以求。我有一个顽固的习惯，不论是从事管理工作、新闻写作还是文学创作，都不盲目跟行前车之鉴，总想在实践的同时弄清它的理论根据，走自己的路。我把这比作"打着灯笼走路"。[1]

　　自称"打着灯笼走路"的梁衡，在基层当记者时，独创了一系列新闻采访写作秘诀，有了《没有新闻的角落》。担任评委时，他"顺瓜摸藤"，逆求新闻原理与写作之道，产生了《新闻绿叶的脉络》。主政报纸管理时，又探寻传媒的本质属性和运作规律，孕育了《新闻原理的思考》。任《人民日报》副总编时，他潜心探究办报规律，出版了《总编手记》。

梁衡的《总编手记》书影

　　《总编手记》是 2000 年到 2006 年底我在《人民日报》任副总编期间的改稿记录。说是记录，但不是流水账，琐碎不要，只留思考。这是一个与前面完全不同的角度。[2]

《总编手记》收录了梁衡81篇文章，涉及新闻理论、写作、编辑、策划、记者、夜班等，是从总编辑角度，对办报规律与编辑规律，对新闻、文学与政治的思考与探索。

首先是站在全局而审一点，以一稿而牵全局，特别是头条稿。虽然是改稿，心里总想着办报，想着新闻与社会。其次，由于负有指导之责，所以虽是改稿子，又总想着队伍素质的提高，希望理论性和针对性都能强一点。最后，不只是改稿，更多的时候是选题、策划、版面、新闻思想等宏观的东西。[3]

在新闻出版署工作时，他深感很多新闻理论问题并没有解决，如新闻法停下来了，是因为在制定过程中，有很多法理问题没有研究透，所以无法进行。到了人民日报社，从管理岗位回到业务部门后，梁衡发现很多常规性的问题从理论上也没有解决。比如有好多稿子找不到新闻要素，以至于半夜三更打电话去一一核实。这些版面背后的故事和理论探索都如实地收录在《总编手记》中。

2006年2月，是梁衡值夜班。

按理说，2月是全年最小的月份，只有28天，前半月还沉浸在春节的兴奋中，应属新闻淡季。但本月新闻，淡季不淡，尤其在版面新闻眼提亮方面，有积极创造。

一篇稿，特别是"眼睛稿"，怎么做亮？先要对准焦点。上对中央精神，下对民情，中间是记者提供的典型的新闻事实，三点一线，稿子才能亮起来，亮得纯正大方……

我30年前当记者时社会上就流行一句话："看书看皮，看报看题"，可见标题的重要。稿件是脸，标题是眼，一条消息对读者的冲击力，大约是题七文三。要想稿子亮起来，标题就要抢眼，要抢在所有文字的前面，抢在读者的脸前……把版面上的"眼睛"做亮，这实际是一种方法，是对编辑规律和新闻传播规律的探索，目的是让读者喜欢看我们的报纸，借助传播规律普及有益信息，引导舆论……[4]

夜班日记中，梁衡概括出了一首《画版歌》：画版先找眼，眼睛对焦点。做题要抢眼，留住众人眼。

《总编手记》中有很多规律性的认识和总结。如"报纸的主体是新闻，本质是信息""稿件的生命力在于它的政治生命力""机关报要搞好'五个统筹'""消息要七分肉三分骨""新闻是沟通，记者是翻译""名记者的四条标准""大事大势，方显大报本色"，等等。

这些规律和方法通俗易懂，实践指导性强，一些年轻记者很受用。在"三一公式"中，梁衡明确提出，一个专版一定要选一个社会焦点做主题，要有一个背景做依据，有一篇言论做支撑，三者缺一不可。这样版面才能立起来，既有思想深度，又结合事实，不是理论说教。

当大样到了总编手里时，已是报纸出炉的最后一道程序。总编就像一个大厨，原料备齐，等他做最后的烹调，尽量要色香味俱全。当然这道菜首先要安全、有营养，更不能有问题，让人吃了反胃。读者如食客，只看到桌面上的出锅菜，其实背后摘叶、洗净、刀工、调味、火候是一个复杂的过程。这中间自然还有人的故事，酸甜苦辣，吃苦熬夜，撤版换稿，有喜有怨。所以这本书就定名为《总编手记：版面背后的故事》。但主要还是说业务，故事中的业务。这篇稿为什么上头条、为什么撤下来。这个版怎么定、这个标题怎么拟，等等。总之是棋手复盘，魔术师亮箱底，把版面背后的运作亮给读者看。[5]

诗有诗眼，文有文眼。

梁衡说，消息也有眼，这就是新闻眼。

2000 年 9 月，这一个月的夜班，他一连找了四回"眼睛"。

比如 9 月 17 日头版《冷冷热热中英街》是说 20 年来沙头角的变化。标题是"冷冷热热"，但原文只写了"冷"，而没有"热"，构不成完整的主题。梁衡便让编辑打电话到深圳，补充了"中英街已开辟为爱国主义教育基地"的素材。

9 月 18 日头版《清华大学专家教授团访问宁夏》也同样出现了"眼睛"不亮的问题，这条消息的"眼"在于清华这所著名高校的书记、校长亲自带教授团到宁夏与自治区党委书记、政府主席、厅局长会谈。但是原稿没有突出这一点，没有强调"校—区"两级高层领导身份。谈判的内容、工作时间也不详。当时已是 17 日深夜，只好打电话到宁夏补充内容。眼睛亮了，版面自然好看。

2003 年春，中国暴发了非典型肺炎疫情，一时间抗击"非典"成了举国大事。

4 月 21 日下午，人民日报社教科文体部召开抗击"非典"宣传报道专题会议，传达中央和报社有关精神。梁衡在会上要求，大家要以高度的政治责任感、使命感，充分认识这次抗击"非典"宣传战役的重要性和艰巨性，严格审稿制度，把握正确导向，通过多种渠道密切关注疫情发展动态。

一是全部编采人员要明确抗击"非典"报道是今后一段时间内教科文部工作的重点之一，要随时注意调整包括近期和远期的宣传报道预案。二要加大防病、治病科普知识、措施和《疾病防治法》的宣传报道力度，积极采访权威专家，形成本报的独家新闻。三要充分宣传广大医务工作者的典型人和事，展示他们无私奉献、忘我的牺牲精神。通过采写内参，及时反映情况，引起有关领导的重视。四要进一步加大全民健身的报道力度，倡导积极向上的生活方式。体育组和环境组也要积极行动，投入工作。五是近几天要尽快搜集整理出中外历史上战胜各种疫情的资料，写成文章发表。[6]

4 月 25 日，人民日报社成立防治非典型肺炎宣传报道工作领导小组，总编辑任组长，副总编梁衡任副组长。

4 月 28 日下午，人民日报社召开抗击"非典"宣传报道组全体人员会议，梁衡在会上强调，5 月是抗击"非典"的关键时刻，我们要进入战时状态，打好这场战役，围绕中央的精神进行宣传报道，把握当前新闻宣传的总基调。

抗击"非典"宣传报道要抓好五个信息版块：一是中央声音。包括中央领导会议、活动，职能部门的信息，强调中央的权威。二是一线消息。包括百姓关心的问题，救治一线、科研一线和各地疫情。三是二线动态。包括市场、环境卫生、学校管理、社情民意等。四是北京的疫情工作。五是防治知识，要常抓不懈。宣传报道有五条线，分别是日常报道、典型和深度报道、言论、网络、内参。要做到五个不断档：一是中央的声音不断档；二是第一线的消息不断档；三是英雄模范事迹不断档；四是鼓劲的言论不断档；五是内参情况不断档。要做好现在四个栏目:"每日疫情""奋战在抗非典第一线""众志成城战胜疾病"和"预防保健之窗"。[7]

5月,梁衡夜班。正值"非典"最为严重的时期,日常的生活状态被打破,生命、健康、免疫力一夜之间被放大到极限。

为了健康、为了生命,人们开始拼命进补:金施尔康、力度伸、善存片、西洋参被纷纷塞入口中;女人毅然中止了自己的减肥计划,将"胜利的果实"弃之不顾,加入美食家的行列;男人不再留恋外面的世界,下班后就速速回家,好男人的群落日见壮大;连孩子们也安静了许多,不会满院子乱跑,慌乱的眼神让人心疼。

"非典"这个不速之客的到来,不经意间改变了人们的生活方式和生活习惯。人们从未像今天这样迫切地强身健体,恨不得一夜之间成就刀枪不入的好身板;也从未像今天这样认真地关注自己的身体和别人的身体:是不是发烧?是不是干咳?是不是浑身酸疼?是不是呼吸困难?人们开始戴口罩,勤洗手,通风点香,消毒灭菌喝中药。晚饭之后,楼道里常常飘满了煎熬的药香和次氯酸钠的怪味道。药店的买卖空前火爆,口罩、体温表一再脱销。尽管没有特效药,人们还是执着地买药吃药,不为别的,图个自我安慰,图个心里踏实。[8]

偌大的北京城,路上行人稀少,大家出门都戴着口罩,公共场所到处飘着消毒水的味道。许多单位都实行了弹性工作制。

然而医院、媒体仍在坚守岗位。

这特殊时期的一个月,比平时的夜班还要紧张。

梁衡每天准时上夜班,长安街冷冷清清。他和司机谁也不戴口罩,只把车窗大开,让空气流通。一天,晚饭后他到报社西门对面的小卖部买东西,里面只有三五人,不知谁咳嗽了一声,吓得人一下子都跑光了。

这场"非典"的战役报道一直持续到7月中旬胜利收官。5月整月共发抗击"非典"稿子1 725篇,约占总发稿量的1/3强。对于这段特殊时期的新闻报道,梁衡做了一个形象的描述:决战5月的大致脉络是月初突发疫情,一线吃紧,救危抢险。到中旬全面防控和各方协同支援开始升温。下旬以后疫情开始回落。纵观《人民日报》5月的全程策划，顺利完成了一个起承转合的过程：起于疫情突发，承于全民抗战，逐渐转向正常报道，合于民族精神大发扬。在夜班记录上，他总结了《非常时期的非常策划》："一、五线并举，有主有次；二、起承转合，有节有序；三、打破常规，有破有立。"

"非典"流行是突发公共卫生事件，自新中国成立以来还无前例，新闻报道也是初次应对这种事件。于是在用稿调版面方面也有一些破规之处。

1. 开设专版，多辟专栏……2. 该长则长，该短则短……3. 不拘一格，大胆用原始材料，大胆调版……4. 采写方式独特。[9]

策划、改稿、值夜班、签大样，天天跟稿件打交道，难免会遇到一些有争议的问题。

2002 年 12 月的一个晚上，一篇稿件已上了大样。

当天下午教育部开了一个新闻发布会，说的是一个敏感话题：岳飞、文天祥是不是民族英雄？问题源于 2002 年新版的《全日制普通高级中学历史教学大纲》中对岳飞、文天祥的淡化，不再理直气壮地宣传岳飞、文天祥的民族大义。参与编教材的学者公开说，不能再称他们为民族英雄。理由是岳飞抗金、文天祥抗元，那是一千多年前的事，现在各民族和睦相处，重提此事，增加民族矛盾。在此次发布会上，教育部只是说没有涉及这个问题，学术界有分歧，不宜引入中小学教材。

看到这篇稿子，梁衡不禁眉头一皱。在他看来，学者的观点违背了历史唯物主义，缺乏在历史环境下对具体问题的具体分析，于是果断、坚决地撤下了稿子。结果第二天，各个网站就为此话题吵翻了天，甚至有网友用秦桧的口吻调侃，影响恶劣。

2005 年，梁衡到岳飞故里河南汤阴县去看岳庙，主人邀他写几句话，他不禁想起 3 年前值夜班的那件事，便挥笔写道："英雄一掬悲国泪，后人常歌满江红。"

官场多年的磨砺，并没有改变梁衡直言不讳的秉性。

开会时他发现不少干部学历很高，文化不低，却"不会说话"。于是就在《人民日报》发表了一篇评论——《有感于某些干部"不会说话"》，分析了三种情形：

一是离了稿子不会说。二是交流性的话不会说。三是举例说明不会说。这说明他没有干多少实事……如果离开稿子不会说，回答问题不会说，举个例子不会说，还会说什么话呢？就剩下官话、套话、虚话、假话，工作也成了演戏、念台词、走过场了。这种干部要之何用！[10]

2006年6月，梁衡带队《人民日报》采访组采访袁隆平水稻研究所，研究所大门口有一幅大画，画着袁隆平在禾下乘凉的梦想。梁衡在留言簿上写了一句，大意是：
稻神一美梦，百姓万年福

干部不会说话，梁衡要管。报纸上对领导人的称呼，梁衡也要管。他注意到，一些报纸，一些记者，常用私情去写严肃的政治，搞得不伦不类。如报纸上报道孩子们对国家领导人的称呼常用"爷爷"。一到"六一"儿童节，报上到处喊"爷爷"。梁衡认为此风不可长，就给中央写信，提请研究改正。

某某同志：

您好！

最近的"六一"报道中，许多报纸提到孩子们对国家领导人称呼都用"胡爷爷""温爷爷"等，以前也有这种情况。我觉得不妥。一方面欠严肃，另外，也涉及未成年人教育的一个问题。从晚辈尊老的角度讲称爷爷当然是对的，但重要的是要从小培养孩子们的国家意识、领导人意识和社会观念……我们提倡党内称同志，但在报纸上对国家领导人还是称职务好。

不知妥否，仅供参考。

2005年6月5日[11]

在许多场合，梁衡都努力纠正这一称谓。他说，这个看似简单的称谓，其实是潜移默化地对孩子进行爱国主义和宪法、法律的启蒙教育，是个政治问题。孩子一懂事，除了让他们懂得家庭、亲情、尊老爱幼外，还要逐渐让他们懂得自己是生活在社会和国家中，这样才会有责任感和纪律性，进而有爱国心。

在人民日报社期间，梁衡还就取消北戴河暑期办公一事上书党中央。他认为，党的十六大以后，党中央新的领导机构有几项举措深得民心。其中包括政治局成员亲访西柏坡，重提"两个务必"；中央领导同志深入基层，访贫解难；在传媒上改进领导人活动的报道等。但是，中央领导每年夏天前往北戴河暑期办公，应当改进。

党中央：

今特向中央提一建议，仅供参考。

…………

理由有五：

一、当年我们的办公和生活条件很差，北京夏热又无空调设备，为中央领导就近安排在北戴河休假并办公很有必要。现在京城的条件已大为改善，似无必要再来回迁徙办公。

二、对地方来说，每年接待中央领导休假和办公是件大事。当地干部反映，虽工作头绪千条，每年唯此为大，各方举财劳民，如履薄冰。这难免增加地方负担，分散正常工作精力。

三、对中央来说，每年以此离京办公，必然带来大量工作人员往返奔波、各部呈文送信、汇报请示、后勤供应、生活服务等大增劳务。有时因一事之商也要请多个部门负责人离京赴议，增加行政成本。

四、北戴河近年已渐成旅游胜地，客流涌动，人声嘈杂，此处已非殚精竭虑、忧国治事之所。况且时当盛夏兼有休假避暑，领导必携带家属。工作人员也难免呼朋唤友，优游嬉戏，有碍工作，有失威重。

五、其时正当旅游旺季，重要车辆来往于京戴两地，必然清道警戒，与民争路，易起非议，影响干群关系。

因此，建议将办公与休假分开，可轮流休假，办公仍在北京。过去前几代领导人暑期京外办公，或因京城条件所致，或因年事较高兼顾休息，群众还可理解。现在中央新班子年富力强，锐意进取，正可借机革此旧制。虽一事之易，其精神号召力当不同凡响，它最可表明新一届中央正党风、恤民情、重实效之决心，定会得到广大人民和干部的拥护。

　　谨以一个普通党员新闻工作者的忧国爱党之心竭诚进言。

　　敬礼

梁衡

2003 年 4 月 17 日

　　（说明：中央领导从 2003 年起已不在北戴河暑期办公，而在那里接见休假的劳模。）[12]

［1］　梁衡. 总编手记. 北京：中国人民大学出版社，2008：总序.

［2］　同注［1］.

［3］　同注［1］.

［4］　同注［1］117-120.

［5］　梁衡. 总编手记：版面背后的故事. 北京：中国人民大学出版社，2018：总序.

［6］　转引自《社内生活》，2003 年 4 月 29 日。

［7］　转引自《社内生活》，2003 年 5 月 15 日。

［8］　董岩. 不一样的春天. 人民日报，2003-05-15.

［9］　同注［1］98-99.

［10］　同注［1］165-166.

［11］　同注［1］137-138.

［12］　同注［1］142-143.

4

红色经典

伟人的思想、业绩是一棵大树，我要找的是这棵树的生长点，是它的年轮。我努力在那个新思想的生长点上做文章，希望能给读者启示出一个过程，开通一个新的思路。伟人是个旧题目，旧题最难做，这是因为它的许多方面都已为人打通，明白如话，分毫毕现，读者已无可求。但无中求有，便是大有，便是新路，会别有一番惊喜。[1]

从山水散文到人物散文的转型，梁衡并非刻意为之。

秘书王耿问过他，山水散文写得好好的，为何又改写人物了？他回答，总是一个题材，写着写着就没有激情了。随着年龄增长，对历史人物有了浓厚兴趣，再有就是工作实践使然。

其实我原来决无一定要搞这类创作的打算，只是在工作实践中，在过去读经典著作时认识了这些伟人，而在目前的改革实践中，在传统与现实的冲突中又感到要重新认识他们，于是就拿起思考的笔。[2]

从20世纪90年代起，梁衡放弃了如火如荼的山水散文创作，转而从事"红色经典"的写作，先后发表了《觅渡，觅渡，渡何处？》《红毛线，蓝毛线》《大无大有周恩来》和文集《走近政治》等深受广大读者喜爱的作品，甚至一度引发了红色经典创作的文学现象。

什么是经典？常念为经，常数为典。经典就是经得起重复。常被人想起，不会忘记。

…………

经典所以经得起重复，原因有三：一是达到了空前的高度；二是有绝后的效果；三是上升到了理性，有长远的指导意义。经典不怕后人重复，但重复前人却造不成经典。[3]

2005 年 5 月 10 日，《京华时报》刊登了梁衡的《说经典》。5 月
27 日，新华社记者专访了梁衡。访谈伊始，便问及在他心目中文学创
作中的"红色经典"是什么概念。他回答，一部党史，就是一部红色
经典。

我理解，"红色经典"是指中国共产党领导的中国人民革命斗争史
上里程碑式的人和事。或者再扩大一点，从广义上说，凡在社会历史进
程中，曾起过进步作用的人和事都可归入。比如，五四运动，是建党以
前的事。我曾写过的林则徐、辛弃疾等爱国人物，放在整个历史长河中
考察，也该归入红色经典。

我们现在推出《经典中国》《永远的丰碑》《红色旅游》等，并不
是要重复历史，而是以史为鉴，吸取它革命的、理性的启示价值。[4]

梁衡的红色经典创作，依然秉持着"一年一篇"的虔诚态度，给
散文创作带来别样的、堪为"范本"的文本，同时以评代传，以不落
窠臼的深度解读与重新评价，揭示了人性的复杂多面及人生理想与现
实世界之间的矛盾，从而带来全新的历史思考。

《把栏杆拍遍》，文章开篇便描画了词人辛弃疾不为人知的另
一面：

在我看到的资料里，辛弃疾至少是快刀利剑地杀过几次人的。

他天生孔武高大，从小苦修剑法。他又生于金宋乱世，不满金人的
侵略践踏，22 岁时他就拉起了一支数千人的义军，后又与耿京为首的
义军合并，并兼任书记长，掌管印信。一次义军中出了叛徒，将印信偷
走，准备投金。辛弃疾手提利剑单人独马追贼两日，第三天提回一颗
人头。

为了光复大业，他又说服耿京南归，南下临安亲自联络。不想就这
几天之内又变生肘腋，当他完成任务返回时，部将叛变，耿京被杀。辛
大怒，跃马横刀，只率数骑突入敌营生擒叛将，又奔突千里，将其押解
至临安正法，并率万人南下归宋。说来，他干这场壮举时还只是一个英
雄少年，正血气方刚，欲为朝廷痛杀贼寇，收复失地。[5]

词人原本是将军！他以雄健的笔力，呈现给读者一个"积300年北宋南宋之动荡才产生"、在文人中具"唯一性"、历史上有"独特地位"、英雄豪气与半生苍凉的辛弃疾。同时凭靠"把栏杆拍遍"的文学意象，将辛弃疾壮志未酬的忧愤淋漓尽致地展现出来。

著名作家梁晓声曾说："我确信，作为一个勤于思想的人，梁衡对历史的反思，肯定比他写出来的以上篇章要更深邃更全面些。他后来发表的《最后一位戴罪的功臣》《觅渡，觅渡，渡何处？》《把栏杆拍遍》，证明了这一点。他的思想一游到更远的历史中去，一与那些历史时期中的人物敞开心扉地对话，就变得火花四溅了。"[6]

一般来说，与政治密切相关的事件、人物，写其"思想"容易，写出"美感"来难。常见的问题是严肃有余、活泼不足。梁衡在这方面有很大的突破，使"思想和美感"达到了和谐统一。他像一位烹饪大师，将一个个难就的素材，翻炒出"色、香、味、形"俱佳的珍肴，使红色经典的创作，摆脱了说教与程式化，达到了艺术和思想的高度契合。

在他笔下，文字是有生命和温度的，充满了动感和节奏。像"南归之后，他手里立即失去了钢刀利剑，就只剩下一枝羊毫软笔，他也再没有机会奔走沙场，血溅战袍，而只能笔走龙蛇，泪洒纸笺"；像"辛弃疾的词不是用笔写成，而是用刀和剑刻成的。他永以一个沙场英雄和爱国将军的形象留存在历史上和自己的诗词中"；还有"像屈原那样仰问苍天，像共工那样怒撞不周，他临江水，望长安，登危楼，拍栏杆，只能热泪横流"。这些回肠荡气的文字，如铁线般勾刻出了辛弃疾的形象。

到底有什么秘诀，让其笔下的人物有了灵魂，充满了人性的光芒？梁衡讲述了他的红色经典创作之道，即"三个原则"加"文章五诀"的创作规律。

首先，"红色经典"是严肃的政治题材，不同于山水、言情、武侠等一般题材。创作首先要有一个敬畏的、严肃的态度，要有一种虔诚之心，相信政治是大事，社会、历史离不开政治。如果抱一种回避的、嘲弄的、戏谑的态度，不能写政治，更写不了红色经典。第二，政治只决定了题材，表现却要靠文学，要遵循文学规律，以政治代业务，以政治代文学，这类作品无一能长久。第三，政治题材都是大题材、老题材，容易大、空、旧，"经典"的人和事就更老，更旧，这就要求有属于作者自己的新见解、新思想，要有思想和观点上的个性。严肃的政治态度、诚实的文学规律和有个性的新见解，这是进行政治题材特别是红色经典题材创作的三个原则，然后才可以进入创作阶段，才能谈到我们平常所说的写作技巧。[7]

如何独辟蹊径，让严肃的老题材焕发新意生出新思想？梁衡从人物的精神世界入手，将笔触伸入人的灵魂深处，注定不能简单地像写作一般人物散文那样，只是通过记叙人物的语言行状去表现其思想性格和精神面貌，而是透过人物的遭际和命运去排演人格结构，透过世事沧桑去阐释他们的处世逻辑，透过历史的云烟去勾画他们的心灵轨迹。[8]

在不少人看来，人格是无形的，甚至是虚无缥缈的，将无形的精神世界生动地展现出来，除了文字的功夫，还涉及一个准确的评价标准。梁衡认为："一个人是微不足道的，但是当他与百姓利益、与社会进步连在一起时就价值无穷，就被社会所承认。"[9]

在这样的价值取向和评判标准下，人物的生命价值和人格力量得以清晰地浮现出来。比如他写周恩来，是"将一个共产主义者的无私和儒家传统的仁义忠信糅合成为一种新的美德"；《这思考的窑洞》中说，毛泽东早已跳出历代农民起义领袖思想的藩篱而直取历史唯物主义和辩证唯物主义；在《特利尔的幽灵》中提出马克思主义是活的灵魂而不是一个行动方案……如同一个魔术师，拨开岁月烟尘，将历史人物的灵魂与人格，优美的、崇高的、痛苦的、彷徨的、悲伤的，都呈现给读者。在风云变幻的历史背景下，抓住人性最柔软、最光亮、最黑暗之处，直击人心。

具体创作中，在伟大与平凡之间，梁衡寻找一种能让普通读者产生情感交流和心理共鸣的契合点。比如，他写瞿秋白，首先不是把他当作一位革命领袖，而是看成一位走进革命队伍的柔弱书生；"情急用菜刀去救国救民，甚至连自己的珠玉之身也扑上去"，"只要能为社会的前进照亮一步之路，他就毅然举全身而自燃"。他写邓小平，落难江西，为摔伤的儿子邓朴方洗澡："热气和着泪水一起模糊了老父的双眼，水滴顺着手指轻轻滑落，父爱在指间轻轻地流淌，隐痛却在他的心间阵阵发作。这时他抚着的不只是儿子摔坏的脊梁，他摸到了国家民族的伤口，他心痛欲绝，老泪纵横。"

创作红色经典，除了循着人格精神的主线，占据思想的高地外，还需要多种手法的综合运用，才能体现出文章的思想和境界。如叙中有情，情中有理，理中有形，形中有情，等等。所以文章之法就是杂糅之法，出奇之法。梁衡提出，要运用文章五诀，即形、事、情、理、典。这是他在鲁迅文学院讲课时提出的写作理论。

灵活运用文章五诀，即形、事、情、理、典。我把这五字诀归纳为"二实二虚"。"形"和"事"为实，"情"和"理"为虚，加上用典，文章就好看了。红色经典是个思想的富矿。从党史上的重要人物、事件里，可以挖掘出很多对现实有指导意义的思想。只有坚持"三个原则"，讲求政治态度、文学手法和有个性的新思想的紧密结合，同时灵活运用文章五诀，这样才会使红色经典插上翅膀，走近大众。[10]

2002年，梁衡在鲁迅文学院讲"文章五诀"

对于哲学家和心理学家来说，人格魅力的探寻是一个严肃的课题。身为作家的梁衡用形象思维，以"形"和"事"，去解锁其中的奥秘。《这思考的窑洞》中写毛泽东，在窑洞中指挥沙家店战役，他"三天两夜不出屋，不睡觉，不停地抽烟、喝茶、吃茶叶、撒尿、签发电报，一仗俘敌六千余"，寥寥数语，便勾勒出了伟人运筹帷幄、决胜千里的雄才大略和非凡气概。《最后一位戴罪的功臣》中写林则徐被发配新疆，经过四个月零三天的长途跋涉，"由于年老体弱，路途颠簸，林一过西安就脾痛，鼻流血不止。当他从乌鲁木齐出发取道果子沟进伊犁时，大雪漫天而落，脚下是厚厚的坚冰，无法骑马坐车，只好徒步，蹚雪而行。陪他进疆的两个儿子，于两旁搀扶老爹，心痛得泪流满面"，禁烟功臣的罪与罚一目了然，令人唏嘘。

"情"和"理"的运用，则如一道强光照亮了人物的灵魂深处，使文章散发着思想和智慧的光芒。

在《觅渡，觅渡，渡何处？》中，梁衡用三个"如果"，一步步走进人物的精神世界。"如果秋白就这样高呼口号为革命献身，人们也许还不会这样长久地怀念他研究他。他偏偏在临死前又抢着写了一篇《多余的话》，这在一般人看来真是多余。"接下来，梁衡将"多余"与"坦荡"交织在一起，在矛盾纠结中揭示人物的灵魂："作为领袖，人们希望他内外都是彻底的鲜红，而他却固执地说：不，我是一个多重色彩的人。在一般人是把人生投入革命，在他是把革命投入人生，革命是他人生实验的一部分。当我们只看他的事业，看他从容赴死时，他是一座平原的高山，令人崇敬；当我们再看他对自己的解剖时，他更是一座下临深谷的高峰，风鸣林吼，奇绝险峻，给人更多的思考。他是一个内心既纵横交错，又坦荡如一张白纸的人。"

至此，文章的理性思考达到了高峰，而作者又进一步将人物置于更广阔的历史背景下，使思考的维度延展到历史深处。

瞿秋白以文人为政，又因政事之败而反观人生。如果他只是慷慨就义再不说什么，也许他早已没入历史的年轮。但是他又说了一些看似多余的话，他觉得探索比到达更可贵。当年项羽兵败，虽前有渡船，却拒不渡河。项羽如果为刘邦所杀，或者他失败后再渡乌江，都不如临江自刎这样留给历史永远的回味。项羽面对生的希望却举起了一把自刎的剑，秋白在将要英名流芳时却举起了一把解剖刀，他们都将行将定格的生命的价值又推上了一层。哲人者，宁肯舍其事而成其心。

当然，《觅渡，觅渡，渡何处？》不是"三个原则"与"文章五诀"的简单叠加，创作还需要机缘。即便是思考多年的题材，梁衡也是不到现场不动笔，须到实地考察，身临其境，找到灵感，这是当记者多年养成的习惯。

2001年6月21日《人民日报》刊载了梁衡的《一个大党和一只小船》。经常跟着梁衡出差的秘书刘波，亲历了这篇文章的酝酿与创作过程。

他们一行出差到浙江，一下飞机就直奔嘉兴南湖。刘波印象很深，梁衡登上了红船，仔细看了船上每一个细节，包括船的结构、摆设，待了一个多小时，若有所思。上岸后，他感慨，谁能想到，世界第一大政党就是诞生在这么一只小船上。刘波明白，梁衡来这里是带着情怀，带着使命，为新作品找灵感的。

果然，回京后就有了《一个大党和一只小船》。刘波是第一读者，从第一稿录入，然后再修改，前后共修改了三四次。梁衡曾问："小刘，我的文章里你最喜欢哪篇？"刘回答："《把栏杆拍遍》将历史和诗词结合起来，有味道。给您打90分。"梁衡又说："你这个评价比我的前任秘书朱学东高多了。我曾问过他：'小朱，我的文章你能打多少分？'朱学东说：'65分吧。'"后来，朱学东专门澄清，那是一句玩笑话，岂能当真？

这篇新作，很快排出大样。报纸大样是预先发给各位社领导看的，但因稿子太多，平常各人只看自己分管的那一张。但这次不知为何社长特别注意这块文艺版，他和梁衡是同时调入报社的，他的父亲又是老红军，想必有所共鸣。他看了很激动，批了很长一段话，写满了大样的边边角角。

梁衡在南湖的驻足和思考，产生了一篇经典。

《一个大党和一只小船》以建党80周年为契机，以南湖红船为意象，回顾了中国共产党自1921年一大召开后的80年发展历程，将政治、历史和文学融于一体，显现了作者的政治高度和高超的文字驾驭能力。发表后，成为每年"七一"建党之时的必读文章。到建党一百周年时，这篇文章又入选中学课本。

显然，文学手法只能让文章更好看，让文章有境界和思想，靠的是作者的积累、视野和政治高度。有的学者认为，与一般作家相比，梁衡有得天独厚的条件。

梁衡之所以为梁衡，离不开他优于一般作家的高起点和丰富的资源。他曾当过记者、新闻出版署副署长、人民日报社副总编辑，多年的新闻职业生涯，磨砺出了敏锐的捕捉力和深刻的感受力；新闻管理的经历，则使他的视野更高、看得更远；中央大报的媒体平台及社会资源，为其创作提供了便捷、优越的条件。他也从不讳言这些因素，常常说自己的成功离不开这些得天独厚的条件。[11]

梁衡常趁出公差之机，搜集资料。写林则徐时，也是利用工作之便，到新疆实地调研了林的事迹，完成了《最后一位戴罪的功臣》。有时创作过程中需要搜集、补充材料或者证实一些信息时，他一个电话打到当地记者站或新闻界的朋友那里，很快便能得到准确的回复。他曾说，这是借工作之便，给创作走"后门"。这个"后门"效率高，省事省心，且没有"投入"。

2011 年，中国共产党建党 90 周年之际，梁衡写了《百年革命　三封家书》。报社需插发林觉民、聂荣臻的家书，他一个电话打过去，当地的宣传部门便寄来了影印件。另一位无名战士的家书，则是梁衡去河北涉县参观八路军 129 师师部旧址时见到的，在墙上贴着巴掌大小的 5 张纸，那是一个普通八路军战士（或干部）在大战前夕写给妻子的，当时没有人知道他的最后命运。文章刊发后，居然找出了这个军人是谁，而他已经牺牲了。多年来，身居新闻官的位置，为他的创作省了不少时间，走了捷径，这是他的"以权谋私"。

除了捷径，一篇佳作的诞生，还包含着很多因素。

一向对文字怀有敬畏之心的梁衡宿命地认为，好文章可遇不可求，需要天时地利人和。他在《影响中国历史的十篇政治美文》的序言中，深有感触地写下了这段话：

好文章是替时代立言，是一个人在一定的时代背景下全部知识和阅历的结晶，是他生命的写照。其中不知要经历多少矛盾、冲突、坎坷、辛酸、成功与失败。这非主观意志可得，只可遇而不可求。因此，一篇好的文章就如一个天才人物、一个历史事件，甚或如一个太平盛世的出现，不是随便就有的，它要综天时地利之和，得历史演变之机，靠作者的修炼之功，是积数十年甚或数百年才可能出现的一个思想和艺术的高峰。千军易得，一将难求；千年易过，好文难有。[12]

对于自己的散文成就，梁衡从未满足过。他曾不止一次对梁晓声说："还应该写得更好一点儿，就要求那一点儿进步，竟成可望而不可即的标准……"

永不满足、未曾止步的梁衡，一意孤行地走在文学创作的创新之路上。

先是山水散文，然后又开始了红色经典的创作。这些还不够，后来他又写人文古树，将广阔而深厚的历史文化和山川天地融为一体。无论从事哪一类题材创作，他始终做先行者。在他那里，语不惊人死不休，只求新去处。而他也很享受文学带给他的"光环"。

多少年后我在人民日报社任副总编，一个记者初次见到我，兴奋地说：我第一次知道"璀璨"这个词就是学你的《晋祠》。他还能背出文中"春来黄花满山，径幽而香远；秋来草木郁郁，天高而水清"的对仗句。这大大拉近了我与年轻人的距离。我一生中没有当过教师，却常被人叫老师，就因为课文里的那几篇文章。[13]

［1］　梁衡.关于写伟人//梁衡.梁衡文集：卷三：为文之道.北京：人民教育出版社，2002：183.
［2］　同注［1］182.
［3］　梁衡.总编手记.北京：中国人民大学出版社，2008：204-205.
［4］　申尊敬，裴智勇.梁衡谈红色经典创作.当代江西，2005（8）.
［5］　梁衡.把栏杆拍遍//梁衡.觅渡.北京：中国人民大学出版社，2005：79.
［6］　梁晓声.静夜时分的梁衡//梁衡.梁衡文存.北京：中国青年出版社，2016.
［7］　董岩.梁衡的生命四重奏.今传媒，2005（10）.
［8］　邬乾湖.从山水美学到人格文化：梁衡散文论.厦门教育学院学报，2001：3（3）.
［9］　摘自梁衡《读韩愈》.
［10］　同注［7］.
［11］　董岩.梁衡的《假如毛泽东去骑马》是如何写成的.西部学刊，2016（7）.
［12］　梁衡.影响中国历史的十篇政治美文.北京：中国人民大学出版社，2012：序言.
［13］　梁衡.教材的力量.教师博览，2011（3）：57-58.

5

用文学翻译政治

我一直认为，文章写作主要有两个目的：为思想而写，为美而写。文章最后作用于读者的或是思想的启发，或是美的享受，可以此多彼少，当然两者俱佳更好。[1]

文学与政治究竟是什么关系？如何用文学来表现政治？

这两个问题一直摆在梁衡面前。从最初对杨朔散文模式的批判，到从事政治题材散文的创作，都绕不开。梁衡前前后后用了三十多年的时间，从实践与理论两方面，对这些问题进行了系统思考和探究。

2011 年，中国共产党建党 90 周年之际，中宣部和教育部特别推荐的《梁衡红色经典散文选》再版。编辑约请他谈一谈创作体会，他说，文章的题材可以是多样的：有的便于表现美感，如山水；有的便于表达思想，如政治。政治是治国管人的学问，高高在上；文学是人学，有血有肉。"人学"，主要是指人的情感、性格和人格。要用文学来翻译政治。

政治天生枯燥、抽象，离普通人太远。其中虽含有许多大事、大情、大理，却不与人"亲和"，难免敬而远之。怎样既取其思想之大，又能生美感，让人愉快地接受，就得把政治翻译为文学——发扬其思想，强化其美感。[2]

用文学翻译政治，是梁衡一直以来的追求。将高深转化为通俗，为枯燥的理论裹上一层薄薄的糖衣，缩小人们与理论之间的距离，已成了一种自觉的使命。无论是穿行于新闻、文学还是政治，他都从实际出发，为接受者着想，为读者着想，讲求效果。在他生动的笔下，干涩枯燥的理论，也都插上了轻盈的翅膀，明白如话，令人如沐春风，谈笑间，引领读者感受政治独有的魅力。他先后写出了像《哲学是一根风筝线》《特利尔的幽灵》这样脍炙人口的力作。2003年9月，党建读物出版社将其政论文章结集为《走近政治》出版。

他的独创，被文学界称为"政治散文"，政论界则命其为"政论美文"。文学史上，政治与美文的联姻并非孤例。如贾谊的《过秦论》、诸葛亮的《出师表》、范仲淹的《岳阳楼记》，以天下为己任的正大磊落之气浑然自成。

将政治理论转换为文学作品，是逻辑思维与形象思维的大转换。写政治题材的文章，不怕缺思想，怕的是转换不出文学的美感。梁衡探索出了一些规律和方法。

一、选择适合的典型。用文学翻译政治就是借政治人物、事件的光芒，来照亮文学领地，照亮读者的心。文学是典型艺术，红色经典虽然足够宏大，但并不是所有的政治素材都能入文学，它还是要符合文学的典型性。[3]

选材时，他力求找到每一个人物或事件的最亮点。如写毛泽东，就选延安时期最实事求是的那一段（《这思考的窑洞》）；写周恩来，就写其最令人感动的无私品德（《大无大有周恩来》）；写瞿秋白，就写他坦诚的人格（《觅渡，觅渡，渡何处？》）。还选取西柏坡等这些代表历史转折的关节点，同时抓取人物命运矛盾冲突最尖锐的那一刻，凸显其人格与精神。如庐山会议上的彭德怀，"文革"中在江西被管制劳动的邓小平，以及长期被埋没的张闻天。

历史往往是现实之镜。典型性就是针对性，在选材时，梁衡提出了三个条件：

一是已为实践所证明其正确；二是针对现在的问题，仍有批判、指导、启发作用；三是为读者心中所想所思，有受众。我严格遵守这三个条件，这也是为什么作品一发表就反响较大，以后又被连连转载和再版的原因。[4]

　　与山水散文相比，政治题材难写，人物更难写。为什么？因为伟人与读者之间存在着隔膜与距离。文学要把这个距离拉回来，还神为人。

　　而我们过去又曾有过一段造神运动，把最高管理者即领袖人物神化，作家不敢写，读者不爱看。从文学的视角来看，政治人物就要还神为人，要写出他们的情感、人格。一旦突破这一点，转过这个弯子，政治就贴近了读者。[5]

　　怎么转？一是淡化人物的政治身份，集中剖析人格；二是摆脱旧有形象，聚焦其真实的情感。如他写周总理受毛泽东批评后被迫写检查：

　　从成都回京后，一个静静的夜晚，西花厅夜凉如水，周恩来把秘书叫来说，"我要给主席写份检查，我讲一句，你记一句"。但是他孤对枯灯，常常五六分钟说不出一个字……天亮时，秘书终于整理成一篇文字，其中加了这样一句："我与主席多年风雨同舟，朝夕与共，还是跟不上主席的思想。"总理指着"风雨同舟，朝夕与共"八个字说，"怎么能这样提呢？你太不懂党史，不懂党史"。说时眼眶里已泪水盈盈了。秘书不知总理苦，为文犹用昨日辞。[6]

　　不为人知的酸甜苦辣一语道尽，有七情六欲的伟人，让读者更觉亲切真实。用文学翻译政治，还需要找到文学意象，在曲径通幽的距离和朦胧中，产生美感，转换出含蓄的文学意境。

　　意象在文章中的使用，一是天然性，可遇不可求；二是要有"象"，即具体的形象；三是要有"意"，即有象征性；四是要"意"大"象"小；五是"意""象"之间，要有较大反差，以收奇险之美；六是唯一性，既要空前，也要绝后，收个性之美。这是散文与其他文学形式的不同之处，也是政治散文最难写之处。[7]

　　大凡动笔之前，诗人先找韵脚，小说家先找故事，散文家先找意象。意象是最能体现文章立意的形象，是一种象征，是诗化了的典型，是文章意境的定格。

梁衡深知，政治题材天生宏大，找意象不易，可是一旦找见，就有奇效。于是，找到了瞿秋白的故居，特别是门前的那座已成为过去的觅渡桥；找到了邓小平在江西时劳动的工厂；找到了毛泽东写《论持久战》的延安窑洞；找到了中国共产党指挥大决战的最后一个农村战略指挥部——西柏坡；甚至远渡重洋，在日本找到了周总理游历过的岚山诗碑；在德国西部找到了马克思出生的房子。

这些意象，如"觅渡桥""红毛线、蓝毛线"等，已成为一种精神标签，给人们带来了更多的联想和思考。

用文学翻译政治，梁衡还从修辞角度，提出了独到的创见：

政治严肃，用消极修辞，以内容的准确表达为度；文学浪漫，用积极修辞，不仅准确，更求生动。生动的文学碰上严肃的政治，全靠语言的转换。不但修辞方面的十八般武艺都要用上，古典、口语、诗句、长短句等各种风格，都要灵活运用，以尽显语言的形式美。[8]

他的文章，别具混搭之风：有时吸收口语所长，句式或整或散。如："红毛线、蓝毛线、二尺小桌、石头会场、小石磨、旧伙房，谁能想到在两个政权最后大决战的时刻，共产党就是祭起这些法宝，横扫江北、问鼎北平的。真是撒豆成兵、指木成阵，怎么打怎么顺了。"（《红毛线，蓝毛线》）有时或整齐严谨，暗用旧典，求古朴深沉的韵味。如"当周恩来去世时，无论东方西方，同声悲泣，整个地球都载不动这许多遗憾、许多愁"（《大无大有周恩来》中暗用李清照句"只恐双溪舴艋舟，载不动许多愁"）。

即使沉重的政治话题，也可幽默地表达："可是我们急于对号入座，急于过渡，硬要马克思给我们说下个长短，强捉住幽灵要显灵。现在回想我们的心急和天真，实在让人脸红。这就像一个刚会走路说话的毛孩子嚷嚷着说：'我要成家娶媳妇。'马克思老人慈祥地摸着他的头说：'孩子，你先得吃饭，先得长大。'"（《特利尔的幽灵》）在文学翅膀的加持下，严肃的政治少了几分沉闷，甚至轻盈起来。

《笑谈真理》是我读初中时，在《人民日报》上见到的一篇文章的题目。文章引列宁的话意，说我们谈话写文章为什么一定要板着面孔？就是严肃的真理也可以笑着来谈。是讲宣传方式和效果。几十年过去了，我一直没有忘掉这个题目，因为天天读报，特别是读言论时，看到的仍是板面孔多，笑面孔少。[9]

　　梁衡借文学之力，破解政治的枯燥与干涩，达到笑谈真理的境界。他有两种方法，屡试不爽。

　　一是联系实际，力避空泛，消除大政治与小个人之间的距离感，让读者观之可亲、闻之可信。比如，《马列公园赋》将中央党校比作马列公园，打破了人们的惯性思维，褪去了严肃外衣的党校，在人们眼里一下子亲切了许多，文章立时神清气新。三十多年来，《马列公园赋》成了中央党校历届学员入学必读之文。

　　二是讲清道理，变论为叙、还理为形。比如，在《红毛线，蓝毛线》中，他把无形的"共产党艰苦奋斗精神"还原为有形的"红毛线，蓝毛线"，"毛线"无声胜有声，这个巧妙的代言，点破了"得民心者得天下"的道理，经典的时代意境由此而出。文章发表后，"红毛线蓝毛线"成了西柏坡展览馆里的一件标志性展品。《把栏杆拍遍》里，辛弃疾这位古代知识分子的爱国情怀则被提炼为一个定格在历史天空下的具体形象——"面对大江把栏杆拍遍问苍天"，其忧国之心、报国之志，跃然纸上。

节假日，梁衡夫妇常出京去感受自然之美和人文历史的雄浑壮阔

　　他将逻辑思维转换为形象思维，生硬的说教为亲切的叙述所替代，与政治的距离遂被消弭了大半。人们从浅显通俗的文章中领悟到了政治的魅力。

　　贵州的一位青年干部在给组织部的信中，讲述了自己的转变过程。他原本是一个对政治悲观、对命运消极的人，看了省委组织部刊物上转登的梁衡文章后，重又振作起来，像换了一个人。一位省委宣传部的副部长曾半开玩笑地对梁衡说，你的政治散文早就被我偷了去，写在给党校上课的讲义里了。一位十岁的小女孩，则沉醉于他笔下的人物。她说，看老梁同志写的林则徐和辛弃疾非常过瘾。

外出时，常有一些素不相识的人，以读者的身份主动与梁衡交流。河南一位部队干部在刊有《把栏杆拍遍》的《新华文摘》上写道："这篇文章把我炸醒了。我读了十几遍，每读一遍心中的血在奔涌，激情在鼓荡，作者真了不起，写出了这篇不朽之作，眼光独到，观点深刻。"一位出版社总编辑从黄山路边茶棚里带回一张当地的小报，上面刊登了《大无大有周恩来》一文。以至于连梁衡都说不清究竟自己的文章被转载了多少次。每每有人就此质疑有侵权之嫌时，梁衡总是笑笑说，读者是上帝，有人爱读，是好事。

让政治有美感，让观点有思想[10]，梁衡的创作实践，实现了这一目标。

某日，一编者送来一文选，皇皇三百万言，分作家卷、学者卷、艺术家卷，共八大本。梁衡问，何不见有政治家卷？他说，如果有人认为政治家办报就必然枯燥，其实是对政治不通不懂，没有真正领悟政治的精髓。

我们可以回想一下，党的十一届三中全会前夕，报上发表的文章，《光明日报》开展关于真理标准的讨论，这是当时的政治，这一举就使报纸的发行量陡增到150多万份。邓小平同志"南方谈话"的一篇通讯，传达了改革开放的新思路、新信息，特别是关于社会主义市场经济的新理论，举国上下人人急读。新闻史上政治家办报，报纸上名垂青史的美文举不胜举。毛泽东同志写的电讯如《中原我军占领南阳》《我三十万大军胜利南渡长江》，还有许多言论、文章，是何等的气势磅礴又神采飞扬。还可以上溯到五四时期的李大钊的《庶民的胜利》，再上溯到维新运动失败后梁启超的《少年中国说》，这些政治家的报章之作，哪里有一点枯燥、呆滞？[11]

2012年，梁衡编著了一本《影响中国历史的十篇政治美文》。里面收录了《过秦论》《报任安书》《出师表》《桃花源记》《谏太宗十思疏》《岳阳楼记》《正气歌序》《与妻书》《少年中国说》《为人民服务》等十篇文章。

这是他心中不朽的大美之文。

［1］　梁衡．用文学来翻译政治．中国纪检监察报，2011-05-30．
［2］　同注［1］．
［3］　同注［1］．
［4］　同注［1］．
［5］　同注［1］．
［6］　梁衡．大无大有周恩来∥梁衡．觅渡．北京：中国人民大学出版社，2005：
　　　　26，27．
［7］　同注［1］．
［8］　同注［1］．
［9］　梁衡．笑谈真理又何妨∥梁衡．走近政治．北京：党建读物出版社，2003．
［10］　卢新宁．让政治有美感，让观点有灵魂∥马步升，朱明辉，王荣泰．永远
　　　　的觅渡：梁衡散文研讨会论文集．上海：华东师范大学出版社，2017．
［11］　成青华，王永亮．梁衡：提倡写大事、大情、大理∥传媒思想：高层权威
　　　　解读传媒．2版．北京：中国传媒大学出版社，2006：107．

6

文章千古事

文章为重官为轻，世事纷纷过眼空。

只求真知露一滴，润我崖畔百丈松。

——梁衡[1]

这首诗写于 1990 年 11 月。

梁衡游武夷山，见陆游、戚继光名人遗迹有感而发。

当时他 44 岁，进京的第四个年头，任新闻出版署政策法规司司长，正是人生砥砺追求进步的黄金岁月，不料却有此苍凉的感喟。

10 年后，他从新闻出版署调任人民日报社时，已是天命之年。尽管官职高了，但初心不改，依然"文章为重官为轻"。

对部下严厉的梁衡，其实是一个宽厚、务实、清醒的领导，听得进不同的意见。有时，年轻人会当面反驳他，他也不生气。有时文章被编辑改动多处，他会认真地斟酌，甚至讨论，有时也会叹口气，觉得改动并不理想。在他那里，文字大于天，对文字的敬畏始终默存于心。

他的主业是新闻，文学创作是兼职。但这个兼职和爱好，并没有给他的仕途带来助力。古人说："人生识字忧患始"，中国古代知识分子贫穷落魄的多，显达的少。季羡林老先生曾说，有诗为证："文章憎命达。"文章写得好，命运就不亨通；命运通达之人，文章就写不好。那些靠文章中状元、当宰相的人，毕竟是极少数。

到人民日报社担任副总编时，曾有领导私下告诉他，不要写文章，或者少写。这简直等于要他的命。在中国传统知识分子的观念中，文章乃经国之大事，比生命还要重要。一个视文章为天，一个天天离不开思考、写作的人，让他封笔就等于让他闭嘴，剥夺了话语权，这怎么可能?!

他依然按照自己的节奏，一如既往，陀螺般不停地写作、思考:

2000 年

6 月 18 日，在《人民日报》发表报道《杜寿鹏:要堵贺兰山缺》。

9 月 15 日，在《人民日报》发表《贪污就是背叛》。

11 月 3 日，在《人民日报》发表《赞环境书记 环境市长》。

11 月 30 日，《人民日报》头条《事前有目标 事中有督促 事后有奖惩 东营实行政务责任督查制》(梁衡、宋光茂报道)。

2001 年

2 月 8 日，在《人民日报》发表《难忘今宵》。

6 月 21 日，在《人民日报》发表《一个大党和一只小船》。

6 月 29 日，在《人民日报》发表《党史如镜 传统如河》。

7 月，在鲁迅文学院讲授"文章五诀"，提出文章写作的"形、事、情、理、典"五字诀。

12 月 13 日，在《人民日报》发表《三十年的草原 四十年的歌》。

2002 年

1 月 22 日，在《人民日报》发表《工作不要挂在空挡上》。

4 月 1 日，在《人民日报》发表《有感于某些干部"不会说话"》。

4 月 16 日，在《人民日报》发表《房高不要超过树高》，提出"城建生态"新理念。

4 月 24 日，在《京华时报》发表《大干部要戒小私》。

7 月 11 日，在《人民日报》发表《一脉相承说发展生产力》。

9 月 4 日，在《人民日报》发表《了不起的新实践新观念》。

12 月，九卷本《梁衡文集》出版(人民教育出版社)。

2003 年

1 月 10 日，在《人民日报》发表《文章五诀》。

5 月 27 日，在《人民日报》发表《一个老虎也吃人》。

10 月 14 日，在《人民日报》发表《有感于"群众利益无小事"》。

2004 年

4 月 9 日，在《人民日报》发表《碑不自立 名由人传》。

《觅渡》出版(中国人民大学出版社)，后重印再版 17 次，并在国外出英文版。

8 月 21 日，在《人民日报》发表为邓小平纪念广场写的碑文《广安真理宝鼎记》。

2005 年

1 月 29 日，在《人民日报》发表《大渡河上三首歌》。

5 月 3 日，在《京华时报》发表《听老祖宗说和谐社会》。

5 月 10 日，在《京华时报》发表《说经典》，提出"经典的三条标准"：（1）自身空前绝后；（2）上升到理论层面，从而有指导作用；（3）经得起反复引用和实践检验。

6 月，《觅渡，觅渡，渡何处？》一文被刻碑立于常州瞿秋白纪念馆。

11 月 30 日，在《人民日报》发表《让法律来保护阳光》。

2006 年

4 月 26 日，在《人民日报》发表《两类出版 两种阅读》。

5 月 19 日，在《人民日报》发表《匠人与大师》。

…………

梁衡在人民日报社工作时公私兼顾。

既写新闻报道、评论，又写散文和政论文。

对于多产的梁总，报社大多数人是由衷地敬佩，认为他穿行于新闻、文学与政治之间，是官员、学者，又是作家，建树颇丰，给新闻人树立了标杆和典范，具有示范作用。也有人认为，一个总编辑还采访，还要写新闻评论，这不是跟记者抢饭碗吗？

梁衡并不在意那些风言风语，也顾不上想那么多。

在万寿路甲 15 号院的家里，书房门上有一副对联，这是他写给自己的："目如锥利能透隙，胸似海阔可撑船"。所谓未来不迎，当下不杂，既往不恋。人生短促，精力有限，哪里有工夫去理会那些闲言碎语呢？他像"鸵鸟"一样，把自己埋起来，沉浸在自己的世界里，不停地思考、创作。

理解梁衡的大有人在。

比如范敬宜，素来爱才惜才。

同样是知识分子，范敬宜很尊重梁衡的才华和思想，也理解他对文字的敬畏，对创作的执着。老范属于捻断数根须的苦吟派，作品不

2007 年 8 月，梁衡在怀柔，为编辑记者讲课后留影

多。有一次，两人在万寿路大院门口碰见了，梁手里正拿着刚出的新书，范看见了，很是羡慕也很困惑地说，你写东西真快啊，出了那么多书。

于梁衡而言，写作是头等大事，乃人生使命。他曾不止一次说，自己最爱的是文学，有一天退休了，伴随余生的将是作家、学者的身份。

在仕途与文章之间，他选择后者。当年成为领导干部后备人选时，光明日报社领导杜导正问他，是先上任还是先去中央党校，他毫不犹豫地回答，先上党校。此前《数理化通俗演义》已经完成二十回，他已打算好，利用上学的间隙来创作后五十六回。

梁总先为新闻出版署副署长，后为《人民日报》副总编，是正宗的高干了。但他不以官为官，反以官而无学为耻。他曾有诗言："文章千古事，纱帽一时新。君看青史上，官身有几人。"他还为我们评论版专门写过一篇文章《居官无官官之事》。这是引古人的一句话，就是说做官人不要太把官当回事。[2]

是不爱当官还是不会当官呢？

在任上，梁衡强调以稿为本。一次值夜班，他发现一篇稿缺少"新闻眼"，就半夜三更打电话追到银川、找到南京、问到南宁，转遍大半个中国。这种痴劲，谁能有之？居新闻官而又这样痴于稿，敬于业者，谁能有之？古人云，"性痴，则其志凝，故书痴者文必工，艺痴者技必良。世之落拓而无成者，皆自谓不痴者也"。这种不为官身所累，孜孜而求的职业精神，难能可贵。

在清华大学讲课时，曾有学生问他：下辈子最想干什么？他不假思索地回答：当官。他解释说，当官就是做事。在他看来，当大官，就能干大事。

愿当官干大事是一回事，会当官又是另一回事。

梁衡身处官位，创作简直是在走钢丝。写《大无大有周恩来》时，已是副署长。底下人捏一把汗，劝他不要写，梁衡还是写了。写《假如毛泽东去骑马》时，也有一些批评和建议，一个领袖想做而没有做的事情，一个没发生的故事，能写吗？能有多大价值？他写瞿秋白、张闻天、彭德怀，皆碰触了党史的敏感地带。有人说，处在官位上的梁衡，无形中多了一层保护伞。反过来，从另一种角度，专啃有争议或者定论不明晰的党史人物来写，尽管是红色题材，但基调并不纯粹单一，有着灰色的晕染，风险大，是一种危险的平衡。

梁衡有自己的逻辑。

他心里始终有一个标杆一个偶像，就是"先天下之忧而忧，后天下之乐而乐"的范仲淹。

范仲淹的担当精神在历史上是独一无二的。他经历了前后四次贬谪，比起后辈文人苏轼20多次的"贬谪之最"，尽管次数不多，但态度及境界则是前无古人，后无来者。据《湘山野录》记载，范仲淹第一次被贬，送行的尽管只有两三个知己僚友，但他们称赞说："此行极光。"第二次被贬，僚友又说："此行愈光。"等到第三次被贬，送行的亲朋好友异口同声说："此行尤光。"范仲淹也哈哈大笑说："仲淹前后三光矣。"

襟怀坦荡的范仲淹在落难之时，仍积极达观，世间少有。没有韩愈"收吾尸骨漳江边"的恓惶之情，也没有苏东坡"人生如梦"的虚无喟叹，他视贬谪为荣且习以为常，甚至甘之如饴。四次被贬的经历，不仅没有消弭意志和棱角，还不断升华着他的精神境界，令人感佩。

儒家的传统，乃愈挫愈奋，愈挫愈勇。

历史上的杰作，往往产生于人生磨难苦大身危之时。

司马迁受宫刑后，愤而著书，写出了"史家之绝唱，无韵之离骚"的《史记》。第四次被贬，范仲淹完成了《岳阳楼记》。在人生最黯淡的时刻，他的思想和智慧却冲破了黑暗，散发着耀眼的光辉，照亮了身后一千多年的时光。

梁衡花了5年时间，写出了《〈岳阳楼记〉留给我们的文化思考和政治财富》。2010 年夏，中直机关每月一次的部级干部文史知识讲座，专门请他去主讲，分享他对范仲淹《岳阳楼记》的深刻理解和文学发现。

中国历史上，为文为政俱佳者不少，梁衡何以独崇范仲淹？显然，范是政治家、思想家还是文章家，完全符合士大夫立功德立言的儒家标准，与其三观吻合。

2008 年，他去山东邹平参加范仲淹国际研讨会时，专门上山探访范仲淹断齑画粥的读书洞，沉思良久，后吟诗一首：

谒范仲淹读书洞

黄叶满阶秋阳好，曲径明灭古洞幽。

曾是哲人读书处，依旧细泉石上流。

毛泽东曾评论，历史上有两类人。一类人是传教，一类人既传教又做事。显然，毛泽东、范仲淹都是后一类人。出将入相，是中国知识分子的理想。在梁衡看来，为官为文是相通的，他给自己定下了忧心为政、真情为文的目标。其实，边当官边写文章，两者兼顾，或者锦上添花，或者彼此连累。除此之外，难有其他的结局。

曾国藩说，聪明外露者德薄，词华太盛者福浅。

官场讲究的是中庸之道，静水深流，谋长远、知藏露、慎为先、知进退、防构陷、能屈能伸。文学创作则张扬个性，切忌平庸。跨界这两个领域的梁衡有些尴尬：在文坛上他主张大情大理，凡事求真求理，异于普通作家的激情、浮夸和浪漫；在政界却又文人气重，思想独立，不求合同，没有一般官员的"持重"与"随大流"。但他比一般的官员影响力大，比普通的作家有话语权。

除此之外，梁衡又是格格不入的。

他在官场上是个异类。有人说他不会当官，其实聪敏如他，哪里有什么看不懂有什么不明了的？与其说他不会当官，不如说他爱惜自己的羽毛，不肯俯就，不肯违背自己的内心和意愿。正如《觅渡，觅渡，渡何处？》中结尾的一段话"哲人者，宁可舍其事而成其心"，不仅是对瞿秋白内心世界的解剖，更是他自己长期以来的感悟与执守。他有自己的个性和原则，至少有三点在官场容易受伤：

一是不喜贴金，善于反思。季羡林曾说，中国知识分子最值钱的是一把瘦骨头。梁衡的骨子里，不乏思虑、质疑与批判，他以这种方式不断关注家国命运，刷新自己的价值和存在感。一次，学生问他，为什么早年写山水散文，后来转向写政治散文？梁衡回答说，随着年龄增长，多了些思考和忧虑，更多关注民情政治、历史得失，很难再有轻松的心境去写那些山水游记了。

的确，他写的人物多是悲剧，即使是主旋律，也充满了反思甚至忧伤。在他那里，爱国不是天天说好话，批评比赞美更能推动历史。比如他提出改进"两会"会风的两点建议："发言时请不要表扬领导。""下团开会就这么难？"

中国知识分子的爱国传统往往深埋于心。季羡林先生说："我生平优点不多，但自谓爱国不敢后人，即使把我烧成了灰，每一粒灰也还是爱国的。"[3]

二是直言不讳，不说违心话，不肯做表面文章，人情世故方面不够圆融。一次，他带队去某省采访。省委书记要出差，希望他能早到一天，两人见上一面。但他没答应。他说，书记有事，我也有事，不见也罢。当地记者站很是为难。但他脾气上来了，谁也劝不了。他按原计划如期到达，结果是书记走的当天，两人匆匆共进早餐，见了一面。不喜应酬的梁衡，信奉君子之交淡如水，交友随缘，无意攀附。

三是较真，不肯求人，羞于启齿。甚至儿子求他帮忙，他都不肯出面。他清楚底线，不滥用权力。

退休后，他曾赋诗两首：

为官与为文之一

暂借一官凭高看，留得半职写文章。

指点江山说青史，拍遍栏杆论短长。

为官与为文之二

文章千古事，纱帽一时新。

君看青史上，官身有几人。[4]

［1］ 梁衡:《无题（之二）》,摘自《梁衡日记》（1990 年）。

［2］ 卢新宁. 新闻人的思想火把 // 梁衡. 总编手记：版面背后的故事. 北京：中国人民大学出版社，2018.

［3］ 季羡林. 一个老知识分子的心声 // 季羡林. 这一辈子. 北京：中央编译出版社，2009.

［4］ 这两首诗先后写于 2007 年和 2011 年。

7

不一样的博导

大学教育要解决两大问题，一是做事与做人，二是方向和方法。[1]

2001年9月，母校中国人民大学新闻学院聘请梁衡为兼职博士生导师。早在1994年，梁衡就已被聘为兼职教授，但这是他第一次带学生。

2001年，童兵教授调往复旦大学，学生陈新华转至梁衡名下。

这一年，全国报考梁衡的学生有10人。

2002年3月，在中国人民大学资料楼新闻学院的一间普通办公室里，梁衡开始了博士生的面试。陈新华在一旁记录。

3个月后，董岩收到了中国人民大学新闻学院的录取通知书。9月，正式入学。

入学前，他给学生出了题目，写一篇《跨越百年的美丽》的书评。

入学后，又出了一个题目，写一篇中国报纸副刊的学术访谈。董岩对于报纸并没有深入的了解，心里直打鼓，赶紧跑到图书馆查阅资料。

可查完资料，更没底了：系统的、可参考的资料少之又少。怎么办？梁衡让她抓紧时间查阅报刊发展史上所提及的有关副刊的资料，再看一看《人民日报》的《大地》副刊，从版面的角度找找感觉，将历史和现实结合起来，就容易写了。

一个月后，董岩完成了一万五千字的学术访谈，诚惶诚恐地等待审阅。老师看后毫不客气地大笔一挥：框架不明，脉络不清，需要大改！他批评说，写文章一定要先理好框架，定好题目，不能像散文一样四处发散。

老师一针见血地指出了问题所在，学生也顾不上受伤的自尊，埋头继续修改。经过前后三次大大小小的修改，终于完成了一篇深度访谈《新闻树上的花朵：梁衡谈报纸副刊》，在《传媒》杂志发表。

2003年7月，梁衡（中）与学生陈新华（左一）、董岩（右一）在清华大学新闻与传播学院参加《梁衡文集》座谈会

来自新闻一线的梁衡和一般的博导不同。

他主张且研且习，理论与实践并行。他常说，自己对新闻理论的研究，就像毛泽东所说，是在战争中学习战争。虽然平时忙于报社业务和管理，没有很多时间授课，但他始终坚持一条，那就是在实践中探寻规律，努力把方法传给学生。从不空谈学术。他曾多次对学生说，要在实践中找问题，带着问题来研究。他认为，学术要讲求平等，鼓励争论，不能一团和气，要敢于挑战权威，要有自己的观点，不能人云亦云。

他给学生开的书单也不一样。

除了新闻传播学专业书，还列了艾思奇的《大众哲学》《毛泽东选集》《历代文选》等。他希望学生能有一个标杆，有扎实的古文基础，多学习多借鉴这些通俗易懂、深入浅出的文章，养成好文风。有时学生拽一些词，动不动扯上几个英文单词，他会生气。他讨厌华而不实的文风。他说，文章是写给别人看的，千万不能不知所云，故弄玄虚，要老老实实分析问题，清清楚楚讲道理，最好还能把道理讲得精彩，让人爱看。

身为名师的学生，难免会让人另眼相看，但压力也不小，怕给老师抹黑。

来向武是来自陕西富平的农家子弟，2006年成为梁衡的学生。入学前，他考上了梁衡的博士这一消息早已传遍了朋友圈。亲朋好友十分羡慕，有人甚至说，这么厉害的老师，毕业时是不是啥样的工作都随便让你挑？

怀揣着谨慎、期待又雀跃的心情，来向武在中国人民大学新闻学院开始了新的生活。依惯例，每年新成员加入进来，都要聚一下。于是来向武拎着从老家带来的西凤酒，在万寿路一家干净的饭馆，见到了导师和同门。

梁衡老师没有架子，很随和，他招呼学生们坐下，然后话题自然转到了他的文学创作上。学生们七嘴八舌，没有什么顾忌。说到高兴处，老师会抿一口酒，抽上几口烟助兴。在接下来的日子里，来向武不时向老师汇报自己的学习情况，偶尔也去家里。先生施教，弟子是则，温恭自虚。

"报国之心不可无有，治学之志不可稍息"，梁衡常以此自勉。这是儒家传统"穷则独善其身，达则兼济天下"的现实版本。他主张，教育不能脱离实际，研究不能止于书斋。希望把这种精神传递给学生。

与在校的专职博导相比，他有独特的指导方式和培养要求。比如招考博士生，有一个不成文的规定，就是强调学生的实践经历。他认为，博士生一定要兼具理论与实践的双重身份与研究能力，须经过几年新闻实践的磨炼，对新闻与社会有着切身的体会；同时还应有足够的知识积累与创新的潜力。他常提醒自己的学生，不要盲目迷信权威，要有独立思考的能力和挑战权威的勇气。

他很少在课堂上教学生，其传道授业解惑常常是在旅途、讲课、改稿中完成的。

身为人民日报社副总编，梁衡出差机会多。有时会带上一两个学生，言传身教，走一路讲一路，学生受益良多。

丁洪亮、董岩曾陪他去过湘西和贵州。

湘黔之地，山路弯曲，几天下来，路途颠簸，一路上，常常失眠的老师兴致勃勃地谈新闻、谈

2005 年，梁衡与学生丁洪亮、董岩
在湘西

文学，毫无倦意。尤其是沿途的各种树，他几乎没有不认识的，学生们却是疲惫不堪，不由得佩服快 60 岁的老师仍精力充沛，思维敏捷，

还有着孩子般的好奇、天真和热情。

在湘西，师生们一起在湍急的河里漂流，感受自然的力量；到贵州，在细雨中走访苗寨和古镇，听原生态的民歌。在天星桥景区，他的《天星桥——桥那边有一个美丽的地方》被刻字立碑，揭幕式上粉丝、记者将其团团围住，访谈文学创作规律。一路上，梁衡有感而发，即兴创作《贵州布依女》：

> 寨前谁家布依女，阳春三月赛歌去。
> 飞红湿肩浑不管，留得落花做嫁衣。[2]

几天下来，在丁洪亮眼里，老师早已跳出了学术的范畴，是边走边看边采访的记者，是观察细致、注重体验和积累的作家，是实践与理论并行，跨界新闻、文学与政治的学者，很有几分励志的意味。

对学者这个称谓，梁衡谦虚地说不敢接受。

他理解的学者，是占有了大量的资料、具有深厚的理论功底和缜密的学术体系的人。而他是一个大杂烩、万金油，涉猎领域虽广，有不少独创的理论和学术观点，但还需进一步系统化，属于广种薄收型。他说，这与自己心目中的学者尚有一段距离。

> 我有很多缺点。比如在学术上是一个传统派。对外国知识知道甚少，外语不好，也不喜欢外国文学。跟现在洋派的年轻人有代沟。思想方法上操之过急，脾气不好。[3]

梁衡一向敬重的学者有积极参与戊戌变法的梁启超[4]、敢说真话的梁漱溟[5]。说来也巧，他们都姓梁。

梁衡专门读过《梁启超传》，对其印象最深最敬佩的有五点。

一是一介书生，儒家修身齐家治国平天下的传统皆能传承。在清廷衰败之际，振臂一呼，公车上书，革新图变，成为维新变法的代表人物。作为资产阶级改良派的宣传家，他办过报纸，倡导新文化运动，支持五四运动。二是梁启超是中国历史上一位百科全书式的人物，退出政治舞台后仍在学术上取得了巨大成就。他涉猎广泛，在文、史、哲、经、法、伦理、宗教等学科均有建树，尤以史学研究为最。他在清华国学研究院上课，一上讲台便说，兄弟没什么学问，稍后又说，兄弟还有点学问。在 56 年的一生中，每年平均写作 39 万字之多，著述达 1 400 多万字。三是梁家九个孩子，教子有方，皆有建树，他曾给孩子们写信，署名都是"爹爹"，殷殷之语，如父如友。四是在协和医院做手术，疑被错割右肾，为了让更多的人接受西医，他在《晨报》上发表《我的病与协和医院》一文，公开为协和医院辩护。五是与老师康有为政见不同，两人吵过架，动过手，甚至撕破了脸，但关键时刻仍能顾念师恩。康去世，梁专门写了《公祭康南海先生文》，并现场宣读，肯定了老师伟大的一生。对于复辟一事，仍没有放过，他在悼文中说："复辟之役，世多以此为师诟病，虽我小子，亦不敢曲从而漫应。"

梁任公提倡趣味主义的人生观，对梁衡启发很大，他常常对学生说，培养人生的兴趣最重要。做事做学问，都能找到趣味，这样才有意思。

对于梁漱溟，梁衡推崇他具有"独立之精神，自由之思想"，是真正的士。

梁漱溟性情狷介，言行观点数十年如一；诲人不倦，一生磊落，宁折不弯。他学贯中西，知识渊博，无论是西方文化、东方文化，还是印度文化都擅长。24 岁就被蔡元培请到北大做讲师，一生著作等身，桃李遍天下，冯友兰、牟宗三、唐君毅、张岱年等都曾受教于他。

1917 年，梁漱溟任北大讲师时，完成了巨著《东西文化及其哲学》，显露入世济人的心怀，称"吾辈不出如苍生何"。他把解决中国问题的重点落实在社会改造上，办法是"乡治"。在成功说服军阀韩复榘后，梁漱溟得以在河南、山东开始他的"乡村自治"试验，尝试将西方现代化与中国文化融合起来。

梁漱溟与毛泽东同岁。

在 1953 年之前的 30 多年间，梁与毛之间有多次交往。

二人于 1918 年在北京地安门鼓楼大街豆腐池胡同杨怀中家相识；1938 年年初，梁漱溟一赴延安与毛泽东彻夜长谈；1946 年，梁漱溟二赴延安与毛讲叙自己对国内实现和平后的政见；1950 年年初，由川进京，成为中南海的座上客，毛泽东曾多次找他长谈。

提起在延安时两人的通宵争论，梁漱溟说："使我终生难忘的是毛泽东政治家的风貌和气度。他披着一件皮袍子，有时踱步，有时坐下，有时在床上一躺，十分轻松自如，从容不迫。他不动气，不强辩，说话幽默，常有出人意料的妙语。明明是各不相让的争论，却使你心情舒坦，如老友交谈。"

两人关系十分融洽，经常来往，有时谈得兴高采烈，有时又不欢而散。

1953年与毛吵翻之后，梁漱溟闭口。在他最后的岁月里，始终对"否定'文革'第一人""中国的脊梁""最后的儒家"这些称呼敬而远之。他说：知识分子有学术中人，有问题中人；他自己恰恰是一个问题中人。自己一生所做的不过是独立思考、表里如一而已。

在梁衡看来，梁漱溟放着北大教授不做，居然去搞乡村建设的试验，这是很不容易的。他讲儒家的义理，也不仅仅停留于课堂上的高谈阔论，而是到生活中尤其是乡村去实践。他是理论家，更是社会实践家。转型期的中国社会，需要梁漱溟式的人物。现在大部分知识分子为稻粱谋，有专业精神，但少有以天下为己任的担当。

梁启超、梁漱溟的学问之道，折射出梁衡的价值取向，那就是学者不仅要理论与实践相结合，还要有担当，不能止于书斋。

在学术领域，梁衡强调指导性与实用性相结合，注重理论研究的现实意义和社会价值。他一直试图从新闻的社会属性、功能和责任、新闻业发展规律、新闻管理机制、新闻队伍培养与规范等层面构建宏观新闻学的理论体系，服务于中国特色社会主义新时代。

梁衡最推崇毛泽东的文风。曾潜心研究，写过一篇《文章大家毛泽东》的文章，出过一本《毛泽东怎样写文章》的书。

说起毛泽东，他滔滔不绝。多次向学生建议，好好读一读《毛泽东选集》，学一学深入浅出、笑谈真理的文风。对于论文，他要求开门见山，直奔主题，不要东扯葫芦西扯瓢，切勿皮厚，要皮薄馅大。

陈新华、董岩都记得，在博士论文修改阶段，没少挨老师的骂。有时他看着论文，实在生气，抄起电话就是一顿劈头盖脸的臭骂，把学生吓得不轻，眼泪汪汪，半天不敢吱声。骂过之后，他自己也检讨，恨铁不成钢之心太切，以后脾气上来了，要慢慢控制。

学生们深知，他凡事追求完美。包括做课件，既要提纲挈领，还要好看生动，信息量大。刚开始时，课件大都交给来向武完成。后来，梁衡自己慢慢学着做，学着画图、做表，遇到问题，就给学生打电话。有时出差讲课，临上飞机前，忽然想到有更好的方案，就一个电话打给学生，救急修改一下课件。听过他讲座的，都有一个很深的印象，梁先生不仅文章写得好，课讲得好，连课件也做得这么好！

学生问，学者最重要的品质是什么？

梁衡答，是创新。他说，文无新论，不虚即空。一个学者最可贵的品质是创新。尽管不可能总是发现新道理，在阐述旧原理时，也得有自己的新角度、新说法，给人启发和思考。

潮流有两种，一是大潮流，时代潮流，这是永远要紧跟的，顺之者昌，逆之者亡。二是小潮流，即一般所谓的"风"，不管是社会之风，还是学风。这主要不是跟，而是要创。因为你如果总跟，就永远没有你的个性，你的成就。[6]

他的探索之路，创新之花不断绽放。

1981年，发表《关于山水散文的两点意见》，首先对杨朔模式进行了批评，在以后发表的文章中又集中剖析了杨朔模式的历史背景、创作方法及消极影响，提倡"师法自然"的山水散文创作理论。

1995年，我国报刊管理和研究刚刚起步，梁衡提出的报刊的四个属性，即政治属性、信息属性、文化属性与商品属性，突破了长期以来观念上的束缚，有学者指出这标志着"新闻的商品性、媒介的商业性，在中国已经得到有限的承认"。

1996年，《新闻出版报》开展关于"消息散文化"的大讨论，他应邀为这场讨论写结语，却提出"消息不能散文化"。他认为，提倡消息散文化，就是新闻文学化，可能会在新闻写作上引起两点偏差：一是内容失实，二是形式的夸大导致新闻功能的削弱。

1997年，梁衡又对新闻的定义做了新的补充。他在《新闻传播》第1期发表的《关于新闻的定义》中提出：新闻是为受众所关心的新近发生的事实的信息传播。新闻三要素变成了五要素，即受众、事实、信息、时效、传播。此论一出，立即引起了学术界关注。有学者认为，这一修订的重点在于加了两个新概念，一是"受众"，二是"信息"，是以受众需求为依归、以信息为核心。在此基础上，梁衡将新闻分为三类：瞬间新闻、稳态新闻和预见性新闻。

1998 年，《人民日报》文艺部约稿，梁衡发表了《提倡写大事、大情、大理：兼谈文学与政治》。20 世纪 80 年代，其散文理论关注的是散文本质、内容与形式等论题，侧重于散文的审美价值；到了 90 年代，当散文从贴政治标签走向另一极端——远离政治时，他提出要"写大事、大情、大理"，开政治散文创作之先河，同时着手探索写作规律，总结了"三个原则"加"文章五诀"的创作规律。

2001 年 7 月，梁衡在鲁迅文学院讲授"文章五诀"，将写作手法归结为形、事、情、理、典五个要素。

这些标新立异的创见，引起了普遍关注，甚至掀起了轩然大波，对于文学创作、新闻实践和理论研究都产生了积极影响。

梁衡自称"打着灯笼走路"。在新闻界，他是较早借鉴科学研究方法并将之付诸实践的记者。在新闻这片"试验田"里，他以基本的新闻采访写作方法为切入点，不断提高认识和反映客观事实的能力，努力建构采访写作、编辑、管理三个维度的新闻方法论。这在他的"新闻四部曲"里得以体现。

他是个不折不扣的"功利主义者"。其理论探索往往源于实践需求，讲求学以致用。注重方法，强调针对性、实用性，不做无用功。

记者、作家、学者、官员的多重身份，使其学术版图不断扩张，由文学、新闻延及政治、人文森林，呈现出多学科交叉杂糅的特点。其学术走向，往往先对时弊加以批判，再从原理出发，厘清概念，然后建构方法论。新闻记者的职业特征，则使其学术研究呈现出深入浅出、生动通俗的特点，实践性强、针对性强，注重推演微观方法，杂而通有余，专深不足。

没有学院教育的框框束缚，学杂诸家，梁衡始终保持着自由自在的思维本色；加之丰富的实践经验，其治学之路被贴上了独特的标签。有学者认为，其新闻理论实践性强，在一定程度上削弱了学理性，系统性不足。也有学者提出，其学术思想重术轻道，侧重于新闻方法论的研究，基础理论的内在逻辑性有待进一步完善。

与他时有来往的中国人民大学新闻学院原院长郭庆光[7]教授，在一段采访中谈到了梁衡。

董岩：您怎么评价梁老师？

郭庆光：在当代新闻史上，他是一个醒目、值得大书特书的人物。做过一线记者，当过新闻官，也做过权威中央媒体的副总编，对媒体的理解、对新闻学术、对新闻学的理解，都与众不同。他是理论和实践结合得很好的学者。谈新闻时，与学界学者不一样，他不做八股文章，不论是"土八股"还是"洋八股"，而是来自实践，总结规律性的认识。在"新闻四部曲"里没有晦涩难懂、故弄玄虚的学术语言，所谈问题能引起大家共鸣。他对新闻现象的理解基于中国社会的新闻实践和中国国情，对马克思主义新闻观的理解，对新闻规律的认识，都符合国家实际情况。

董岩：您曾写过最畅销的教材《传播学教程》，您对学术写作有什么要求或者原则？

郭庆光：我有三不写。人云亦云不写，违心的不写，写出后影响别人的不写。比如影响学生就业的文章不写。

董岩：您跟梁老师私交怎样？

郭庆光：我们的交往主要是在学术场合或学生培养环节，私下来往不多，属于君子之交。

来向武：梁老师是兼职博导，工作很忙。我博士开题时，是在咖啡馆里，忙完了都没有吃饭。

郭庆光：兼职博士生导师是没有收入的，几年下来只有一些必须付费的环节，作为劳动报酬。记得他在新闻出版署期间，正是传统媒体发展最快的阶段，新闻业的发展，报业集团的成立，都在其任上，他不遗余力地推动新闻媒体改革与创新，做出了具体的贡献。[8]

2005年9月，梁衡在清华大学讲《新闻与政治》，提出"新闻与政治的四点交叉律"。

新闻与政治在本质上都是代表人民大众的意愿，政治称之为"群众"，新闻称之为"受众"。二者有共性，但具体运作中又各的"私利"，在新闻表现为"媒体利益"，政治表现为"集团利益"。

这个规律的实现要求新闻和政治都能大公无私，都切实站在人民的立场上。新闻和政治应既遵循自己的规律又尊重对方，在对立统一中存在和发展。

清华大学李彬教授点评说，关于新闻与政治的关系，他自己多有思索仍不清晰，梁衡将两者之间的关系讲清楚了。

过去社会上曾有一种说法：新闻无学，新闻浮浅，是狗熊掰棒子。梁衡多次告诫学生，千万不要被新闻无学所误导，这是一种偏见。

在文化的六个形态中，信息是最浮浅、最短暂、最易变易逝的。因此新闻人不可能如学者、专家、政治家、艺术家那样业务专深。但是，为了能把握、识别、传播信息于一瞬，他又必须有非凡的鉴别、决断能力与表达力。这就要说到新闻人的文化修养。他虽从事文化形态中六分之一的工作，却要以其余的六分之五为基础……他有深深扎在文化土壤中的根。一般来讲要有一条主根，比如你是时政记者，你要通晓政治知识；你是金融记者，你要通晓金融知识。还得有许多毛根、须根，文学、历史、哲学、美学、社会学等等，用各方面的知识来濡养自己。……而许多新闻人长期实践的结果也真的变成了学有所长的专家或可驾驭全局的帅才。一个好的新闻人最后必定是一个文化人。[9]

2017 年，中国人民大学 80 周年校庆之际，梁衡被选为八大杰出校友之一。他给自己的评价是"一个不停思索、求真务实的人大人"。

2018 年 5 月 9 日，在中国人民大学第 13 期校友讲坛上，梁衡告诉在座的学生：记者这个行当，干的工作就是为社会奉献。你选择了这个行业，就是要准备牺牲，准备付出，努力对社会做出贡献，在这个大背景下才能成就自己。

记者的思维一定要上升到理论思维，如果仅仅停留在实践阶段是无法提高的。好多记者出书，就是把自己的新闻稿合订起来，这种合集不是专著，它还是个易碎品，而且早已碎了，并没有阅读的价值。因为里面既无文学艺术的美，也无理论的思考。[10]

梁衡直言，要有记者的活跃，也要有学者的冷静。能不断思考，不断突破，不断有新发现和新思想。立足新闻，培育文学、政治之树，而不止于新闻，这是其成功之道。

他到 301 医院探望季羡林先生时，两人曾聊天说到学问。

谈到生僻的吐火罗语，梁衡问研究这个有什么用，季老回答说："学问不在于有用无用。"学生董岩在旁听闻此言有一丝尴尬，从中也可以看出两代学者不同的学术价值观。在梁衡看来，实用为学问的出发点。正如他为咸阳职业技术学院题诗：

> 天地咸知技有长，八千弟子卧龙岗。
> 不学子牙空垂钓，要挽天弓射天狼。

曾国藩说过，士人读书，第一要有志，第二要有识，第三要有恒。有志则断不敢为下流；有识则知学问无尽，不敢以一得自足，如河伯之观海，如井蛙之窥天，皆无识者也；有恒则断无不成之事。此三者缺一不可。

梁衡以用世之志，苦心经营，举一反三，用功之深，穷理之熟，融会贯通，而生根深叶茂之气象。

2016 年 6 月，梁衡（左二）在常州参加《觅渡，觅渡，渡何处？》一文发表20 周年纪念活动，与学生来向武（右一）、董岩（左一）及《中华儿女》杂志社的孙聚成（右二）合影

　　2002 年至 2008 年，他先后招收了 8 名博士生。除因意外不幸去世的王科外，修宇、罗赟等 7 名学生都从事与新闻传媒相关的工作。师徒微信群名为"梁门"，取意程门立雪，听老师谈古论今。老部下王淑军亦为人大博士，自动加入梁门。

　　自有新闻业以来，记者中出了很多作家，作家中还一直坚守在新闻一线的则寥寥可数。金代学者元好问在评价范仲淹时曾说："范文正公，在布衣为名士，在州县为能吏，在边境为名将。其材、其量、其忠，一身而备数器。"借此语而言先生，则是在学术为名家，在官署为能吏，在文学自成经典，在新闻独树一帜。其才、其量、其格，一身而备数器。[11]

［1］　摘自董岩对梁衡的采访，2017 年 8 月 21 日，北京万寿路甲 15 号。
［2］　梁衡：《贵州布依女》，作于 2007 年 3 月。
［3］　摘自董岩对梁衡的电话采访，2019 年 3 月 3 日。
［4］　梁启超（1873—1929），字卓如，一字任甫，号任公，又号饮冰室主人、饮冰子、哀时客、中国之新民、自由斋主人。清朝光绪年间举人，中国近代思想家、政治家、教育家、史学家、文学家。
［5］　梁漱溟（1893—1988），蒙古族，原名焕鼎，字寿铭。曾用笔名寿名、瘦民、漱溟，后以漱溟行世。原籍广西桂林，生于北京。思想家、哲学家、教育家、社会活动家、爱国民主人士，主要研究人生问题和社会问题，现代新儒家的早期代表人物之一，有"中国最后一位大儒家"之称。著有《中国文化要义》《东西文化及其哲学》《唯识述义》《中国人》《读书与做人》《人心与人生》等。
［6］　摘自董岩对梁衡的采访，2017 年 8 月 21 日，北京万寿路甲 15 号。
［7］　郭庆光，祖籍山东。曾在黑龙江生产建设兵团工作 5 年。中国人民大学新闻系硕士，日本东京大学社会学硕士、博士。中国人民大学新闻学院原院长，教授、博士生导师。著有《传播学教程》《大众传播效果研究大纲》，译著《回归原点》等。
［8］　摘自董岩、来向武对郭庆光的采访，2019 年 4 月 22 日，中国人民大学校园内。
［9］　梁衡．新闻与文化．新闻与写作，2015（11）．
［10］　摘自中国人民大学校友讲坛第 13 期《梁衡：一棵新闻树上结出的 5 样果子》。
［11］　来向武．梁衡作品中新闻与文学的互动滋养//马步升，朱明辉，王荣泰．永远的觅渡：梁衡散文研讨会论文集．上海：华东师范大学出版社，2017．

六、青山不老

北京·退休（2006—　）

从今天开始，我将离岗退役。革命先辈瞿秋白曾说过，人生白天工作，晚上睡觉是小休息；一生辛劳，最终离去是大休息。我再加一句，退休离岗，是中休息。事业诚可贵，生命价亦高。在我谨遵天命进入中休之际，愿各位在岗同仁多多保重，争取为国家为人民再健康工作 10 年、20 年、30 年。

是为话别。

——梁衡《在退休座谈会上的讲话》

2006 年 12 月，梁衡退休，发表中休感言，这一年他 60 岁。

恰逢秋冬之交，报社大院里绿荫渐稀，红叶满地，正是王勃所谓"潦水尽而寒潭清，烟光凝而暮山紫"。

虽然我喜欢绿色，常愿北京和我们这座大院四季常绿，但一绿之静总是不如四季之变。辩证法告诉我们，事物总在运动变化，永不停止。今天在这个会上，新同志初挑重担，老同志重负即去。这是辩证法的胜利，也是我们事业兴旺发达的表现。[1]

如师如友的老总编离岗，让部下有几分难舍。

开会宣布退休的那天是卢新宁[2]的生日。

当时她是《人民日报》评论部主任。会上，梁衡说："我心里像这秋色一样宁静，有一种交替换季的欣喜。"这句告别语，让几年后已是副总编的卢新宁记忆犹新。

报社大院的四季轮回，自此不再有梁总的身影，但之后编稿出报的日日夜夜，又总觉得他如在身旁。

在那段日子里，谁没有经过梁总的耳提面命？现在已经是局级以上的干部中，当年因他的批评、退稿而抹眼泪的也大有人在。但又有谁没有从他那里获得过难忘的教益？[3]

退休当晚，一位记者买了一批梁总的书，开了一个恳谈会，约了一批粉丝为他送行。

席上，年轻人大杯喝酒，平日里上下级之间的拘谨一扫而空，坐着的只是一名记者、作家与他的粉丝。

席间，梁衡吟诗一首：

别友人

七年纸上论文章，今夜把酒话衷肠。
事非经过不知味，情到别时方觉长。[4]

此后，他的另一个身份是全国人民代

2008 年，梁衡当选为第
十一届全国人大代表

表大会农业与农村委员会委员。

［1］ 梁衡. 在退休座谈会上的讲话 // 梁衡. 梁衡新闻作品导读. 北京：中国人民大学出版社，2008.
［2］ 卢新宁，江苏淮阴人，北京大学中文系古典文献专业硕士研究生，1991年参加工作。中共十八大代表。曾任人民日报社副总编辑，现任中央人民政府驻香港特别行政区联络办公室副主任。
［3］ 卢新宁. 新闻人的思想火把 // 梁衡. 总编手记：版面背后的故事. 北京：中国人民大学出版社，2018.
［4］ 转自史江民的微信日志，2017年6月。

1

《假如毛泽东去骑马》

梁衡善讲故事，这在他的散文作品中随处可见。这些故事，不是小说的虚构，而是有新闻的真实和历史的纪实。梁衡散文中的故事精彩、文字优美、现实性强。他主张文章要有"真靶子"，敢于直面当下。

读《假如毛泽东去骑马》一文，我看到了梁衡作家兼导演的才华。他以全新的视角推演历史，亦真亦幻，虚实相间。文章似电影，又像纪录片一样真实。[1]

退休后的梁衡没有沉寂。

充足的时间，思考的自由，使其散文创作转向更深的层面。他先后发表了《二死其身的忠臣彭德怀》《周恩来为什么不翻脸》《张闻天：一个尘封垢埋却愈见光辉的灵魂》《毛泽东翻脸》等一系列作品。其中，最独特的莫过于 2010 年 4 月 26 日在《学习时报》开始连载的《假如毛泽东去骑马》。

这篇跨越历史和现实的文章，在散文与小说、真实与虚构之间达成了一种微妙的平衡，弥漫着红色基因和魔幻图谱的双重意味。这篇政治题材的推理散文，在以写实著称的梁衡作品中，是特立独行，甚至是天马行空的，显现了高超的文字驾驭能力与对敏感题材的把控能力，在当前文坛实属少见。

它延续着梁衡教科书般的字句，但画风陡转，与以往有了很大的不同。有学者总结了三点：一是语言与思想的穿越，二是散文与小说的混搭，三是虚构与真实的糅合。[2]

以往梁衡的人物散文都是建立在确有发生的真人实事基础上，但《假如毛泽东去骑马》却是无中生有的。它源于一个人未能实现的愿景，而非一个真实的现实存在。这样一个充满了幻想的政治题材，梁衡却写得绘声绘色，有滋有味，恰如其事。在他用心构造的历史天空下，语言的穿越、思想的激荡，迸发出划破夜空、炫目而深邃的火花，带给人们仰望星空、回眸历史的默然与沉思。[3]

文章共四部分。在第一部分中，主要交代骑马的历史背景。第二、第三部分是骑马走黄河、长江。第四部分是对历史和现实的反思。整篇文章跨越 1925—2009 年的时空，主要集中于 1936—1972 年，整整 36 年。其中提及人物 20 多位，包括周恩来、陈云、梁漱溟、彭德怀、黄万里等人；大小事件 40 余起，包括延安整风运动、"大跃进"、庐山会议、三峡工程等。这篇文章浓缩了共和国历史上很多重大事件和重要人物。

如此大容量的时空穿越靠的是抽丝剥茧的推理，绵绵密密，平心静气，纹丝不乱。这种推理方法，可以追溯到他大学毕业分到内蒙古劳动锻炼时，接触到了日本作家高山樗牛的《月夜的美感》。文章的第二、第三部分，基于假定的毛泽东行程、思绪以及作者的猜想、分析而展开。

毛泽东的马背之旅从作者推断的 1965 年春成行了。

他打马上路了，行行走走，一个半月后到达郑州。因为是马队，不能进城住宾馆，便找一个依岸傍河的村庄宿营，架好电台，摊开文章、书籍。一如战争时期那样，有亲热的房东打水、烧炕，有调皮的儿童跑前跑后，饭后他就挑灯读书、办公。但我猜想毛这天在郑州的黄河边肯定度过了一个不眠之夜。[4]

马队、宿营，电台、房东，挑灯夜读，不眠之夜，这些都是依据毛泽东的习惯和个性所做的环环相扣的合理推断。此后作者话锋一转，提及"河南这个地方是当年人民公社运动的发祥地。这里诞生了全国第一个人民公社——信阳地区遂平县的'嵖岈山卫星人民公社'"。

接着时间倒流，回到 7 年前，1958 年 8 月 6 日晚，毛泽东到了郑州，7 日晨就急着听报告，接着又去视察山东，8 月底就在北戴河主持政治局扩大会议，正式通过了《关于在农村建立人民公社问题的决议》。继而再说，全国第一个饿死人的"信阳事件"也发生在此。时间再倒流到 5 年前，1960 年毛泽东不得不专门听取"信阳事件"的汇报，全国急刹车。之后推出"调整、巩固、充实、提高"的方针。一个郑州，引出了信阳、山东、北戴河，引出了全国；一个人民公社，引出了北戴河政治局扩大会议、人民公社决议、三年困难时期和八字调整方针……有形、有事、有情、有理，这种推理由点及面，逐渐扩张，勾画出了毛泽东马背之行的广袤时空。正是凭靠这种紧密有序的联系与推断，完成了空间的神游与历史的腾挪。

语言的穿越又营造出思想的穿越。

表面看来，《假如毛泽东去骑马》是以时空的游移为线索，但真正统领全文的却是一条思想的主线——调查研究、走群众路线。如文章的第三部分，毛泽东走长江贯穿着对现实的认识、对政治的反思。在四川，毛泽东与彭德怀相见、忆起田家英，在江西，反思庐山会议的论争……骑马走江河的毛泽东，调查研究，考察民生，听取意见，一路反思。以毛泽东骑马一事，牵出了一条思想的轴线，勾勒出共和国历史走向的概貌，以缜密的推理，实现了语言和思想的穿越。

在新中国成立 60 周年时发表的《假如毛泽东去骑马》，是顺着毛泽东自己曾五次提出要骑马走江河的思路，假设他在"文革"前的 1965 年到全国去考察（当时中央已列入计划），沿途对一些人事有了重新认识。就体裁而言，文章既有形散而神不散的特点，又有人物、故事情节和环境。也就是说，散文与小说的特征兼而有之，小说的结构、散文的写法。

作为对毛泽东后期错误的反思，对"文革"教训的沉痛思考和历史复盘，文章通篇表现一种反思、悔恨、无奈的惋惜之情。许多地方一言难尽，只好借诗意笔法。

如设想毛泽东在三线与被贬到这里的彭德怀见面："未想，两位生死之交的战友，庐山翻脸，北京一别，今日相会却在金沙江畔，在这个 30 多年前长征经过的地方，多少话真不知从何说起。明月夜，青灯旁，白头搔更短，往事情却长。"[5] 这里借了苏东坡词《江城子》与杜甫诗《春望》的意境。而写毛泽东再登庐山想起 1959 年庐山会议批彭的失误，写道："现在人去楼空，唯余这些石头房子，门窗紧闭，苔痕满墙，好一种历史的空茫……他沉思片刻口中轻轻吟道：安得倚天转斗柄，挽回银河洗旧怨。二十年来是与非，重来笔底化新篇。"[6]在诗意的写景后，又代主人拟了一首诗。毛泽东本来就是诗人，其襟怀非诗难以表达。

文中，写到毛泽东回到陕北，则用了当地民歌口语："他立马河边，面对滔滔黄水，透过阵阵风沙，看远处那沟沟坡坡、梁梁峁峁、塄塄畔畔上俯身拉犁，弯腰点豆，背柴放羊，原始耕作的农民，不禁有一点心酸。"[7]写到他内心的自责时，则用古典体："现在定都北京已十多年了，手握政权，却还不能一扫穷和困，给民饱与暖。可怜二十年前边区月，仍照今时放羊人。"[8]借了唐诗"可怜无定河边骨，犹是春闺梦里人"的意。

借鉴古诗词和民歌的写法，在梁衡的散文中并不少见。少见的是对一个人物、一件事和周围环境如此完整而深入的刻画与描述，这是小说的结构。尽管该文以逻辑推理的方法层层推进，但并不是说它不用形象思维。相反，作者更注意这一点，他以逻辑推理为线索，用形象做血肉，以故事为依托，以思想为核心，虚构了伟人毛泽东骑马走江河4年间的故事。

散文是表现一个真实的"我"，必须是真人、真事、真情，有独立的美学价值，不能注解政治、套政治之壳。小说，则是随心所欲、海阔天空地编故事，有人物、有故事、有情节，虚构是小说的本质特征。散文与小说的混搭，充满了理性的气质和戏剧性的张力，呈现出写实与魔幻的双重色彩，使这篇政治推理散文生动而不枯燥。上下勾连的若干个故事环节与众多人物，现实与思想的交锋，历史细节与宏大叙事互相映衬，显现出一条清晰的历史发展脉络。[9]

《假如毛泽东去骑马》是虚构与真实相糅合的产物。

这是在设想中出炉、虚虚实实、亦真亦幻的文章，虚构与真实交相辉映，充满了魔幻现实主义的色彩。骑马出发的时间在毛泽东早就设想好的1965年，他像战争时期那样，入住老乡家里，和人们聊着家常，随时随地调查研究……故事的发展是如此自然，就像是刚刚发生、确有其事一样。事实上，这仅是毛泽东多年来的一个心愿，但是作者却将一个并未成行的愿景写实了，写活了。靠什么呢?

靠"实"——以实写虚，避虚就实，虚实相间。在第一部分，骑马的历史背景中，主要写了 5 个史料:1959 年 4 月 5 日在中共八届七中全会上毛第一次提出骑马走江河的想法;1960 年专列路过济南，他再次提及骑马的想法;1961 年在广州提出用 3 到 5 年的时间骑马走江河;1962 年、1972 年再次提及此事。历史背景上，作者简述了 1965 年毛骑马那一年的形势:原子弹爆炸、全国学大寨、学大庆、学雷锋、学焦裕禄，国力增强，民心向上……在此铺垫下，建立在真实素材基础上的虚构，多了几分真实，毛骑马走江河便确凿可信、自然并不突兀。[10]

身为 20 世纪最伟大的诗人之一，毛泽东身上有一种豪迈、浪漫、自由的诗人气质，大开大合，不做常人之举。《假如毛泽东去骑马》虽弥漫着冷静反思的气息，但思绪又是浪漫自由的。这种浪漫的色彩，恰恰与人物毛泽东高度契合。文中，毛泽东走江河考察中国农业与其农民本性相结合，使虚构的内容有了真实的落脚点。

毛是农民的儿子，他和农民天然地血脉相通。他最初的秋收起义，十年的土地革命是为农民翻身。他穿草鞋，住窑洞，穿补丁衣服，大口吃茶叶叶子，捡食掉在桌子上的米粒，趴在水缸盖上指挥大战役，在延安时还和战士一块儿开荒，在西柏坡时还下田插秧。还包括江青看不惯的大口吃红烧肉、吃辣椒，他简直就是一个农民，一个读了书、当了领袖的农民。毛泽东一生的思维从没有离开过农民。[11]

文中毛泽东所到之地，皆以真实的素材包括史料、事件和人物为基础，一方面增强了文章的纵深感，另一方面也强化、放大了设想的真实性，令读者置身其中，信以为真。在毛泽东骑马到西北考察农业时，一连用了 5 个故事、6 段回忆。人物和事件提及陶鲁笳、护士长、东渡黄河等，以大量的事实做铺垫，消除了不确定性。毛泽东骑马走江河便不再是空想，而是如风吹绿波，有迹可循的。

如果说，马尔克斯的《百年孤独》"将真事隐去"，用魔幻的、离奇的、现实生活中不存在的事物和现象反映、体现、暗示现实生活，梁衡的《假如毛泽东去骑马》则是以真实的、具体的、历史的和现实的事物和人去营造一个并不存在的空间。而这个虚幻的空间并不是出于个人的喜好，而是对历史的反思和对现实的观照。[12]

人们不禁会问，这篇特立独行的文章是如何产生的？

其实此文纯属偶得。用梁衡自己的话说，这是靠几个山西人抬出来的文章。他第一次知道毛泽东"文革"前想骑马考察一事，还是2004年看到陈晋的一篇文章，后来就找到他。陈晋原是中央文献研究室副主任、中央党史和文献研究院院务委员、党史研究专家，曾写过《毛泽东的读书生涯和政治实践》，影响很大。他们同住在万寿路大院里。陈晋手头有一些关于毛泽东想骑马的资料。他说，作家写这个题目，可能会天马行空，过于浪漫虚空；史学家研究这个问题，则会枯燥乏味，理性有余而文采不足；这个题目你作最合适。建议以此为题材，写篇散文。题目固然好，如何写呢？梁衡冥思苦想了很久，始终未能动笔，就搁下了。

第二个山西人是时任中央党校副校长石泰峰[13]，石、梁二人均为全国人大代表，同在山西代表团。2010年"两会"期间，石泰峰看到梁衡常常伏案疾书，便问他在写什么。梁衡如实相告，把《假如毛泽东去骑马》的写作思路说了，石泰峰听后很激动，即说："写好了到我们《学习时报》[14]上发。"

2010年3月19日完稿，梁衡发给了石泰峰。4月26日，5月10日、17日、24日，《学习时报》连载首发《假如毛泽东去骑马》。此时距他最初接触这一题材已过去了6年。

第三个山西人是《新华文摘》[15]总编张耀铭，他一眼看中《假如毛泽东去骑马》，2010年第15期《新华文摘》便选登了此文。《新华文摘》是理论性、综合性、资料性很强的文摘半月刊，在促进思想解放、繁荣学术研究、弘扬民族文化等方面，备受知识界关注。梁衡感慨地说，感谢三个老乡，鼓励自己去写去刊载这篇文章。这需要勇气和魄力，更需要眼光和觉悟。没有他们，就没有这篇反思深刻、政治敏感，有走钢丝之嫌的文章。[16]

《假如毛泽东去骑马》发表后，荣登中国散文学会2010年全国散文排行榜榜首，但并没有像《觅渡，觅渡，渡何处？》和《大无大有周恩来》那样轰动。

读者的反响，呈现两极化的特点。一种观点是《假如毛泽东去骑马》延续着作者心怀天下、铁肩担道义的传统，从事多年新闻工作，又任人民日报社的副总编，以如此的真挚与胆量，写出如此反思历史的好文章，令人敬佩。一种观点则认为此文小题大做，毛泽东骑不骑马与国家的命运并不相干，文章流于表象，没有抓住根本。

对于读者和外界的评论，梁衡并不担心。这篇他自认为最满意的文章，就像是文学试验田，要经受读者和时间的检验。语言与思想的穿越、散文与小说的混搭、虚构与真实的糅合，这些创新的元素，还需要慢慢体会。

2004年偶得的线索，沉淀了6年后才横空出世。比起《大无大有周恩来》20年的积累，《觅渡，觅渡，渡何处？》6年的思考，这篇文章的创作周期并不算"漫长"。2004年，在《党史文献》上，他第一次发现了陈晋写的毛泽东骑马走江河这一素材。此前，尽管写过关于毛泽东的一些文章，如《这思考的窑洞》《红毛线蓝毛线》，积累了不少资料，但苦于素材单薄，头绪散乱，无从下手。

梁衡说，写作就是从无到有，要靠作家积累的材料和独到的思想。在中国人民大学读书时，一入学的训练就是手抄卡片。工作后他专门做了一个半人高的卡片柜，像中药店的药柜，里面存放着大量的资料。此外，他还常做实地调研，找寻第一手材料。2005年，梁衡去陕西访问农民思想家杨伟名的故居，找到了不少资料。2006年赴贵州（我曾陪同），考察了彭德怀在六盘水三线建设的办公旧址，他询问了不少细节，沉思良久。2007年，退休后，想继续着手这个题目，就给中央党史研究室的同学张启华打了电话，让她帮忙找出复印材料。后来有机会和作者陈晋当面了解此事。二人一起吃了饭，谈得很高兴，陈晋鼓励说，好货无人识，梁衡你应该写这个题目，我们搞文献研究的写不出来。[17]

在2009年的笔记中，梁衡理出了假如毛泽东去骑马的7个重要节点。

①1959.4.5　上海八届七中全会　一天60里，30里骑马，30里步行。

② 1960.3.22　济南　与舒同、杨得志走两条河。

③ 1961.3.23　广州中央工作会议上五年计划。

④ 1962.4　对秘书说，你先去，我随后到。

⑤ 1964夏　在北戴河，开始准备工作。(71岁) 游泳和骑马，骑兵队。

⑥ 1964.8.5　"北部湾事件"。6日晨，"要打仗了，我的行动重新考虑。"

⑦ 1972年初，毛泽东大病一场："去黄河还是有希望的。"

随后，梁衡列出了1964—1969年的关键词：水利、三线、农村生产关系、生态、学大寨。围绕这些主线，把6年来积累的史料、素材和事实一点点串起来，思路渐渐清晰。

2009年，新中国成立60周年之际，一些媒体请梁衡出面写一篇有分量的纪念文章。

他自感时机已经成熟，于是着手写作。

2010年春，在全国"两会"上，梁衡灵感迸发，前后仅用了15天的时间，于"两会"结束后的3月19日，完成了12 000多字的《假如毛泽东去骑马》。

当初陈晋"毛泽东想骑马走江河"的一句话，6年后就这样变成了一篇一万两千多字的文章。6年与15天，不是简单的一组数据，它印证了梁衡的一句话，"文章是想出来的，不是写出来的"。

由于记者的新闻敏感优势，梁衡创作时题材总是抓得很准，从不为能否发表而犯愁。自1980年发表第一篇散文《恒山悬空寺》以来，在36年的文学创作生涯中，梁衡从没有过退稿的经历，往往一投即中。如此百发百中的平顺，称得上是文坛传奇了。往往他的许多文章正在酝酿或写作中，便被各种报刊抢先"订购"。就像这篇《假如毛泽东去骑马》。[18]

作文三章[19]（之一）
文章从来无中求，耻踩前人脚印走。
语不惊人死不休，篇无新意不出手。

梁衡是以山水散文创作步入文坛的。

1982 年，他发表成名作《晋祠》，当年即入选中学语文课本，从此开始了山水散文创作时期。同时，他又开始研究散文创作规律，批判杨朔散文模式，提出了散文美的三个层次。

1996 年，发表了《觅渡，觅渡，渡何处？》，步入人物散文创作时期。1998 年，在《人民日报》发表《提倡写大事、大情、大理》，批评针眼窥天、杯水波澜、无病呻吟的散文创作。2001 年，提出"文章五诀"。

2010 年，发表《假如毛泽东去骑马》，此时正值其人物散文创作的成熟期和瓶颈期。

此后，开启人文古树的创作。

此前，已创作影响最大的《觅渡，觅渡，渡何处？》《大无大有周恩来》。理论方面，已发表《文章五诀》，提出了形、事、情、理、典的文章作法。文学创作和理论研究日趋完善。这些文章，大都遵循这样一种结构：以具体生动的形或事为切入点，以"我"的视线为脉络，通过梳理人物复杂的史料，展现精神世界，实现历史与现实的跨界对话。人物散文创作形成了正面歌颂＋悲剧性命运的模式。如《二死其身的忠臣彭德怀》《张闻天：一个尘封垢埋却愈见光辉的灵魂》。

但梁衡并不满足。他是一个自讨苦吃、自己跟自己过不去的作家，总是试图打破自己，重塑自我。

毛泽东骑马走江河这一素材恰到好处地出现了，本身它是棘手的、不易表达的，毕竟这只是一个未能实现的意愿。而梁衡和他的历史人物创作也急需突破。现实的需要，促成了他与"假如"一文的相遇，由此产生了一篇奇文。

如何写？用什么方法？是散文的写法，还是小说的形式？

经历了一个个不眠之夜，他终于找到了一条新路：以小说的结构与散文的写法，二者混搭，有节奏，有主线，有人物，有故事，步步推理，避虚就实，以实写虚。这种写法在此后的《长城柳》《死去活来七里槐》中亦有所尝试。

我问过梁衡，您最满意的是哪部作品？他的回答是《假如毛泽东去骑马》。的确，体裁的突破，探讨式的党史研究，对毛泽东、对新中国历史的反思……这篇 12 000 多字的文章中,有许多探索和创新。[20]

　　散文与小说的混搭,通篇散发着历史的反思和散文的美感,在思考中有扼腕叹息,有对悲剧人物的崇敬,也有对毛泽东晚年错误的遗憾。

　　与以往关注于人物人格与命运有所不同,《假如毛泽东去骑马》关注的是领袖与国家命运,格局更大,反思力度更强,更有分寸感。文章既直言积极的因素,也不讳言反面的教训:"历史不能重复,但是可以思考,在思考中寻找教训,捕捉规律,再创造新的历史。一个没有英雄的民族是悲哀的民族;一个犯了错误而又不知反思的民族是更悲哀的民族;一个学会在失败中思考的民族才是真正了不起的民族。"[21]

　　显然,他的视野已经扩展到生态环境、历史文化与国家民族命运。文章并不局限于对伟人的性格与命运的剖析,而是投射到对整个民族、国家命运的反思。但反思历史的不止他一人,为何梁衡独得其新、独得其深呢?

　　一是站得高些,能看到全局;二是常处于矛盾的核心,能看到事情的本质;三是这个位置要求人要有一种责任心,如果你不自私、肯负责的话就会常处于一种忧国忧民的状态。这些对写作都有好处,它会使你一下子跳出小圈子,能直奔大事、大情、大理,作品的反响也会大些。[22]

　　马尔克斯在诺贝尔奖颁奖礼上的演说辞《拉丁美洲的孤独》中曾这样表白:以真正繁荣的理想,来改变貌似繁荣的现实。

　　梁衡不是一个悲观主义者。他的反思不是灰暗的,而是明亮的,他说:"不要忘了,正是'文化大革命'之后的大思考才成就了今天的复兴。"他是一个向大众传递美和思想的、孤独的乐观主义者。[23]

[1]　史江民.文如其人真梁衡//马步升,朱明辉,王荣泰.永远的觅渡:梁衡散文研讨会论文集.上海:华东师范大学出版社,2017:195-196.

[2]　董岩.梁衡的《假如毛泽东去骑马》是如何写成的.西部学刊,2016(7).

［3］　同注［2］.

［4］　梁衡. 假如毛泽东去骑马. 北京：人民日报出版社，2011：3.

［5］　同注［4］11.

［6］　同注［4］13-14.

［7］　同注［4］8.

［8］　同注［4］6.

［9］　同注［2］.

［10］　同注［2］.

［11］　同注［4］.

［12］　同注［2］.

［13］　石泰峰（1956—　），山西榆社人，1974年5月参加工作，1982年6月加入中国共产党，北京大学法律系毕业，研究生学历，法学硕士。曾任中央党校副校长，江苏省委副书记、省长，宁夏回族自治区党委书记、自治区人大常委会主任，内蒙古自治区党委书记。现任中央政治局委员、中央书记处书记，十三届全国人大教育科学文化卫生委员会副主任委员，中国社会科学院院长、党组书记。

［14］　《学习时报》，1999年9月创刊，由中共中央党校主办，面向全国，服务全党，是国内外公开发行的全党唯一专门讲学习的报纸。

［15］　《新华文摘》，由新闻出版署主管、人民出版社主办，是大型理论性、综合性、资料性文摘类权威期刊。1979年《新华月报·文摘版》出版，1981年改为《新华文摘》，2004年改版为半月刊。

［16］　出自董岩对梁衡的采访，2016年3月10日，北京万寿路甲15号。

［17］　同注［2］.

［18］　同注［2］.

［19］　2006年3月31日写作。

［20］　同注［2］.

［21］　同注［4］15.

［22］　梁衡. 梁衡文集：卷三：为文之道. 北京：人民教育出版社，2002：200.

［23］　同注［2］.

2

鲁奖风波

　　第六届鲁迅文学奖被认为是近年文学评奖的最大丑闻。先是阿来和岳南这两位深受读者喜爱的作家一票未得，接着是评委被告知不能投梁衡先生的票，原因是梁先生的散文中提到了中共党史上的敏感人物张闻天，而引发全社会关注的，则是以雷人的打油诗获奖的四川大学博士生导师周啸天。[1]

　　谁也不会想到，生前备受冤屈的张闻天，在他去世多年后，一篇写他的文章，竟然会连累作家获奖，还掀起了一场轩然大波。

　　《张闻天：一个尘封垢埋却愈见光辉的灵魂》在我写的红色题材散文中是难度较大的一篇，也是磨难较多、自身故事较多的一篇。中共从建党到建国，一共二十八年。张闻天从1935年1月遵义会议后任党的总负责人，直到1945年7月中共七大后正式卸任，就占了十年，横跨土地革命、抗日战争、解放战争三个时期。这样一个人物却长期悄无声息，鲜为人知。[2]

　　《张闻天：一个尘封垢埋却愈见光辉的灵魂》发表前后磨难不少，堪称传奇。

　　2011年元旦，梁衡上庐山采访，2月春节时写成，5月在《北京文学》发表，当即引起社会反响。7月，正值中国共产党建党90周年，此稿备受媒体关注。张闻天孙女特来拜访作者。

　　2013年1月，梁衡散文集《洗尘》出版，此文被收入书中。

　　没想到，2014年的鲁奖风波，梁衡和他的这篇文章被卷入其中，以另一种方式引起了关注。

当时梁衡已退休 8 年，68 岁的他早已远离了名利是非，一心专注于创作。

他参评的《洗尘》一书，呼声很高。

《洗尘》是继《觅渡》后的又一部文集，2013 年由中国人民大学出版社出版。书中收录了《假如毛泽东去骑马》《张闻天：一个尘封垢埋却愈见光辉的灵魂》等文章。

梁衡是评奖专业户，担任过各种奖项的评委，曾任两届鲁迅文学奖评委。他也是获奖专业户：曾获"赵树理文学奖"、"中华散文奖"及中宣部"五个一工程奖"。

对于鲁迅文学奖，作家都很看重。

2014 年 8 月 11 日，鲁迅文学奖揭晓，《隐身衣》等 34 部作品获得了 7 个奖项。

梁衡的《洗尘》意外落选。

人们还未来得及向获奖作家祝贺，光环就被质疑之声遮蔽。

此后，一波又一波的质疑声没有消停过。《中国青年报》的《鲁奖之争，到底发生了什么》记录了这一过程：

鲁奖结果公布不久，诗人周啸天火了。"一个叫周啸天的诗人居然获了奖，气得我拍案而起"，"侮辱公众智商，简直是诗歌的耻辱"，大家对周啸天的评价几乎一边倒。

其实，在获奖名单公布之前，就传出了结果。

《洗尘》中一篇文章有这样一段话："历史有时会开这样的玩笑：一个胜者可以成就功业霸业，为自己建造一座富丽堂皇的宫殿，把他的对手打倒在地并踩在脚下；但历史的风雨会一层一层地剥蚀掉那座华丽的宫殿，败者也会凭借自己思想和人格的力量，重新站起身来，一点一点地剥去胜者的外衣。这就是历史唯物主义。"评奖关键时刻，有人给评委打了招呼，说书中收有关于张闻天的文章不合适。

后来，梁衡在《我写〈张闻天〉》一文中提到，张闻天在历史上长期受到不公正待遇，张案又是"文革"中的重大冤案。中央对给张闻天平反的态度是坚决的，事实也是清楚的。他在《张闻天：一个尘封垢埋却愈见光辉的灵魂》一文中还特意概括叙述了一段话，论述了这一事实：

他去世后三个月"四人帮"倒台，三年后中央为他开追悼会平反昭雪。邓小平致悼词曰："作风正派，顾全大局，光明磊落，敢于斗争。"1985年，在他诞辰85周年之际，《张闻天选集》出版，1990年，在他诞辰90周年之际，四卷本110万字的《张闻天文集》出版。到2010年他诞辰110周年之际，史学界、思想界掀起一股张闻天热，许多研究专著出版。2011年《人民日报》出版新年第一期的《文史参考》杂志，封面主题是："遵义会议后中共最高领导人不是毛泽东而是张闻天"。《北京日报》刊出建党90周年特稿《张闻天在中共党史上的十大贡献》。[3]

文章发表后3年，第六届鲁迅文学奖评奖，《洗尘》一书送评。前几轮投票都是高票，已经"入围"。

《洗尘》书影

梁衡：就在最后表决的前夜，评委突然被打招呼，书中《张闻天：一个尘封垢埋却愈见光辉的灵魂》一文涉及"文革"，不能得奖。之前13个评委，已全票通过《洗尘》提名，打完招呼之后，仍有4个评委坚持结果，但一夜之间，以4票落选。评奖结果公布后在社会上引起轩然大波，我立即向作协领导核实，此"招呼"既不是来自上面，也不是作协党组决定。而主持者却装聋作哑，始终不敢出来做一句解释。

董岩：您对这个结果怎么看？

梁衡：其实评不评上奖已不重要了。最让我不能接受的是，张闻天中央已经平反，但还有人拿这个做借口。媒体更加议论纷纷。暴露出一些问题：思想的腐败、评奖制度的腐败。没有想到张闻天会被鲁迅关到门外。[4]

几天来，梁衡的电话被打爆了，一是朋友的"慰问"电话、短信，二是媒体采访的电话。有些评论开始在网上流传。

（8月12日）中国青年出版社李钊平：梁总好，刚看到鲁奖散文杂文奖名单。不想贬低获奖作家们，但作为一名关注当下散文杂文的出版人，我以为五人的作品成就及其影响加在一起，大概也没有您一个人大。这样的结果很搞笑。

（8月14日）杜耀峰（《陕西日报》原总编、社长）：梁衡散文怎么了？满以为梁衡老师这次拿鲁迅文学奖是天经地义的，没想到最后竟因《张闻天》一文被砍，确实费解！文章发表时我读过，主要写张闻天从一中共总书记，到后来不断被贬、遭斗、受迫害的经历，文中几点特别能体现张为人正直、厚道、不整人、不迫害同志的优秀品质。我当时就觉得文章很有分量，是在倡导人们坚守情操，坚持真理，尊重事实，敢讲真话。文章的这种思想性对当时浮躁的意识，当是一剂清苦良药。真没想到这次评鲁迅文学奖竟刷掉了梁衡！而且竟能因写张闻天的文章刷掉了梁衡？！费解呀！

（8月15日）四川陈焕仁（四川省新闻出版局原局长）：梁衡曾任新闻出版署副署长、人民日报社副总编，可以说一辈子都在为执政者把关，头脑里早已装满了各种禁忌，结果写的散文杂文因涉及"文革"，在鲁迅文学奖评选中仍然犯忌而不许评奖！

对于饱受"争议"的《张闻天：一个尘封垢埋却愈见光辉的灵魂》，一些网友愤愤不平。

梁衡的这篇文章是不是真有什么政治问题呢？这篇文章至今仍挂在中国共产党新闻网上，大家可以去看看。我仔细看了两遍，以我多年党报编辑的经验来看，不仅没有任何问题，而且是一篇观点符合中央精神，文字清新流畅，娓娓道来的好文章。

3天后，梁衡决定不再"装聋作哑"，发布了《关于鲁奖落马的告白》，称在投票前，评委们被"打过招呼"。

鲁迅文学奖评完已经三天。《洗尘》一书先一路顺利入围，后突然落马。我本想再一句话不说，但是朋友们、热心的读者、粉丝、出版家、编辑、教师们总是问，我猜想，因为许多文章他们是读过、编过、评过，也是作为教材讲过的，就想急于对个标准答案。我不能总是装聋作哑，对人不敬。那么，就只说一句吧，是书中的一篇文章《张闻天：

一个尘封垢埋却愈见光辉的灵魂》惹的祸。网上就有，大家可以自己去看。这是一篇批"文革"的文章。写张闻天怎样在庐山会议上抗争，在"文革"中抗争，在牛棚里怎样夜读鲁迅，最困难时怎样还手抄了鲁迅的这段话安慰自己：

> 只要能培一朵花，就不妨做做会朽的腐草。
>
> 革命者为达目的，可用任何手段的话，我是以为不错的。所以即使因为我罪孽深重，革命文学的第一步，必须拿我来开刀，我也敢于咬着牙关忍受。杀不掉，我就退进野草里，自己舔尽了伤口上的血痕，绝不烦别人敷药。

张的本意是如"文革"真有意义，他愿受苦，愿被拿来开刀，成腐草。同理，如今天拿这篇文章来开刀，鲁奖就能走出困境，我愿意。只是，没有想到"文革"遗风，没有想到张闻天会被鲁迅关到门外。

另外，为什么三天过去了还是要说句话，就是我必须公开对那四位在打招呼后，仍然勇敢地坚持投我一票的评委表达我的尊敬和感谢。不能人家站了出来，我却在草丛里装哑巴。这四位同志并不是什么专门的作家、评论家。三位报人，一位艺术家，大报风范，寒梅风骨。我竟然没有得零票。

2014 年 8 月 14 日

当梁衡在北京酷热的 8 月写此短文时，恰巧看到中国作协办的《作家文摘》（2014 年 8 月 1 日）上的一段文字：1936 年鲁迅逝世后，"张闻天为中共起草了哀悼鲁迅的三个文件：《为追悼鲁迅先生告全国同胞和全世界人士书》《致许广平女士的唁电》《为追悼与纪念鲁迅先生致中国国民党中央委员会与南京国民党政府电》，并即电示刘少奇，要求在国民党统治区组织群众性的追悼鲁迅的活动……张闻天为鲁迅和鲁迅丧事所做的一切，其真相长期被遮蔽"。

梁衡看罢，不禁一声叹息。

鲁奖风波继续发酵。

2014 年 8 月 16 日，阿来将自己的质疑写成文章公开发表，针对评奖体例、评奖程序和作品质量上的争议三问鲁奖。

在鲁奖结果公布之前，陕西省作家协会副主席朱鸿以一篇《告别鲁迅文学奖》宣布与鲁奖"决裂"。他在文中称："不要让拙劣的作品和它残次的作者糟蹋一位伟大的先生吧！"梁衡认为："连日来对鲁奖的质疑已超出文学，而涉及公平、正义和导向。"[5]

这是鲁奖第一次公开最后一轮评委实名投票，也是它第一次面对如此大的舆论旋涡。

董岩：您当时为什么不再沉默，要发布《关于鲁奖落马的告白》呢？

梁衡：我一定要说，不能假装不知道。就像我在告白中所说，不能人家站了出来，我却在草丛里装哑巴。我必须公开对那四位在打招呼后，仍然勇敢地坚持投我一票的评委表达我的尊敬和感谢。我竟然没有得零票。

董岩：我注意到，不少人表达了对鲁迅文学奖的质疑、批评和失望。其中不乏一些过激的评论。

梁衡：还是要客观、冷静地看待这一问题。有问题，但不能把问题绝对化。我希望说明真相，对评奖制度进行改善。没想到的是，《张闻天》一文中引用鲁迅的一段话，却被鲁奖否定了。[6]

后来，有学者选取5位第六届鲁迅文学奖散文奖获得者作为对照，通过关键词搜索，了解梁衡等作家在网络空间的表现（未考虑重名情况），特别是在网络公共话语空间的受关注程度，为作家研究提供了一个新视角。结果发现，不论是百度搜索姓名、百度搜索作家名散文，中国知网全文检索作家名，还是豆瓣网读书检索作家图书品种，梁衡排名都遥遥领先。

就散文成就而言，梁衡落选肯定是一种遗憾。他的作品代表了极有特点的散文创作。没有他，中国散文园地显得不够全面，也不够客观。[7]

这场闹得沸沸扬扬的风波，在梁衡那里并没有掀起多大的涟漪，倒是让他越发看清了文学界一些作家对于文学与政治关系的认识与疏离。

在文学界，思想性、独立性缺乏，文学创作出现了两种倾向：一是远离政治；二是对政治理解肤浅，将政治标签化。[8]

每次鲁奖之后人们总是一窝蜂地评论诗歌的艺术水准，谁该上，谁该下。因为，诗歌通俗一些，也重形式美，好评说。但我倒是希望读者、评论家多关注一下作品的内容，无论是诗歌、散文、小说，也不必管入选的还是落选的作品，去做一点研究，为了文学。毕竟鲁迅还是思想家，这奖还顶着他的名呢。[9]

梁衡虽未获奖，其《张闻天：一个尘封垢埋却愈见光辉的灵魂》却掀起新一轮转载高潮，被《国家人文历史》等杂志重新发表，并附上了说明。

编者按：今年的鲁迅文学奖自 8 月 11 日揭晓以来，就面临着一波又一波的质疑。发榜当天，外界齐质疑诗歌奖获得者周啸天；8 月 13 日，参评报告文学类却得了零票的作家阿来公开表达了自己的愤怒。8 月 14 日，鲁奖事件继续发酵，《人民日报》原副总编辑梁衡在网上发表《关于鲁奖落马的告白》。他的《洗尘》一路入围"散文杂文奖"，但最后仅获得 4 票。原因是书中的一篇批"文革"的文章"惹了祸"，有人打了"招呼"，评委受到了压力，也差点遭到"零票"。他在《告白》中直指这是"文革"遗风，鲁奖更不该拿张闻天开刀。这篇文章即作者在中共建党 90 周年时发表的广受好评的《张闻天：一个尘封垢埋却愈见光辉的灵魂》。本刊特再次摘发，以飨读者。

经过多天的连续报道，在风口浪尖上的《洗尘》也被无意"炒热"，一时间市场供不应求。

出版社 8 个月内 3 次重印。

[1]　徐晋如. 鲁奖丑闻是件大好事.（2014-09-07）［2020-09-25］. http://www.aisixiang.com/data/77626.html.

[2]　梁衡. 张闻天：一个尘封垢埋却愈见光辉的灵魂. 北京文学，2011（5）.

[3]　梁衡. 我写《张闻天》// 梁衡. 我的阅读与写作. 北京：北京联合出版公司，2016.

[4]　摘自董岩对梁衡的电话采访，2018 年 10 月 5 日。

[5]　张黎姣. 鲁奖之争：到底发生了什么. 中国青年报，2014-08-19.

[6]　同注［4］.

[7]　摘自董岩对梁晓声的采访，2019 年 3 月 21 日，北京牡丹园。

[8]　同注［4］.

[9]　摘自梁衡《关于鲁奖的告白》（2014 年 8 月 14 日）。

3

踏遍青山找古树

一集之内，一生之中，少年才气发扬，遂为唐体，晚节思虑深沉，乃染宋调。

——钱锺书《谈艺录》开篇

2016 年 6 月 30 日，梁衡在大兴安岭冒雨采写《这最后一片原始林》。当时正值盛夏，大雨滂沱。他和夫人宋瑞芳身着厚厚的防护服，以避开危险的蜱虫。

也许我的姓氏中有一个"木"字，就特别地爱树。我的童年是在爬树摘果吹柳笛中度过的。树木是我的怀抱。以后长大了更知道，树木是人类、是地球的怀抱。树之不存，人将无处。[1]

2016 年 6 月 30 日，梁衡在黑龙江原始森林中采访，险遭毒虫进肉，平生第一次开刀。后面撑伞者为宋瑞芳

梁衡与树有缘。

他是在树的怀抱中长大的。

故乡满沟是树，自家院里也长着核桃树、香椿树。在山西当记者时，他采写林业新闻无数，得了不少荣誉。他采访 81 岁老人自己备好棺材、进山栽树，写下了《青山不老》，入选小学课本；采写《解进保自荐任林科所负责人　取得显著成绩》，获得了首届全国林业好新闻奖，位列 140 篇获奖作品第一。

他对树的热爱甚至到了不顾仕途的地步。

30多年前，他被列为省部级干部第三梯队人选，组织欲调他进京，他对组织部门说：如果能在山西省林业厅工作，给我权力多种树，我就不进京了。

当新闻出版署副署长时，有人到他办公室，送上一本装帧精美、足足24斤重的大书，讨其欢心，他大怒：花这么多钱，搞得这么豪华，得用多少纸浆，要砍掉多少树！

到了《人民日报》，他关注林业发展，大力报道福建在全国率先实行林权改革，亲拟编后按语《栽者有其权 百姓得其利》。去地方采访，关注的还是城市绿化。一次到春城昆明，主人陪他逛街，兴奋地说，我们这里山好水好气候好，他指着路边因扩街砍掉的树说，山好水好就是人不好，为什么砍树？回来还在报上写了一个短评。

他的小院里有不少树，大都是朋友带来的苗木，种下了，时不时地松土、浇水、修剪，打理得很是精心。

他的电脑里存储了天南地北各种树的照片和肌理特写，足有1 000多张。他对树的了解堪称专家，说起树如数家珍。如同为松树，"油松一束两针，白皮松一束三针，华山松一束五针"。一次出差，在宾馆，众人欣赏一幅玉兰图。大家讨论玉兰花到底有几片花瓣，梁衡脱口而出：最多九瓣。一查书，果然如此，举座皆惊。他甚至能亲自动手，嫁接苗木。一年教师节，有人送他红叶李，取桃李遍天下之意。但此树只能看叶没有果，他就与杏树嫁接，居然结了果，而且果大不易吹落。

梁衡离不开树。

他经常把玩的是一截花椒木，那是在北京怀柔红螺寺门口买来的。到外地出差，常收集各种木制品，比如小板凳、原木块、小树根、手杖。在院里还种了龙爪桑，截下弯弯树枝，插在一个歪脖罐子里，古朴别致，颇有禅意。

锻炼身体也离不开树。每天早晚，他在院里散步，打打拳，趁四下无人爬爬树，练练身手。不想一次跳下时正被老部下、时任人民日报社社长的杨振武看到，大吃一惊：梁总不得了，竟然还爬树！此后，梁总爬树趣闻传遍报社。

春天到了，梁衡拿着手机，在院里一路走，一路拍，不厌其烦地聚焦着盛开的迎春花、桃花、梨花、杏花，把照片收藏起来，慢慢欣赏。

在长期的记者生涯中，我常业余寻访一些大树、古树、奇树。在地球上的生命体中，有哪一种生命能像一棵树生存几千年，慈祥地笑着，看人类一代一代地生老病死，结婚生子。又像小孩子过家家一样，打仗争斗，签约交好。树木是超阶级、超党派、超国界的，是与人类共存并保护人类的生命体。所以左宗棠一边打仗，一边种树，后人常忘了他的战功，却记住了"左公柳"。[2]

干了一辈子新闻的梁衡，退休后任全国人大农业与农村委员会委员。

别人不解，他说正合我意。

对树、对森林的痴爱，终于有了一个正式归宿。

> 在伐木者看来，
> 一棵古树是一堆木材的存储。
> 在科学家看来，
> 一棵古树是一个气象数据库。
> 在旅游者看来，
> 一棵古树是一幅风景的画图。
> 而在我看来，
> 一棵古树就是一部历史教科书。[3]

2018年8月，商务印书馆出版的梁衡新著《树梢上的中国》在上海书展隆重推出。书中收录了人文古树散文22篇。除《吴县四柏》《难忘沙枣》外，均为2010—2018年的新作。会上准备的150本新书，瞬间被抢空。

《树梢上的中国》以时间为序，记录了从远古到当代的21棵（种）树。如陕西高寒岭上的中华版图柏、甘肃平凉的左公柳、宁夏海原的百年震柳、江西瑞金一棵怀抱炸弹的老樟树、湖南湘潭带伤的重阳木……他写与树交集的过往，写人，写事，一棵树就有了新的承载和意义，它是自然历史的见证者，是历史文化的承载者。

一棵古树，在梁衡笔下有了新的生命。他写河南三门峡死去活来的七里槐，赋予它形与魂。

> 可眼前的这棵槐树怎么也不敢让我相信它还是槐，这是一个成精的幽灵。它身重如山，杆硬如铁，整棵树变形、扭曲、开裂、空洞、臃肿，无论如何，再也找不到我脑海里槐树的影子。它真是一怪，"奇离古怪"。
>
> …………
>
> 1938 年 11 月，当这棵唐槐经历了千年的风雨，身心交瘁，孤守驿道时，眼前突然一亮。路上从西向东走过一个瘦高个的人，还有几个随从……这人就是刘少奇，他从延安来，要传达中共六届六中全会的精神，指导中共和八路军在河南的工作。[4]

读懂了树，就读懂了历史。从一棵唐槐，梁衡看到了唐玄宗、杜甫、刘少奇、彭德怀，时空从唐朝穿越到现代，在魔幻现实主义色彩的笔触里，他的树不再是沉默无言的木头，而是见证了中州大地天灾人祸的精灵。

72 岁的梁衡，创作风格大变。透过树木的年轮书写大自然的沧桑变迁，树、人、自然、历史、文化，一并成了新的创作主题，他称之为人文古树。大地赭石色和森林绿色，充溢着新的篇章。

> 我虽然是弄文学的，但总喜欢行走在文学的边缘去创新、猎奇。三十年前曾写过一本《数理化通俗演义》，那是在科学、教育和文学的三角地带，讲教科书里的科学故事。后来写政治散文，是用文学来翻译政治。现在又来到林业、历史和文学的三角地带，想再开出一块处女地。[5]

这是继山水散文、人物散文之后的第三次变革。1980 年 6 月发表第一篇散文《恒山悬空寺》，开始了 16 年的山水散文创作。1996 年 6 月，发表《觅渡，觅渡，渡何处？》，步入 20 多年的人物散文创作。2010 年 12 月，他创作《冬季到云南去看海》，开始了人文古树的创作历程。

董岩：为什么要写人文古树？是不是人物散文的创作遇到了瓶颈？

梁衡：其实写人文古树最早源于一个学术问题，跟文学没关系。2012年，当时我在全国人大农委工作。一次与国家林业局的官员座谈。我问旁边的资源司司长："你这个资源司管什么？"她说了一句很专业的话："管中华人民共和国国土上活立木的木材积蓄量。"我说："你只管树身上的木材积蓄量，那它身上附载的文化内容谁来管？"她盯着我看了有一秒钟说："你们知识分子就是爱琢磨问题。反正这个事现在没有人管。"[6]

没人做的事才有挑战性。

这一年，他走遍了陕西、内蒙古、江西、新疆、重庆、贵州，历经黄土高原、内蒙古草原、庐山、帕米尔高原、昆仑山、长江三峡、喀斯特大草原等不同的地质风貌。一路上，考察树木，查找资料，开始两方面的工作：一是学术研究，提出了人文森林的概念；二是从事"人文古树"题材的散文创作。

他倡导创立一门"人文森林学"，并提出，这门学科理论与实践并重，主要包括：一是森林、树木对人类行为活动的历史记录；二是森林对人类行为活动的影响；三是人类行为活动对树木、森林的影响，以便对人类生产、生活、文化行为做出合理规范；四是研究并实施"国家人文森林"工程；五是城市规划增加一个新的概念——"城市灰绿比"[7]。

在梁衡的规划里，实施"人文森林工程"主要包括三个内容：评选"中华人文古树"一百棵，确定有文化保护意义的"国家人文森林公园"，建设"森林生活示范小区"。其实，实施"人文森林工程"，就是借森林来保护文化，借文化来保护森林。

梁衡：迄今为止，人与森林的关系已走过了两个阶段。这就是物质阶段，砍木头、烧木头、用木头；环保阶段，保护森林，改善气候，创造一个适合人居的环境。但这基本上还是从人的物质生活出发。其实还有一个第三阶段，就是跳出物质，从文化角度去看人与树的关系。[8]

写人文古树，其实就是写人和树的关系、生态关系还有文化关系。考察树木如何记录历史，怎么影响人的生活，人又如何影响树。等于写树的列传。树木就有了文学、历史和自然的意义。[9]

　　《树梢上的中国》收录的第一篇文章是《冬季到云南去看海》。

　　这是梁衡 2010 年 12 月云南之行写下的文章。

　　本是一趟普普通通的云南腾冲之旅，却不经意间开始了踏遍青山寻古树之行。

　　普达措国家森林公园海拔 4 000米左右，是一方净土，有着别处看

2010 年 12 月，梁衡在云南香格里拉普达措国家森林公园

不到的风景。他披着棉大衣盘坐树下，在采访本上写写画画。此时，树上挂着一些轻柔的白色絮状物，学名松萝，俗称树胡子。那是空气质量最优的标志，稍有污染，它就会消失。午后的阳光穿过树枝，照在他身上，那一刻时光倒流，像是回到了故乡，回到了山水环绕、绿树成荫的小山村。光影流动之间，有种说不出的舒适和暖意，就像一个孩子回到了母亲的怀抱，安然，恬静。

　　董岩：写人文古树，是不是有归属感？

　　梁衡：对，有落叶归根的感觉，正所谓绿肥红瘦，现在红色题材写得少些了，回归自然。

　　董岩：您写人文古树是出于实践自己的理念？

　　梁衡：绝不是为创作而创作。我所有的创作都是针对具体的现实问题而有意为之。前一个时期山水散文，提出对杨朔散文的批判，更多的是对自然的热爱；第二个阶段人物散文，提出大事、大情、大理的文学宣言，是对政治与文学的探讨，用文学翻译政治；这一时期，提出人文森林的观念，然后一棵树一棵树慢慢地去写。[10]

　　历时 8 年，梁衡写就了《树梢上的中国》。

　　选书标准一向苛刻的商务印书馆，出版了这本书。

　　在梁衡眼里，树木是与语言文字、文物并行的人类第三部史书。

　　他曾说，我要写 100 棵树。

　　树成了他人生的关键词。

　　找树、看树、写树，成了他生活的主旋律。

他选树的标准很苛刻，从纵的方面看是历史里程碑，横的方面则是当地的地标。以树为媒，用老树来讲故事，讲正史上少有的名人大事。

找树的路上，风景多，故事也多。

2013年5月，梁衡在江西乐安县流坑镇找树。

这里是一条沿江两岸二十里长的老樟树林带。每一棵都要八九个人才能环抱。自宋代以来，这里就有保护树木的乡规民约，生态极佳。

他们一行去看古渡口，一只小白鹅紧随其后，跟着走了二里地，又跟着返回。梁衡特意在树下和小鹅留影，他笑着说，如果走回北京，它大概也会跟着我们一路走到天安门。除了小鹅一路相随，路上还有几条小鱼，那是鸟儿从河里叼起后，在树上吃时，不小心掉下来的。

2014年6月，江西婺源赋春镇，有一棵横跨水面1 600年的老樟树。当年岳飞曾在这里驻兵，留下诗一首："上下街连五里遥，青帘酒肆接花轿。十年征战风光别，满地芊芊草色娇。"梁衡特访此树。为其伟岸树身和勃勃生机所震撼，拍下了江南水乡千年古树的画面。第二年，横跨水面的巨枝就不堪重负而折断，那张照片便成了绝照，成了记忆。

2015年11月，梁衡在海南，偶遇两棵珍贵的腰果树被盗伐。他神色凝重，伸手摸一摸，伤口还有一点湿气。他不禁动容，在现场讲了几个保护树的故事：黑龙江一县委书记，路过一折断的树，急叫停车，脱帽致哀。浙江有风俗，村里有人不小心引火烧了树，就杀他家的猪，全村分食，名"杀猪保护"。梁衡此行本是给新闻界讲新闻文化，这一现场说法后，老朋友、省委书记罗保铭立即让他给全省的林业干部做了一场"森林保护"的报告。

3年后，2018年春节，他重访旧地，特意探访被盗伐的腰果树。看到它们重新发芽，已长到一人多高时，他咧开嘴笑了，站在绿意盈盈的腰果树下留影纪念，感叹其顽强的生命力。

找古树，要爬山，要田野考察，如同考古，比人物创作更辛苦，常常几年甚至十年，才能访得一棵合他标准的树。如在《人民日报》发表的文章中写到的左公柳，寻访时间前后加起来约十年。

他去古北口外的长城，找宋辽古驿道的一棵柏树。山中无路，四个人四把镰刀，在前面开路，就这样爬了三公里的路。两天下来翻了两座山。

在江西弋阳，方志敏当年打游击的万山丛中，为了找寻一棵罕见的连体树，他钻进茅草丛，深一脚，浅一脚，终于找到了这棵樟树、苦槠、红豆杉三连体树。

这时他才知，写100棵树，是根本不可能完成的。

2016年，正值红军长征胜利80周年，他到宁夏找树，将目光锁定在固原市西吉县。该县城南30公里处的将台堡，便是1936年10月22日中国工农红军一、二、四方面军会师之地，也是红军长征胜利结束之地。斯诺写《西行漫记》时曾在此采访一个多月。

梁衡想找到一棵与斯诺、与红军会师相关的树。他在一张老照片里发现了线索。聂荣臻、彭德怀、杨尚昆等很多红军将领站在一棵老榆树下一起合影留念。他心中一喜，一番了解，得知老榆树在1965年已被砍掉。后来又在原址种了一棵，算起来也有60年树龄了。在当地同志的陪同下，开了4个多小时的车终于找到了那个村子。

村委会主任很热情，介绍说，为了纪念长征胜利80周年，村子里修建了"怀平楼"（取彭德怀、邓小平的名字）。

梁衡赶忙问，那棵树还在吗？在哪里？回答说为了扩大红军广场，把树砍掉了。听了这话，一行人哭笑不得。为了纪念红军长征，却把红军树砍了！一棵红军树就这样消失了！

因观念、文化、经济利益而被毁掉的古树名木不是少数。

他除了心疼，就只有遗憾。

董岩：写树比写人难吗？

梁衡：写树更难。写人难在把握材料、尺度、分寸，写树难在寻树、查清事实，难在考古。

董岩：树是一种载体，记录了人的历史，不光是文化、政治、军事，还有自然变迁，折射的面更广。您的这种转型是不是与年龄、阅历有关呢？

梁衡：青年时接触河山，情感更热烈，写山水偏重审美；中年时写人物，是对历史、人物的深思，反思人与社会的关系；现在写人文古树，研究人和树的文化关系，自然、文化、历史、人与树交融一起，更沉淀、更丰富。是在国家搞生态文明建设、社会转型的大前提下，个人的转型。我的文学创作是与国家命运连在一起的。[11]

　　找树的路上也有危险。

　　2016 年 6 月 30 日，在黑龙江省绥棱县，梁衡和夫人宋瑞芳冒着大雨采写一片原始林。两人穿着厚厚的迷彩服，蹚过小河，钻树丛，探古树。

　　路上，护林员说，这里最可怕的是蜱虫，当地叫草爬子，对人的神经有严重的破坏作用，一定要小心。

　　第二天早晨，梁衡觉得不适，用手一摸，发现肩背部有一只硬壳虫，半个身子已吸入肉里。

　　早饭时，林业局局长说一定要在当地医院开刀取出，你回到北京，再大的医院也不懂这种虫伤怎么治，发病后会神经错乱的。原来在当地，每年都要打疫苗，从 5 月 1 日到 7 月 1 日为防护期，那天是 6 月 30 日，刚踩着红线。发病潜伏期为一个月。

　　他不敢耽搁，立即到医院开刀取出。不想，中午赶回哈尔滨后，一摸腰背后又有一只。于是又到省林业医院第二次开刀。回到北京后，黑龙江省林业局局长不停地打电话，问发烧了没有？直到一个月后，大家悬着的心才算落了地。

　　警报解除后，8 月 7 日，梁衡出现在陕西佳县赤牛洼村。

　　他住在当地 9 米深的大窑洞，睡了少有的好觉。唯一的缺点是没有卫生间，要到院外蹲旱厕，这是 30 年前他跑基层常遇到的。

　　晨起，赶上了多年未见的饭场。北方农村的农民端着饭碗在露天吃饭，

2016 年 8 月 8 日，梁衡在陕西佳县赤牛洼村饭场

叫"赶饭场"。这是乡村交流信息、联络感情的社交形式。一般会在村里某棵大树下。

梁衡对此并不陌生。小时候在农村,后来当记者下乡时,这种场景都很常见。他坐在石碾上,就和农民拉呱起来。有人递过一只大碗说,一起吃早饭吧。他也不客套,接过碗,就吃了起来。边吃边聊,还留下了一张乡味很浓的照片。

这次访树,梁衡意外发现村里有一座旧博物馆。超大的窑洞里收有 13 000 双穿旧的布鞋。他连呼这简直是一座万鞋墙,便写一文《万鞋墙》。

几天后,梁衡结束采访准备去机场时,忽听有人说山里有一棵巨大的野酸枣树,便调转车头去寻访。

酸枣是一种野生灌木,一般只有一根筷子粗。这棵野酸枣树竟一人无法合抱,已有 1 500 年树龄。中国是一个红枣国,全世界 98% 的红枣产在中国。联合国粮农组织曾给佳县颁发了"世界农业遗产保护地"的证书。红枣是由酸枣进化来的。那天他很庆幸,找到了世界红枣树的老祖宗。

回京后,即在《人民日报》上发表一篇《中国枣王》,文章开头就说:世界红枣看中国,中国红枣看陕北,陕北有个红枣王。

董岩:您创作起来是不是更松弛了?没有那么多禁忌了?

梁衡:不在旋涡里了。毕竟人文古树离现实远,不像人物写作,相对敏感的内容也少。目前看来,这种写法读者反响不错,打开了新的领域,没有停留于表面的美,而是挖掘思想、文化、历史内涵。黑格尔说,人和外界的关系有三种,第一种关系是毁灭利用,第二种是审美,第三种是深入研究。人文古树的创作其实已达到第三种。本身是一个学术课题,但我现在没有这个精力,它需要几代人去做。[12]

写树还激发了梁衡的绘画冲动。他翻山越岭采写一棵树,发表后总觉得文字还不能尽数表达内心的激动,于是就试着换一种方式,用绘画来讲树的故事。

在河南我碰见一棵唐朝的古槐,全身都是疙瘩,我一下就想到我们民族的苦难。杜甫在这棵树下写过《石壕吏》,抗日将士在树下流过血。

老槐的那种象征性用文字表达不出来，这样的感觉我不是第一次了。我在瑞金采访一棵1 100年的老樟树，它曾救了毛泽东一命。为捕捉灵感，当时我不由得随手在采访本上勾出了树形。我22岁大学毕业，在内蒙古当记者，躺在飞奔的卡车上看蓝天白云，看远处的牛羊，我感觉文字表达不出当时的心情，必须用画，当然最好是用音乐，潜意识里一直这样好多年，不觉已经70岁了。[13]

2016年8月10日，《人民日报》副刊发表了他手绘的百年震柳并题诗：

> 世纪大地震，地裂穿古柳。
> 一撕为两半，独木成对偶。
> 忍痛相扶持，含泪拭伤口。
> 根断须还在，树劈身不朽。
> 胸前旧疤痕，枝头新叶稠。
> 谈笑说旧事，脚下清泉流。
> 不觉已百年，一团绿云秀。
> 柔枝缝地裂，新绿染田畴。

梁衡手绘百年震柳图

2016年国庆节，有53名画家参加了在北京昌平下苑艺术家村举办的画展，梁衡是年龄最大的一位。开幕式上，他选择了一个不起眼的位置站着，他说："在绘画上我肯定是个小学生，向大家学习。"[14]

他的参展作品是四幅人文古树画和一幅书法。

画家一般是直接作画，他是先作文后作画。他给这四树图中的每一棵树都写过文章。这几棵树也因此"成名"，为当地带来文化效应和旅游效应，被称为"一文成景"。如陕西府谷县高寒岭上，建了中国第一个"人文森林公园"——"中华版图柏"人文森林公园。

他的跨界，让老友、美术评论家贾方舟吃了一惊。他说，梁衡在晚年开始图文并茂的创作大有可能。

他画画和写作一样，很节省纸张。每次作画前，先用 A4 纸勾几张草图，然后用炭棒画到专业素描纸上。他画了五幅画，用了五张素描纸，一张都没浪费。绘画给他带来的是安静和享受，不像写文章，每时每刻都在绞尽脑汁。他画树的最大优势，是对古树人文价值的深刻理解和把握。他很清楚，绘画只是一种补充和延伸，他不可能成为什么画家。

其实，不论找树，写树，还是画树，都为了圆一个梦。他说，一棵古树，就是一部绿色的史书，他希望以此推动人文森林这个新学科的建设，使森林保护上升到人文层面。

个人的一己之力肯定是不够的，我幻想着官方、民间都行动起来，能在全国发现并正式挂牌三百棵"人文古树"，并顺势建起三百个"乡村古树文化公园"，保存历史，留住文化，留住乡愁。其文化积累的意义将不低于唐诗三百首。[15]

长期在野外寻树，他的形象越发朴实：黑黑的面庞，一双满是泥泞的运动鞋，翻山越岭，却一脸幸福。

他的辛苦得到了回应。

《树梢上的中国》出版后，两个月内就重印。

江西余干县的一个乡镇特邀他来签名售书。在青青的竹林旁、柚子树下，长长的购书队伍，这是他从未有过的签售经历。

在过去的几十年里，梁衡呈现给世人的是诸多角色：记者、官员、作家、学者，跨界的领域涉及新闻、文学、政治、科普。

现在，又多了人文森林。

变化和创新成为他的标签。

［1］　梁衡. 访树记 // 梁衡. 树梢上的中国. 北京：商务印书馆，2018.

［2］　梁衡. 树梢上的中国. 北京：商务印书馆，2018.

［3］　同注［2］.

［4］　同注［1］120-122.

［5］　同注［1］前言.

［6］　摘自董岩对梁衡的电话采访，2018 年 10 月 8 日.

［7］　梁衡认为，看一座城市的生态要用灰绿比来衡量，即马路面积＋房屋建筑
　　　面积＋汽车保有量（灰）与绿地＋绿面（绿墙面、屋顶）＋水面（绿）之
　　　比。在这个对比系数中，森林起到了关键作用。

［8］　同注［5］.

［9］　同注［6］.

［10］　同注［6］.

［11］　同注［6］.

［12］　同注［6］.

［13］　史江民. 跨界绘画亦梁衡. 创作评谭，2016（5）.

［14］　同注［13］.

［15］　同注［5］.

4

情怀与境界

退休有感

七年夜班夜如冬，一朝归隐隐春风。

新文聊发少年狂，旧诗还学老夫吟。

2009 年 12 月

2017 年 8 月 21 日，北京万寿路甲 15 号院。梁衡的家。

71 岁的他像是街头巷尾随处可见的老者，声音洪亮地招呼记者落座。他摇着一把蒲扇，穿着一件皱巴巴的 T 恤，听说记者要拍照，回房间特意换了一件带领子的短袖衬衫，仍然是皱巴巴，袖口露出几缕丝絮。

尽管早已退了下来，但梁衡并没彻底休息。除却文学创作，他会经常就社会上的现象发声：他批评官员作秀，他批评一些人热衷"头衔"。[1]

在记者眼里穿着随意的梁衡，为文发声并不随意。

他倒背着手，在院里散步，脸上挂着笑。

可能是当记者多年，风风火火惯了，他的脚步怎么都不能慢下来，即使散步，也像是在赶路，全无悠闲之意，眼镜背后的目光透射出的是思考。

老梁，最近写什么文章了？路上，食堂里，朋友熟人相见，总会问上这么一句。梁衡笑呵呵地打着招呼，一副岁月静好的样子。

可他的文章没有他的笑容来得温和。对于他的直言不讳和辛辣的文风，夫人宋瑞芳、老同学常常不放心，唠叨几句，提醒他，注意点！

可他不会装，也不想装。他说，知识分子要关心国家和社会。

2015 年 2 月 19 日

今天是正月初一，我忍不住写了一篇时评《为什么不能用诗作报告》。

网上说山西运城一区（县）级人大代表会上的工作报告，竟然是一6 000 字的顺口溜，而且代表能够通过，还叫好。报告人，人大常委会主任很得意。他用顺口溜作报告，这已经是第二年了。两年来，上级人大、党委居然无一人发话制止。[2]

春节前，梁衡在手机上看到一条很简单的消息，山西运城人大开会，一领导所做的报告却是一首 6 000 字的五言长诗。连续两年都是这样，居然能用五言诗一韵到底地做下来，居然能两年鼓掌通过。

看了这一消息，他很吃惊，就在网上查了一下，《人民日报》群工部记者曾经去那里采访，后来报上还登了一篇消息，客观地披露了这件事。

此风不可长。大年初一，当多数人在走亲串友，沉浸于节日氛围时，他却在鞭炮声中完成了 1 000 多字的时评《为什么不能用诗作报告》，从形式与内容的关系出发，进行了剖析和批评。

……天下的人可分两类，一类是干实事的，虽也会用到形式，但内容第一。如经商、从政、军事等等。另一类是玩形式的，专门开发形式的审美价值，如音乐、美术、语言等艺术家，形式第一。人各有好，术有专攻，本无可厚非。但最怕的是，乱了阵营。你是要干事还是要从艺，鱼和熊掌不可兼得。比如，宋徽宗、李后主，本是当皇帝的，但坐在龙椅上不办公，一个爱画画，一个爱写词，虽也出了名，但都成了亡国之君，当了俘虏。还有那个爱作曲、会编舞的唐明皇，也招来了天下大乱，自毁江山。[3]

稿子写成后，他拨通了《人民日报》副总编卢新宁的电话。

卢副总编是梁衡的老同事，总是客气地称"梁老师"。她犯难，说正月初一，发这稿实在不合适，但一过节就是 3 月，又要召开全国人大会议，那时发稿更犯忌。先发来看看。梁衡说，"全国放假，看来今天爆竹声中，也只有我们师徒二人忧国忧民了"，即用微信传去文章。

突然想起我的许多重要稿子都是在初一写的。我记得上一个正月初一写稿是 2011 年春节，写《张闻天：一个尘封垢埋却愈见光辉的灵魂》。此稿现在还在网上热传。再上推一个初一，是 1982 年的春节，在太原写《晋祠》，那个初一上午在院子里拜过年后无事，想起报社有一篇约稿，就趴在桌子上写完了《晋祠》，想不到 4 月 12 日见报，当年即入选中学课本。[4]

一周后，《为什么不能用诗作报告》见报。

这篇在鞭炮声中产生的文章，引起了不小的反响。2016 年获得了首届鲁迅杂文奖金奖。

政治、新闻、文学，三位一体生发出的作品，自是不同凡响。

2004 年的《碑不自立 名由人传》[5] 最有名。

当时他分管群工部，值夜班时他看了一个稿子，陕西某贫困县，县委书记为群众办了不少好事，受到好评。但每完成一个工程，即要立碑以记，并亲拟碑文，文中必有自己。大家对此议论纷纷。梁衡就写了一篇有名的评论《碑不自立 名由人传》。后来《三秦都市报》登了，还发了两篇两个整版，把八块碑用地图标注了。这位被批评的县委书记，专门跑到北京来告状，还问梁衡是谁。

几年后梁衡去此地，席间当地一位朋友说：当年我曾陪那位县委书记进京告过您的状。

董岩：您这么批评不怕得罪人吗？

梁衡：肯定会得罪人。我不怕。我不是告状，是批评。一般作家写杂文，主要针对生活中的问题。我写杂文，主要针对社会现象和官场、制度、作风、官员。我也不具体点名，对于那些社会已经有共识的问题，只是代表大家出来说了。一些大是大非的问题，需要人站出来说话。[6]

2007 年 7 月 1 日某报刊登了一则消息：北京市盖好第一批专供低收入家庭使用的廉价住房，业主跪着接过钥匙。议论纷纷中，梁衡发表《一把跪着接过的钥匙》："今天，我们只不过为人民盖了几间房子，发了一把钥匙，就弄得百姓来向我们下跪，这值得我们深思。这说明我们还没有真正弄懂党和人民的关系。只有这个问题解决好了，我们的事业才有希望。"[7]

针对动不动就自诩"享受国务院津贴"的风气，他写了《享受岂能是头衔？》，批评知识分子虚荣浮躁的名利观。他说，精英之浮，才真正是社会的危机。文章发表后一直被转载，在网上流传多年，题目也变成《有一件事想了很久，不吐不快》。

津贴是什么？就是生活补助。就像某一级首长，在单位吃小灶，出门坐小车，这本是一种生活、工作待遇。如果每开会或印名片，都要称"享受小灶、小车者某"，这成何体统，他还算个首长吗？

区区津贴，念念不忘，也要挪作虚名，非知识精英之所为。国要强，先强国民；国民要强，先强精英。精英尚如此，泡沫何其多，国事实堪忧……我们常批评世风浮躁，怨青年人不成熟，文艺圈太浮浅，干部少学识等等。殊不知精英之浮，才真正是社会的危机。知识分子如何对待名利，实值深长思之……[8]

2013 年在全国人大农委工作时，他提出关于改进"两会"会风的两点建议：一是发言时请不要表扬领导；二是请国家领导人下团开会，而不是把代表团请到大会堂接见。他开会有感，觉得代表发言时常常表扬领导，这个现象不正常，应该改进。其实大家私下里议论很多，但没有人肯写。文章发表后，大家都叫好，认为说到了问题实质。

往年开会有这样的现象：一些来自基层的代表发言时，总要借机表扬一下领导，且这种表扬，已成定式。如果是最基层的人发言，就不忘把上面的各级领导都一一表扬到。说他们如何辛苦，为基层办了多少好事等。如有中央领导在场，就会说，自从您去视察后形势如何大好，您走后我们坚决贯彻您的指示云云。还有的，不忘在更高一级领导面前表扬自己的顶头上司。如省委领导在场，一定会说我们县委、市委领导如何好，给人的感觉是，在替领导拉票、说情、捧场。更尴尬的是，被表扬的领导往往在场，有的坦然受之，不觉脸红，有的虽觉不妥，面对表扬，也未能当场制止。[9]

梁衡评价自己的杂文之路说：

在杂文世界里没有装模作样，没有浅吟低唱，没有诈喜，没有闲愁。笛卡尔说："我思故我在。"这几十年，我在哪里？在社会，在官场，有所思，成文章。[10]

敢说真话，说到底，还是一种责任、担当使然。

不光是文学理论、文学批评界、文学创作，包括学术界，是要对整个时代负责，对历史负责，担当思想大义，是要延续思想的香火的。[11]

本可颐养天年，他却拿起笔，评述着是是非非。

看了电影《三枪拍案惊奇》后，他写了《肢体导演张艺谋》："从表情走向肢体动作，这是进步吗？""张艺谋说拍这个戏是为搞笑。搞笑是艺术吗？就算是，也是艺术中的皮毛。""一个有修养的艺术家惜名如金，珍惜自己的艺术生命，绝不推出水准线以下的作品。"《阿凡达》在中国公映后，张家界将最著名的景点"南天一柱"改为"哈利路亚山"，梁衡又写《文化贴牌是自杀》，批评这是文化自卑所致的蠢事。

他还专拣最难的党史题材、领袖人物来写。难在涉及党内斗争，随着档案逐渐解密，一些历史真相得以披露，需要重新认识。之前，写过毛泽东、瞿秋白、周恩来、彭德怀。退休后，他写《张闻天：一个尘封垢埋却愈见光辉的灵魂》《假如毛泽东去骑马》，难度更大。

《假如毛泽东去骑马》难在对历史走向的思考，但矛盾双方是毛泽东自身的正确与错误，这也有历史决议，而且是善意的批评，美好的假设，这在大部分读者都能接受。《张》稿的难度，难在对立面是毛泽东。先得写出毛的错误，毛的不公正，才能写出张的悲剧，而毛至今在一部分人的头脑里仍是禁区。写张必写毛，必写党内斗争，必写党内的错误，在过去很长时间内是讳言这一点的，这需要相当大的勇气。[12]

政治人物写作，需要勇气和技巧，稍有不慎，轻则走样变形，重则犯忌，惹来麻烦。他因《张闻天：一个尘封垢埋却愈见光辉的灵魂》一文与鲁迅文学奖失之交臂。但这并不影响他创作的心情。

70岁的梁衡，已到嬉笑怒骂皆成文章的自由之境。他写《普京独行在空旷的大街上》，洒脱自如。

网上视频播出，普京参加完自己柔道启蒙教练的葬礼后，拒绝记者、警卫的跟随，一个人行走在圣彼得堡空旷的大街上。

他紧贴着临街的窗户，走在窄窄的有点老旧的人行道上，一会儿又跨过一条马路，跃上对面的人行道，偶有行人看他一眼，也各行其道。以我们的习惯思维，这首先有安全问题，其次还有老百姓的围观。我老觉得那临街的窗户里会随时伸出一把手枪，或者路边会有人下跪上访，给一个难堪。但是没有，普京只是自顾自地走着，行人也没有人大惊小怪。官不觉官，民自为民，这是一种多么平静的政治生态。[13]

以老辣的简省之笔，勾勒了普京的出场。富有节奏感的语言，营造出行云流水般的跟拍效果，清新自如地跳脱了政治人物的写作模版，显现了对政治语境高超的把控和驾驭能力。

针砭时弊毫不留情，讲政治谈笑风生，写历史人物真挚深刻。他在文学世界里承受风险，又以洒脱的精神游弋于此岸与彼岸。犀利、质疑、严厉、温情、冷静、理性、浪漫、天真，诸多矛盾的元素纠结在一起，带给读者丰富的阅读体验和思考。

退下来之后，有个新闻界的民间评奖，给我评了一个"终身成就奖"，新闻界的终身成就奖。我当记者，曾经得过国家"好新闻奖"（中国新闻奖的前身），这个就不说了；在管理岗位上，批了好多报纸，救了好多报纸，大家都念我的情。发奖的时候，主办者在领奖台上，他一边给我奖杯，一边跟我悄悄咬着耳朵说，你也就到此为止啦！[14]

许多人喜欢梁衡的文章。

人民日报社原副总编辑卢新宁说："喜欢梁衡先生的文章，不仅因为文字美、结构好、立意高，更因为字里行间的那种凛然大义、磅礴大气、诚挚大爱、剖肝沥胆、刻骨铭心，饱含着对国家民族的忧心和人性的真挚，让人一读倾心，掩卷难忘。"

一位忘年交朋友点评说，他对现实的批判不是针对哪个农民受了苦、哪个官司不公正等进行具体纠偏、评论与批判，而是从制度、政策层面提出看法。有儒家的情怀，亦有法家、墨家治世救世的方略。有千百年以来士大夫那种哀民生之多艰的民生情怀，亦有庙堂之高、江湖之远的忧虑与不甘。但他的这些表现很少具体到某一事件上，往往都是从观念、政策上进行思考，提出建议。这也是他所倡导的大事、大情、大理之一。这种大不是规模大，也不是流泪多，更不是空洞的不可达到的目标。[15]

梁衡的苦心，老友深知。

梁先生 1984 年左右去中央党校学习之前有两个选择：一是从政，任省委组织部副部长；一是作为《光明日报》副总编去党校培养。这个省委的组织部长曾说，梁先生从政比我强。那时，他在山西《光明日报》记者站站长任上硕果累累，杜导正总编很欣赏其文其人。梁先生创办的晋光人才开发公司解放和发现了一大批优秀特别是以前政治上受压的人才。但是，梁先生毅然选择了继续从事新闻事业。眼镜的度数由 80 年代的五百度一直加深，夜夜靠安眠药入睡，白发满头。他的文章真是用心血熬出来的。正如季羡林先生所赞誉的苦吟派，甘苦寸心知。[16]

2016 年，在《赵城金藏》复制工程新闻发布会上，记者提出"如果民间有人将收藏的经卷上交国家，政府有何奖励办法"时，主办方顾左右而言他。梁衡当场指出，不能敷衍记者的提问，并针对新闻发布会应该怎样召开给出建议。局长尴尬中只好补充说明和解释，说当地政府还没有考虑这一问题。梁衡的率真刷新了人们对他的认识。

知识分子的特点，就是他看准了这个社会趋势和规律，他自觉地去承担这个责任！说小一点的，就像我的散文理论，发现这个理论，就要实践它，这是知识分子的本性，大概古今中外都是这样，所以知识分子的悲剧很多，很苦。司马迁一直写到最后，韩愈一直写到最后，如果要按照现在这种什么观点来说，什么时候该退休了，该享受了，到了五十岁以后，大概都不写了，作家都不会有晚年作品。杜甫，老病一孤舟，还写他的诗！季羡林一直在医院里写到 98 岁。不要说一个共产党人的责任感，恐怕就是一个知识分子也有他的责任感！社会责任感。[17]

［1］ 韩雪枫，张艺. 梁衡　做官就是做事. 新京报，2017-09-28.
［2］ 摘自《梁衡日记》(2015 年 2 月 19 日)。

［3］　梁衡. 为什么不能用诗作报告. 人民日报，2015-02-26.
［4］　同注［2］.
［5］　梁衡. 碑不自立 名由人传. 人民日报，2004-04-09.
［6］　摘自董岩对梁衡的电话采访，2018 年 10 月 17 日。
［7］　梁衡. 一把跪着接过的钥匙. 人民网，2009-07-07.
［8］　梁衡. 享受岂能是头衔？. 人民论坛，2014-12-08.
［9］　梁衡. 发言时少些表扬与自我表扬——两会会风新期盼之一. 人民日报，
　　　2013-02-21.
［10］　梁衡. 序：说杂文 // 梁衡. 梁衡杂文集. 北京：九州出版社，2017.
［11］　同注［6］.
［12］　梁衡. 我写《张闻天》// 梁衡. 我的阅读与写作. 北京：北京联合出版社
　　　公司，2016.
［13］　梁衡. 普京独行在空旷的大街上. 人民日报，2013-08-18.
［14］　摘自李清霞对梁衡的采访，2016 年 6 月 16 日，江苏常州。
［15］　摘自张炜煜微信中对梁衡的点评。
［16］　摘自梁衡好友微信中的感言。
［17］　同注［14］.

5

亲情友情

如果人人都去挣大钱，精神文化就枯竭了，父亲梁衡先生如果20多岁发愿是挣大钱，那肯定不会选择写作了，更无法默默坚持50年只求耕耘不问收获，常常一篇千字文前后斟酌数年才完稿，稿费不过几百元，我们小时候也不理解图什么。现在我明白并感谢父亲给了我们比钱还宝贵的"人文精神"，可以让我在穷的时候也内心富足。

——梁霄飞

偌大的房子，只有老两口住着。两个儿子早已成家生子，过着自己的小日子。

老两口各自行动，互不打扰。一天下来，整个屋子都很静。

梁衡一天的时钟从早上5点半开始。醒来翻翻书，6点半起床。练上半小时的梁氏晨功，跑跑步、拉拉单杠、爬爬树；夫人宋瑞芳7点半准时做好早点。两人坐在罗汉床上，边看央视早新闻边吃饭。一个山西人，一个内蒙古人，早餐基本上没有什么想象力，不外乎馒头、鸡蛋、红薯、山药，再熬点儿小米粥或者喝牛奶，典型的北方口味。

上午8点半，梁衡开始了一天紧张的工作，坐在电脑前写文章或者做课件。他会泡上一杯很淡很淡的普洱茶，只放少许茶叶，害怕影响睡眠。有时也会泡上一杯菊花，说是为了清肝明目。9点，夫人去院里活动，练上1个小时的气功。宋瑞芳很有运动天赋，少时练过体操，还差点入招飞行学校，她身材清瘦，腰杆很直，游泳、滑冰、滑雪、抻筋、下腰，样样都行。

梁衡接受采访一般也是安排在上午时段。

客厅墙上挂着一幅林散之手书的毛泽东诗句"钟山风雨起苍黄，百万雄师过大江"。阳光透过大大的玻璃窗照射进来，正好洒向坐在长沙发的客人身上，身后墙上是一条幅"室雅兰香"。梁衡专注地回答着问题，有时想不起来了，就疾走到书房里或者电脑前，查一查详细的资料。偶尔碰到准备仓促、不了解其作品的记者时，就毫不客气地说，你先回去看了我的书再来采访吧。

家里来客人，夫人宋瑞芳泡上一壶热茶，洗好水果，递到客人面前，有时也会陪着坐会儿，说说话。

如果没有外人打扰，他会伏案工作一上午。3个小时后，宋瑞芳先去食堂，提醒他随后赶来。满脑子还是文章的梁衡穿好外衣，顺便拎着垃圾袋下楼了，有时会闹出提着垃圾袋一路走到食堂的笑话。

中午11点半左右，两人准时汇合。买点炒菜，吃上一碗热乎乎的面，碰到几个熟人朋友就同桌进餐。遇上来访的朋友或记者，赶上饭点儿了，也会热情地邀大家一起吃食堂，特意多点上两三个菜。

大院的老干部食堂不大，工作人员也不多，但是服务热情，颇有国营食堂的朴素、干净、利落。饭菜种类并不多，但有一股说不上来的底气。来吃饭的多是部级干部及家属。

食堂离梁衡家只有500米。路上，要经过傅作义司令部原址仅剩下的一棵高大的白杨。路过时，他总会想到傅艰难的一生和对和平解放北京的贡献。他说，我真想写写傅作义和这棵树，可惜没有多少资料，到现在也没写成！

2015年，在钓鱼台召开"纪念抗战胜利70周年组稿会"，梁衡见到了傅作义的后人，欣喜不已。

我见座上有傅作义之孙，便约他出来小谈一会儿。他42岁，是中科院计算机技术研究所的高级工程师。我说了我的意思。他立即有退避三舍之意。他说，我是学工的对历史不感兴趣，对爷爷的事一点也不了解。我说你没有想过去了解一些？他说从没想过。寒暄几句后我们又返回会场，各归其座。这让我想起，2011年我发表《张闻天：一个尘封垢埋却愈见光辉的灵魂》一文后，张的孙女找到我，说看了这篇文章才知道爷爷的历史，才知道爷爷是一个好人。[1]

　　两个人吃完午饭，溜溜达达回到家。下午 1 点，准备午休，睡前半小时是他的阅读时间，通常要看报纸和杂志，一天的阅读时间主要集中在中午和晚上就寝之前。下午两点半起床，3 点开始工作，一两个小时后和夫人一起，去两公里外的老干部活动中心游泳。通常一周保证有四次。他每次能游上七八百米，宋瑞芳则至少游 1 500 米。

　　前几年在俱乐部能碰到一些人，如李锐[2]，瞿秋白的女儿瞿独伊等。李锐一生坎坷，老而弥坚，102 岁去世。

　　游泳回来，晚上 6 点，两人开始吃晚饭。一般是熬小米粥、蒸土豆、山药，煮些青菜，滴点香油和醋简单地拌一下。

　　整个晚上，属于娱乐休闲时段，主角是电视。他常看的是综艺节目、新闻和纪录片。看到了精彩的音乐节目，他会激动地给朋友或者学生打个电话、发个微信，与大家同乐。

　　晚上 10 点，夫人开始催他休息。

　　睡前，梁衡要看书一个小时，加上午休前的半小时，一天能保证有一个半小时的阅读时间。

　　对于一个失眠 40 多年、断断续续地吃安眠药也有 30 多年的资深失眠者来说，安安稳稳地睡上一觉，几乎是每天下决心都不能完成的艰巨任务。他为此做足了功课。比如，晚饭少吃，不喝茶，不吃刺激的食物，睡前稍做运动，尽量放松……但诸法使尽，少有成效。

　　对于讲课，梁衡十二分地认真。一是课件反复打磨；二是要备课，不断调整内容，经常上飞机前还要修改课件。如此这般，失眠是肯定的，只好依赖药物。即使这样，脆弱的神经仍无法阻挡早上 4 点就开启的生物钟。每每这个时候，他就躺在床上看一遍讲稿。

　　失眠是搞文字工作的大敌，包括值夜班。一些朋友说，你不要写了，你写这些东西够了！再说你已经有高峰，再写不一定能超过这个高峰，超过《觅渡》，超过《大无大有周恩来》了。我也几次下决心说不写了，老宋也说，你身体这个样子，何必又失眠又写东西呢！但这个事情，我觉得，是陷入了一种惯性，写作有它的惯性，这惯性就是你有那么多材料，而且你自己也能激动起来，你不写有点可惜了，就和财迷梦想发财一样，明明看见一袋钱就不去赚一样。[3]

来来往往的人群中，有一些大官和名人。

如新华社原社长、国家广电总局原局长田聪明，《人民日报》原总编范敬宜，梁衡的老领导杜导正等也在这个大院里。私下里，梁衡喊他老杜。逢年过节，会登门拜访。有时，看到 90 多岁的老领导还在忧国忧民，常劝老人把身体健康放在第一位。

梁衡散步时，碰到熟人、老友，会在树下或花架下聊一会儿。

经常保持联系的有范敬宜。

他比梁衡大 16 岁，梁称其为老范，范则直呼其名，彼此平等相待，没有代沟。

两人的共同点很多。

在新闻界皆为数一数二的重量级人物，都曾在《人民日报》工作过，范有《范敬宜总编手记》，梁有"新闻四部曲"。范有家学渊源，是北宋名臣范仲淹第 28 世孙，被誉为"诗书画三绝"；梁则是文坛上政治散文的一面旗帜，提倡写大事、大情、大理，后来又致力于人文古树写作。两人都投身新闻教育且有新主张，范退休后担任清华大学新闻与传播学院首任院长，梁则在中国人民大学新闻学院任兼职博导，都提倡理论结合实践，反对照搬照抄西方理论的拿来主义。

范、梁的成长经历堪称两代知识分子的传奇缩影。

范幼年失祜，自小多病，只上过一年小学，中学一天没上，却考上了无锡国专，毕业于上海圣约翰大学，后响应国家号召，到白山黑水的《辽宁日报》开始了党报编辑的生涯，结果 26 岁就被打成"右派"，当了 20 年的农民，近 50 岁了才重回新闻老本行，63 岁时当上了《人民日报》的总编辑。

梁则出生在革命家庭，毕业于中国人民大学，在内蒙古一个小县城开始了最初的新闻生涯，32 岁被调到《光明日报》驻山西记者站，在没有新闻的角落发现新闻的同时，还写了《数理化通俗演义》，在文坛崭露头角。1982 年，只花了两个小时写成的《晋祠》发表后，即被选入中学课本，这一年他只有 36 岁。当他 54 岁当上《人民日报》副总编辑时，已是文章入选语文教材最多的当代作家之一。

梁衡和老范在人民日报社不曾共过事，两人是在梁搬到甲 15 号院后，逐渐走动来往起来的。

在我搬到 15 号院后，和老范逐渐走动来往起来。我们单独聊时，会谈历史、文学、新闻。有一次，北京新闻系统在怀柔学习，上半天他讲，下半天我上。老范学术根底很厚，古典文学基础好，家学渊源，又擅长诗书画。党报当总编，又有功底、文学修养高的不多。我们都主张扎扎实实做学问，反对浮躁，主张理论结合实践，反对那些照搬照抄西方理论的拿来主义。[4]

梁衡对老范始终有一种敬意。"先天下之忧而忧，后天下之乐而乐"的范仲淹是其先祖，也是梁心中知识分子的典范。老范曾主持《经济日报》《人民日报》两大报纸，成绩显著。他古文基础好，又擅长诗书画，为人温和善良。论学问是中西合璧，论经历是七上八下，论意志和信念可谓九死而不悔。在新闻界实属少有。

老范对梁衡评价很高，认为他是新闻战线上一位具有卓越成就的"多面手"。其才能表现在许多方面，不仅在新闻、通讯、评论写作和新闻研究上有很高的造诣，在散文写作上也独树一帜，自成一家，而且在新闻出版管理和媒体经营方面积累了丰富的经验，有许多独到的创见。[5]

2003 年 7 月 8 日，清华大学新闻与传播学院举办了《梁衡文集》出版座谈会。院长范敬宜主持了会议，他在会上提出了梁衡的三点贡献：

一、树立了一个努力深入实际、深入群众、深入生活的榜样。在他二十多年的记者生涯中，他长期活动在一向被人视为"没有新闻的地方"，用自己艰苦的实践证明了贴近实际、贴近群众、贴近生活是提高新闻宣传工作水平的根本途径。二、树立了一个坚持正确舆论导向与提高宣传艺术完美结合的榜样。梁衡同志的新闻作品始终坚持高扬主旋律，努力反映时代的主流，同时又不断研究写作方法的创新，适应新时代广大读者的审美要求，创造出一种为不同层次读者所共赏的与时俱进的新型写作风格。三、树立了一个学者型、研究型新闻工作者的榜样。在梁衡同志的新闻、散文作品中，都弥漫着一种厚重的历史思考和深沉的哲学思考。这与他一贯坚持学习，努力提高自身的学养是分不开的。他的有关新闻工作的论文，不是一般的业务总结，而是理论色彩很浓的、具有普遍指导意义的论著。[6]

受老范邀请，梁衡曾多次到清华大学新闻与传播学院讲课。一天早晨，老范突然来电话问："你谈夜班体会的那八个字[7]是什么？"原来他正要登车出门去讲课。

老范出身名门，多年的"右派"生活和乡下劳动改造，使他饱经风霜，但初心不改。正所谓洗尽铅华始见真，浮华褪尽方显诚。

老范故事多。

在人民日报社时，人们曾不止一次看到他穿件毛衣，一溜小跑奔到大食堂吃饭，像个小伙子。他说他爱去食堂吃饭，喜欢和大伙儿边吃边聊天的感觉。他还爱到寒酸的小饭馆请客。"两会"期间，身为人大代表，他"打的"赴会，为的是和司机聊天，了解民意。他不耻下问，毫无架子。一次在小饭店里吃饭，见墙上贴着一篇《红烧肉赋》，感觉有趣，便放下筷子，从头至尾抄下来。服务员大奇，以为这文中有什么毛病。

老范很坦白，他说我会写不会说，有人看我不说话就说我多么深沉，其实是我说不出来。谦冲自牧、率性淡泊的范敬宜，恂恂然有古君子之风。

有一次，采访结束了，范老忽然很认真地对我说："鲁迅说谁也不宽恕，我说我原谅任何人。"听了这话，我怔住了。后来，我边写边想起他说这话时的神态，在我的理解里，那是他20多年苦难磨砺的觉悟。他曾说，个人的恩怨在历史的长河中，都是微不足道的。况且，这段当农民的经历成全了他，使他脱胎换骨，真正与人民联系在一起。[8]

在清华大学新闻与传播学院，他被尊为"范爷爷"。

他亲自给本科生上两门课"新闻中的文化"和"新闻评论"。院长亲自给本科生上课，是非常少见的。"范爷爷"在讲台上一亮相，浓浓的书卷气就扑面而来。他会在课堂上用安徽桐城派的古韵念一段先祖的《岳阳楼记》，有时讲到高兴处还会唱一段昆曲。"范爷爷"不会用电脑，所有的教学内容都是用钢笔写在白纸上。他批改的作业，上面被圈点得密密麻麻，一如当年在报社批改记者的稿样。

享受正部级待遇的老范生活简单朴素，吃、穿、住、用、行都不讲究。早年的同事薛慧勤说，范敬宜只有一套出席正规场合时才穿的西装，还是陪领导人出访时公家给置办的；他用的手机是最简单的一款，还经常自动关机。后来，儿女给他请了小时工，可他和老伴还是坚持自己做饭、搞卫生。家里布置得极其简单，房间没装修过，大部分家具也是多年前购置的。

别人喊他"老头儿"，他不爱听，他觉得自己还年轻得很！70多岁了还骑着一辆破自行车，慢慢悠悠地上街买菜，喝茶会友，低调得没有任何包袱。他高血压，但一点不在乎。他抽烟喝茶，从不失眠，躺下就着，睡眠质量奇好。梁衡说起失眠，老范很难理解，也永远体会不到这种痛苦。

两人骨子里的东西依然是泾渭分明。

范来自江南，名门之后，温和善良，谨慎小心，普通话里多多少少还有吴侬软语的尾音，喜食甜点；梁来自西北，农村长大，率真坦诚，敢言敢为，话里话外遮不住山西腔的余味，最爱吃面。

范古典文学修养深厚，精通英语，中西合璧，儒雅平和，奖掖后辈不遗余力；他诗书画"三绝"，爱好广泛，颇有雅趣，探索新闻规律的贡献在于变通。梁才华横溢，扎实勤奋，文学、新闻、科普领域皆有建树，边实践边探索规律，生活单调枯燥，却甘之如饴。

走起路来，范似闲庭信步，梁则风风火火。写起文章，范是斟酌推敲，捻断数根须；梁只要思考成熟，下笔如有神助。说起话来，范笑语晏晏，梁则直言不讳。范是早春的寒梅，梁是严冬的松柏；范有江南水乡的灵秀，梁则是黄土地的厚重。

两个人很少串门，常常是路上遇见了，便停下来说说话。有时坐在树下一聊就是一个多小时。

2006年12月8日，中国范仲淹研究会成立。

老范是首任会长，他请梁衡做顾问。两人来往更密切了。

2008年，第一届范仲淹国际学术研究大会在山东邹平召开，老范身体不好，就推荐梁去。梁衡做了《〈岳阳楼记〉留给我们的

2008年11月22日，梁衡与范敬宜在万寿路大院里聊天

文化思考和政治财富》的讲座。文中提到金代学者元好问对范仲淹的评价："范文正公，在布衣为名士，在州县为能吏，在边境为名将。其材、其量、其忠，一身而备数器。"老范看后大惊，问：我都不知道，你怎么知道的？梁回答：史书上有记载。梁对范仲淹的深入研究，老范很是佩服。听了梁在邹平所做讲座的反馈，老范说，我知道他写得好，还不知道他口才这么好，隐藏得这么深啊！

2010年9月，老范病了。他发烧住院，病房号是518，他还开玩笑说："医生跟我说这个号码多好啊，518我要发。"夫人问："现在最想要的是什么？"他感叹道："我想要'自由'！"

之前，老范做过眼睛手术，得过脑出血。这次他病得很重，恶性肿瘤已经扩散了。知道这个情况，梁衡非常担心，就打电话给他，问他身体怎么样，他说肺部有炎症，但很乐观，并说今年是他的多事之秋。

住院期间，老范的床头一直放着《岳阳楼记》书法集，时常翻看。他对一旁的范仲淹研究会的范国强说，这一生最困难的是在辽宁建昌县，当时死的想法都有，支持他活下去的是《岳阳楼记》，每每精神懈怠，就背诵《岳阳楼记》。[9]

去世前一天，《人民日报》有两个老同事来看老范，还带来当天的报纸给他看。《谁是最可爱的人》的作者魏巍也来了，老范聊得很开心，思维清晰，很精神。范国强观察到他脸色很黄，就跑到主治医生那里，说他脸色不对，黄疸出来了。医生说，他的生命在以小时计。

11月10日，梁衡去北京医院看老范。在生命的最后时期，老范很瘦，显得头很大，脸色蜡黄，但精神很好。病房桌子上还摆着他刚画完的一幅山水，谁也没有想到竟成绝笔。

平时相谈甚欢的两个人，此时却相对无言，新闻、文学、社会上的事，已无力再谈。病情谁也不愿提及。只有一阵阵的沉默。梁衡心里难过，又怕老范累，说了一点不着边际的话，就赶快退了出来。

回到家里，找到老范过去送他的《敬宜笔记》，看了很久。

第三天就收到他去世的消息。

梁衡感慨，以后这样的人不多了。

老范从小受过严格的国学训练，又上过教会办的大学，"文革"前让政治风浪打到东北一个农村劳动，改革开放后得以重新回京。论学问是中西合璧，论经历是七上八下，论意志和信念可谓九死而不悔。他曾主持《经济日报》《人民日报》两大报纸，成绩显著，且人又十分温和善良。今后，中国新闻界这样的人是不多了。[10]

田聪明[11]也是梁衡的老相识，互称老田、老梁，两人的交情可以追溯到50年前的内蒙古。

那时两人同为20多岁风华正茂的青年，都住在盟委宿舍大院里，大家互相帮助。梁衡擅长泥瓦工，谁家结婚分新房，都请他开窗，盘炉子，修院墙。有时梁衡外出采访，宋瑞芳上课，就把孩子扔给邻居，老田的母亲也常帮忙照看。

田聪明是陕西榆林府谷人，当过新华社社长、国家广播电影电视总局局长。为人清正，没有架子。刚到北京任部级干部时，曾开口请老朋友帮忙，一问，原来他是要借钱。他解释说，刚到新单位就张口借钱不太合适。

田聪明在新华社社长的任上时，曾跟一位记者开玩笑说：再过20年，我就一退休老头儿，坐在万寿路甲15号院晒太阳。旁边的老头儿问，你是谁呀？答我是田聪明呀。问田聪明是哪个单位的呀？答新华社社长呀！

梁衡有时在食堂碰到他，两个人会聊一聊。

2017年重阳节，71岁的梁衡写了一首诗，格调沉郁。

重阳有感
重阳又重阳，人生几短长。
西风拂衣袖，无语向夕阳。

2017年10月28日

年底，74岁的田聪明去世。从住院到去世仅两天。震惊之余，梁衡百感交集。

2017年12月28日
刚去田聪明家吊唁。老田是这院儿里继范敬宜之后走的第二个新闻界领导人。一身正气，一生清廉。看来老天爷还是不照顾好人。[12]

梁衡的朋友大致有三类。

一是心生敬佩的长者，亦师亦友。二是彼此欣赏、旗鼓相当的朋友。三是老部下、粉丝等年轻朋友。

老友范敬宜、田聪明先后故去。他有时会感叹，老人越来越少啦。要说到老友，最老的莫过于季羡林[13]季老，他是梁衡深为敬佩的良师益友。

季老高寿，活到98岁，这相当于中国历史上的一个王朝。元朝就正好98年。而他自己是经历过清朝、民国、中华人民共和国"三朝"的。

季老社会兼职最多时达40多个。每每开会，他的自我介绍都是"北大教员季羡林"，令在场自诩为著名教授专家的人汗颜。

晚年，梁衡去看他时，他说的最多的一句话就是：我这一生就是一面镜子。他于人生、社会有太多的感慨，太多的体会。

在20世纪90年代的一次发奖会上，两人第一次遇见。

当时新闻出版署每两年评选一次全国优秀图书，季老是评委，坐第一排，梁衡则"主持"会议。季老大概看过他的文章，就托助手李玉洁女士来对号，梁衡赶忙上前向他致敬。

会后梁衡带上几本书到北大季老的住处去拜访求教。

那是在校园北边的一座很旧的老式楼房，季老住一层。那天他穿树林，过小桥，找到楼下，一位司机正在擦车，说正是这里，刚才都还出来看客人来了没有。房子共两层，左边一套是他的会客间，卧室兼书房，不过这个只能叫书房之一，主要是用来写散文随笔的。梁衡称之为"散文书屋"。著名的《牛棚杂忆》就产生在这里。一张睡了几十年的铁皮旧床，甚至还铺着粗布草垫，环墙满架是文学方面的书，还有朋友、学生的赠书。季老很认真，凡别人送的书，都让助手仔细登记、编号、上架。书多得放不下时，就编号送到学校为他准备的专门图书室去。

季老号称"北大一盏灯"，每天早上4点即起，就在床边的一张不大的书桌上写作。这是他多年的习惯。等到会客室里客人多时，就先把熟一点的朋友让到这间房里。有一年春节，梁衡去看他，碰到教育部部长来拜年，一会儿市委副书记也来了，季老就很耐心地让他到书房等一会儿。学校考虑到他年高，尽量减少打扰，就在门上贴了不会客之类的小告示，助手也常出面挡驾。但季老很随和，常主动出来，请客人进屋。

梁衡曾带儿子霄飞，为季老照过一次相。季老很慷慨地为这个孙辈小儿写了一幅勉励的字，是韩愈的那句"业精于勤荒于嬉，行成于思毁于随"，还写上某某小友惠存。

季老每有新书出版，送梁衡时，总要写上老友或兄指正之类的话，弄得他很紧张。季老却总是慈祥地笑着问："还有一本什么新书送过你没有？"有许多书梁衡没有，但他不敢多受，受之一两本已很满足，就连忙说有了，有了。

有一次，梁衡在中央党校学习，离北大不远，党校的《学习时报》要向季老求字，就带了一个年轻记者去采访他。采访中记者很为他的平易近人和居家生活的简朴所感动。说到一个细节，季老忧心社会上的奢费之风，就从自家做起，在马桶水箱里放了两块砖，通过这个办法来减少水箱的排水量。这位记者当时笑弯了腰，她不理解，生活起居都有国家操心的季老，何至于如此认真。

以后过了几年，她每次见到我都提起那事，说季老可亲可爱就像家乡农村的一位老爷爷。后来他已住进301医院，为了整理老先生的谈话，我还带过我的一位学生去他处，这位年轻人回来后也说，我总觉得先生就像是隔壁邻居的一位老大爷。[14]

季老永远是一身蓝色中山装，胸前上衣口袋里插着一支钢笔。每日三餐粗茶淡饭，极为节俭，害怕浪费，厌恶虚荣。他出身贫寒，小时穷得吃不饱饭，给一个亲戚家割牛草，送完草后磨蹭着不走，直等到中午，只为能给一口玉米饼子吃。

后来，他"出名"了。每到春节，总有各级官员去看他，送许多大小花篮。病房门口的走廊上就摆起一条花篮的长龙。到医院去找他，这是一个最好的标志。对此，他总是暗自摇头。有一年老同学胡乔木邀他同去敦煌，他想去，但一想沿途的官场迎送，便婉言谢绝。

　　大概是因为从小在乡村生活过，有农民的基因，都对土地有很深情感的缘故，梁衡与季老之间有一种天然的亲近感。季老虽比梁大 35 岁，又是一代宗师，两人却毫无代沟，彼此投缘。在季老面前，梁如学生般恭敬，却不客套，只觉亲切。

　　每次见面，梁衡都会提前准备一点又土又实用的小礼物。他喜欢这种感觉，季老也是。

　　一年中，梁衡总会去看季老三四次。一次从香山下来，见到山脚下地摊上卖红薯，很干净漂亮的红薯，他就买了一些直接送到病房，季老很高兴，说很久没有见到这样好的红薯了。季老睡眠不好，吃了40 年的安眠药，但仍好喝茶。杭州的"龙井"当然是名茶，有一年梁衡从浙江开化县的一次环保现场会上带回一种"龙顶"茶。说这"龙顶"在"龙井"上游 300 公里处，少了许多污染，最好喝。季老大奇，说从未听说过，目光里竟有一点孩子似的天真。这一刻他一下读懂了一个大学者的童心和他对自然的关怀。他送给季老山西的沁州黄小米，季老吃完了，连青花瓷罐子都舍不得扔，摆在窗台上很好看。

　　让他吃惊的是，季老作为资深的老海归，24 岁留德，是哥廷根大学的哲学博士，又一生都在搞外国文学、外语教学和中外文化交流研究，却从头到脚没有一点儿"洋味"，看不出一点儿海归的影子。没有人会想到，这个和颜悦色、说话不紧不慢、带着山东乡音的精瘦老头儿，曾经留德十年。

　　尽管在德国待了很长时间，季老还是保留着乡村的生活习惯。他对社会问题看得很透，为人耿直，佩服梁漱溟、彭德怀、爱说真话。

　　梁衡到季老那里聊天，尽量通报一点社会上的信息，也有近期学术动态。有时出差回来，就说一说外地见闻。有时也汇报一下自己的创作。季老都很认真地听。他还给常来的人起个"雅号"，梁衡的雅号是"政治散文"。他还就这个意思为梁衡的散文集写过一篇序，那句"在并世散文家中，能追求、肯追求这样一种境界的人，除梁衡外，尚无第二人"就源于此。如时间长了未去，他会问助手，"政治散文"怎么没有来。

　　2003 年，"非典"流行那一年，季老病了，年初住进了 301 医院，开始治疗一段时间还回家去住一两次，后来就只好以院为家了。

　　在医院里，他是最配合的模范病人。他说，自己已老朽，用药已无价值，郑重建议医院千万不要用贵药，实在是浪费。医院就骗他说，药不贵。一次护士说漏了嘴："季老，给你用的是最好的药。"这下坏了，倒叫他心里长时间不安。不过他的腿疾却神奇般地好了。

2006 年，梁衡到 301 医院看望
季羡林先生

　　在 301 医院，梁衡去看季老，发现老人读书、写字不方便，就开车到医院南面的玉泉营商场，买了一个有四个小轮的可移动小桌，下可盛书，上可写字。季老见了，笑呵呵地说，这就好了，这就好了。梁衡再去时，小桌上堆满了书，还有笔和放大镜。后来季老搬到 301南院，还带着这张小桌。许多重要的文章，如悼念巴金、臧克家的文章都是在小桌板上，如小学生那样伏案写成的。他住院 4 年，竟又写了一本《病榻杂记》。

　　梁衡在季老面前自谦不敢谈学问。

　　在他看来，季老学问高深莫测。大学时受教于王国维、陈寅恪这些国学大师，留德十年，回国后与胡适、傅斯年共事，朋友中有朱光潜、冯友兰、吴晗、任继愈、臧克家，还有胡乔木、乔冠华等。"文革"前他创办并主持北大东语系 20 年，为"梵学、佛学、吐火罗文研究并举，中国文学、比较文学、文艺理论研究齐飞"。

　　以后见面多了，两个人还是谈到了学问，按梁衡的说法，自己提了许多可笑的问题。

　　梁：季老，我一直有一个问题想问，您研究的那些很生僻的学问，古代印度，梵文，还有更稀罕的吐火罗文，对现在的世界有什么意义？

　　季：学问就是学问，不能说有什么用。对大多数人来说外语有什么用，没有用。我当年在德国从耄耋之年的西克教授处学到这种就要失传的文字，也没有想到 30 年后又拿起来用。20 世纪 70 年代新疆焉耆县断壁残垣中发掘出这种古文字的残卷，我把它译了出来。

　　梁：这让我想起，梁启超有一篇文章，他说，做学问不要问为什么，不为什么，就是为我的兴趣，为学问而学问。许多诺贝尔奖得主当被问到为什么搞这项研究时，总是说没有别的原因，就是有兴趣。

季：牛顿当年研究万有引力有什么用？没有用，也没有什么理由，但是以后成为一项伟大的贡献。学问，不能拿有用无用来衡量，只要精深就行。有独到处，有发现就行。如果讲有用，很多学术问题都不用研究，浪费精力。[15]

梁衡问季老：您研究佛教，信不信佛？季老很干脆地说："不信。"这让他很吃一惊，中国知识分子从苏东坡到梁漱溟，都把佛学当作自己立身处世的重要部分，季老却是这样地坚决。季老说："我是无神论，佛、天主、耶稣、真主都不信。假如研究一个宗教，结果又信这个教，说明他不是真研究，或者没有研究通。"

有一次梁衡带着梁漱溟的新书《这个世界会好吗》去见季老。季老说："我崇拜梁漱溟。"梁乘势问："您还崇拜谁？"他说："并世之人，还有彭德怀。"这又让他吃一惊。一个学者崇拜的怎么会是一个将军？季老说："彭德怀在庐山会议上敢说真话，这一点不简单，很可贵。"

季：梁漱溟这个人不简单。梁漱溟和毛泽东吵架，毛泽东暴跳如雷，梁漱溟坦然应对。他说要看看主席的雅量。

梁：是在1953年讨论总路线的会上，关于对农村政策的一次争论。梁漱溟晚年对这件事也有点后悔，说他是领袖，我太气盛，不给他留面子。他还是很佩服毛泽东。那本书里也说到这件事。

季：我崇拜梁漱溟。他这个人心肠软，骨头硬。他敢于顶毛泽东。在并世的人中我只崇拜两个人，还有一个是彭德怀。他在五九年庐山会议上敢说真话，敢顶毛泽东。我和梁漱溟还有一点关系，他是中华文化书院院长，我接他是第二任院长。[16]

梁衡又问他："还有可崇拜的人吗？""没有了，"季老又想了一会儿，"如果有的话，马寅初算一个。"

梁衡知道，说真话一直是季老心中隐隐的痛。在骨子里，他是一个忧时忧政的人。巴金去世时，他在病中写了《悼巴金》，特别提到巴金的《真话集》。他自己又出版了一本《牛棚杂忆》。

2009 年 7 月 11 日，98 岁的季老仙逝。

第二天，梁衡写了长文《百年明镜季羡老》。

梁衡也有一些年轻的朋友，如赵宇飞。

赵宇飞曾是《党建交流》《当代贵州》《贵州日报》的社长。老赵为人豪气幽默，既有报人谨慎细致的风格，又有诗人的浪漫情怀，对梁衡很尊重，凡事只要是老赵出面，梁衡一般都会答应。

老赵比梁衡整整小一轮，都属狗。

两人的友情始于 2001 年。

一个偶然的机会，老赵读了梁衡的文章，十分喜欢，梁提倡写大事、大情、大理的文章与他的期刊非常契合。当时老赵是贵州省委组织部《党建交流》的社长，组织部长说，把期刊办好，关键要站在巨人的肩上。于是老赵专程跑到北京，拜访梁衡，一是请教办刊之道，二是请梁当顾问。

到了北京，老赵入住北三环的贵州大厦后，给梁衡打了电话。两人谈了半小时，梁衡说今天下午要值班，你来报社吧。

下午 4 点，老赵准时出现在东三环的人民日报社。

在东门传达室通了电话后，老赵赶去梁的办公室。路上心里一直打鼓。后来他解嘲说，一个来自偏远地区的办刊人，来见党报老总、著名作家，紧张也是情有可原的。初次见面，儒雅亲切的梁衡给老赵留下了深刻的印象。老赵将办刊的想法、对文章的理解，一一汇报。两人相谈甚欢。梁衡同意当顾问，还同意开专栏，老赵此行的"目的"都达到了。

此后的 20 多年里，梁衡多次往返贵州，有时甚至一年去两次，采访、讲课、签名售书。后来又多了一项任务，找树。

在世人眼里，待客交友通常离不开茶、酒，要么茶叙，要么畅饮。但这些都是梁衡不擅长的。他一不喝酒；二是长期失眠，也不敢喝茶；三又惜时如金，最怕一顿饭吃掉几个小时的时间。因此，高朋满座、举杯豪饮、彻夜畅谈的情景，除了年轻时在内蒙古边远的临河因苦闷憋屈而偶有发生过，后不曾再有。

既然茶酒与他无缘，就只剩下以文会友了。正所谓，清平若菊，淡然如水。清谈的内容上至社会历史新闻文学，下至音乐养生，偶尔也会谈及佛经。老赵幽默体贴，善于倾听和交流，是梁衡的知音。他喜欢树，喜欢民歌，老赵就到处找线索，找到了，打个电话，说：梁总给你汇报一下，你的树你的歌都找到了。梁衡一听，兴致来了。两人定好时间，安排好行程，便开始了贵州行。

老赵坦言受益匪浅。有一次讲座，县委书记问梁衡一个问题：作为县委书记最重要的素质是什么？或者说，县委书记之间最大的区别是什么？梁衡反问：你们认为呢？有人回答说是党性，是决策能力，心胸开阔，有凝聚力，等等。梁衡回答说，最根本的差异在于是否有思想。思想是望远镜，能让你看到机遇、危险，找到规律。思想具有穿透力，思想水平的高下决定了领导干部的水平。

梁衡不讲究形式，对于衣食住行、排座位都不感兴趣，但是关心一草一木。看见中意的树，就收集种子，拿回去种。老赵陪他到百里杜鹃采风，梁衡开玩笑说，宁在山上伴杜鹃，不坐北京办公室。老赵还抓拍了一张他独坐花丛开怀大笑的照片。

梁衡也有不开心的时候。在老赵印象里，每到一些偏远地区，碰到一些陈规陋习，他就皱起眉头，不顾当地干部的面子，提出批评。他对贵州的旅游、文化提了不少意见。比如旅游中给客人拦路灌酒的做法，要改良。

梁衡从不把自己当作家看。

有的作家追求有个性、有自我审美发现，甚至遗世独立，他却不以为然。

对于文学创作中出现的两种极端——或远离政治，或将政治标签化，他站出来呼吁，不能沉湎于私人化写作，要写大散文，并且付诸实践。

这样的他，曾多次发出"同道者几何"的感叹。

其实，他的家国情怀、知识分子的痛苦与反思，在文学圈里，梁晓声[17]是理解的，感同身受的。他们是少有走动的文学同道。

两人都姓梁，同为中国作家协会全国委员会委员，开会时按照姓氏笔画，座位常被安排在一起，一来二去，就熟了。

会上会下，二梁交流的场景时常出现。从国家大事到百姓生活，总有说不完的话。两人有不少相似之处：都是从基层成长起来的作家，文学创作都关注现实，没有半点酸腐与矫揉造作，敢说真话。梁衡长期失眠，梁晓声颈椎不好，甚至出差都带着自己的枕头。

梁晓声与共和国同龄，出生在黑龙江哈尔滨，在北大荒度过了 7 年的知青岁月。后来被兵团推荐，到复旦大学中文系读书。他相继创作了北大荒知青题材的系列小说《这是一片神奇的土地》《今夜有暴风雪》《雪城》等。

在人生最美好的年华，二梁都经历过艰苦的磨砺。

梁晓声 1968 年下乡，在黑龙江生产建设兵团第一师劳动 7 年。同一年，梁衡从人大毕业，分配到内蒙古黄河边的临河县，在那里一待就是 6 年。早年在底层的生活，让他们对百姓、民生始终有深切的关注和焦虑，这种情怀在他们的文学创作中表露无遗。

2002 年，梁衡在中国人民大学新闻学院任兼职博导，专业方向是新闻实务。梁晓声则执教于北京语言大学中文系，主讲"文学写作与欣赏"。梁衡主张新闻研究不能止于书斋，理论研究要服务于现实，他明确招收的博士必须要有新闻从业经历。梁晓声则明确表态：第一，不教大一、大二，也不教大四；第二，不带研究生。他认为，大学课堂上讲授的文学，是要叩问意义和价值的那一种，而不是兴趣阅读。他常对学生们说："不要强调自己喜欢读哪类作品，喜欢看哪类电影，而要明白自己必须读哪类作品，必须看哪类电影！"

梁晓声直言，梁衡虽身在中国官员的序列中，但天性上有一颗亲近文学和普通百姓的心。梁晓声说：在文学这个"界"里，梁衡一点儿文化官员的架子也没有。始终视自己为中国散文作家中的普通一员。别人若因其官员身份特别地对他另眼相看，他反而会大不自在。这与他长期在基层当记者有关。梁晓声坦言，喜欢其谦虚、诚恳和做人的低调，很敬重他。

他说话很直，是有激情有深情的，对底层民众、民生的关注和焦虑，这点我们是相同的。而且，我们内心还有不同程度的一股傲气，有一种文化自信。我们都有自己的观点，总在不断修正，使自己不至于偏激、偏颇，更客观一点。[18]

在梁衡面前，但凡提起梁晓声，他第一句话，就是"晓声人很好，非常好，很干净"。一向不轻易夸人的梁衡，这样由衷的赞叹是少有的。在梁衡看来，梁晓声没有一些作家的虚浮和张扬，有爱国心和报国志，真诚淳朴，令人尊敬。

梁晓声很少用手机，没有微信，二人平时私下里来往不多，一见面却是无话不谈。

忧国忧民，关注现实，敢说真话，是他们互为同道的标签。

一次新闻发布会上，有记者提问，但官员未能回答，现场一阵沉默。坐在旁边的梁衡当场提醒必须回答记者提问，并对新闻发布会应该怎样开给出了自己的建议。梁晓声反对脱离实际的浮夸吹捧，他批评说：我们有 8 亿多农民，这 2/3 中国人的生活是与"发达国家"四个字形成巨大反差的。我觉得我们还应该低调一些，我们还是发展中国家，甚至相当长的时期内，我们可能都依然是发展中国家。

梁衡主张写大事大情大理，梁晓声认为散文不应以"大"来一言以蔽之，小题材也可以有大情怀。一次在高铁上，他看了梁衡的新作《树梢上的中国》，就给梁衡打了个电话，觉得题材好，有历史有文化，还能唤起环保意识，内涵很丰富。他还说，梁衡很少写父亲母亲这类亲情题材，是一种遗憾，希望以后多写一写人间烟火。

2014 年，中国青年出版社出版三卷本的《梁衡文存》，梁晓声为之作序：

> 梁衡每出一本书都赠我，我却只回赠过他一本自己的书……他的散文是积极向上的，作为一个很有思想的作家，梁衡对历史的反思肯定比他写出来的更深邃、更全面。[19]

2018 年春，72 岁的梁衡回太原参加了中学毕业 55 周年聚会——

> 我常想一个问题：人，说到底还是精神的。44 个同学，55 年，这次能见面的 24 个。见之后在精神上能留下并保持联系的也不过一两个。这首先说明，岁月在淘汰人。同时，岁月又是在塑造人。[20]

梁衡退休后创作人文古树，结识了不少基层的朋友。赵雄飞便是一个。他是陕北的一个乡镇干部，在电话里请梁衡为景点写幅字，约

好三天后取。结果第二天就来了。梁很吃惊，不是说三天之后吗？赵
雄飞说，我等不及了，马上开工。

梁衡到陕北亲眼看见，他们如何
加班加点，用一周的时间打造了一个
人文森林公园。他说，你是基层干部
里的文化人，我是文化人里的基层干
部，咱俩有共同点。赵雄飞闻听此
言，特别高兴，专门请梁衡把这句话
签到了书的扉页。

提倡写大事大情大理的梁衡，在
家庭生活中却是脆弱而敏感的。

这张老照片拍摄于 1987 年 4 月，
太原迎泽公园。照片上，正在上小学
的儿子顽皮地爬到了狮子头上。

当时 41 岁的梁衡还是《光明日

1987 年梁衡调离太原前的全家福

报》驻山西的记者。这一年，国家组建新闻出版署，梁衡一人进京。
进京前，全家合影留念。第二年，全家搬到北京。他在《母亲石》中
回忆了进京前的一段故事：

> 那年我奉调进京，走前正在家里收拾文件书籍，忽然听到楼下有
> "笃笃"的竹杖声。我急忙推开门，老母亲出现在楼梯口，背后窗户的
> 逆光勾映出她满头的白发和微胖的身影。母亲的家离我住地有几里地，
> 街上车水马龙，我真不知道她是怎样拄着杖走过来的。我赶紧去扶她。
> 她看着我，大约有几秒钟，然后说："你能不能不走？"声音有点颤抖。
> 我的鼻子一下酸了。[21]

梁衡写《母亲石》时，父母已故去十多年。多年压抑的情感、内
疚与思念，瞬间被触动了，写着写着，不禁泪流满面。这一幕被儿子
霄飞无意中看到了。他见父亲流着泪走进了洗手间，打开水龙头，放
声大哭。霄飞看着，却不敢劝。他知道，奶奶去世时，父亲不在身
边，他心里始终有这个结。

大多数传统的中国家庭，父亲通常不善表达情感，梁衡也一样，

对家、对父母、对孩子的爱从来深埋心底，不轻易流露。

　　大儿子霄羽的记忆里，父亲很少在家，常年出差在外，即使一身疲惫回来，也是伏案疾书，彼此交流很少。直到进京步入管理岗位后，一家人的生活才算稳定下来，和父亲相处的日子才多了起来。

　　平时，家里的事统统由母亲打理。母亲一向崇拜父亲的才华，她勤快能干，事无巨细，给了孩子们很多温暖与呵护。父亲细腻敏感，有才华，遇到事常常会失眠；母亲爽朗热情，吃苦耐劳，粗线条，没有撑不住的事。两人性格互补，有时也因为一些生活琐事吵架，通常都是母亲让步。

　　霄羽记得，小时候他总受调皮孩子的欺负。父亲希望他锻炼好身体，能保护自己。每天早上 5 点，就把他叫醒，带他去汾河边锻炼身体，这样坚持了很长一段时间。

　　霄羽、霄飞上学时，梁衡的《晋祠》《夏感》已经上了中学课本。但学校里，没有一个老师、同学知道，教材上作者的孩子在自己的班里。

　　霄飞那时最怕写日记、写作文。守着作家父亲，可他一天到晚忙着采访，根本没有机会辅导儿子作文。还好，霄羽作文写得好，霄飞就常常抄哥哥的，从小学一直抄到中学。多年后，问起霄羽，为什么不给同学说你爸是梁衡呢？他嘿嘿一笑：嗐，没人关心，即使我说了谁信呢？！

　　母亲宋瑞芳是学数学的，遇到数学难题时，霄飞常常会问母亲。有一次她出差了，刚好父亲在书房写作。霄飞只好硬着头皮问父亲。

　　他听说了要帮我，我以为他语文好数学肯定不行，就说别捣乱了。父亲拿走后一会儿就解开了，我很惊讶，因为这需要前面学过很多公式才能做，父亲并不了解那些公式，他用自己的方式就解开了。他的确是一个有悟性、能抓住规律的人。[22]

　　梁衡从不打孩子。霄飞上小学时，有一次数学考试不及格，他紧张兮兮地回了家，准备等待一顿责骂或者棒喝。没想到父亲既没有动他一根手指，也没有骂他一句。只是吃饭时冷冷地白了他一眼，一句话都不说。结果这种无声的责备，更让霄飞羞愧，恨不得求父亲打自己一顿，令自己知耻而后发奋。

儿子眼里的梁衡，成就更多来自勤奋。他平时没有爱好，不抽烟不喝酒不娱乐，几乎把所有的人生精力都投入到新闻和文学中，过着清教徒般的生活。偶尔也曾试着学打牌、打麻将，可最后都放弃了。

在家里，总是伏案写作的梁衡话不多。孩子们也慢慢知道自己的父亲与众不同。在他面前，总有一种距离感，既敬又怕，不敢开玩笑，也不敢太放肆，对他一直怀有敬畏。

成家立业自己也成了父亲的霄羽说，从内蒙古、山西到北京，父亲给了自己和弟弟一个更好的成长环境，很感激他。

父亲不愿求人，怕欠人情债，怕麻烦。例如，稿费、工资、家里开支都是母亲管。再例如他不能理解饭局为什么需要几个小时。他吃饭就是吃饭，不说话，一碗面解决了走人。有时开会发个录音机，他拿来问儿子这个可以直接出声吗？儿子回答要戴耳机听，他就说快扔了吧，太麻烦。

他对物质的要求很低。比方他经常在街边小摊上，几块钱买个塑料盆，几十块钱买双鞋。孩子们觉得质量没有保证，就一直劝他，可他还会买。

他最喜欢逛集市，热闹，土特产多。连续几年的北京"五棵松大集"很受万寿路一带老人的欢迎。但后来以影响市容为由撤掉了，他怅然若失了好一阵。

2018年冬，北京出现了长达10天的强降温天气。他只好到公主坟一家地下商场，去买了一条200多块钱的保暖裤。他觉得已经很好了。

对自己吝啬的梁衡却教育孩子要待人大方，不计较。霄飞上大学时，周末回家住，有亲戚送了几箱水果，周日临走时，父亲把他叫过来让拿些水果回去，他嫌沉就拿了三四个苹果。父亲让多拿些，拿一箱。父亲说，和同宿舍同学一块吃。还说：大方，才会有朋友。这句话，霄飞一直记着，受用一生。

在儿子眼里，父亲是一座高山。年少时，对父亲的艺术追求和学术研究，并不理解。觉得他奔波在外，回家又伏案工作，没有什么闲情逸致，很是辛苦。直到工作后，才渐渐理解了父亲和他的精神世界。

父亲的成功，给孩子们带来了压力。他们一走出学校，第一反应就是希望羽翼渐丰，早日自食其力。

大儿子霄羽毕业于中国传媒大学（当时叫北京广播学院），温和持重，从事出版工作。小儿子霄飞毕业于首都师范大学美术系，叛逆有个性，在绘画方面颇有天分，遗传了父亲的艺术细胞。毕业后，霄飞开了一家设计公司。父子两人忙得经常有几个月见不着，一见面霄飞有很多话想说。父亲让他汇报一下工作，他就说起最近做的一个设计单子。没想到讲了5分钟就被父亲不耐烦地打断了，说：你只告诉我结果。霄飞说挣了10万。他说好，就走了。

这个桥段为何我记得这么清楚，其实进入社会的努力，有一多半是想向父亲证明我还行。后来我突然意识到，如果我用世俗的方式证明，那不管多成功也永远得不到他的认可。在他眼里，钱，是最不值钱的东西。[23]

霄飞生意上的事，父亲不喜欢也不关心。只关心最后赔了还是赚了，开不开心压力大不大之类。所以很长一段时间里，父子间一直有隔阂，没有共同话题。直至霄飞人到中年后，交流才越来越多。霄飞说：其实父亲没变，只是我变了。

我成熟了，向精神追求了，所以思考内容才跟他有了交集。而且我转型后，他反而有为儿子骄傲的瞬间。在世俗朋友圈骂我是失败后的"大落"，我揣摩到在他心里反而是通往成功的"大起"。于是，在2016年，我出了第一本书，他办了第一次画展。每逢我做出一些大的决定时，父亲总是支持我的。[24]

梁衡欣慰地说，儿子圆了他幼时当画家的梦。

后来，霄飞只身到江西婺源，一待就是3年。在陌生的乡村，没有帮手，他一个人一砖一瓦建起了一座歪房子现代艺术馆。

梁衡很是好奇，前去小住。

站在霄飞的歪房子前，他还是有些震惊，不由得对儿子刮目相看。

中国人向来注重中正，讲究对称，歪斜之物常给人警醒。所谓陡然一倾，震悟人生。梁衡遂作《歪房子铭》。

在白墙黑瓦的徽派民居里，父子俩有一搭无一搭地说着话。霄飞说，国画里所讲的线条、皴法、留白，西画里讲的光影、色调、透视，都在这墙上可以找到，课堂上没有讲过的这里也有。霄飞自从住到这里就再也没敢画过一笔，正是"眼前有景画不得，神来之笔在上头"。他还说，房子西边有一座老墙，每当夕阳晚照时，那种历史的沧桑感让你心里发颤。

听儿子这么一说，梁衡特地去看这堵老墙。只见碎砖破瓦如瀑布般倾泻下来，犬牙交错的砖块间露出当年的红土，像大战后一个受伤的壮士正拄着枪托挺立在战壕旁。唯有那个高高的楼角还十分完整，在蓝天的背景下画出一个标准的直角图形，几根废弃的电线如一缕柔发掠过她的额头，头顶上白云来去，一只孤雁在天际盘旋，风在轻轻地打着口哨。这时晚霞烧红了天边，风雨楼台，残阳如血。梁衡一时惊呆了，他想到了岁月。于是，他把这堵老墙写进了文章。

从事出版行业的霄羽，编了父亲很多的书，对他的作品很熟悉。他笔下的瞿秋白、辛弃疾、张闻天、彭德怀有一些共同点：身处逆境、忧国忧民、怀才不遇。其实父亲也是这样的人。

> 我还算比较理解他的精神世界吧，尤其是编了他那么多文章，看他写的那些东西。从中就能看出他的影子。也很心疼他的这种精神世界，太痛苦……[25]

从专业角度，霄羽更喜欢父亲写的山水散文，尤其是人文古树。比如《秋风桐槐说项羽》《万里长城一红柳》等等。

> 父亲的散文成就的确很高，好像只有这种大散文才能把人性写得这么深刻、丰富。在散文领域，我给他打个八九分吧。如果让我给他的新闻、文学和政治取得的成就排名次的话，新闻第一，文学第二，最后是政治。[26]

与霄羽一样，在霄飞看来，父亲的大散文，美则美矣，可太过沉重。除了《觅渡，觅渡，渡何处？》，霄飞更喜欢父亲年轻时写的诗，还有他40多岁时写的记事杂文《年感》和《试着病了一回》。

> 我希望他晚年可以"收"，写些"小"处，多写以小见大的内容。写写老百姓、身边人。比如写我的祖母。他在《母亲石》中也没敢放开写，我理解他。脆弱，不敢碰柔软的东西。老爷子是我们家里人情感最

脆弱的一个。[27]

感情脆弱的梁衡不记仇。

家里人从来没听过他抱怨过什么人或事。即便是害过他的人，包括伤过家人的人，他都不曾记恨。几年前，一位过去的老部下给他写过一封忏悔信，后悔当年自己对他不恭敬、不厚道的做法。他看完了信，却说都过去了，我不记得了。

文人浪漫者居多。但梁衡的浪漫都给了文学，生活中并没有多少情调。比如不喜欢宠物，在他看来动物就是动物，没有宠的理由，养动物一定是为了干活儿，有用才好。他的观点，家人并不同意，也不敢"忤逆"。儿子霄飞在《小兔打洞》中讲了围绕着养狗、养兔子、养鸭子所发生的趣事。

原来养了10年的狼狗，一直工作很勤勉，晚上不睡觉，巡视院子，后来岁数大了半夜没事乱吠，吵得老爷子睡不好，前年送了农民。去年夏天遛弯儿路过田世兴家门口，遇到他家那只丑萌又健硕的沙皮狗在路边溜达，逗它玩了一阵，田老师看到了非要送给我，我和母亲对视犹豫，看得出母亲也很喜欢它，只好先答田老师说回去和老爷子商量看。午饭时我有一搭无一搭地聊起田老师人好，弱弱地捎带出他要送狗给我，以佐证田老师的热情大度，脸上仍伪装着不爱狗的信息，来试探老爷子反应，这丝如蚊鸣般的信息还是让受失眠症困扰的父亲如临大敌，触电般地一怔。他严肃命令我们谁都不准再养狗，还列举了诸多以前养那狗的弊端，比如天天得喂，还得每年带它去防疫站打针，不在这边还得找人看着，如果跑出去咬了农民小孩后果很严重等等等等，就是不提吵他睡觉的事。老爷子就是这样，讨厌什么的时候从来不提旧情，他忘了多年来自己一直夸赞那只老狗又懂话又看门还能打发剩饭的情景，一幕幕伴着他数落狗的画外音在我脑垂体上快播，无语，低头吃饭。[28]

霄飞又养了小兔和鸭子。每天喂食喂水，精心伺候，不到半年小兔长得又肥又大。鸭子也是长得飞快，从黄绒毛的小鸭长成两只鸡一般大小的白鸭，急了还能飞个两三米高，饭量也顶几只鸡的，只是下蛋不勤，两只鸭子三天一个蛋，而且没下多久就入冬不下了。霄飞明白，入冬对它们非常不利，可惜它们看不出老爷子看它们时眼神的变化，还那么能吃……

　　如我们所料，老爷子开始念叨要杀它们，说一冬天不放蛋白耗粮食还得天天喂，不如杀了吃掉，明年再买新鸡，鸭子更不用说，没下几天蛋而且下得那么少，不划算，兔子更不用说，根本不放蛋，而且杀了也没人爱吃，赶紧处理掉……每每如此，我们都坚决捍卫"主权"，老婆捍卫兔子，我捍卫鸭子，母亲捍卫鸡，但最终还是杀了两只鸡，父心稍慰。暂且保住了我军主力。[29]

　　一只兔子开始在窗前地里打洞，打了三个洞，衔着草往洞里垫，最后埋了两个洞口。每天勤恳劳作的过程甚是可爱，这成了梁衡和宋瑞芳每天观赏的节目，隔着窗子有时能看一个小时。兔子成了"劳模标兵"，逃脱了被宰杀的命运。鸭子也很争气，开始每天都下蛋，而且个头也比去年大，这成了霄飞跟父亲通电话汇报工作的头条，"经济形势"一片大好的情况下，电话那头的老爷子也不再操心鸭子了。

梁衡全家福，拍摄于 2013 年 12 月 14 日。孙女婷婷 4 岁，孙子强强半岁。后排左侧为梁霄羽夫妇，右侧是梁霄飞夫妇

　　2009 年，爱树不爱宠物的梁衡升格为爷爷。

　　先是有了孙女婷婷，4 年后又有了孙子强强。

　　对儿子们一向严格的梁衡，在第三代面前完全没有了立场，一脸宠溺。儿子霄飞曾总结说，母亲爱孩子，父亲爱孙子。

2013 年 5 月 10 日

　　凌晨两点，强强出生。早产两月，母肺血管瘤，大手术抢救。幸得母子平安。孩子名强者，强颜求人，强力抢救也。

　　孙子强强出生的前一天，5 月 9 日，梁衡在重庆讲完课，上午看金佛山国家森林公园，下午即飞回北京。晚上接到霄飞电话后，9 点钟赶到 301 医院，儿媳小田突发疾病，所幸抢救及时，母子平安。

梁衡对早产的小孙子格外疼爱。手机里存了不少强强的照片和视频。言谈间流露出少有的柔情。当了奶奶的宋瑞芳更忙、更操心了，看孩子、做饭、打扫卫生，乐在其中。

曾有3年的时间，夫人宋瑞芳多次回内蒙古照顾九旬老母，一去就是一个月。梁衡只能一人吃食堂。北京冬日灰压压的天空下，他一人走在空旷的路上，碰到来看他的学生，解嘲说自己像只流浪猫。有时他外出忘了带钥匙，只好给住在附近的大儿子霄羽打电话，还有一次请开锁公司开锁。后来干脆换了一个指纹密码锁，省心了。

时间一天天过去，转眼到了2016年春天。

过了生日，梁衡就70岁了，步入古稀之年。

5月5日晚，学生们在万寿路一家酒店订了一桌饭，准备了礼物。回到家后，梁衡在日记里这样写道：

2016年5月5日

今天是70岁生日。多么可怕，人生就这样一天一天地磨短了。晚上我的七个博士生为我办了一个小小的庆祝，大家围桌吃一顿便饭，十分愉快。又像是上了一次学术讨论课。说以后每年办一次。但我心想再不能麻烦他们了。企业报协会还送来一束花。[30]

2017年和2018年，他的生日都是在中国人民大学过的，一起过生日的还有比他小10岁的郭庆光教授。那天他受邀参加人大校友讲坛，讲完后，学生提议给梁老师和郭老师一起过个生日。于是就在一家西餐厅简单地吃了一顿饭。

年岁既长，梁衡和宋瑞芳有一个观点：养好身体，别给孩子们添乱。偶尔和老友聊起天下父母心，他写诗调侃道："十天半月无电话，同城三月不上门。你我儿女一个样，全是记吃不记恩。"

他学会了网购。三日一桃，自我祝寿。五日一宴，买茶代酒。如见新品，电告老友，共享同乐。他的诗《何以解忧，唯有网购》有一番调侃：

大幕谢去，恭身退休，
人生步入，孤独之秋。
子女难见，旧人少走。

怅对西风，白云悠悠。

幸有手机，日不离手。

何以解忧，唯有网购。

东海黄鱼，冷链签收。

隔街外卖，暖汤到手。

海南芒果，天山羊肉。

吃遍四海，畅享神州。

赶走寂寞，权在我手。

呼风唤雨，想要就有。

醉翁之意，购不在购。

打发时间，调剂节奏，

招之即来，我的物流。

如友敲门，如故问候。

不疾不徐，从容应酬。

自导自演，其乐悠悠。

2020 年 12 月 26 日

［1］ 摘自《梁衡日记》。

［2］ 李锐（1917—2019），原名李厚生，曾用名李侯森，湖南岳阳平江人。1936
年春参加革命工作，大学文化。曾为高岗秘书、陈云秘书、毛泽东秘书。
1959 年 7 月，在庐山会议上受到严厉批判。在秦城监狱关押 8 年。恢复工
作后，曾任中央组织部副部长，中共中央顾问委员会委员。著有《早年毛
泽东》《毛泽东早期读书生活》。

［3］ 摘自董岩对梁衡的电话采访，2018 年 10 月 3 日。

［4］ 摘自董岩对梁衡的电话采访，2018 年 10 月 24 日。

［5］ 范敬宜. 梁衡同志的三点贡献. 中华新闻报，2003-07-21.

［6］ 同注［5］.

［7］ 即梁衡的八字编辑方针——政治把关，文化兜底。

［8］ 摘自董岩《大家的朋友圈》，2019 年 9 月。

［9］ 摘自董岩对范国强的电话采访，2018 年 10 月 29 日。

［10］ 梁衡. 以后这样的人不多了：送别范敬宜同志. 党建，2010（12）：
40-41.

［11］ 田聪明（1943—2017），陕西府谷人，北京师范大学政治教育系毕业。曾
任内蒙古自治区党委副书记，西藏自治区党委副书记，国家广播电影电视
总局局长、党组书记，新华社社长、党组书记，中华全国新闻工作者协会

主席。中共十四大、十五大、十六大、十七大代表。中共十四大、十五大当选为中央纪委委员。中共十六大当选为中央委员会委员。第十一届全国政协常委。中国记协第九届理事会名誉主席。

［12］摘自梁衡的微信（2017 年 12 月 28 日）。

［13］季羡林（1911—2009），山东省临清人，字希逋，又字齐奘。国际著名东方学大师、语言学家、文学家、国学家、佛学家、史学家、教育家和社会活动家。历任中国科学院哲学社会科学部委员、聊城大学名誉校长、北京大学副校长、中国社会科学院南亚研究所所长、北京大学终身教授，与饶宗颐并称为"南饶北季"。早年留学国外，通英文、德文、梵文、巴利文，能阅俄文、法文，尤精于吐火罗文，是世界上仅有的精于此语言的几位学者之一。其著作汇编成《季羡林文集》，共 24 卷。

［14］梁衡. 百年明镜季羡老. 人民日报，2009-07-14.

［15］梁衡. 一片历史的青花：季羡林先生谈话录. 北京文学：精彩阅读，2013（7）.

［16］同注［15］.

［17］梁晓声，原名梁绍生，生于黑龙江哈尔滨，祖籍山东荣成。中国作家协会会员。中国现当代以知青文学成名的代表作家之一，曾创作出版大量有影响的小说、散文、随笔及影视作品。代表作《今夜有暴风雪》。现为北京语言大学人文学院教授，2012 年 6 月被聘任为中央文史研究馆馆员。2019年，获第二届吴承恩长篇小说奖，《人世间》获得第十届茅盾文学奖，长篇小说《雪城》入选"新中国 70 年 70 部长篇小说典藏"。

［18］摘自董岩对梁晓声的采访，2019 年 3 月 21 日，北京牡丹园。

［19］梁晓声. 静夜时分的梁衡 // 梁衡. 梁衡文存. 北京：中国青年出版社，2014.

［20］摘自《梁衡日记》（2018 年 4 月 25 日）。

［21］梁衡. 母亲石 // 梁衡. 梁衡散文. 北京：作家出版社，2010.

［22］摘自董岩对梁霄飞的采访，2018 年 12 月 4 日。

［23］同注［22］.

［24］同注［22］.

［25］摘自董岩对梁霄羽的采访，2018 年 12 月 3 日。

［26］同注［25］.

［27］同注［25］.

［28］摘自梁霄飞《小兔打洞》（微信《留逝》，2016 年 3 月 2 日）。

［29］同注［28］.

［30］摘自《梁衡日记》（2016 年 5 月 5 日）。

6

先生画像

　　我不是理论工作者，但我离不开理论。我的人生内容有新闻、文学、从政等多个方面，这只是几种业务实践，或者也算是几个饭碗。但实践不能指导实践，只有理论才能指导实践，要想业务好一点，就要兼习一点相关理论。比如：写文章兼习文艺理论；写新闻兼习新闻传播理论。这好像走夜路手里提一个灯笼，或者举一个火把。灯笼火把照不远，能照见脚下的路也就够了。至于照得更远那是专业理论工作者、理论家、哲学家的事，但那就不是灯笼了，是灯塔。照得很远，为所有的人照明。我敬畏他们。[1]

　　不知从何时，梁衡被冠以大师的名号。

　　尽管许多人坚持，当代没有大师。

　　尽管他一再坚辞不受。

　　他说，跟以前的大师比，我们简直是一个小甲壳虫。

　　于是只好称其为老师，梁老师，梁先生。

　　坚决反对大师名号的梁先生，与大师的形象相去甚远。

　　一件羽绒服可以穿20年，一个廉价的老式行李箱用上很多年，都不肯舍弃，原因是拉杆在箱体外，轻便又省空间。吃饭，他从不挑肥拣瘦，只要有面，搁上几片菜叶，便是好的，即使一天三顿，也不厌烦。吃完了，一抹嘴，很满足。

　　他身高1.72米，常年保持76公斤的体重，生活单一，不抽烟，不喝酒，不跳舞，也不唱歌，饭后喜欢散步，偶尔也比划一下易筋经和太极拳，瞅四下无人时还会偷偷地爬爬树。

　　有记者去家里采访时，亲眼见他撸着袖子，一个裤腿卷着，有条不紊地回答着一个接一个的问题。有时碰到连一篇文章都没有读过的记者，他说，这样的记者不懂得尊重，不接受采访。

梁先生喜欢干刨根挖土的农活。不怕累，不怕脏。在北京的小院里，他自己种菜种树种花，浇水施肥，乐此不疲。夏天，太阳毒辣，他在地里忙活着，没有任何防护。他说晒一晒，杀杀菌，健康。他喜欢琢磨。比如院子里的红叶李树，只能看叶没有果，他就试着与杏树嫁接，居然成功了。干完农活，他在屋外水龙头下，洗洗手，擦把脸，然后坐在葡萄藤下，喝口热水，很是享受。

2010 年，梁衡在农家小院

夏秋之季是他最得意之时。

杏子黄了，李子红了，丝瓜结满了，葡萄也熟了，小院一派丰收的景象。他站在树下，与瓜果们合影，还把照片晒到几个微信群里，在粉丝们的调侃中，他笑得更开心了。他多次说，自己的底色是农民。

他还喜欢翻山越岭那种在路上的感觉，对他来说，这是最亲近大自然的方式。谁能相信，70 多岁的他，居然还去海拔 3 000 多米的云南鸡足山采风，回来后写了洋洋洒洒 5 000 字的《徐霞客的丛林》。每次野外回来，他都神采奕奕，说起路上的奇遇，眉飞色舞，充满激情，很难把他跟古稀老人联系在一起。

梁先生最忌讳别人喊他梁老。

他会反问：我有那么老吗？他还冷静地解释，"老"的意思是不能工作了，退出了历史舞台，行将就木。他说，只要工作着的人，就不应该称老。

梁先生与大西北有着特殊的缘分，曾得西北文学奖。他是山西人，在地理上归属华北。按现在的经济地图，山西，甚至河北的一部分都属于中国西北，是后发达地区。

他大学毕业迈入社会的第一站，是内蒙古西部。在乡下穿着老羊皮袄，喝着西北风，住在沙窝子里，过着西北人的生活。他是穷怕了，冷怕了，旱怕了，所以骨子里有西北情结，总是忧心那里的气候、生态和历史。他至今还有两个习惯：一是从不浪费一滴水，把洗菜淘米、洗碗洗衣的废水积攒起来冲厕所；二是不论走到哪里，总爱问人家的降雨量、无霜期、森林覆盖率，来与西北比较。他的作品有一半是写西北的，甚至写林则徐、左宗棠等这些南方籍的历史人物，也是单写他们在西北的一段奋斗史。就是写海南岛的热带雨林时，也会不由得想到西北的缺雨。他自嘲得了一种西北相思病。

他有很多自己的理论。

比如，养宠物不符合自然规律，天生自然，不应受宠于人，人也不必为宠物所累。动物本是用来服务于人的。比如，养鸡可以下蛋，养兔子可以吃肉，养狗必然要看家护院。他与外交部原部长李肇星为同届人大代表，李也反对养宠物。一次，他们同桌吃饭，不知怎么谈及此话题，两人喜得知音。李当即以书相赠。

梁先生还认为，人不能没有家。一个人品德和能力的养成有三个来源，学校的知识灌输、社会实践的磨炼和家庭的熏陶培养。家庭是这链条上的第一环。人一落地先由家庭教育来定底色。一个社会，如果没有家庭这个细胞，将无缘发展。他反对不婚主义，认为两个人总比一个人强，要过正常的家庭生活。为此，还专门写了一篇《你不能没有家》。

梁先生的学生曾问过他，理想的女性是什么形象？他回答，内外兼修，人美而不用其美。如李清照、居里夫人、林徽因。她们不徒有其表，而以作品、事业传世，不为美所累。她们有才华，也足够美，如果再丑一些，可能就嫁不了赵明诚、梁思成，当不了居里夫人。所谓君子爱财，取之有道。女子之美，用之有节。形式不能夺内容。

他善于学习，所谓工欲善其事，必先利其器。他将时下最流行的通信手段，统统变成学习、讲课、写作的辅助工具。他研究微信的功能，比如语音转换、拍照功能，能快速便捷地存储资料。他挖掘电脑的 PPT 软件，制作高难度的课件，让年轻人看了瞠目。

他还有很多微信群——"梁衡图书馆""觅渡书院""梁门""人

文森林"等等，通过这些群友，找材料、核实信息，达到事半功倍的效果。遇到解决不了的难题，他会向学生咨询，有时学生也回答不上来，他只好说，还是我自己想办法吧。

他还在网上给中学生授课，专门讲文章作法。常常是边做课件边总结，即便是讲过多次的同一个题目，也要花上三四天的时间，重新准备课件。

2018 年岁末，梁先生获"清华大学范敬宜新闻教育良友奖"。举办方希望他发表 10 分钟的获奖感言。他提前一周精心准备了致辞《每一个名人的背后都有一双看不见的"新闻手"》，又用了 3 天时间制作了 PPT，动用了朋友圈的朋友，调出了珍贵的历史照片，回顾了改革开放 40 周年以来里程碑式的新闻人。到了活动现场，却被告知现场无法播放 PPT，令他遗憾万分。

在学术方面，追求完美的他"博爱"又"贪心"，是跨界新闻、文学、政治和人文森林的高手。你问他此生最爱是什么？他会毫不犹豫地回答，文学。他将大部分的人生精力投入了文学创作中。逢年过节，别人走亲访友，他在伏案写作。平日里，别人流连酒席聚会，他却独坐家中，阅读、思考或写作。他不喝酒，也不常饮茶，偶尔捏上一星半点的普洱，算是提提味儿。朋友请他吃饭有时也犯难，他最烦站起一圈圈敬酒，无话找话。他曾偶尔抽一口烟，可一过七十，连烟也戒了。

梁先生喜欢民族音乐，是民歌的超级发烧友。

鉴赏力不错的梁先生，多年来只会唱一首《让我们荡起双桨》，而且跑调跑得厉害。他更喜欢听歌，尤其是女中音关牧村、德德玛。他还把这种爱好写进了文章。他的散文《忽又重听〈走西口〉》《追寻那遥远的美丽》《大渡河上三首歌》《三十年的草原　四十年的歌》都是写音乐的。他像寻宝一样，去揭开一首首民歌的朴素面纱。到青海金银滩的草原上听《花儿》，探访王洛宾的足迹。在四川泸定桥边，根据"四歌亭"的线索，去寻访《康定情歌》的整理者，找到了"终生为爱情而歌唱，却没有得到过爱"的吴文季。

有一年他回家乡过年。和老友赵越、亚瑜夫妇一起吃饭，席间赵君给他讲起在晋西北采风的事。他说："一次在黄河边上的河曲县采风，晚上油灯下在一家人的土炕上吃饭，我们请主人随意唱一首歌。小伙子一只大手卡着粗瓷碗，用筷子轻敲碗沿，张口就唱'蜜蜂蜂飞在窗棂棂上，想亲亲想在心坎坎上'，不羞涩，不矫情。像吃饭喝水一样自然。"他不由得想起某年在紧靠河曲的保德县采访，几位青年男女也是用这种比兴体，张口就为他唱了一首怀念周总理的歌，立时催人泪下。

有一段时间，梁先生和内蒙古的朋友在北京聚会，逢会必有歌。歌唱家拉苏荣，周恩来侄女周秉建的丈夫，常常助兴，这时的他打着拍子，沉醉在马头琴和悠扬的歌声里，似又回到了草原。

梁先生是急性子，做起事来效率很高。他是工作狂，脑子里的题目时时在转，一任窗外风吹雨打，兀自忘我写作。生活中一点微小的细节，都能触动他脑海中的题目，达成一种共享通感。

提倡写大散文的梁先生脆弱敏感，泪点低。在记者生涯中，曾多次被采访者打动落泪。他常感叹，当记者一生，未能为教师写一篇好报道，他们的工作太平常、太刻板。一位中年女教师"文革"中被打受伤，终身不嫁，学生要做她的儿女，她断然拒绝，说只要一份纯真的师生情。后来在电视采访中谈及此事，他竟几度哽咽落泪。在人物创作中，也曾屡屡落泪。写《大无大有周恩来》，写到周总理去世那天消息还秘而不宣，秘书从医院出来，别人追着问又不敢说，只好转头流泪而走。写到这个地方，他哭了，每每看到此处他都泪流不止。有一年，他到贵州采风，探访彭德怀在三线的办公旧址时，但见杂草丛生，破败不堪，他心里沉重，眼圈不由得红了。

有一次他回忆 1978 年关于真理标准讨论中的一位关键人物——《光明日报》原总编辑杨西光时，泪眼婆娑，往事浮上心头："一个瘦弱的老头儿，每次去办公室见他，总是伏案弯腰，埋在报纸大样里，脸色苍白，不停地抽烟，不停地咳嗽。"他怕自己在演讲中回忆这段故事时失态，甚至做好了让学生替他讲述的准备。

他写《母亲石》时，提到自己的母亲，他是边哭边写的。儿子们希望他好好写写祖母，可他一直没有完整地写一篇。这是他内心最柔软的部分，不敢碰触，不肯示人，只能深埋心底。另一位梁先生梁晓声曾说，这是一种遗憾，希望梁衡能写写自己的父亲母亲。

梁先生不装。他的真诚和坦白，有时都让人替他捏把汗。每每参加学术活动，他不走过场，不讲官话、套话和空话。每当站在台上，背景是他精心制作的 PPT，他老老实实地陈述着自己的看法，认认真真，从不含糊其词。有时，主办方客气一下，请他提意见，他也不客气，就直说。比如高校新闻教育忽略了基础理论研究，新闻专业细分过度，成了职业教育，新闻传播理论原创性匮乏。他还提出，一些学术研究脱离实际，观照现实不够。比如研究范仲淹，要结合时代，把独立精神、牺牲精神这两点振奋起来，国家会更好。听了他的发言，很多学者争先与之交谈，还要合影，没想到人越来越多，只好把单独合影改为集体合影。

在他那里，自由的思想，独立的人格，是对学术最大的尊重。一次有一个学术研究项目，他主持的团队中标立项而且经费已到位。但讨论到第四轮时，因与自己的学术理念不合，毅然退出并将经费退回。

受人尊敬的梁先生也常常遇到一些尴尬事。比如，快递员送东西，就在大院里高声地直呼其名。古人云：不敢高声语，恐惊天上人。这在注重长幼尊卑的传统文化里是不允许的。他曾客气地说：小伙子，你称一个先生好不好？快递员听后一脸茫然。他亦无语，由此想到这是整个社会的文化教养问题。谈文化自信，应该首谈文化复兴。

梁先生重情。中学毕业 55 周年聚会时，见到了成绩最好的班长杨秀媛。当时她以全校的最高之才，却进了省里的中等院校；而他成绩平平却出省进京。他说自己是运气好。聚会上杨秀媛还说出了一件秘密。当年他在记者站工作时，杨曾上门一次，想请他帮忙找工作。但一见他工作狂的状态，竟没好意思张口。其实当时他上至省长下至任何一个科研单位，只要一张口都能解决工作问题。就这样错过了。他听后心里很不好受，只能宽慰老同学："好在一切都已过去，我们享受友谊，精神常在。你看那个最苦的韩丹尼同学，现在反而是与我来往最多的，常有宏论，位卑不敢忘忧国。"[2]

梁先生工作的最后一站是人民日报社。这也是他最中意的一段工作经历。退休后，人走茶不凉。过去在职时，一些不好意思"巴结"领导的记者、编辑们，在他退休后，没有了顾虑，反而与他走得更近了。

有时，他回报社参加活动，老部下听说后，便主动张罗请他吃饭。已是副总编辑的卢新宁，有一次在餐厅碰到他请客吃饭，就悄悄把餐费结了。结果他很不开心，说：我这一辈子从不欠人情，本来是做东请一位外地的编辑，结果小卢给结了，我从此欠她的了！还有一次，他回报社，几位老部下请他一聚。他微信邀卢新宁参加："知你本月夜班，如方便时路过，上来看大家一眼。知你姐明日出国，那就看你方便。家姐诚可贵，同事价更高。若为两周到，苦你点个卯。"卢欣然应约，回复："同事诚可贵，老师价更高，晚来凉粉宴，不止点个卯。"

梁先生善于发现生活中的美和趣味。每到外地，总会带回一些稀奇古怪的玩意儿。比如竹制键盘、木质四面佛把件、异形木梳、手机百家姓挂坠、手指镇纸等等。一些常常被忽略的东西，在他那里都有了十足的价值。他说，在客观世界上，存在着许多的美：大自然千姿百态的美；几何图形整齐组合的美；孩童天真烂漫的美；中年精壮强健的美；老者深熟沉静的美；美术家的色彩线条美；音乐家的声音和谐美；连最枯燥的哲学，也有它的哲理美。这些美都是不同的人，在各自不同的环境与条件下，乐而自得的。他曾写过一篇《我看舞蹈的美》，由此认识了舞蹈研究所所长、舞蹈家资华筠，资每期给他寄《舞蹈研究》。

有人曾送来一瓶名贵的牡丹油，但他"买椟还珠"，目不见油，竟被这个细长的瓶子迷住了。它的设计非常简洁，倘若把瓶盖去掉，就剩下左右两条对称的弧线。他为之神魂颠倒，一连几天在手中把玩、摩挲不停。工作时置于案头，常会忍不住抬头看两眼。夫人宋瑞芳打趣道，你干脆抱着它吧。后来他写了一篇《曲线的美》，被收入当年的高考语文试卷（天津）。

知识分子有个通病，往往认为文章是自己的好，学问也是自己的好。梁先生翻看自己的文章，却常常觉得虽然不错，但应该写得更好才是；学问也是有遗憾，比如杂而博有余，专深不足，对西方知识文化了解不够；等等。

但对于自己的方法，梁先生还是自信的。他做学问有独门秘籍。

一是跟住时代大潮而不追风，善于找到热点和薄弱环节。二是逆向思维，反其道而行之，敢于质疑，向权威说不。三是且研且习，善于找到理论与实践的契合点。四是勤于积累，跨界交叉，相互滋养。在新闻、文学、科普、人文森林等领域概莫能外。

早年他初入文坛，即向杨朔模式宣战，以批判之姿态，开始了散文理论研究，又身体力行，以山水散文的创作为发端，去逐一实践其散文理论。在新闻界，在消息散文化的声浪中，他却公开唱反调，提出"消息不能散文化"，并列出了文学、新闻的十二大不同。在新闻属性的大讨论中，率先提出了商品属性，可谓振聋发聩，言人所未言。

看到学生为枯燥的数理化所苦恼时，他以章回小说的形式，给数理化知识裹上了一层糖衣，名曰《数理化通俗演义》，给学习增添了乐趣，此书畅销30多年而不衰。

晚年，身为权威又不安于现状，不断自我挑战，开辟新的领域。他提出了人文森林的概念，开始创作人文古树系列，亲自找树、写树、画树，以此来推动人文森林学科建设，把森林保护上升到人文层面。他还在网上授课，从字、词、句入手，总结文章作法，探索行之有效的写作规律，让文学爱好者少走弯路。其学问杂而通，深入浅出，与中国文化注重经验与感性的传统，是一脉相承的。

梁先生很恋旧。旧衣服、旧皮包、旧鞋子舍不得扔，老朋友也舍不得忘。一件风衣能穿20年，一个朋友能交上半辈子。他平生最不喜约束，如怕穿西装、打领带。一次到美国访问，吃便饭，他问对方能不能不打领带。主人高兴地说，他也最讨厌打领带，美国有几个州

梁衡手绘《毛泽东老樟树》

是不打领带的。说完两人哈哈大笑，立即抽去领带。平时买来袜子，第一件事就是把袜口松紧带剪掉，容不得半点束缚。

夏天，他通常是布鞋、老头衫或者旧T恤，春秋时是T恤或衬衫，出门时穿上黑夹克，冬天则是灰色或者红色的毛衣，外出时抓上棉衣一穿，再围上一条戴了十多年、已经磨薄了的红色羊毛与花色丝绸的双面围巾。

最贵的一双鞋是儿子霄飞送的，英国名牌，两千多。他听了很心疼，穿上实在是舒服，但仍觉得太贵了。现在脚上穿的是老头鞋。那是他参加健康大会，碰上一个老乡，是鞋老板，两人聊得很投机，人家专门给他快递了两双老头鞋。夫人一直说这鞋不好看，但他觉得挺好，走路轻便，爬坡下梯很跟脚。

知道他的脾气，孩子们会在过生日时，给他准备一件以旧换新的物件，比如手机。他的博士们，也会办生日宴为他祝寿。不论送什么礼物，他都会高兴地接受。有时也会回赠礼物，比如家乡土特产，一盒茶叶，一包土月饼。

大半个白天，梁先生常常端坐在电脑前，修改文章，有时还会嘿嘿发笑，那一定是他看到了朋友发来的笑话。晚上，和夫人坐在一进门小客厅里的罗汉床上，两人边吃饭边看电视。旁边墙上挂过古代四大美人的国画条幅，他嫌俗，换了书法。其中有一幅是郁达

2021年5月末，北京万寿路，梁门聚会。从左至右分别为
来向武、陈新华、董岩、梁衡、修宇、丁洪亮

夫书录龚自珍的诗："秋光媚客似春光，重九尊前草树香。可记前年宝藏寺，西山暮雨怨吴郎。"这幅字是他找树途中无意间得到的，很是喜欢。

一年中，平均每个月都会出去一趟，远至海南、云贵，近至河北、陕西。他说，趁着身体还好，多出去走走，尽量多写几棵树。每次开会或参加活动，不少人见到他，都不相信他已70多岁了。问有何秘诀，他总是笑呵呵地说，当记者，走路走了几十年！

尽管他天南海北飞来飞去，不论走多远，同学、好友始终关注着他。

你的文章题目抢眼，内容深刻，文笔优美，引起读者强烈共鸣。周围不少老同志读了你的千秋人物交口称赞，争向我借阅。但也有些对此有保留。主要是认为你对毛泽东的错误讲得太多，对邓小平的评价太高，认为现在下结论太早。

我们虽是同年，但你的精力和体力惊人。几十年来你就像部永不停歇的发动机。勤奋一生，干啥啥成，无愧于国家和人民。年老退而不休，独树一帜，开辟新的研究领域，笔耕不辍，新作不断，让人敬佩、赞叹。[3]

2018年11月，他前往云南宾川。

这是一个生长四方花木，又能产南北水果的神奇之城。

这里有"心太软"的石榴，有"鸡血红"的葡萄，有满城怒放的红花，还有成片成片的咖啡林。他连连称奇，于是难得在路边小店休憩发呆。桌上一杯浓浓的咖啡，陶罐里一把粉白相间的雏菊，流云在蓝天上飘来飘去。午后的风景美得很。

第二天，他心情大好，爬上了海拔3 240米的鸡足山。这是徐霞客游记的最后一站。大觉寺里的宋代古梅树仍在，两百多年前徐霞客曾把同乡静闻和尚的骨灰挂于此。

回京后，便潇潇洒洒写下了《徐霞客的丛林》，并赋诗一首[4]：

霞落深山林青青，笔掷涧底有回音。

风尘一生落定时，文章万卷留后人。

［1］ 梁衡. 理论是我手中的灯笼. 北京日报，2017-02-06.
［2］ 摘自《梁衡日记》(2018 年 5 月 7 日)。
［3］ 摘自梁衡的高中同学韩丹尼的微信来信。
［4］ 即梁衡《咏徐霞客旅行生涯最后之止步鸡足山》。

附录：梁衡年谱

1946 年
5 月 5 日，出生于山西霍州。
父亲梁次文、母亲刘仙云。上有兄、姊，行三。
1953 年
举家随父迁太原，在杏花岭小学读书。
1954 年
转新建路小学。
1958 年
考取太原十二中。
1963—1968 年
考入中国人民大学历史档案系学习。
1968 年
大学毕业。
1968 年 12 月—1970 年 3 月
在内蒙古临河县农村劳动。
1970 年 3 月—1972 年 8 月
在临河县委宣传部工作。
1971 年
与宋瑞芳相识并结婚。
1972 年 8 月—1974 年 12 月
在《内蒙古日报》当记者。
1972 年
大儿子梁霄羽出生。
1974 年
小儿子梁霄飞出生。
1974 年 12 月—1978 年 8 月
任山西省委宣传部干事。

1978 年 8 月—1987 年 3 月

在《光明日报》当记者。

1980 年

6 月，在《旅游天地》发表第一篇散文《恒山悬空寺》。

11 月 14 日，在《光明日报》发表新闻成名作《一个农民养猪专家的故事》，获"全国好新闻奖"（"中国新闻奖"前身）。

1981 年

回访养猪专家岳安林，创作报告文学《路，应该这样走》。

1982 年

在《青年文学》第 1 期（创刊号）发表报告文学《路，应该这样走》，获"青年文学奖""赵树理文学奖"。

4 月 12 日，在《光明日报》发表散文成名作《晋祠》，当年入选中学语文课本。

12 月 13 日，在《光明日报》发表《当前散文创作的几个问题》，在国内首次对杨朔"物、人、理"的散文模式提出批评。

1984 年

6 月 4 日，在《语文报》发表《夏感》，后入选中学语文课本。

6 月，在《山西日报》《语文报》连载《关于散文创作的自白》，提出"散文美的三层次论"：描述美（形境）、抒情美（情境）、哲理美（理境）。

8 月 7 日至 11 日，与张光鉴在北京远望楼参加全国思维科学讨论会。钱学森在会上做报告。

9 月 17 日，在《光明日报》发表搁置半年的《"相似"简论》（合作）。

9 月选入后备干部梯队，在中央党校读研究生两年。

1985 年

1 月，发表《文章自然相似论——师法自然新解》（《山西师范学院学报》）。

8 月，科普成名作《数理化通俗演义》第一册出版（电子工业出版社）。

1986 年

9 月，第一本散文集《夏感与秋思》出版（北岳文艺出版社）。

1987 年

2 月，在《批评家》第 2 期发表《论"杨朔模式"对散文创作的消极影响》。

1987 年 3 月—2000 年 3 月

先后出任新闻出版署副秘书长兼研究室主任、政策法规司司长、报刊司司长、副署长。

12 月，发表《青山不老》，该文于 2006 年入选小学语文课本。

1988 年

举家从太原迁至北京。

4—6 月，"学文必背丛书" 3 册《新诗 56 首点评》《古文选评》《现代散文赏析》出版（希望出版社）。

1990 年

7 月，《没有新闻的角落》（"新闻三部曲"之一）出版（书海出版社）。出访印度。

1991 年

受聘为全国新闻正高级职称评委会委员、副主任。

1 月，当选中华全国新闻工作者协会（全国记协）第四届常务理事。

6 月，《数理化通俗演义》香港版出版。

9 月，在全国报纸管理工作会议上提出"报纸的四个基本属性"：信息属性、政治属性、文化属性和商品属性。

1992 年

4 月，《数理化通俗演义》连环画版出版（山西人民出版社）。后有卡通版（1994 年，人民美术出版社）、话说版（1999 年，中国少儿出版社）、漫画版（2000 年，现代出版社）、香港版、台湾版等多种版本。

8 月，散文集《只求新去处》出版（中国作家出版社）。

1993 年

10 月，出任新闻出版署副署长。

11 月，与赵朴初在钓鱼台见面。赵为《梁衡散文集》题写书名。

1994 年

11 月，中国作家协会举办"梁衡散文作品研讨会"，作协副主席冯牧到会发言。

受聘为中国人民大学新闻学院兼职教授。

1995 年

5 月,《新闻绿叶的脉络》("新闻三部曲"之二)出版(新华出版社)。

1996 年

在《理论前沿》第 12 期发表《跨世纪的干部更要讲政治》,翌年获中宣部第六届"五个一工程"奖。

3 月 29 日,父亲梁次文在山西太原去世。

4 月,《科学发现演义》获第三届"全国优秀科普作品奖"。

6 月,在《中华儿女》第 8 期发表政治散文代表作《觅渡,觅渡,渡何处?》,开始政治散文创作。

8 月,《新闻原理的思考》("新闻三部曲"之三)出版(人民出版社),"新闻三部曲"全部出齐,之后多次再版。书中提出"梁氏新闻定义":新闻是受众所关心的新近发生的事实的信息传播。提出新闻与文学的 12 个区别,提出二者分属消极修辞和积极修辞。

1997 年

当选为全国作协全委会委员。

受聘为"鲁迅文学奖"散文杂文评委会副主任。

1998 年

2 月,在《中华散文》第 2 期发表代表作《大无大有周恩来》,《新华文摘》第 2 期转载。

4 月 1 日,母亲刘仙云在山西太原去世。

4 月,《传媒新论》出版(学习出版社)。

7 月 17 日,在《人民日报》发表《提倡写大事、大情、大理:兼谈文学与政治》,这是作者政治散文的"写作宣言"。

10 月 22 日,在《光明日报》发表《跨越百年的美丽》,后入选中小学及师范等 14 种语文课本。

12 月,《中华散文珍藏本:梁衡卷》出版(人民文学出版社)。

1999 年

5 月,在《报刊管理》第 4 期发表《中国报业五十年》。

6 月,《梁衡散文研究》出版(辽海出版社)。

2000 年

4 月，调任人民日报社副总编辑，分管记者工作。提出记者以稿为本，推行"记者发稿排行榜制度""版面发稿发行挂钩制度"。

在《散文》第 7 期发表《把栏杆拍遍》，后入选中学语文课本。

2001 年

3 月，率团出席在越南召开的各国共产党机关报研讨会。

7 月，在鲁迅文学院讲授"文章五诀"，提出文章写作的"形、事、情、理、典"五字诀。

9 月，受聘为中国人民大学新闻学院博士生导师。

2002 年

4 月 16 日，在《人民日报》发表《房高不要超过树高》，提出"城建生态"新理念。

12 月，九卷本《梁衡文集》出版（人民教育出版社）。

2003 年

1 月 10 日，在《人民日报》发表《文章五诀》。

全国"非典型肺炎"疫情暴发，5 月夜班，主持抗击"非典"报道。

2004 年

4 月，《觅渡》出版（中国人民大学出版社），后重印再版 17 次，并在国外出英文版。

2005 年

5 月 10 日，在《京华时报》发表《说经典》，提出"经典的三条标准"。

6 月，《觅渡，觅渡，渡何处？》一文被刻碑立于常州瞿秋白纪念馆。

9 月，在清华大学讲《新闻与政治》，提出"新闻与政治的四点交叉律"。

2006 年

受聘为人民教育出版社中小学教材总顾问。

12 月，从人民日报社退休。

2007 年

1 月，发表《一个记者的责任与成功》（《当代传媒》第 1 期，《新华文摘》第 9 期转载）。

2008 年

当选第十一届全国人大代表。

2009 年

2 月，发表《美是什么》(《党建》第 2、3 期)。

6 月，发表《实事求是为什么这样难》(《党建》第 6 期)。

《记者札记》《评委笔记》《总编手记》全部出齐 (中国人民大学出版社)。

7 月 18 日，应邀在"中央部长文史知识讲座"讲《岳阳楼记——我们该怎样做官、做人、做文》，之后在全国演讲 20 多场。

10 月，出席新中国成立 60 周年天安门广场国庆观礼。

被中国新闻史学会授予"共和国 60 年传媒影响力人物"。

2010 年

8 月 19 日，在《人民日报》发表《怎么区分低俗、通俗与高雅》。

8 月，被聘为第五届"鲁迅文学奖"散文杂文终评委员会主任委员。

9 月，发表《来自天国的枫杨树》,《散文》海外版第 9 期，《新华文摘》第 24 期转发。

2011 年

4 月，《梁衡红色经典散文选》出版 (中国人民大学出版社)，入选中宣部、新闻出版总署"庆祝中国共产党成立 90 周年"重点图书。

6 月 29 日，在《人民日报》发表《西柏坡赋》,该文被刻碑立于西柏坡纪念馆。

2012 年

1 月，《影响中国历史的十篇政治美文》出版 (中国人民大学出版社)。

12 月 3 日，在《人民日报》发表"人文古树"题材的散文《一棵怀抱炸弹的老樟树》,步入人文古树散文创作行列。

2013 年

1 月，《洗尘》出版 (中国人民大学出版社)，获"鲁迅文学奖"提名。

2 月 28 日，在《人民日报》整版发表《文章大家毛泽东》,纪念毛泽东诞辰 120 周年。9 月 23 日应中国社科院邀请做同题目讲座。

3 月 28 日，在中国艺术研究院研究生院讲《文章作法》。

6 月 26 日，在全国第六届高层生态论坛上讲演，倡议建立"人文森林"学科，评选全国 100 棵"人文古树"；提出城镇规划的"灰绿比"生态新概念。"灰色"，指城市的房屋总建筑面积、道路面积、汽车保有量；"绿色"，指城市的绿化地面积、绿化立体面、各种水面。

7月，在《北京文学》第7期发表季羡林研究《一片历史的青花：季羡林先生谈话录》，《新华文摘》第19期转载。

2014年

3月，《爱国四章》出版（中国人民大学出版社），入选原国家新闻出版广电总局"弘扬社会主义核心价值观"重点出版物。

2015年

2月26日，在《人民日报》发表《为什么不能用诗作报告》。

5月、6月、7月的《名作欣赏》及6月、7月的《北京文学》连载《我的阅读经历》。

9月22日，在太原出席全国图书博览会，新疆版《梁衡散文》三卷出版发行。

9月28日，参加"霍州梁衡研究会"挂牌仪式。

2016年

2月3日《人民日报》发表《中华版图柏》一文。

5月，中国第一个人文森林公园"中华版图柏人文森林公园"成立。

6月，常州市为《觅渡，觅渡，渡何处？》一文发表20年举办研讨会。

11月15日，获"西北文学奖"。

11月29日至12月3日，出席中国作协第九次全国代表大会。

2017年

8月1日，中国人民大学80年校庆，获"中国人民大学80年8位杰出校友"称号。

2018年

9月，出版《树梢上的中国》（商务印书馆）。

12月，出版"新闻四部曲"（中国人民大学出版社）。

12月22日，获第六届"清华大学范敬宜新闻教育奖良友奖"。发表致辞《每一个名人的背后都有一双看不见的"新闻手"》。

2019年

5月27日，太原"梁衡图书馆"揭幕，共收藏作者图书140个版本；"晋祠碑"在晋祠公园落成剪彩。

6月12日，在南京林业大学讲人文森林学。这是人文森林第一次进入专业院校。

6月27日至7月5日，赴新疆采访，发表《戈壁深处夫妻树》(新华社通稿)。

9月，在《北京文学》国庆专号发表《将军几死却永生》。

9月11日至17日，在云南考察古茶树。在西南林业大学讲授人文森林学，并被聘为客座教授。

9月20日，青岛世界华人医师年会，讲座《文化的力量》。

10月1日，参加天安门广场国庆70周年大阅兵观礼。

为《中国记者》国庆专号写卷首语《新闻并不都是易碎品》。专号再次选用《晋祠》《我写晋祠》。

10月13日，赴常州参加梁衡学术研讨会。

12月，《树梢上的中国》获全国首届读者喜欢的十本生态环境好书之首。

2020年

1月，《梁衡游记》出版(北岳文艺出版社)。

1月10日，获方志敏文学奖。

3月，《鄱阳湖学刊》(第1期)梁衡研究专刊。

2021年

5月，被国家林业和草原局聘为林草科普首席人文学者。

7月，《梁衡人文森林散文》出版(天津教育出版社)。

12月，《天边物语》出版(中国出版集团研究出版社)。

《树梢上的中国》(全新修订本)出版(商务印书馆)。

2022年

4月，《梁衡人文历史散文》出版(天津教育出版社)。

8月，《风沙行》(《人民文学》第8期)获2022年度人民文学奖散文奖。

12月，人民教育出版社授予"连续40年入选人教版中小学语文教材"纪念奖。

2023年

3月，《梁衡散文》出版(作家出版社)。

5月7日，被聘为"首任首都生态文化使者"。

6月15日，人民教育出版社举办"梁衡作品连续入选人教版中小学语文教材40周年座谈会"，并颁发纪念奖杯。

后　记

时代的气候是我们成长的全部。

个人的荣耀，于大时代而言，简直微乎其微。

但这熠熠闪亮的鳞片，让我们看到了浩荡山河与奔腾不息的历史潮流。

自幼喜欢传记的我，一直沉迷于人物研究与写作。

于我而言，以人为镜，可正衣冠，亦是自我成长和觉醒的契机。

于是，在刷流量、拼粉丝的年代，尽管不是政治任务，我还是花上 6 年宝贵的时间，在工作之余去写一个人。

在朋友讶异的目光里，悬着一连串的疑问。

我也偶尔自问：是不是自讨苦吃？是不是很傻？

可我还是喜欢。

喜欢在静夜时分，当喧嚣褪去，孤独的我沉浸于一个人的命运起伏。

此时，除了寂静，还是寂静。

在寂静深处，还有漫山遍野的岁月。

岁月的潮水环绕着我，而我在细数巨树成长的一道又一道年轮。

米沃什说，我不想成为上帝或英雄。只想成为一棵树，为岁月而生长，不伤害任何人。

而我甘愿做一个记录者，在一旁静静地记下那些漫漫荆棘路上的光荣与梦想。

在物质丰盛而精神匮乏的年代，这是多么奢侈的享受。

其间，总有好心的朋友，不时地催问进展。

我不急。

浮于表面，蜻蜓点水的解读，在我看来，毫无意义。重要的是在时代光影的投射下，走进人物的精神世界，面对面地进行灵魂的对话。

这样的写作也注定了满是挑战和艰辛。

于是，江郎才尽的挫败感，思路停滞的颓废，不时袭来，毒打着敏感而脆弱的神经。

还好，我一再宽慰自己，要有耐心，灵感总会出现。于是，仍坚持听从内心的声音，不紧不慢地书写着一个人的光阴故事。

6年里，我有缘采访了一些师友，他们提供了不少生动的素材和帮助。在此期间，中国人民大学出版社徐德霞、岳娜、黄海飞三位编辑不厌其烦的沟通和督促，使这本传记得以顺利出版。在此一并致谢。也感谢梁衡先生对作者独立思考的尊重和理解。

书名的敲定颇费心神，几经思量，忽然想起了梁先生的代表作《觅渡，觅渡，渡何处？》，想起了很久以来他独有的文学标签，于是便有了《孤帆觅渡》，与梁先生的境界很是贴合。

人生在世，一如孤帆觅渡。

几番沉浮，几度起落。

除了苍凉，还有片刻的欢愉。

谨以这本慢慢写来的书，献给觅渡的人们。

董岩

2023 年 5 月 18 日

于北京绿波书屋

图书在版编目（CIP）数据

孤帆觅渡 / 董岩著. -- 北京：中国人民大学出版
社，2023.8
ISBN 978-7-300-31833-2

Ⅰ.①孤… Ⅱ.①董… Ⅲ.①梁衡－事迹 Ⅳ.
①K825.42

中国国家版本馆CIP数据核字（2023）第107362号

孤帆觅渡

董 岩 著

Gufan Midu

出版发行	中国人民大学出版社			
社　　址	北京中关村大街31号		**邮政编码**	100080
电　　话	010－62511242（总编室）		010－62511770（质管部）	
	010－82501766（邮购部）		010－62514148（门市部）	
	010－62515195（发行公司）		010－62515275（盗版举报）	
网　　址	http://www.crup.com.cn			
经　　销	新华书店			
印　　刷	北京联兴盛业印刷股份有限公司			
开　　本	890 mm × 1240 mm　1/32		**版　　次**	2023 年 8 月第 1 版
印　　张	12 插页3		**印　　次**	2024 年 5 月第 3 次印刷
字　　数	352 000		**定　　价**	89.00 元